列城志02

EEN KLEINE GESCHIEDENIS VAN AMSTERDAM

北海之心

阿姆斯特丹的光荣与哀伤

〔荷〕黑尔特·马柯 （Geert Mak） 著

金凤 译

中国人民大学出版社
·北京·

译者序

过去十多年中，因为学习、工作的原因去了许多国家，游览过许多城市，然而印象最为深刻的还是阿姆斯特丹。第一次去阿姆斯特丹是在 2007 年圣诞节前后，与多数游客一样，这座城市给我留下的印象无非是旅游手册上的几个关键词：水坝广场、中央火车站、《夜巡》（*De Nachtwacht*）、运河、郁金香，等等。依然清晰地记得我在水坝广场纪念碑前与众人一起倒计时迎接新年的狂喜，在绅士运河坐船游览的惬意，在中央火车站感受一座世纪性建筑的魅力，以及在国立博物馆认真端详《夜巡》的伟大。

多年之后，当我翻译这本《北海之心：阿姆斯特丹的光荣与哀伤》后，对这座城市的认知又多了几份理性与敬意，它帮助我重塑了阿姆斯特丹在心中的样貌，使我对这座城市有了更为深刻而全面的认识，原来：水坝广场曾经是刽子手行刑的场所；运河带的建造几经波折才有今天的模样；中央火车站阻挡了艾湾的海风，从而改变了城市面貌；《夜巡》的作者伦勃朗生性怯懦而吝啬……

这本书书名的荷兰语原意是"阿姆斯特丹的小历史"，从中便可窥探出整本书撰写的基调——从小处着手。一个陶壶、一座房屋、一幅油画、一张照片、一本日记……这些在日常生活中常见的物品，无一不记录着它们所处时代的人们的生活往事。在这本书中，我们可以暂时抛开诸如"伟大""辉煌""奇迹"这些老生常谈的字眼，取而代之的是一个个名不见经传的小人物、一件件不足挂齿的小事。也许在作者眼中，这些人物身上发生的小故事才算得上是历史的真正注脚。

令我印象最为深刻的是第六章，作者在浩如烟海的历史记述中找到了一个名为艾尔斯·克里斯蒂安（Elsje Christiaens）的丹麦女孩，她作为一名打工者来到阿姆斯特丹讨生活，是一个即便专门研究荷兰历史的学者都可能不会注意到的小人物。她却与享誉全球的画家伦勃朗生活在同一个时代。单单看两人的生活轨迹，我们似乎很难将他们放在一起去思考，但作者巧妙地将两人用伦勃朗所作的一幅描绘艾尔斯被吊死的素描画联系了起来，为我们揭示了阿姆斯特丹繁荣的黄金时代盛景下掩盖的社会问题。通过对比两人的人生遭遇，我们不难发现，无论是一画千金、受人追捧的大画家伦勃朗，还是一文不名、无人问津的艾尔斯，在阿姆斯特丹的社会中，始终是不入流的外乡人。名声、金钱、才能，甚至是牺牲，都无法换来一个外来人在这个推崇冒险精神的城市中的一席之地。

从某种程度上讲，小人物的际遇折射出的才是丰满的历史，因为真正的历史永远不仅仅只有伟人和强人，也并不总是善恶分明，这也是本书真正的价值所在。它成功地将一般人对阿姆斯特丹某段历史的固有理解或者成见放在一旁，只是单纯地讲述故事，用一个个小事件的细节、一个个小人物的生活去重塑我们对过往的认知。这本书给了读者一个从平凡中感受伟大，从细微处了解繁杂的机会，它在阿姆斯特丹历史的光辉与荣耀中揭露了严苛与残酷的现实，又在黑暗与堕落中给予人们重新崛起的希望。它为读者还原了一部有血有肉的城市历史，而这种真实的还原所带来的冲击感，不仅不会削弱我们对这座城市的敬意，反而会从历史的角度对它更加尊重。希望读完这本书的朋友可以从中感受到阿姆斯特丹这座城市的伟大，感受到历史复杂性的魅力，感受到作者看待历史的纯粹态度。

金风

2020 年 9 月

前言

阿姆斯特丹是一座城市，但它本身也是一个独立的"王国"，一个位于荷兰的"国中国"。从这座城市身上，可以了解荷兰整个国家的发展进程。那些想要预知阿姆斯特丹未来的人，必须先对这座城市的历史有所掌握。

人们对阿姆斯特丹的第一印象往往是从街边咖啡馆里的一杯咖啡开始的。来阿姆斯特丹旅行的外地人往往比当地人对这里更感兴趣，这也许正体现了阿姆斯特丹人的谦逊和优雅。

旅行者会因为这里的各种事物惊叹不已，而那些有心的观察者则非常清楚这些奇妙现象背后的原因。阿姆斯特丹人的政治辩论就像一块浸透水的海绵一样包容一切。妥协文化不仅曾帮助过阿姆斯特丹人团结一致战胜了洪水的侵扰，也形成了如今所谓"灵活"的处事和思考方式。阿姆斯特丹人对金钱的渴望举世皆知，《法国世界报》（*Le Monde*）的记者克里斯蒂安·夏蒂埃

（Christian Chartier）曾报道，荷兰的前首相吕贝尔斯（Lubbers）曾在一场关于 1991 年海湾战争的辩论中把这场战争称为"对未来的投资"。阿姆斯特丹人的空间规划能力和政策执行力令世人侧目。阿姆斯特丹人的容忍度和灵活度可以帮助我们适应任何新鲜的外来事物，这座城市对潮流的引领性令每一个人都感到吃惊，人们称之为"领头效应"和"世界潮流"，或者叫作"喜鹊文化"。李维斯公司每年都会派人去阿姆斯特丹的街头了解城市女性的穿戴潮流；这里的音乐商店囤积了各种风格的音乐唱片（这种唱片店很难在其他地方见到）；麦当劳公司的素食汉堡最早出现在低地国家。阿姆斯特丹的商业气质弥漫着一种令人愉悦的无政府主义风格——善于顺从且紧张有序。

换句话说，阿姆斯特丹的城市亚文化并没有先例可循，一些外国评论者认为这种风格的形成主要是由于阿姆斯特丹经历了从未间断的发展历程：从未被外部势力压迫过（除去 1940—1945 年被德军占领期间），从未经历过风险，也从未体味过巨大的困难。

数个世纪以来，阿姆斯特丹和其他荷兰城市一样是相对安全的，然而它也处在整个欧洲风险焦点的边缘地区。在邻国眼中，阿姆斯特丹人最显著的特征便是爱抱怨。荷兰人对自己的国家并没有感到特别骄傲，阿姆斯特丹人表现得尤为明显。爱国主义对他们而言过于奢侈。人们在其他国家表现出来的浓烈、激进的民族主义情绪也许只能在荷兰的足球场上才能看到。即使荷兰显露出一定的民族主义情绪，那么也是以防御性为主，目的是保护自己的财产和安全不受侵犯。也只有在宣教布道时，他们才显露出激进的一面，毕竟，荷兰和美国（受荷兰移民传播的文化影响）拥有世界上最好的牧师。

不过，所有的一切都和阿姆斯特丹人清心寡欲的生活态度无关。数世纪以来，荷兰人没有表现出强烈的民族主义情绪只是单纯地因为不需要这种民族主义情绪，这里的人们将自己取得成就视作理所应当的。如果要说荷兰人最有成就的事情，那莫过于那些所谓"没有发生的事情"：没有可怕的贫穷，没有大规模的种族骚乱，没有恐怖主义，甚至还包括数年来没有遭受过海水的侵扰等。这样看来，荷兰人的抱负并不远大。引用小说家霍德弗里德·博曼斯（Godfried Bomans）笔下的男主人公——退休公务员彼得·巴斯（Pieter Bas）——的话说，一个普通的荷兰人想要的无非是"自由、长寿、财富、荣誉、名声、娇妻、多子、健康和一个带篱笆的小院子"。

一位穆斯林在阿姆斯特丹街头骑行。

有一天，我碰巧路过水坝广场，看到了印度总统（一个掌管十几亿人口的世界大国的领导人）访问完荷兰之后举行的欢送仪式。那是一个灰暗、下着小雨的早上，军乐队正在演奏欢送乐曲，只有为数不多的几个老年人和旷课的年轻人驻足围观。这种国家级的欢送仪式放在其他任何一个国家，至少都要使用豪华轿车组成的车队进行护送。然而，我们的护送车队只是由十辆普通的福特轿车和一辆当地旅行社的小巴士组成的。

阿姆斯特丹的神话实际上是一种精神意义上的奇迹。其他欧洲城市更倾向于用纪念性的建筑来展示城市的发展成就，并以此与其他城市加以区分；同时，在城市内部管理上，也利用建筑风格的变化为不同的市民提供相应的居住和生活环境。纪念性的建筑是展示城市发展成就最重要的载体，或者更确切地说，是一座城市对其本身发展前景或发展愿望的寄托。美国城市社会学家和历史学家唐纳德·奥尔森（Donald Olsen）曾经写道："纪念碑的作用是为了拉近城市与民众的关系，或者激发民众对这座城市的赞美之情。它可以提醒瞻仰者所处的时代，令其感受政权的力量。它象征着社会财富和意识形态，代表着一场军事行动的胜利或一场革命的成功。它是对财富、权力和真相进行宣扬的载体。"不过，他还补充到："内敛和谦逊绝不是纪念碑想要体现的品质，一座成功的纪念碑一定能将每一个人从其日常琐事中抽离出来，例如：赶赴火车站乘坐 6：30 的火车、更新驾照、购买邮票，等等。它一定在时时刻刻提醒着每一个人：生活中的烦恼数不胜数，而每个人的好运则依赖其背后的这座大都市，依赖于仁慈的统治者，依赖于其所坚守的信仰。"

　　这是每一座纪念性建筑和每一条城市大道必唱的赞歌，是 19世纪城郊别墅区诉说的语言。伦敦的摄政街、巴黎的协和广场、莫斯科的红场等地标很清晰地告诉我们，艺术和建筑不仅仅是艺术和建筑，它们传递的信息远超过建筑本身：政治、理念、伦理、情感、贪婪、技术、机构和历史。由此，一些有别于中世纪城镇的城市逐渐发展起来。这些新兴的城市秩序井然，不再建造城墙和城门，却拥有美轮美奂的建筑。它们是纯粹的技术型城市，强调区块化世界中的统一以及长时期对强权的渴求，而阿姆斯特丹也摸到了这一时期城市发展方向的变化。

　　即使如此，阿姆斯特丹仍然是一个特例，因为这座城市几乎是一个反纪念性建筑的先锋。阿姆斯特丹也曾尝试用建筑物来表现自己的财富和权力，但这里的财富都被海牙王室挥霍殆尽，纪念性建筑屈指可数。19 世纪那些拔地而起的声名显赫的建筑基本都与阿姆斯特丹无缘（除了国立博物馆和人民工业宫之外，后者也被 1929 年发生的一场大火夷为平地）。20 世纪末，阿姆斯特丹将市政厅和剧院融为一体，建造了一座规模庞大但令人生厌的建筑——市政剧院。这是节俭至上理念的产物，宏伟的建筑里使用的却是宜家式的简易椅子。此外，现代化的商业街区也缺乏合理的规划，隐没在城市东南方向的郊区中。

　　由于一些特殊的原因，标志性的建筑在阿姆斯特丹并不受欢迎。无论是为了申办奥运会建造的场馆设施，还是为振兴艾湾①银行业兴建的引人注目的建筑，抑或是市政厅加歌剧院的奇思妙

———————————

　　① 艾湾是阿姆斯特丹附近一片联结北海运河和马肯湖的水域。

想，阿姆斯特丹普通市民都对此嗤之以鼻。阿姆斯特丹所谓的地标性建筑只存在这座城市居民的意识中，并不显露在大街上。

阿姆斯特丹并不为此感到自豪，甚至用一种类似自豪的方式表明自己的不自豪态度。阿姆斯特丹最富有的阶层依然固守着 17 世纪先辈们简朴的生活方式。这使得城市的风景并未被宏伟的建筑物破坏，也没有因为自 19 世纪起就不断拓宽的街道而减损。即使是黄金时代中无比骄傲的阿姆斯特丹，它与那个时代的欧洲所谓现代化的城市风格也格格不入：外观古朴守旧，城市的发展更加注重公民的权益而不是统治者的利益。通过这种方式，整座城市的财富才能被小心翼翼地隐藏起来。

从 18 世纪最富有的阿姆斯特丹人寡妇佩尔斯（Pels）到当代的高级经理人，这一传统无疑被很好地保留了下来。贵为当时阿姆斯特丹最富有的人，寡妇佩尔斯仅仅雇用了 5 名仆人照顾她的生活，而现在的高级经理人对于航空公司商务舱餐饮的需求也仅仅是“一个芝士三明治和一杯牛奶”。

阿姆斯特丹市民这种带有自豪感的谦逊表现，可能源于一个简单的事实，即阿姆斯特丹作为一个独立城邦的悠久历史。任何人都无法低估这样一个中等规模的欧洲城市长久以来形成的低调的自信力量。换句话说，阿姆斯特丹人数世纪以来早就习惯了朴实无华的生活，这里的墓地、宫殿、雕像和街道都看不到浮夸的外在表现。

阿姆斯特丹人也逐渐养成了不用装腔作势的生活方式，这也是他们深信不疑的自我特征。阿姆斯特丹从来没有完全凌驾于市民的王室力量（因此可以解释为何这里的资产阶级获得了较为顺畅的发展），也没有出现过一名拥有绝对权威、对旧有城市结构进行根本性改变的君主，因而没有一个人可以利用权力和手段建造大规模的纪念性建筑。此外，最富有的阿姆斯特丹商人坚定地认为，金钱首先是进行公司和家庭发展的资本，是子孙后辈们能够仰仗的基础。这种观念对其他国家的贵族来说难以理解，因为他们自出生起就拥有无尽的财富。长久以来，阿姆斯特丹形成了一种特有的文化，在这种文化影响下，荣誉比不上物质财富，金钱远比时尚、道德、出身和成就重要。当然，这种理念也是有利有弊，给阿姆斯特丹带来过或积极或消极的影响。然而当代阿姆斯特丹人对自豪感的缺乏尤为严重。这不仅仅是一种城市性格的延续，已经演变成了一种社会生存标准。在阿姆斯特丹乃至整个荷兰都有一个不成文的规定：禁止炫耀，因为枪打出头鸟。

　　一般人都认为，阿姆斯特丹的这种传统始于 1581 年，那一年，阿姆斯特丹有机会摆脱君主的统治。然而，我却认为有更多的原因蕴藏其中。我们不能忘记，数个世纪以来荷兰大部分的领土都在遭受自然灾害的摧残。尽管这是一种陈词滥调，但却非常真实。荷兰人民为了使国家免受海水的侵袭，付出了史诗般的努力和巨大的代价。这给荷兰人，包括阿姆斯特丹人一种天然的主人翁意识：这片土地是属于他们的。与此同时，荷兰内部也形成了一种具有凝聚性的权利关系，这种权利关系集中体现出一种协同一致的妥协性政治文化，可以有效弱化并最终化解最猛烈的代际冲突。当然，在历史长河的每一个阶段，都有冲破传统藩篱的群体，平静的生活总是在不经意之间被一些闻所未闻或歇斯底里的意外所打破。但是，这种历史上出现的短暂"变奏曲"很快会消失，回到荷兰人精神世界的主线，生活将再一次归于平静和简朴。

然而，我们尚不清楚这种妥协文化还能在未来持续多久。寻求妥协一定会消耗大量时间，这种时间上的消耗有时会导致城市的发展停滞不前。当下，阿姆斯特丹有相当一部分比例的新居民拥有其他的文化背景，因此，这些新居民的一些文化认同与阿姆斯特丹的传统有很大不同，他们将荣誉感看得比一日三餐更加重要，而文化认同的差异已经无法完全通过金钱来解决。正如前市长范·泰恩（van Thijn）曾指出的那样，宽容的态度能否长期在宽容的环境中维持下去的确是一个值得探讨的问题。

1981年冬天，记者埃尔玛·费尔海（Elma Verhey）和杰拉德·范·韦斯特鲁（Gerard van Westerloo）针对当时阿姆斯特丹社会表现出来的新现象进行了广泛的采访。在一个寒冷且大雾弥漫的冬日清晨，他们来到了一艘往返艾湾两岸的摆渡船上，对船上依靠着自行车和摩托车这类交通工具出行的所有乘客进行了采访。这艘摆渡船名叫"征税屋16号"，是一艘自20世纪30年代起就在早晨6：45为往返艾湾的乘客提供摆渡服务的船只，现在看起来非常老旧，不过是艘大船。他们的调查被刊登在《自由荷兰》（Vrij Nederland）周刊的副刊中。

找到固定搭乘这些摆渡船的乘客并不是一件很难的事情。他们采访的乘客几乎每天都在同一时刻上船，大部分的作息时间已经保持了十年，有些人自第二次世界大战时期就开始搭乘摆渡船，还有一位老人甚至从1936年起就乘坐这艘摆渡船每日往返艾湾两岸。

1952 年的艾湾轮渡点，骑自行车或乘车的人们在等待摆渡船。（图片来源：Maria Austria Instituut，Amsterdam）

向两位记者讲述自己生活故事的人并非这座城市的管理者，也不是经常出现在报刊之上的名人，而是切切实实在一点一滴中推动城市不断向前发展的人。二战后的城市重建项目以及 20 世纪 60 年代的薪水增长为他们提供了一种相对体面的生活。他们常常这样说："你们听不到抱怨的声音"或者"我们过得很好，谢谢你"或者"每天都有肉吃就很好了"。不过，尽管他们按部就班地过着自己的生活，但他们还是隐约感受到了周围世界的变化。这种感觉无须从报纸中了解，日常生活早已告知了一切。他们看到这个社会福利优厚的国家有哪些奇怪的现象，一些人可以"整日无所事事"还有吃有穿，而另一些人辛苦工作却买不起一所可以改善居住条件的房子。伴随着新移民的涌入，他们在自己所住的社区再也找不到家的感觉。他们面临着毒品和犯罪的威胁，有人甚至因为染上毒瘾的邻居在自家放火，被烟熏得不得不离开自己的住所。

让我们看看这些普通的传统阿姆斯特丹市民如何讲述自己的感受。53 岁的乐器制作人 F. 默斯（F. Moes）说："那种骄傲的感觉、满心欢喜的状态、积极的工作态度已经消逝。以前你知道为了什么而工作，但是现在你却怀疑工作的目的。有时，你感觉自己被人戏耍了一番。"64 岁的联合乳品公司职员 M. 洛夫（M. Lof）说："我父亲曾是一名码头工人。每天早晨，他都会去海姆大街的码头区找活儿干。至少我过得比他稳定。我们需要珍视并保护好这来之不易的成果。"43 岁的图书装订商 G. 凯珀（G. Kuyper）说："我们没有了依靠，就好像在旋涡里拼命挣扎的人。"23 岁的电脑分析师 J. 沃特兰（J. Waterlander）说："我想我已经得到了生命中所需的一切。哦，我可能还需要一台新的卡带录音机和一辆车。对于那些做事不是很成功的人来说，生活确实不易。但是就我而言，一切都好。"21 岁的探险爱好者 A. 卡亚（A. Kaya）说："我希望未来在荷兰的生活有保险保障。"61岁的国家邮政电信公司职员安切斯（Aantjes）女士说："我们不过是社会洪流里的一个小阀门，水压一旦暴涨，我们都无力抵抗。"

大部分摆渡船的乘客都住在简陋破败的现代化公寓中，那里的厕所臭气熏天，窗户玻璃早已破碎，楼里的电梯已经彻底瘫痪。不过，在每一扇公寓门后都有一座"迷你小宫殿"，由木制镶板和漂亮的挂毯装饰，它们是一个个不被外界打扰的小港湾。

就这样，阿姆斯特丹进入了21世纪。从处死犯人的绞刑架开始，一直到高耸的教堂塔楼和城镇集市，这座河道纵横的城市踏入了新的时代。这座城市外表上呈现出一种欣欣向荣的景象，而在内心却依旧充满着迷茫与困惑。此时，海鸥仍在天空翱翔，一艘来自莱茵河的货船驶过，鸣笛声响彻整座城市。海水一如既往地拍打着岸边的码头，冷漠无情却又悄无声息，永远不知疲倦，永远不会停歇。

目录

第一章

阿姆斯特尔家族的城堡

Land-Caerte ende vvater Caerte van Noort-Hollandt ende VVest-vr

door Iooft Ianfz. Land-meter &c. Ende nu op een nieu weghegheven, in veel plaetfen ghebetert, ende met een grondighe Befchrijvinghe, ende daer toe behoorende

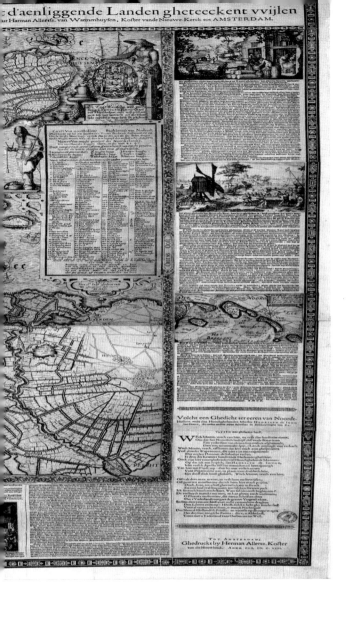

这是一幅荷兰北部的地图，作者约斯特·扬斯·贝德斯奈德（Joost Jansz Beeldsnijder）于1575年应一位公爵的要求绘制。（图片来源：Universiteits Bibliotheek，Universiteit van Amsterdam）

　　"历史始于大树的根部"，用这句话来形容阿姆斯特丹再贴切不过了。这座建立在荷兰艾湾的城市经历过发展的低谷，随后又再次崛起于世。

　　大部分亲历阿姆斯特丹发展历史的人都已逝去，关于他们的故事也无从讲起，但留存下来的上千座建筑却默默见证了城市的演化，人们无数次从这些安静的房屋下发掘出城市发展的历史碎片。在老教堂广场红灯区的瓦尔姆斯大街一栋古老房屋的地基下面，建筑工人们发现了一对骨制溜冰鞋和一层14世纪夹杂着稻草的牛粪——牛粪几乎没有腐化。这些物品所属的年代较为久远，那时瓦尔姆斯大街还是一座大坝，而阿姆斯特丹仅仅是艾湾附近的一个小村庄。不远处，人们还发现了一只木鞋，属于荷兰最古老的木鞋品种之一，需要在赤杨木上进行1 200多道切割工序才能制作完成。无独有偶，在库尔克广场一处停车场的施工过程中，工人们意外地发现了几块厚重的墙壁遗迹，这些墙壁应当是早期阿姆斯特丹向外扩张时用来加固定居点的设施。在靠近莱顿大街的海尔恩运河附近，工人们在建造银行时意外地发现了一大批罕见的物品：一根磨坊梁、一块镶有玫瑰浮雕的银质奖章、腐朽棺材里的几块骸骨、一块角型药膏贴、几个煮水锅、大量油膏罐、一盏中世纪的石质墙灯和一只女鞋。这里曾是 17 世纪初黑死病患者的临时隔离所。数千名黑死病患者在这里度过了人生中最后的时光。这些棺材、油膏罐、女鞋和银质奖章便是他们使用过的物品。

阿姆斯特丹城的地下一定混乱不堪，泥土中充斥着房梁、地砖、钉子、磨刀石、鱼钩、踢马刺、罐子、砝码、子弹、镰刀、罗盘、毛织品、亚麻布的碎片、硬币、纺锤、皮带扣、纽扣、项链、鞋子、钥匙、小刀、木勺、白蜡、骨头、油灯、朝圣者徽章、祷告图片、骰子以及手提袋。这些物品足以让我们了解一个中世纪小镇的发展历程，但每一个物件背后的小秘密还有待人们发掘。

数世纪以来，阿姆斯特丹并存着两个世界：一方面，街道上的熙熙攘攘是芸芸众生的日常，与之相对的另一方面，古老的城墙依然伫立，哥特式的修道院也未换门庭，磨坊厂风车和小教堂的木门仍旧嘎吱运转。城市下方掩埋了无数珍宝，也埋葬了被遗忘的先人。不知道什么时候就会在城市的某个角落里发现他们的踪迹，也许是一个旧瓶子、一个烟斗头或是一些陶瓷碎片。20 世纪 70 年代，因为修建地铁的缘故，南教堂附近的老房子被拆除。工人们在房屋的地窖下发现了大量骸骨，这使得一个墓地在两个世纪后重见天日。新市场的地下也发现了公元 1500 年前后荷兰造船工匠使用的斧锤、手套和大铁锅。人们推测这些工具是用来为船板涂油和填缝的。在城市深蓝色的运河泥沼下面，人们也发掘出了大量物品，有顶针、饰带、发卡、布料、铅印、钱包、纽扣、餐盘、眼镜、钢笔、假币、烟草盒、关节骨骰子这些日常用品，甚至还有一个骑士头盔的面罩。

然而，如果继续向地下深挖，我们很难再找到有价值的东西，也许只剩下曾经在阿姆斯特尔河岸潺潺低语的芦苇丛。公元 1325 年前后，这里形成了一个拥有港口、船队、民居、教堂、工人、妓女和市长的城市，而仅仅在一个半世纪之前，这里还是一片荒芜之地。

❖ ❖ ❖

和其他大多数欧洲城市相比，阿姆斯特丹是一座年轻的城市。这里没有军事驻地、寺院或者移民的历史，皇帝和国王也从未在此设立过审判庭。生活在 18 世纪的扬·瓦格纳（Jan Wagenaar）——阿姆斯特丹首批历史学家之一——曾写道："阿姆斯特丹的起源和早期发展史被怀疑与不确定的迷雾包围。"因此，我们无法奢求当代人能够真正了解那些出土物品的来龙去脉。

人们在建造穿过艾湾的地铁和隧道时发现了一些罗马硬币。令人惊讶的是，在阿姆斯特尔河还挖掘出了一尊罗马皇帝的大理石半身雕像。在使用沉箱法施工时，人们发现了一枚罗马式胸针，据推测，应当是胸针的主人于公元纪年之初在维斯拜尔大街附近丢失的。因此，可以判断罗马人一定在那个时期来过这里。毕竟，数量可观的罗马军队曾在距离此地不远的费尔森驻扎过。在数世纪的时间里，多风的艾湾形成了罗马帝国广阔疆域的北方边界，但迄今尚未有人发现罗马人在阿姆斯特丹定居过的痕迹。人类在阿姆斯特尔河岸的早期活动仍然是个谜[1]。

　　尽管如此，确定无疑的是在公元200年之后，由于遭受洪水的多次侵袭，位于阿姆斯特尔河和艾湾河岸的低地地区已不再适合人类居住。在上千年的时间长河中，这里变成了一个由小湖泊、溪流、柳树、灯虫草和沼泽植被覆盖的荒芜之地。这与人们熟知的荷兰境内那些小型自然保护区并不相同，它更像是一个扩大版的纳德湖自然保护区和博茨霍自然保护区。阿姆斯特丹便在这样一块土地上建立起来，与此同时，法国巴黎建立了第一所大学，而威尼斯人已经开始和中国进行贸易。

　　关于阿姆斯特丹的起源有两个传说。第一个传说的主角是一位来自挪威的王子。他乘坐的船遭遇了一场海上风暴，他差一点就被野蛮的弗里斯兰人①杀害，在紧要关头，他被一名叫作沃尔弗特（Wolfert）的弗里斯兰人基督徒救下，两人乘坐沃尔弗特的小船逃走。但是在弗雷沃湖，他们又遇到了另外一场可怕的风暴。此时，王子许下誓言，如果他们幸存下来，他将在沃尔弗特的牧羊犬卧着的地方建造一座城市。筋疲力尽之后，他们昏睡了过去。醒来后，他们发现自己得救了，他们乘坐的小船被冲到了

---

① 弗里斯兰人是日耳曼人的一支，古时生活在北海沿岸和弗里西亚群岛。

一块位于高处的干燥耕地上。此时，太阳正在头顶照耀，沃尔弗特的牧羊犬在一棵树下呼呼酣睡，于是，他们就在那里建立了一座新的城市——阿姆斯特丹。

在第二个传说中，一位猎人和一位渔夫在阿姆斯特尔河畔的沼泽地行走，不禁为未来感到担忧，因为他们不知道自己妻子和孩子未来的生活会变成什么样。一只飞过的苍鹭同情他们的遭遇，突然冲他俩开口说话，建议他们在阿姆斯特尔河流入艾湾的沙地建造房屋。它说："你们的房子将会发展成为一个小村庄，小村庄会变为一个村落，村落会发展成为一个城镇，一个城镇会发展成为一座城市，而这个城市最终会统治整个世界！"[2]

这些是关于阿姆斯特丹起源的神话故事。现在，我们再来看看阿姆斯特丹真实的起源情况。

据我们所知，阿姆斯特丹的首批民居出现在 12 世纪晚期，它们建造在 1170 年和 1173 年大洪水之后形成的黏土层上。在那个时期，荷兰不是一块宜居的土地，因为这里遍布沼泽，到处都是连接大海的小湖泊。每当秋天暴雨来袭的时候，这些湖泊的面积就会不断扩大。

当时只有东边的霍伊地区和西边的沙丘地适合人类居住。这里的沼泽高低不平。时至今日，在艾湾附近的阿姆斯特丹依旧面临着地基不稳的难题，此处地下有几十米的淤泥层，下方便是艾湾最原始的土层。史前时期，当不列颠仍与欧洲大陆连接在一起时，这里或许还是英国泰晤士河的一个分支，湍急的水流连接着通往北海的河道。

公元 1000 年左右的荷兰几乎仍是一片荒芜，呈现出一种原始的景象。在霍伊地区和艾湾沿岸的沙丘地艰难生存的族群逐渐开始向蛮荒之地发起挑战。他们在河岸边建造了定居点，从树林和芦苇荡中清理出用于生存的土地，挖凿了沟壑用来排水。在这样一点一滴的努力下，这片几乎荒芜的土地上出现了一些零零散散的农场绿洲。人们在这里种植了少量谷物，圈养了一些牲畜。定居者们随心所欲地生产着自己需要的东西，这些原始的农庄基本处于自给自足的状态。在这些地区，基本上没有任何贸易活动。人们除了购买一些奢侈的物品以及支付租金和赋税外，基本上看不到货币的流通。生产活动严格按照性别划分：女性在家编织、播种、烘烤面包、晒盐、酿酒、制鞋、制作蜡烛、烧制陶器、熬药；男人们则负责干农活儿、饲养和屠宰牲畜、服役、造船（对于在水边生活的人来说，这是一项至关重要的工作）。在阿姆斯特丹形成的早期，人们一直按照这样的劳动分工进行生产活动。

同一时期，即公元1000—1300年，一些原始村庄逐渐涌现出来。最早出现的是1063年的斯洛滕村，紧接着又出现了奥斯多普村、施伦伍德村、鲁伊赫德村、斯帕尔伍德村、老迪门村和老阿姆斯特尔村。这片原始村庄所在的土地实际上是"漂浮"在水面之上的，人们通过在土地上挖凿水渠来排干沼泽中的水。但与此同时，自然灾害仍产生负面影响，每一次洪水的侵袭都会使大量海水倒灌，形成许多内陆湖，如皮尔默湖、贝姆斯特湖、斯海默湖、拜尔默湖和哈勒默尔湖。这些湖泊时刻都有吞噬掉整片区域的危险。

因此，定居者们决定建造大坝以防止洪水的侵袭，于是便出现了阿姆斯特丹地区首座由当地村落自己筹资建造的大坝。受其影响，流入湖泊的潮汐海水被阻断，此前饱受海水倒灌之苦的艾湾南部地区完全被大坝保护起来。这条大坝有数公里之长，从霍伊开始绵延至此，沿着迪门和阿姆斯特尔河口一直延伸到哈勒附近的沙丘。如今，阿姆斯特丹的哈勒默尔大坝是这项工程留存至今仍肉眼可见的部分。完成这项工程对当时的人们而言，需要拥有巨大的魄力。为了阻止海水流入河口，人们年复一年地在河流两岸建造堤坝，锁住海水涌入的通道，为船只的航行和沼泽洼地的排水工程创造条件。正是由于这些堤坝的建造，才产生了如今我们比较熟悉的地名，例如赞丹、斯帕伦丹等，连阿姆斯特丹也是来源于此①。

这些位于河口三角洲的工程并未引起封建领主多大的兴趣，因为对于当时的荷兰人而言，这无非是一些与日常生活有关的筑坝和排水工程。无论是建造大坝还是兴修水利设施，都需要完善的管理能力和足够的资金支持，但这两者在当时都是极为缺乏的。统治这里的封建领主对此并无多大兴趣，更多是当地的渔民和农民不得不采取的自救措施。建造并且维护这样的堤坝特别需要良好的组织和管理能力，因此在项目修建过程中逐渐形成了一个包含"堤坝管理者"和"土地所有者"的小团体。这个小团体的每位成员都有一定的发言权，从而有助于提高工程的建造效率。事实证明，这种合作模式非常有效，人们团结起来对抗他们共同的敌人——海水。其他问题与之相比显得微不足道。这种沿海而居的人们在与自然环境斗争的过程中形成的处理问题的方式，逐渐演变成一种原始的分权和民主的合作模式，从而奠定了荷兰地

① "丹"在荷兰语中对应"dam"，意为"大坝"。

区管理模式的基础，并最终形成了荷兰几个世纪以来的政治文化。

阿姆斯特丹的周边地区通常被称作阿姆斯特尔，曾经是乌得勒支主教的领地。主教的权势很大，掌管的土地覆盖了当今荷兰很大一部分地区。此外，他还备受神圣罗马帝国皇帝的器重，在一些重要的宗教节日，皇帝经常会访问乌得勒支。

不过，对乌得勒支主教这般重要的人物而言，阿姆斯特尔这样一块荒芜之地无足轻重，因此，他通常会委托代理人或地方长官对这里进行管理。值得一提的是，代理人并不总是由贵族担任。一份公元 1100 年左右的文献中首次提到了一个叫作沃尔夫格罗斯（Wolfgerus）的人，他出身农奴，但被主教任命为地方长官。很快，他便利用荷兰封建领主与乌得勒支主教之间的矛盾为自己争取了一个更加独立的职位。他和家人最开始定居的地方就在这名主教管辖地区的农场中（大概在今天的老教堂一带）。

沃尔夫格罗斯死后，其职位由他的儿子埃格伯特（Egbert）继承，此后便由这个以阿姆斯特尔为姓的家族的子孙世袭。随着这片荒芜之地变得日益兴盛，这个家族的人逐渐开始自称为“阿姆斯特尔的主人”。不过，与其说他们是个贵族家族，不如说他们是一伙强盗。他们趁着乌得勒支主教权势衰微以及荷兰与外国之间摩擦不断的机会，夺取了对这片地区的控制权。随着时间推移，他们的影响力从北方蔓延至荷兰南部。

他们定居的农场逐渐演变成一个简易的城堡，这座城堡并不奢华却至关重要，因为这片不毛之地一直受到肯纳摩人一次又一次的劫掠。根据编年史学家、僧侣艾格蒙（Egmond）的记录，其中最大的一次劫掠发生在 1204 年：一伙肯纳摩人毁坏了阿姆斯特尔大坝，导致周围的土地被海水淹没，并"彻底烧毁了阿姆斯特尔家族建造的'漂亮房屋'，大火导致栽种在房屋周边的水果树也完全被毁"。不过，这场浩劫并未对阿姆斯特尔家族造成毁灭性打击。

✤　✤　✤

阿姆斯特丹曾有一项历史悠久的传统。每年新年来临之际，阿姆斯特丹的主要剧院都会上演名为《阿姆斯特尔的海思布莱特》（*Gijsbreght van Aemstel*）的悲剧［可以称之为低地国家版的《哈姆雷特》（*Hamlet*）］。在这部戏剧中，17 世纪的诗人约斯特·范·登·冯德尔①（Joost van den Vondel）将阿姆斯特丹的崛起和阿姆斯特尔家族的灭亡紧紧地联系在了一起。[3]

不过，几个世纪之后的阿姆斯特丹人才慢慢发现，原来阿姆斯特尔家族的事迹更多是一个美妙传说。它与其他发生在斯旺恩伯格、斯洛特代克、阿姆斯特尔、水坝广场②、杜伦伯格、哈勒姆港和克莱丽斯修道院等地的王族故事别无二致。在此后漫长的岁月中，无数的浪漫主义诗人将这个故事主题一次次地用诗歌表现出来。

---

① 约斯特·范·登·冯德尔：荷兰黄金时代的著名诗人、作家、剧作家，被誉为"荷兰的莎士比亚"，善于创作悲剧。

② 水坝广场位于阿姆斯特丹老城区，曾是该市唯一的市中心广场。阿姆斯特尔河原流经此地，河上的第一座水坝就建于此处，因此得名。

> 最后，殿下站在空空荡荡的大殿中，
>
> 在重重包围之中懊悔不已，
>
> 我可怜的臣民呀，你们在祈祷
>
> 你们在痛哭，伴随着恐惧的回响。

尽管看起来确实有些传奇色彩，但阿姆斯特尔家族的悲剧故事就是以这样一种方式开启的。戏剧的高潮部分是 1304 年敌军对阿姆斯特丹的围攻。历史上确实存在这样一场战役，但是主角并非海思布莱特，而是他的后代扬·范·阿姆斯特尔（Jan van Aemstel）。这场战役也不像戏剧中表现的那样举足轻重。1304年，弗拉芒人①入侵并占领了荷兰，而扬·范·阿姆斯特尔带领人们用围栏、壕沟、城墙加固了当时面积还不算太大的阿姆斯特丹。尽管如此，当大军杀到城下并将这座小城包围后，扬仅仅抵抗了两周便被俘获。"尽管这座城市倒在了废墟之中，但它依然坚强，并将再次崛起，在灰烬中重享荣耀。"冯德尔这样写道。但现实没有这般戏剧性，阿姆斯特丹的居民被迫拆除了防御设施，他们的特权也被收回，并且需要支付赋税。此外，冯德尔在他的戏剧中使用了美化的方式，将背景放在了一个更为恢宏的城市背景中，其规模已达到 1550 年左右阿姆斯特丹的发展水平。为了更吸引人，他将一座原本矗立在艾湾的大城堡"搬"到了泪塔②附近，但实际上，这里除了一个小邮驿之外什么都没有，即使是这个小邮驿，也是在 1304 年那场战役之后很长时间才出现的。

---

① 弗拉芒人是日耳曼人的一支，古时居住在西欧低地西南部和北海沿岸地区。

② 泪塔是阿姆斯特丹市内一座建于 15 世纪的塔，现为一家咖啡馆。

不过，冯德尔的确在阿姆斯特尔河的大坝上创造了一部熠熠生辉的希腊式悲剧，一个包含天使、骑士、处女、爱情、责任、英雄和高尚情操的故事，这座灰色小城的居民永远对他满怀感激之情。

约700年后，在1994年的一个冬天，阿姆斯特丹的警察将新教堂广场后面的一所小房子里的占屋者赶了出去。占屋者在这个地方居住了数年的时间，房屋早已变得破旧不堪。一个城市开发项目计划将这座房子拆掉，并在原地建造一座带有停车场的高档公寓。市政府同意了这项计划，但前提是在动工前城市考古学家要先完成对这个地区的考察。

我会不时地去看一看这些规模庞大的挖掘工程。挖掘机一点点地掘开地面，就像我们用刀切割蛋糕一样，在一刀刀切开包裹在历史真相之外的硬壳。挖掘的过程中，我们发现了一些19世纪的杯子，一整层18世纪的垃圾，还有一些17世纪的瓶子。也许这些才是我们从当代城市之下挖掘出来的城市的本来模样。有时候，挖掘者们会展示他们每日的收获，大都是一些日常用品，如硬币、陶瓷碎片等，还有一只土耳其软木制造的鞋、一些布料、一个中世纪狂欢节的标志以及一个用来造船的铁凿。

在某个阴冷的日子，一个新发现的壁炉将我的思绪引向历史深处。我眼前是一座石砌的灶台，它那开放的壁炉将我带回了14世纪初。尽管壁炉在一年前刚刚被修复过，但看起来却依旧那么普通，甚至还有一些粗糙，一看就是技艺不精的工匠作品。壁炉下面的柴火就好像是前天刚刚砍下来似的。宗教裁判所、黑死病、美洲大发现、法国大革命，所有这些重大事件都曾对这里的生活产生影响，而对这些壁炉和柴火而言，这些事件又似乎没有留下任何痕迹。现如今，600 年后的今天，这些东西依然在那里，似乎一切都未改变。

几天后，我又一次来到这里，突然发现了一堵黏土墙的痕迹。这道墙不仅仅是用来抵御敌人入侵的军事设施，还是对抗艾湾洪水的一道有力防线。数个世纪以来，艾湾已经退去了约 700 米，露出了原本位于海面之下的土地。1994 年 2 月 18 日，在经过一个多月的挖掘之后，考古学家决定暂停挖掘行动，因为在阿姆斯特丹地区，超过地下 5 米或 6 米的地方一般不会发现什么令人新奇的东西。此外，此时凛冽的冬风吹过，这里的气温已下降到摄氏零下三度，挖掘工作变得非常困难。不过，恰恰就在这样一个时刻，当挖掘机掘开地下 7 米的泥土时，偶然发现了一条几乎有 2 米宽的城墙残垣，它明白无误地告诉了我们一个事实：这里曾是阿姆斯特尔河附近的一座城堡——正如诗人冯德尔在话剧中描述的那座一样。

这次发现公布不久，阿姆斯特丹几乎所有的历史爱好者都跑过来一探究竟，包括年迈的图书管理员、历史老师、系谱学家、保护主义人士、艺术史学家和记者。所有人都高兴地站在黄色的砖墙碎片前，就好像零零散散的发现恰好印证了他们此前的假设和研究。直到那个时候，学界还始终认为在阿姆斯特丹从未出现过城堡：阿姆斯特丹从来没有过爵爷和仆人的故事，这里从始至终都是一个由公民治理的独立城市。

根据城市考古学家扬·巴尔特（Jan Baart）的说法，这座城堡应当建于 1204 年，是肯纳摩人对阿姆斯特尔家族第一座城堡进行抢掠之后建成的。从地板磨损程度判断，这座城堡应该存在了几十年的时间。这座城堡建造在艾湾的一个半岛之上，被一个小的定居点所围绕，四周拥有四座小的角楼。

尽管这次发现解答了一些疑惑，但对还原阿姆斯特丹的历史面貌帮助不大。几年前在附近就曾挖掘出一面 12 世纪的盾牌，并发现了几乎同一时期的铁匠铺遗址。12 世纪时，阿姆斯特丹的人口数量并不多。目前，我们掌握的有关 13 世纪的档案寥寥无几，不过依旧可以确定，在 1305 年之后不久，地方治安长官要么住在这座城堡，要么就返回老教堂一带——当时的行政中心。之后，随着发掘物品的不断减少，另外一种观点迅速传播开来：发掘出来的城堡实际上不是阿姆斯特尔家族的城堡，而是在半个多世纪之后建造的城防设施，据推断可能是由伯爵弗洛里斯五世①（Floris V）建造的。建造城堡所用木材应该砍伐自 1273 年的一片森林。时至今日，那里的树木仍在生长。另外一条支持这种论断的证据是：这种正方形的城堡在 13 世纪后半叶才出现在欧洲。[4]

然而，无论这些推断是否准确，它们对阿姆斯特丹的历史几乎没有产生任何影响。无论有没有这样一座城堡，在阿姆斯特丹历史上都很难找到任何有关封建制度的传统。在许多欧洲城市中，位于金字塔顶端的贵族阶层在失去支配地位很长时间后，依然享有特权。然而，这种情况在阿姆斯特丹则非常少见。尽管直到 17 世纪中叶，市政厅的画廊依旧被 4 座象征着权威的荷兰伯爵

---

① 弗洛里斯五世：荷兰-泽兰伯爵。

木制雕像所占据，但阿姆斯特丹市民的公民意识早已觉醒，他们总是能够自由地管理着日常事务。这种情况产生的原因可能是由于阿姆斯特尔家族对这片地区的统治时间过短以致并未形成封建统治传统，但也有可能是由于在这个家族出现之前，当地已经形成的权力模式所致。此外，阿姆斯特尔家族本身也是强盗出身，最多也只能视为阿姆斯特丹首批定居者，谈不上是这片地区的权威统治者。阿姆斯特丹最早的城市徽章便是一个很好的证明：一艘载有两个人和一条狗的海船。这个徽章所表达的内容来自那位挪威王子的传说，人们将这个传说转化成了代表城市精神意义的象征符号：徽章里战士模样的人象征着城堡，另外一名商人象征着城市。两人身边的狗象征着忠诚，与他们一起乘船远行，驶向未来。[5]

✥　✥　✥

如同我们对前文提到的那座城堡了解程度不高一样，我们对第一批来阿姆斯特丹定居的人也知之甚少。最开始的时候，这里是一片沼泽荒地，随处可见低矮的灌木丛、纺锤草、芦苇丛和帚石楠（这些都是根据考古学家从地下挖掘出来的种子推断所得）。几乎没有高大的树木生长在阿姆斯特尔河畔。1180 年前后，当定居者们在这里建造第一座大坝的时候（时间或许更早一些），他们在河岸坚固的黏土层上铺了一层新土，并建起了第一批杂乱无章的房屋。这些早期的房屋实际上都很小，甚至没有今天正常公寓的客厅宽敞。房屋的原材料是一些树干，黏土与树枝被用来筑墙，芦苇或者稻草则被用来做房顶，屋后通常会预留一个空间安放火炉，这样"人们就可以方便靠近火堆取暖"。房子整体向街道一面倾斜，屋里的地面也是这样，目的是为了防止雨水灌入房屋内部，这种排水方式直到中世纪仍在使用。它的优势不仅仅在于防雨，发生火灾时，人们可以更容易地将房屋推倒，切断火势蔓延的路径。

　　一排排如此简陋的小房子建在今天的纽文代克和瓦慕斯大街一带，这里属于阿姆斯特丹的"新区"。与大部分阿姆斯特丹人头脑中的印象不同，"老区"与"新区"的称谓并不是在建城伊始就出现的，实际上，直到阿姆斯特丹被分为两个教区时，才出现了"老教堂区"和"新教堂区"的称谓，前者可以追溯到13世纪，后者可以追溯到15世纪，之后才逐渐演变为"老区"与"新区"的称谓。

　　在阿姆斯特丹这片荒芜之地，最早的居民是渔民和农民（尽管那些有关城堡的新发现也暗示这里曾有过一些专业的手工业者）。如果你因而推断这是一个规模极小的村落，那就错了。尽管这个大坝村落宽度不足 25 米，但长度较长，如果步行的话，需要 15 分钟才能穿过全村。不久之后，人们就开始着手增加可用的土地，他们通过填埋阿姆斯特尔河，并在填河的土地之上建造新房屋的方式不断扩展村落面积。距离前文提到的那次考古挖掘仅仅数年之后，人们又在罗金街①的一处商业建筑地基下方发现了阿姆斯特尔河最原始的河床遗迹。这些发现清楚地展示了早期的拓荒者如何使用泥土和杂草对河道进行填埋。尽管这些工程

---

①　罗金街是阿姆斯特丹的主要街道之一，原本是阿姆斯特尔河的一部分。

非常困难，却非常成功。阿姆斯特丹人在接下来的几十年中曾多次按照这种方式进行填河。总而言之，在早期阶段，这里的居民从阿姆斯特尔河中"抢"出来一块大约 60 米宽的土地用以生活和发展。这是这座城市在与大自然的斗争中赢得的第一块土地。自那之后，填埋造陆便一发不可收拾。

人们推算，当时的定居者们建造的首批大坝应当是在 1170 年和 1173 年大洪水之后出现的。当然，也有一些学者认为那些大坝直到大洪水发生后的 50 年才开始建造。[6]传统观点认为，定居者们最初居住的地方更靠近艾湾，属于今天的尼沃布吕赫①地区。随着定居者们不断向内陆迁移，河口逐渐演变成一座自然港口，人们很快就开始在港口周围繁衍生息，即今天的瓦慕斯大街附近区域，这个区域的名字很有可能源自曾经坐落在此处的蔬菜园。从挖掘出来的印章和布料判断，今天老教堂附近的区域逐渐聚集了一批纺织品商人和手工艺者。

1275 年 10 月 27 日，阿姆斯特丹作为一个地区的名称首次出现在历史文献中。在一份真实性存疑的文件中，伯爵弗洛里斯五世免去了"居住在阿姆斯特丹地区的人民"的赋税。几个世纪以来，阿姆斯特丹档案馆非常认真地保存了记载这些内容的羊皮纸文稿。他们保存这个文稿的理由很简单，因为这是伯爵向阿姆斯特丹的定居者们颁布的首个优惠性政策。此外，它也具有特殊的意义，因为这意味着阿姆斯特丹的首批居民将不再支付过桥费和过闸费。当时，桥梁和水闸遍布在伯爵控制的领地内，区域内人

---

① 尼沃布吕赫位于荷兰西部，在阿姆斯特丹以西 11 公里处。

口的出行成本非常高。

弗洛里斯五世签署的文件，上面首次出现了阿姆斯特丹这个

名字。(图片来源：Amsterdams Historisch Museum)

　　这份文件也帮助我们了解了阿姆斯特丹早期的地位。它当时应该还不算是一座真正意义上的城市，否则弗洛里斯五世也许不会模糊地称那里的定居者为"居住在阿姆斯特丹地区的人民"。但同时，这些定居点对伯爵的重要性是不言自明的，他可以通过向这里的居民授予特权的方式将其与自己紧密联系起来。具有讽刺意味的是，考古挖掘中发现的城墙或许也是他对阿姆斯特丹居民采取优待措施的原因之一，谁知道呢？

　　阿姆斯特丹的早期历史确实值得写成一部悲剧。海思布莱特·范·阿姆斯特尔四世（Gijsbreght van Aemstel IV）敏锐地发现乌得勒支主教正在丧失他的统治地位，于是决定脱离主教的控制，这种做法与他的那些品行不端的祖先们如出一辙。然而，事态的演变超出了他所能控制的范围。1296 年，海思布莱特·范·阿姆斯特尔四世与其他贵族一起，为彻底摆脱弗洛里斯五世的统治发动了武装叛乱。不幸的是，这次叛乱以失败告终，整个阿姆斯特尔家族被驱逐，并被永远禁止踏入佛兰德地区。之后不久的 1304 年，海思布莱特·范·阿姆斯特尔四世的儿子扬尝试重夺阿姆斯特丹的统治权。尽管他成功地占领了这座城市并加强了城墙防御，但仅仅过了不到一年就遭到弗洛里斯五世的继任者——威廉三世（William Ⅲ）军队的包围。扬进行了两周的抵抗，便再次败北并遭到驱逐。从事后阿姆斯特丹居民遭到的严厉惩罚推断，阿姆斯特尔家族的反叛行为应当得到了这座小城居民的支持。由于"阿姆斯特丹人民参与了反叛弗洛里斯五世的行动"，于是他们被剥夺了此前拥有的特权。他们建造的城堡、城墙等城防设施也相继被摧毁。直到 700 年之后，随着古老城墙的遗迹再次被人们发现，当时的故事才重见天日。

在当时那样一个混乱的时期，由于荷兰地区的许多领主都需要获得阿姆斯特丹的支持，因而给了这座城市许多特权。我们从一份 1300 年前后制订的城市公约中可以发现，当时的乌得勒支主教韦德·范·阿文斯（Gwijde van Avesnes）首次提到了"阿姆斯特丹公民"。得益于这些城市特权，阿姆斯特丹从主教、伯爵和阿姆斯特尔家族的掌控中脱离出来，原则上可以由市政立法官员和行政官员掌管城市事务。市政官员有权决定是否吸纳新的市民，并且被授权制订法律和行政法规。如果一名市民因犯罪被判驱逐出城的刑罚，那么其他全体公民可以采取一致同意的方式免除对他的惩罚。除此之外，城市公约还确定了对待严重刑事犯罪——诸如谋杀、破坏和平——的惩罚措施。通过这些城市特权，阿姆斯特丹将自己置身于城市公约和城墙的保护之下，可以免受贵族的侵扰以及城市之外环境的影响。

由于站在了叛乱者一方，当阿姆斯特尔家族在 1304 年被最终打败之后，阿姆斯特丹作为所谓的"阿姆斯特尔家族的城镇"不得不放弃刚刚获得的权利。不过，得益于此前已经与阿姆斯特丹签署租约的封建地主的介入，以及城墙拆毁之后面临来自城郊的安全威胁的原因，仅仅一年之后，这些权利又失而复得，这使得阿姆斯特丹的发展没有在叛乱中遭受实质性的影响。

这个时期的许多欧洲城市变成了一座座与贸易绝缘的孤岛，艰难地漂浮在惯性、恐怖、迷信和镇压的浊流中。然而，阿姆斯特丹却是另外一番景象。由于自身的规模不大，因而它与周边的城镇互动非常频繁。当乌得勒支、奈梅亨和多德雷赫特已经有了一两千户居民，莱顿也有了将近一千座房屋的时候，霍伦、梅登布利克和阿姆斯特丹却只有几百户人家。[7]考虑到城市居民在精神生活方面的需求，人们在如今的老教堂附近建造了一座小教堂。直到 1334 年 5 月 5 日，当沃特·范·德隆霍恩（Wouter van Drongelen）被任命为老教堂的专职神父时，我们才明显感受到这座年轻城市蓬勃发展的规模。不断增长的人口使这里需要拥有自己的专职神父。

✤ ✤ ✤

是什么力量使阿姆斯特尔丹村在如此短暂的时间里发展成了阿姆斯特丹市？是什么力量驱使那些在 1200 年前后缴纳这个地区最低税额的渔民家庭，仅仅在三四代人之后就可以成为海上战争中的真正主角？为什么这些事情都发生在了阿姆斯特尔河布满泥沼的河口却不是荷兰其他更适合城市发展的地区？

阿姆斯特丹的建造是一件不可能完成的任务，所有的房屋之下都是极其松软的土地。这里甚至不适合成为港口，在几个世纪的时间里只能通过一条满是沙地、浅滩的复杂路线逆风抵达。阿姆斯特丹和同期其他城市相比就像一朵迟开的花朵。多德雷赫特（1220 年）、哈勒（1245 年）、代尔夫特（1246 年）和阿尔克马尔（1246 年）这些城市出现的时间都比阿姆斯特丹早许多年。但阿姆斯特丹的特殊之处在于它的地理位置距离许多重要的城市都很近（至少从今天的观点来看是这样）。除此之外，它还有很多其他方面的优势：发展机遇、具有重大影响力的发明，以及其他城市愚蠢和短视的发展规划。

让我们先从发明说起。阿姆斯特尔河早期的定居者中有许多弗里斯兰人。中世纪早期，他们主要为那些从低地商业城市默伊登、斯塔费恩、艾瑟尔前往瓦登海、日耳曼北部地区、日德兰半岛和波罗的海的贸易活动提供运输服务。从一开始，阿姆斯特丹这个水手数量众多的小城镇就处在这条商业路线的必经之路上。

我们发现了一封保留至今的写于 1248 年的信件（当时还没有阿姆斯特丹的概念），上面记录着范·阿姆斯特尔三世（van Aemstel Ⅲ）对征用一条来自阿姆斯特尔地区的船只进行抗议。在考古挖掘中，人们在阿姆斯特丹早期的房屋中发现了从遥远异国进口来的物品的残骸。其中有一件 1200 年左右的黄色陶壶，看样子是比利时制作的，而里面盛放的葡萄种子、醋栗果和无花果有可能来自法国或者意大利的南部。人们还在一些 1225 年左右的物品中发现了一块奇怪的上等布料。我们推断这块布料是在意大利的热那亚编织的，编好后被运上小船，之后经过漫长跋涉，驶过了错综复杂的河道及各种小运河，穿过了无数条小路和贸易交易站之后，最终抵达阿姆斯特丹。

交通运输方面的最伟大发明莫过于海船了。一条带有圆形船头和船尾且体型巨大的带有桅杆的宽梁木船，非常适合远程航行，能够廉价地运送大量物资。正如 20 世纪大型喷气式飞机的出现一样，它可以在两个大陆之间提供相对便宜的大型运输服务，这在移民和国际关系史上都引发了革命性变化。海船的到来使基础物资跨越海洋的廉价运输成为可能，粮食、木材和食盐突然间开始源源不断地出现在各地的市场上。

阿姆斯特丹很快参与了大量贸易活动。中央火车站对面发掘出一个 13 世纪用来服务出海远行船只的码头遗迹，它附近便是建造在沉没海船残骸之上的房屋。当时，一艘海船的吃水量大概有 100 吨，是之前船只的五倍甚至十倍。它们可以在大海中航行，而不需要再在河流和运河中走绕远的航线。阿姆斯特丹起先是被动地裹挟在一张不断张开的贸易网中，但是很快就变成了主动参与者，这标志着阿姆斯特丹开始了自己的发展之路。

　　但是，引领阿姆斯特丹走向卓越的并不仅仅是这项发明，周边城市统治者愚蠢且短视的目光同样"功不可没"，特别是乌得勒支的那些主教们。随着海船的引入，北海和波罗的海沿岸的商人（主要是居住在不莱梅、汉堡和吕贝克的商人）开始逐渐将贸易触角伸向南欧。他们从法国进口食盐和红酒，从英格兰和佛兰德进口羊毛和布料，从热那亚和威尼斯进口丝绸、天鹅绒和香料，从北方进口谷物、木材和皮草。佛兰德的布鲁日是他们的贸易仓库，也是他们进行货物运输的前哨。由于北海恶劣的自然环境，商人们尽可能避免走公开海域。他们传统的路线是从波罗的海通过荷兰进入内陆的水路，首先穿过瓦登海、阿尔默勒，之后穿过默伊登，由此直上费赫特河和乌得勒支，通过荷兰埃塞尔湖进入莱茵河，之后再通过泽兰群岛进入布鲁日。

　　13世纪，乌得勒支的主教们忽略了统治、自由和贸易之间的平衡，而处理好这种平衡的阿姆斯特丹将在之后几个世纪里迅速崛起。本质上看，那些以设立收费点、建造大坝的方式向过路的荷兰商人征税的赚钱方式无疑是在慢慢掐死会下蛋的母鸡。自13世纪下半叶开始，沿着莱茵河穿过乌得勒支的航线几乎已经无法通行。在主教扬·范·纳索（Jan van Nassau）的统治下，教区完全陷入了混乱，路过此地的商人们不时被抢劫甚至谋杀。而范·阿姆斯特尔四世安稳地住在自家的城堡中，俨然已经成为一个强盗头子。

　　得益于这些统治者们愚蠢的"神助攻"，阿姆斯特丹从1275年开始逐渐变得兴盛强大起来。为了避免在传统商业路线上遭到骚扰，商人们很快发现了一条通过艾湾和斯帕尔恩河前往荷兰的新路线。阿姆斯特丹凭借通向阿姆斯特尔河便捷的转运路线，成为这条商业航线的中心城市。此外，路过这里的商船也无须再支付过路费，这无疑是对商人们的极大诱惑。很快，荷兰领地的伯爵们便明白了一个道理：单靠阿姆斯特尔附近的沼泽和沙地上的农业开发无法支撑不断增长的人口。因此，他们主动刺激并且保护贸易的发展，通过改善水闸、桥梁等基础设施方便商人们的通行，同时给予他们商业特权以及安全保障，以便吸引更多的商人来此经商。这里的统治者们希望在多德雷赫特之外再造一座布鲁日式的商业城市。

随着阿姆斯特丹的不断壮大，这座城市也在不断地塑造自己独特的风格。时至今日，阿姆斯特丹依然和荷兰其他地区有着极大的反差。这种反差也可以理解为封建领主和主教统治方式之间长久以来形成的反差。各教区的主教维系着以地主和农奴为基础的封建制度，统治着别无选择的农奴，他们被高额的赋税压得像驴一样喘不过气来，拼命劳作直到去世。与之相反，封建领主们明白商业活动对其统治地区的重要性，深刻领会到了商人并非农奴这样一个事实——商人有自主选择的权利。此外，这些封建领主也许最先感知到了此后将会发展为荷兰重要传统的事实：以开放的心态拥抱新鲜事物，拒绝墨守成规和故步自封。

在阿姆斯特丹，人们敢于直面大海以及所有来自远方的陌生事物。然而，那些居住在乌得勒支、海尔德兰和上艾瑟尔沙地上的人们却在面对新生事物时将身子转了过去，选择停滞不前。阿姆斯特丹人逐渐将目光转向了更为广阔的西方和北方，以及更遥远的东方世界。阿姆斯特丹与荷兰其他地区的差别，从此时起开始逐渐明晰，并贯穿了整个荷兰政治和文化历史的发展历程，直至今日。

第二章

面包和石头

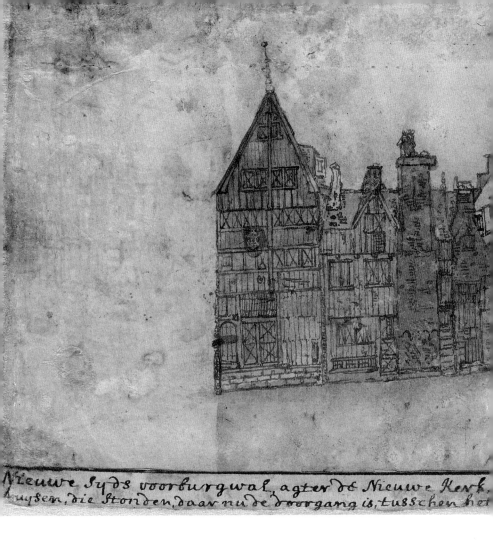

Nieuwe Syds voorburgwal, agter de Nieuwe Kerk,
huysen, die stonden daar nu de doorgang is, tusschen het

尼沃塞德·沃尔保瓦尔街上传统的木制房屋。这幅图由荷兰黄金时代的绘图师、雕刻师、制图师和出版商克拉斯·扬斯·菲斯海尔（Claes Jansz Visscher）绘于 1650 年。（图片来源：Gemeentearchief Amsterdam）

1150—1200 年那段不为人知的岁月一定是一段非凡的历史时期，那期间各种大大小小的革命此起彼伏，成就了欧洲北部历史上最重要的一段时期。这一时期如同 19 世纪一样，各种大事件接踵而至，迅速地闯入历史进程当中。

率先掀起波澜的是海船的大规模使用，它的发展完善使得人们可以将更多的货物运往更远的目的地，大规模的基督徒朝圣活动也因此逐渐兴盛起来，给了人们感受异域风情的机会。织布机的发明为更多人提供了劳动机会，传统的按性别分工的模式被打破。市场经济此时开始起步，货币逐渐成为支付手段的首选，代替了以往的以物易物的贸易方式。荷兰频发的洪水仍时常淹没这片低洼的土地，当地居民需要大力修建水利设施。农业人口此时也在不断增长，迫使越来越多的人不得不在农业之外的领域寻找生计。所有这一切的发生用了不到十年的时间，而这恰恰是阿姆斯特丹发展过程中的转折点。

阿姆斯特丹从河边的一个小村庄发展成为一个小城镇，用了一个世纪的时间。法国历史学家费尔南·布劳岱尔（Fernand

Braudel）曾说，村庄转换为城市需要迈过一个所谓的"城市价值门槛"[1]。不过，这个所谓的门槛并不适用于中世纪的欧洲城镇。对于16世纪的法国城镇而言，城镇人口的标准底线为"600个灶台"，即约2 000名定居者。人们普遍认为这个标准对于中世纪的欧洲城镇而言太高了。然而，即使按照这个标准，从当时阿姆斯特丹的灶台数量看，它也已经跨过了人口数量这道门槛。

人口增长是阿姆斯特丹迅速发展的最重要的指标。当时，在那里居住的不仅有农民，还有大量的渔夫和水手。他们在城镇发展的最初阶段就奠定了阿姆斯特丹的一条重要城市特性：多样性和专业性的并存。

迄今发现的最古老的阿姆斯特丹定居者生活的证据可以追溯到1225年，比有关这个城镇最早的文献记录要早半个世纪。在纽文代克

这尊圣母与耶稣的橡木雕像，约制作于1340年。（图片来源：Archeologische Dienst Amsterdam）

拆除一处老旧电影院时，人们在地下4米深的地方发现了一个壁炉，还有一些家居用品以及环绕房屋的篱笆墙的遗迹。"大量的遗迹清楚地显示出这家主人的职业，"城市考古学家扬·巴尔特

(Jan Baart) 在稍后撰写的报告中写道，"厚厚的灰层、少量的煤炭、存放废铁和工具的地窖告诉我们这是铁匠居住的房屋。"从发现的样式迥异的碎片和半成品中，可以推断出这位铁匠不仅仅制造农业和园艺工具，还会打造木匠的工具、铁质工具（用于建造船只和钓鱼）、鞋子的加固物、餐具、马掌和武器。不远处的一座所谓的城堡一定和这家铁匠铺有所关联。模具和铜板的残余物也说明这位铁匠懂得如何使用铜器和白蜡。在经历了两代人的工作、生活之后，这家铁匠铺约在 1275 年消失在历史的长河当中。

1980 年，人们在卡尔夫大街阿姆斯特尔银行的旧址挖到了另外一座房子的遗迹。据推算，这座房子应当是 1250 年建造的，主人应该是一位鞋匠。[2] 人们从房屋的遗留物中发现了编织好的柳枝、建筑木材和石块。此外，还有大量的皮革碎片和奶牛毛。我们从中可以了解当时人们的制鞋流程：使用混有河水的生石灰清理动物表皮的毛发，紧接着开始制革流程，最后以革做鞋。

除了上述的铁匠和鞋匠外，这里一定还居住着其他的手工艺人。在早期的阿姆斯特丹人中，我们能确切知道姓名的是一位生活在 1310 年左右的名叫兰布雷希特（Lambrecht）的面包师。这意味着当时的城里就已经有了面包房，人们可以烘焙揉好的面团。1307 年左右，人们在海堤建造了一座风车（此前面粉都是手工研磨的），之后不久，人们又在纽文代克建造了第二座风车（这里也曾被称作风车街）。在考古发现和文献记载的帮助下，扬·巴尔特能够列出 14 世纪阿姆斯特丹地区的手工艺人种类，在这里，你可以找到多达 50 种职业手工艺匠人，从金匠、弓箭制造人、酿酒人，到铜匠、妓女，甚至修女，不同职业的人生活在这里。彼时的阿姆斯特丹与一座成型的城市别无二致。

　　阿姆斯特丹地区贸易的专业化分工给当地的发展带来了巨大影响。这种影响对当时的妇女尤为重要。直到 13 世纪，女人们还在家中手工研磨粮食、制作面包、纺织布料、烘制陶罐。然而，从 12 世纪末开始，随着织布机和制陶器开始被引用到生产中，那些原本由女性从事的工作逐渐被专业的男性纺织手工艺人和陶工所取代。我们可以很清晰地从在那个时期的陶器上发现的指纹看到这一点。在现代指纹专家的帮助下，阿姆斯特丹市的考古学家能够确定最早的陶器几乎全部出自女性之手。此后，陶器碎片中开始出现男性的指纹。[3] 在 13 世纪和 14 世纪，同样的趋势发生在粮食研磨、啤酒酿造和医疗护理方面。同期，这些新兴的行业被不断涌现的行会所保护，而这些行会无一例外地全部是男性组织。很明显，这种趋势对男女之间原本相对平衡的社会地位产生了显著的影响。囿于留存下来的书面材料的匮乏，我们对细节知之甚少，但可以确定的是，这一趋势对那个时期的社会秩序产生了重大影响。

　　我们该如何在头脑中想象阿姆斯特丹村庄的形象呢？我想，最突出的两个特点无疑是潮湿和泥泞。在纽文代克挖掘期间，我们从土壤的分层中可以很清晰地看到，铁匠一家几乎每隔两年就要将自己院子里的地面垫高。这是因为他们的房屋下面是沼泽地，随着时间的推移会一直下沉。鞋匠家的状况也没有好到哪里。当时的房屋和其他所有建筑一样都是木质结构，直挺挺建造在地面上，没有独立的地基。火炉中升起的烟顺着管道上升到屋顶，并从预留的小洞中排出。屋内的地面是黏土铺成的，上面盖着编织好的柳木席。顺着这些物品给出的线索，我们可以推断出，在半个世纪以后，即1300年前后，人们在相同的地点又建造了一座新的房屋，还在屋前铺了一条小小的鹅卵石街道。在这座房屋后面的阿姆斯特尔河故道，又发现了大量的日常用品，包括一个大木桶和一些产自德国及本地的陶罐碎片。就在这个地方，约一个世纪之后的1400年，出现了第一座用石头砌成的房屋。

然而，阿姆斯特丹并没有在一夜之间"石化"。1421年，阿姆斯特丹的大片区域被一场大火烧为灰烬。之后在1452年，这里再次遭到火灾的破坏。每一次出现火灾，阿姆斯特丹的建筑标准就会变得更加严格：芦苇房顶被严格禁止使用，房屋正面及侧面的墙壁必须用砖石建造。然而，从1544年印制的首张阿姆斯特丹的地图上，我们可以很清楚地看到至少有一半房屋的外立面依然是用木材建造的。甚至直到17世纪，阿姆斯特丹仍然有整片的木制房屋社区。最主要的原因在于，木材在相当长的一段时期内是最容易加工的建筑材料。木制房屋也有其特点，可以使街道呈现出多样性的变化，如同我们在那些描绘瓦慕斯大街、戴姆拉克的古老的手绘画中看到的那样，街景充满了记忆中挪威和德国小镇的感觉，蜿蜒曲折的街道和色彩多变的建筑修饰着城市。这就是公元1350年前后阿姆斯特丹的风格。属于那个时代的两座木制房屋留存到了今天（一座位于贝海嫩霍夫34号，另外一座位于海堤1号）。房屋漂亮的外立面有时候隐藏了房屋地基和框架的真实年龄，有时外面看起来非常新潮的房屋，实际上初建的时间比你想象的要久远许多。特别是在17世纪和18世纪，阿姆斯特丹为大量中世纪的房屋进行了修缮，给予了它们更加"现代化"的外观。就在不久前，为了建造中央火车站对面的维多利亚斯堪迪克皇冠酒店，施工队在拆迁过程中，发现了一座中世纪商人曾居住的房屋遗迹，它保留了完好的木制架构。这座房屋运用了传统的绳索建筑结构，据推算，它应当建于 14 世纪。由于酒店建造的工期不能拖延，这些房屋遗迹很快被运往仓库保护了起来。

如同最早出现的汽车在外观上与马车相差无几，只是用引擎替换了马匹一样，最早出现的石制房屋也完全是根据木制房屋技术进行搭建的，这种搭建方式时至今日依旧令人印象深刻。在这种所谓的"新式石料房屋"中，木梁仍然起到支撑屋顶的作用，石头无非是被用作砌墙，而屋顶的样式也几乎没有任何创新。这个时期城镇上的房屋看起来像是微缩版的城堡，这些石制房屋延续了木制房屋的房顶，使用尖尖的、呈阶梯式的三角形顶墙。

中世纪房屋的墙面向街道的方向有一个倾斜的角度，这种设计仍然可以在一些老式木制架构的房子中看到，其优势在于房屋的外立面和架构可以最大限度地减少风雨的冲击和侵蚀，比那些拥有垂直于地面的墙壁的房屋更耐用。不过，这也带来了一些城市规划方面的麻烦，这种房屋构造使得街道的空间会被房屋挤占，导致本已拥挤的街道和堤坝变得更加狭窄，还在一定程度上遮挡了原本可以照向街道的阳光。石质墙面的出现并未给房屋结构带来实质性的改变。为了避免与原有的木制房屋在建造风格上产生较大差异而导致城市景观变得丑陋，这些新建成的石制房屋的外墙依然有所倾斜，并与传统木制房屋的墙面角度协调一致。从视觉效果来看，协调一致的墙面设计的确让街道更加整洁、美观。

随着城市商业的发展，商人们越来越倾向于在房屋顶部建造阁楼用来存储货物。此时，这些倾斜的外墙为向屋内搬运货物提供了极大便利，令人不用去顾忌在运送的过程中会撞击房屋的外墙面和玻璃窗户（这些往往是房屋主人无比珍视的东西，如果撞坏了会非常心疼）。时至今日，阿姆斯特丹内城房屋的墙面仍旧是向前倾斜的样式，这种传统能够保留至今还要感谢阿姆斯特丹那种将老式风格和实用主义结合的奇特传统。

石制房屋的兴起促成了阿姆斯特丹房屋著名的内饰装修风格的形成。[4]石料的出现，使得在房屋内搭建垂直的烟囱成为可能，这也将屋内的明火从房屋中间移到了石质墙壁上。然而，这种改变并非是一蹴而就的，它花费了将近两个世纪的时间才成为城市房屋设计的主流。直到1492年，城市布告中仍有"开放的壁炉"这样的字眼。烟囱的出现为房屋带来了革命性的变化，它使得房屋上层部分不会总是充满浓烟。这样，人们便可以在屋顶下方的房梁上铺设木板，多建造一层空间，即我们所熟知的阁楼。在那之后，阿姆斯特丹人开始围绕壁炉建造小的房间，以便最大限度地利用壁炉产生的热量。这种小房间成为阿姆斯特丹传统房屋风格的一种特点，在古荷兰语中被称为"内厅"。由于房屋的其他部分依然和外面的街道有着直接联系，所以内厅便成为房屋的私密空间。为了更好地利用壁炉的热量，这个小房间的屋顶建得很低，人们顺势在它的屋顶上方搭建出一个额外的隔层。随着时间的推移，人们将这个隔层的挑高慢慢抬高，它逐渐演变为一个独立的房间，甚至拥有了专属于它的烟囱。这一来，房屋的内厅逐渐演变成了上下两个独立的房间，一间用作起居室，另外一间则成了厨房。

从很早开始，阿姆斯特丹的民居就利用这种房屋设计上的变化，将私密空间和公共空间进行了清晰的划分。我们可以从约翰

内斯·弗美尔①（Johannes Vermeer）、扬·斯特恩②（Jan steen）
和其他几位 17 世纪艺术家的画作中了解阿姆斯特丹房屋前厅的
样貌。它的挑高一般比较高，采光充足并且是开放式的，通常被
用作商店、商人办公室或工作室等，也有将其用作起居室的。在
夏天，百叶窗和房门通常是始终敞开的，不过房门的下半部分可
能要一直关闭，以防止在城市游荡的流浪狗闯进来。内厅则纯粹
是主人的私密空间，始终处于封闭状态。阿姆斯特丹人用这样一
个空间将自己与寒冷和艰苦的生活隔离开来。描绘这些内厅场景
的素描和油画让我们体会到了一种无忧无虑的慵懒感觉：抽烟斗
的男人和正在织毛衣的女人。这种家庭生活的双重特性刻画了这
座城市数个世纪以来的特征：一方面，热情开放的商人们白天在
前厅会见他们的客户，晚上也不会合上百叶窗或窗帘；而另一方
面，内厅则是一副从容的私密生活，荷兰人用一个专门的单词
"gezelligheid"（愉悦）来形容这种颇为古怪的生活态度：内部舒
适柔软，外部刚劲坚硬。

❖　❖　❖

　　尽管规模在不断扩张，但是阿姆斯特丹依旧在相当长的时期

---

　　①　约翰内斯·弗美尔：17 世纪荷兰画家，往往与伦勃朗（Rembrandt）一同
被称为荷兰黄金时代最伟大的画家。
　　②　扬·斯特恩：17 世纪荷兰风俗画油画家，作品以心理洞察力、幽默感以及
丰富的色彩为特点。

内维持着一幅乡村般的田园景象。如同那段时期欧洲大部分城市一般，阿姆斯特丹的大部分居民仅仅是所谓的兼职市民。绵羊、山羊、鹅、猪在城市中随处可见，奔跑着自由觅食。当时的城墙附近区域被用作奶牛和马匹的公共草料场。如今，几乎城市中的每一次挖掘都可以找到一层中世纪遗留下来的粪肥。我们从城市档案中也发现了一些过往生活的痕迹，例如禁止沿着城墙建造猪舍的规定以及规范干草土地所有权和使用权的合同。

我甚至还在 1342 年的城市条例中发现了一个条款，规定城门看守员每年可以享受 6 周的假期，用于"耕种自己的土地"。直到 1500 年，城市管理者才被迫禁止牲畜在"特定道路、花园和布道场所"乱跑。可以确定的是，阿姆斯特丹人不仅从事钓鱼、航海和贸易等工作，而且在数个世纪的岁月中始终将自己的生活与农业活动紧密结合在一起。

不过，将城市的命运推向高潮的依然是贸易以及与之相关联的生产活动。在乌得勒支主教范·阿文斯死后，荷兰伯爵威廉三世，于 1317 年抓住了机会，将阿姆斯特丹并入了自己的领地。从那一刻起，阿姆斯特丹正式并入荷兰。在那之后不久，这位伯爵就开始征收啤酒税。这意味着所有进口到荷兰的啤酒必须在阿姆斯特丹清关并支付税款。

在这一时期，啤酒已成为最受荷兰人欢迎的饮品，而且大部分啤酒是从汉堡进口进入荷兰的。阿姆斯特丹很快成为这项贸易的中心。[5]存留下来的征税记录显示，汉堡商人开始向荷兰出口从德国以及波罗的海地区购买的商品：木材、粮食、豆子、坚果、焦油、鲱鱼、烟灰、蜂蜜、布料、皮革、金属丝、毛皮、熨斗、啤酒花、腌肉、食用肉、油脂，等等。不过，与之相比，啤酒依然是最主要的出口商品。1365 年前后，每月运往阿姆斯特丹的啤酒数量达到惊人的 2 500 吨，占到汉堡出口啤酒总量的三分之一。啤酒的卸船地点在奥德塞德·沃尔保瓦尔①的"啤酒码头"，位于老教堂广场和如今戴姆大街之间的位置。[6]

　　海上商业运输绝非阿姆斯特丹所独有。这一时期的海关记录列明了在阿姆斯特丹港口停靠的 120 艘船只，除了 8 艘以外全部来自荷兰。主要的船只来自欣德洛彭（31 艘）和泰尔斯海灵（17 艘），其他还有 9 艘船只来自维灵恩，另外 9 艘来自恩克赫伊曾，6 艘来自斯塔福伦，6 艘来自哈尔德维克，只有 7 艘来自阿姆斯特丹。这种情况并不奇怪，即使在此后的几个世纪中，来自阿姆斯特丹的船只运输的货物也只占港口吞吐量的一小部分。18 世纪时，阿姆斯特丹逐渐出现了来自欣德洛彭的水手，他们在这里发挥着越来越重要的作用。此后，阿姆斯特丹又从艾湾北部的贫穷地区雇用了许多水手从事诸如捕鲸一类的危险营生。大片农村（例如兰斯多普和德赖普）则为阿姆斯特丹的船主们提供了大量廉价的劳动力。

　　从一开始，阿姆斯特丹就是一个以贸易为生的港口城镇。到了 14 世纪，随着许多船员渐渐成长为商人，这一特征再次得到强化。

　　这一变化最早出现在往返于阿姆斯特丹和汉堡两地的船员身

———————————

　　① 奥德塞德·沃尔保瓦尔是一条街和街旁运河的名字，位于阿姆斯特丹市中心，街道旁至今还排列着荷兰黄金时代的传统房屋。

上。随着贸易的不断开展，从阿姆斯特丹返回汉堡的船员们开始携带一些商品。一开始只是一些传统的荷兰产品，例如奶酪、黄油和鱼，之后就逐渐扩展到其他产品。在这个过程中，阿姆斯特丹逐渐意识到自己成为贸易中心的潜力，但同时也意识到自己与周边城市关系的变化：从商业盟友到竞争对手，再到你死我活的敌人。

阿姆斯特丹商人以一种独立、温和的方式闯出了自己的一片天地。当时，德意志北部的汉萨同盟①正处于其发展的初期阶段，是一个年轻、充满活力的商业城市联盟。联盟中，各个成员城市给予彼此支持和特殊优待。渐渐地，这个商业联盟的规模开始不断扩张，其触角从北方的挪威一直延伸到法国、英国乃至更远的地方。这个商业联盟对于当时规模并不算大的阿姆斯特丹而言无疑极具吸引力，况且荷兰地区已经有一些贸易城市加入了联盟，例如奈梅亨、坎彭和格罗宁根。阿姆斯特丹没有理由不像这些城市一样成为下一个加盟联盟的荷兰城市。加盟之后，阿姆斯特丹商人很快便获得了使用从诺夫哥罗德到布鲁日之间的大量国外港口及相关设施的权利。然而，阿姆斯特丹依然特立独行，按着自己的节奏发展，保持着其特有的独立性。正是这种发展观念上的差异性，使得阿姆斯特丹将汉萨同盟中备受保护和溺爱的城市远远地甩在了身后，后者的发展变得停滞不前。

---

① 以德意志北部城市为主要成员而形成的商业、政治联盟，萌芽于 12 世纪中期，14 世纪末至 15 世纪初达到鼎盛后转衰。

❖　❖　❖

　　然而，在 14 世纪中叶，阿姆斯特丹与其他城市的发展差距并不明显。将那个时代贸易和权力的复杂关系梳理清楚几乎是不可能完成的任务。不过，我们依然可以在档案中找寻阿姆斯特丹大获成功的蛛丝马迹。阿姆斯特丹为联合探险、小型战役和大规模战争提供的战船数量是一个非常有价值的线索。

　　阿姆斯特丹真正意义上卷入的第一场争斗发生在 1368 年。当时，统治丹麦王国的是一位生性暴虐的国王瓦尔德马四世（Valdemar IV）。当这位国王封锁了通往波罗的海的通道——奥利桑德海峡——时，汉萨同盟的城市组织了一支军队，打算教训一下这位国王。留存下来的材料显示，阿姆斯特丹也参与了这次行动，但只派出了一艘船。材料里并未过多描述这次行动，只是简单地记录了这艘船的名字是"阿姆斯特丹和平号"。与之相对，位于艾湾河口的坎彭市派出了至少 3 艘船。这样的对比可以帮助我们了解这两座城市之间的关系。[7]

　　汉萨同盟的军队最终打败了瓦尔德马四世，甚至丹麦的首都哥本哈根市也被占领。在接下来举行的和谈上，阿姆斯特丹得到瑞典国王的许可，被允许在斯霍耐岛设置一所商业哨站。虽然是临时性设施，但它对阿姆斯特丹的重要性不言而喻。夏天，大量鲱鱼群来到这片海域，这也意味着来自波罗的海沿岸的渔民和商人会聚集于此。阿姆斯特丹商人可以在斯霍耐建造自己的办公场所和仓库，甚至是自己的教堂。此外，这座岛屿还享有特殊的优待，它由阿姆斯特丹城市法律管辖，而不受瑞典法律的制约。

从另一份有关战争的记录中，我们可以得知荷兰内部城市之间的关系，这次的对手是弗里斯兰人。[8]荷兰人为了保护自己的商业路线，对弗里斯兰觊觎已久。他们的威廉四世（William Ⅳ）伯爵于 1345 年在一次对弗里斯兰的入侵行动中不幸葬身瓦伦斯。但在 14 世纪末，另一位荷兰伯爵阿尔布雷克特一世（Albrecht Ⅰ）趁着弗里斯兰人陷入内乱之际，抓住机会再次入侵。1398年，一支来自荷兰的舰队袭击了弗里斯兰。从这场战役中，我们清楚地看到荷兰的各大城市是如何在战争中相互配合并给予支持的：人口最多的城市提供大量士兵，拥有船只最多的城市则主要提供战舰。

多德雷赫特和哈勒两座城市为战争供应了士兵，每个城市派出了 600 人参战，不过仅仅分别提供了 25 艘和 40 艘货船用于运输。城市规模相对较小却异常活跃的阿姆斯特丹则派出了一支300 人的军队，同时提供了 50 艘船只。此外，阿姆斯特丹还派出4 艘大型船只作为"水上面包房"，每艘船上配备了 5 个面包炉，另外还有 5 艘运送面粉的补给船。这次远征以荷兰人获胜告终，不过仅仅 5 年之后，在同一地区荷兰人却不得不付出了代价，这是后话。

我们不知道阿姆斯特丹是在哪里建造的这些船只，但是我们依然能够找到一些蛛丝马迹。扬·巴尔特曾在巴尔比宗酒店施工现场惊喜地发现了一处 14 世纪末的码头遗迹，这是当时城市中众多码头之一。巴尔特的团队发掘出至少 4 个作坊，以及用泥炭条制成的垫子，垫子用沥青浸泡过并盖上了粗麻绳，应该是当时的造船工人随手丢弃的。在作坊后面，他们又发现了一个 30 米长的木质结构，有可能是一个绳道，用以拖拽制造船只时使用的绳索。在这里，人们甚至还在公共厕所中发现了一个桃核（对于 15 世纪的阿姆斯特丹而言，桃子这种水果在当地简直是一种神奇的存在）。

15 世纪伊始，阿姆斯特丹与汉萨同盟渐行渐远，因为随着自身发展，他们可以实现自给自足。他们的船只驶过汉堡，绕行日德兰半岛，利用支线绕开吕贝克，并从波罗的海沿岸港口进口那里能见到的所有货物。从吕贝克到汉堡的陆上线路在当时是最为繁忙的贸易路线，但阿姆斯特丹对其并无多大兴趣。得益于高质量的造船工业以及先进的导航系统，阿姆斯特丹的水手已逐渐可以应对海上航行中的种种风险。

随着不断发展壮大，喜欢冒险的阿姆斯特丹商人实际上面临着另一种更大的风险。商人通常会将货物分散装载到属于不同贸易联盟的船只上，从来不会将大批货物放上同一艘货船。这样的好处显而易见，如果其中的一条船意外失事，损失的只是一部分货物。这种商人间的经商模式从贸易领域扩展到其他各种各样的活动中，正是由于在几个世纪中培养起来的这种分散风险的行事风格，阿姆斯特丹这座城市才敢于尝试一些不可能完成的任务，例如：前往东印度探险，完成环球航行，探索北极圈新航道，在冰天雪地的斯匹茨卑尔根建立永久性定居点，以及使用大坝、运河和数百座风车为北荷兰地区排水，等等。这些项目每一个都耗资巨大且很难确定能够获得成功，此前也没有人敢于尝试。

对于汉萨同盟的城市来说，荷兰船只，特别是来自阿姆斯特丹的船只在它们的势力范围内"野蛮"航行无异于一种挑衅。然而，它们并未积极地充分利用这些新开辟的贸易航线获益，相反，汉萨同盟采取了保守措施，同盟成员用不同方式寻求保护自己的利益，在一定范围内争取垄断地位。在汉萨同盟的会议上，各成员城市代表聚集在一起，吕贝克的代表甚至提出了向荷兰人关闭所有波罗的海港口的建议。汉萨同盟对于新的机遇视而不见，以至于发展停滞不前。在这种短视的影响下，它们的成员，例如坎彭和布鲁日逐渐没落，成了风景优美、生活宁静但却毫无生气的城市。

与之相反，阿姆斯特丹却在不断繁荣发展。借助留存至今的两本书籍，我们可以很清楚地了解那个时期的商人们是如何开展贸易活动的。[9]一则故事是关于西蒙·雷耶斯松（Symon Rey-erszoon）和他的侄子雷耶·德克斯松（Reyer Dircszoon）的，叔侄两人都与波兰的但泽地区做生意。他们从那里进口白蜡木、棉线、大麻、木材、沥青、焦油、黑麦和滑石，出口鲱鱼、布料、红酒、蔬菜和食盐。两人组建了一个"家庭式公司"——一种中世纪常见的商业模式。由于那个时期的信息传播速度很慢，出口的货物往往需要一个商业伙伴——多数情况下是一名关系密切的家庭成员——跟货，这样做的目的是为了监督交易地点的货物买卖。但是，在所有的港口都有自己人是不现实的，于是商人们开始寻找当地的贸易代表——所谓的代理商——来完成这些工作。两人在吕贝克雇用了一位代理商协助处理那里的贸易活动，但泽地区的贸易则由两人亲自负责。他们当中的一个人会留在阿姆斯特丹，另外一人每年则要花上几个月的时间辗转于波罗的海的各大港口进行贸易活动。在这期间，他们会保持密集的联络与沟通，以根据货物的价格变化调整买入或卖出的数量。

雷耶斯松无疑是经验丰富的商人。留存下来的材料显示，他常年在但泽从事贸易活动。1485 年，他怀揣着一笔钱随船来到波罗的海沿岸，指示留在阿姆斯特丹的侄子向其发运食盐、油、鲱鱼等商品，并提供相应的资金，以便在但泽开展转手贸易。同时，他也从波罗的海沿岸买入货物运回阿姆斯特丹。从双方的沟通信息中可以看到，这个"家庭式公司"在 1487 年对内部的分工角色进行了调整。这一年，叔侄两人都去了但泽。一年之后，叔叔留在了阿姆斯特丹，放心地由自己的侄子去国外从事贸易活动。

在城市的每一个角落，人们都在忙碌着对商品进行称重、计价、运输、交易。贸易繁荣的景象可见一斑。15 世纪来往于奥利桑德海峡的船只中，将近 60％的船只来自荷兰。其中，阿姆斯特丹的商船扮演着重要角色。这种与日俱增的贸易量对阿姆斯特丹的城市风貌也产生了不可估量的影响。

由于贸易的蓬勃发展，最早建造的戴姆拉克和罗金河港口逐渐显得狭小，导致来往船只不得不在码头排队进港。为了缓解这一紧张局面，人们对艾湾南岸一个叫作奥德塞德瓦尔的浅滩进行开发，为那些靠岸过冬和等候进港的船只提供停泊场所；此时，甚至城里的运河也常常被用来装卸货物。然而，大多数船只依旧只能在艾湾下锚装卸货物。14 世纪，人们为了保护城市免受洪水的侵袭，在如今中央火车站所在地打下了两排柱子，搭建防洪设施，大部分的大型船只都停泊在这里。当驶往波罗的海的船队返回家乡时，整个港口会停满运送粮食的货船。船与船之间紧紧靠在一起，高高的船首和船尾随着波浪此起彼伏。到了晚上，人们会用浮动的薄木梁将两排巨型柱子之间的运河封锁起来。直到 19 世纪，人们依旧可以在每个傍晚听到这种独特而舒缓的"木梁铃声"回响在艾湾水面之上。"铃声"响起的时候，意味着阿姆斯特丹缓缓地向大海关上了城市大门。

1380 年之后，阿姆斯特丹发展得非常迅猛，表现为土地面积不断扩张，运河数量也在增加，接连修建了奥德塞德·埃赫特保瓦尔①和尼沃塞德·埃赫特保瓦尔②街区，后者就是今天的斯博伊大街。那个时期，阿姆斯特丹的人口数量不过三五千人，这样的工程以及施工规模对于人口依旧很少的城镇而言需要付出巨大的努力。不过，仅仅在几个月的时间里，人们便完成了成千上万吨泥土的挖掘、装载工作，并成功地对沼泽进行了填埋。所有这些工作都是利用中世纪那些数量不多且最为基础的工具完成的。对于阿姆斯特丹而言，使土地变得适宜建造房屋比建造房屋本身所付出的努力要更大。尽管如此，到了 1425 年，城市不得不再次进行扩张。这一次，人们在城市东边挖掘了一条更为宽阔的运河，就是今天的海尔德希卡德和科洛弗尼尔斯堡瓦尔。25 年之后，人们又在城市西边挖了一条与之相似的运河，它的形状像一条绳子，即今天我们所看到的辛格尔运河。

---

① 奥德塞德·埃赫特保瓦尔街是中世纪阿姆斯特丹的一部分，曾是这座城市的东部边界。

② 尼沃塞德·埃赫特保瓦尔街本是中世纪阿姆斯特丹扩张时期挖掘的一条护城河，后也用来命名河边的街道。在 1380—1450 年，它是城市防御体系的一部分。

当时，水坝广场已经变成了城市的中心。早先的阿姆斯特尔地区已经重新翻盖，市内主要河道也被水闸封锁，只有那些低桅杆的船只可以通过。在翻新的过程中，人们又兴建了许多新的房屋，逐渐在河流左岸形成了一个新的广场，它就是今天为人熟知的水坝广场的前身。数年来，整个城区的建筑物都在不断地翻新，不过此后却又不得不将其拆毁，以便为不断扩张的广场腾出地方。到了 1675 年，当人们把这里的水闸拆掉之后，船只才能通过水坝广场往返于阿姆斯特尔河与艾湾之间。

城市的行政中心也坐落于此。几个世纪以来，阿姆斯特丹的最高行政机构由下列人员构成：4 名主事、1 名治安官、7 名法官（此后调整为 9 名）以及一个市议会。市长选举于每年 2 月 1 日举行，当选的市长有权决定这一年有关城市发展的大事。城市的司法系统则由治安官和市议员负责，他们也是每年通过选举产生的，市长无权干涉司法。1400 年之后，城市委员会由所谓的 36 名自由市民组成，代表全体市民行使权力。然而事实上，这些人均来自城市精英阶层，多是在波罗的海开展贸易的商人。他们选举出市长和市议员，并且在城市需要做出重大决定时提供意见。

除此之外，城市还出现了一些由武装公民组成的公民护卫队和民兵队，以便在发生紧急情况时保护自己的城市不受侵害。每一个军事小队均在自有场所中进行操练。由于数个世纪以来阿姆斯特丹并未出现过大规模的战争，这种军事小队逐渐演变成一种类似于绅士俱乐部的社交组织。

当时，城市管理者并没有固定的工作地点，而城市管理中产生的重要文件，包括记载着城市管理者特权的文书，被保管在老教堂内的一个铁制箱子里。不过，这种情况并未持续太长时间。城市的扩张以及其他大型项目的建设早已不是初期的那种简易工程。为了满足管理需要，阿姆斯特丹的市长在 1400 年前后购买了水坝广场附近的一座房屋，专门当作市政厅使用。很快，在这座房屋的原址上，一座带有塔顶的哥特式建筑拔地而起，成为阿姆斯特丹市政发展的新标志。这座市政厅的一楼设置了一个 25 米长、9 米宽的大型会议室。

人们在水坝广场建造了一座新的大教堂，从那时起，阿姆斯特丹便分成了两个教区，分别位于阿姆斯特尔河两岸。虽然老教堂在 14 世纪得到了扩建，但由于人口增长，当时仅有的这座教堂已无法满足人们的需求。于是，在 15 世纪早期，阿姆斯特丹开始建造这座城市第一座称得上雄伟的建筑——一座仿照亚眠大教堂①建造的哥特式教堂。富有的商人和银行家威廉·埃格特（William Eggert）是第一位将自己的名字写入城市发展历史的公民，他将自己拥有的位于水坝广场后面的一片果树林无偿提供出来用以建造新教堂，并且支付了一大部分建造费用。随着这座教堂的完工，阿姆斯特丹也终于拥有了西欧许多城市典型的特征：一大群矮小的木头房屋遍布城市，中间簇拥着一座高耸雄伟的巨大石质建筑。新教堂是一座神圣的建筑，拔地而起，几乎用尽了这座城市所有的钱财、能量和技术。它表达了阿姆斯特丹民众对上帝永恒的虔诚态度，体现了这座城市从平民、银行家到商人的集体意识。

如果我们在中世纪的阿姆斯特丹漫步，不消半个小时便可将

---

① 亚眠大教堂位于法国索姆省亚眠市，是一座典型的哥特式教堂。

整个城市全部走完。沿着瓦慕斯大街向南走，我们会看到沿着阿姆斯特尔河岸排列的房屋，它们的建造方式与这座城市最开始的生活方式息息相关。之后便是老教堂，这是保存最完整的中世纪建筑，内部依然散发着法式乡村教堂的宁静与气息。从这里转向西面，走上格里姆伯格瓦尔街，对面便是如今的内城花园，也是阿姆斯特丹首次扩张后并入的地方。接着穿过卡尔夫大街，向北走向水坝广场。这片区域，中世纪遗留下来的房屋普遍比旁边的建筑矮 3～4 米，当然也有"更矮的"，比如人们就曾在此地 12 米深的房屋遗址里挖到过一个比利时制作的陶制水壶。从水坝广场看去，白色纪念碑的下方依旧埋藏着旧时的运河水闸设施。沿着纽文代克继续走下去，需要爬上台阶才能进入 C&A 大厦附近的步行区域。这是因为中世纪建造的纽文代克大坝的遗迹仍未被完全拆除。左手边原皇家剧场的后面，是阿姆斯特尔家族城堡的地基所在地。最后，我们再次走回瓦慕斯大街，来到昂泽利弗沃斯坦格街区。在左手边街道上，人们可以在一家名叫"福兴"（音译）的中餐馆的墙上发现一些原本属于圣母教堂的地砖。

　　现在，我们的脑海中应该对中世纪的阿姆斯特丹有了一些印象，然而我们是否可以尝试探索了解更多的东西呢？比如那个时代的味道、声音？那个时代阿姆斯特丹的冬季的样子？我们或许在那里可以闻到柴火、泥炭和粪便的味道，有些东欧村庄的感觉。当时，这座城市的首批居民的主要食物是自己烘焙的面包、荞麦粥和一些水果。在那些最古老房屋的厕所中，考古学家还发现了一些果核，分别来自苹果、梨、野生草莓、无花果和一些当地产的桑葚。在街上四处闲逛的鹅和猪将人们对水坝广场、纽文代克、瓦慕斯大街和卡尔夫大街的印象定格下来。秋天的时候，人们会将这些禽畜屠宰，乡村场景便开始在城市的街道上演，人们和动物奔跑、尖叫，混乱而嘈杂。

　　我们是否还能听到其他的声音呢？相比于我们所处的时代，中世纪是一个怪异且遥远的存在，那种感觉就如同我们在一面破碎镜子中看不清自己的模样一般。远离彼时的喧嚣，教堂钟声在回响，那时的人们歌唱、祈祷和哭泣，对他们而言，天堂与人间、地狱与死亡是生命的全部。安全感的缺乏是当时市民的普遍感受。留存下来的资料显示，1426—1462年，这座小城至少发生了50起谋杀案（但仅仅抓住了两名罪犯）。从资料中，我们还发现当时的市政府会雇用乐队，他们由演奏"木笛、喇叭和其他乐器"的乐手组成，每晚要在水坝广场市政厅的塔楼里演奏"一首到三首歌曲"，不过在一些宗教活动和节假日的清晨，他们也会受邀来到街头演奏。[10] 我们找到了阿姆斯特丹每个世纪出现过的骰子，最老的一枚可以追溯到阿姆斯特丹刚出现的时期。考古学家甚至还发现了一枚西蒙叔侄俩所处时代的国际象棋棋子，还有陀螺、玩具剑和一个威廉·埃格特生活时代的儿童餐碗。此外，还有一个在面包师兰布雷希特生活时代生锈的口琴，这是一种简单的乐器，大家晚上围坐在一起娱乐时经常吹响它。这种原始的口琴实际是一个可以振动的铁片，放在牙齿中间，通过口中吹出的气来发出一种类似来自非洲大陆的原始声音：砰嘤——砰嘤——砰嘤。

第三章

敌人

　　这幅由克拉斯·扬斯·菲斯海尔绘制于
1615 年左右的画描绘的是雷格利尔门。15 世
纪，阿姆斯特丹扩建时挖了一条新的护城河
（即今天的辛格尔运河），并沿河内侧建成
了一堵由泥土砌成的围墙，围墙共开有三道
大门，雷格利尔门便是其中之一。（图片来源：
Gemeentearchief Amsterdam）

每个人都要死去两次，这无疑令人感到悲叹：第一次是肉体的死去，第二次是被历史所遗忘。随着记忆的消逝，许多我们本应熟悉的人都彻底离我们而去。对于城市而言，它们也面临着相同的情况。就一个时代而言，对于一座城市的大部分记忆仅仅存在于生活在那个时代的一代人的回忆之中。当这代人远去之后，这座城市在那个时代的面孔、味道、声音和气氛，只能通过遗留下来的骸骨碎片，抑或是偶然保存下来的图片才能略知一二。然而，这种集体回忆，无论最终是否能被记录成文字流传后世，都如同干燥的沙子一样松弛和脆弱，后人很难真正了解。对于历史，除了一些难以动摇的基本事实之外，其他部分只能依赖于我们的想象力去重构。

阿姆斯特丹诞生的前 3 个世纪里，这里的居民没有一个人称自己是"阿姆斯特丹人"。我们此时能了解到的居民信息无外乎两个字：农民。无论是街道上的行人、观看罪犯行刑的群众，还是参与宗教施舍的人，每一个人都是农民模样。有些艺术家对当时城镇的场景做了描绘。例如，我们可以从画家彼得·阿尔茨（Pieter Aertsz）的作品中看到1555—1560年阿姆斯特丹那些卖面包的面容消瘦、愁容满面的女商贩。此外，留存至今的还有描绘城市民兵的集体肖像画，其中最古老的一幅是于1533年完成的《圣约里斯十字弓民兵连队的晚宴》（*The Company of the Crossbow Militia of St. Joris at Dinner*）。这幅作品刻画了17名面容严肃、身材魁梧、身着黑衣的男人，他们留有短发，每人都头戴法式贝雷帽，身前的餐盘中盛放着摆盘复杂考究的烤鸭肉和鱼肉片。一位民兵正在用手中的乐器演奏歌曲，画中的注释对歌曲的内容做了简单的介绍："迪斯康特：我的灵魂已经选定了一个女孩，我的心已经随她而去，我是多么渴望得到她，我的生命将永远和她在一起……"。多年以后，阿姆斯特丹历史博物馆将这首情歌的旋律重新进行了演绎，曲调类似圣歌，浑厚深沉。

在早期的绘画作品中，我们还发现了一幅由画家迪尔克·雅各布松（Dirck Jacobszoon）于1541年创作的夫妻肖像画。据推测，画中的人物是当时阿姆斯特丹市长埃格伯特·葛尔布兰德松（Egbert Gerbrandzoon）和他的夫人杰利特·扬松·培格多赫特（Gerrit Janszoon Peggedochter）。葛尔布兰德松有一张圆脸和一双忧郁的眼睛，他夫人的脸庞则更小、更加精致，一双眼睛从帽檐下向外望去。他们站在一张桌子后面，上面摆放了一些极具象征意义的物品：一个沙漏和一个纺线球。夫妇的右侧是一扇窗户，窗外的景色并不写实，远处是耶稣受难的景象，近处则是一个骷髅头。两人的左侧出现了两件反映当时工业发展水平的物品：一个用来阅读商业信件的支架和一把挂在墙上的扫帚。

为了表达对生活转瞬即逝的感慨，夫妻两人的手均指向了桌面上的沙漏和金币，寓意时间在不停流逝，每个人切不可虚度时光。丈夫身后的文字写道："死亡不会放过任何一个人"。而他的夫人身后是一则留给后代的格言，大意是：生命如此短暂，让我们坚守自己的信仰，诚实地生活吧；如果你生活富裕，那么便有责任分享你的财富以抵御地狱的烈火。

无论从哪个角度看，这幅画都是一幅杰作，它表达的丰富内涵常常令人流连忘返。最令人印象深刻的一点是画家由外到内处理画中人思想活动的表现手法：一方面细致描绘两人的外在特征；另一方面又刻画出他们迫不及待地希望将内在想法向外表达的冲动，以展示他们与上帝和永恒的关系。在这幅画中，无论两位主人公的表情和举止是多么僵硬和拘谨，我们还是能窥探出这座城市的历史所展现出的一种看不见的驱动力——阿姆斯特丹的精神。

阿姆斯特丹从来都算不上一座真正意义上的中世纪城市。这里没有国王，教堂发挥的作用也与其他中世纪城市的有所不同。阿姆斯特丹的社会和政治结构从来不是由统治者、封臣和农奴之间的隶属关系塑造而成的，从这一点来说，它从一开始就是一座现代化的城市，它的市民拥有独立的社会地位，坚定地掌握着自己的命运。

然而，那个时代的阿姆斯特丹仍然处在自己的"童年"。城市由中世纪的房屋、街道和广场组成。历史学家约翰·赫伊津哈①（Johan Huizinga）曾用他经典的语言对城市进行过描述："那个时代，人们比今天更加注重生活外在的表现形式。"[1] "人们经历的所有欢愉与悲痛，其来之迅猛、程度之深，已经深深地刻在了生活在那个时代的人们的记忆深处。当时，人们缺少对灾难和疾病的防护措施，导致他们经常要遭受这两者的折磨，承受比现代人更多的痛苦。城里病恹恹的人明显比健康的人更多。冷酷的严寒以及恐怖的黑夜对人们的威胁比宗教故事中的魔鬼来得更为实在。人们狂热地追求名利，因为他们已经受够了贫穷带来的恐惧。"赫伊津哈还补充道："在那个时代，人们在生活中所做的每件事情都有清晰的目的，这种赤裸裸的目的性令人感到惊讶。"麻风病人用摇铃制造着噪声，乞丐在教堂门口展示着自己的绝望。每个人的职业和在社会中的地位都清清楚楚地体现在他们的穿着上，他们在城市中行走时都有与之地位相适应的待遇。法官判案、货物买卖、婚礼葬礼，每一件事情都要有相应的场面，每一种场合都有不同的尖叫声、哀号声、歌唱声、响铃声、敲鼓声、欢呼声和哭泣声与之匹配。

以上所列种种事例都真实地发生在阿姆斯特丹。从 1492 年起，人们在卡尔夫大街附近的水坝广场开设了农贸市场，商贩们设置摊位，每天在这里兜售蔬菜、水果、木材、药品。海鲜和河鲜的售卖地则位于水闸附近，有时候在这里还可以买到海豹或者海豚。一年一度的自由集市活动会让这里人声鼎沸，如果穿越回

---

① 约翰·赫伊津哈：荷兰语言学家和历史学家。1942 年，他因批评纳粹德国对荷兰的侵略而被关押。

到 1484 年，你甚至可以在这里看到有人贩卖大象。

每年这里还会举行所谓的"奇迹游行"，参与者身着五颜六色的服饰，吸引着全城市民到此观看。根据一些记录描述，游行中走在最前面的队伍是行会队列，他们手持点亮的蜡烛在街上行进，每个行会都有自己的标语和徽记。紧随其后的是由一小组"青年男女"组成的队列，他们在行进过程中表演短剧《圣约里斯和火龙》（Sint-Joris en de Draak）。队列后面跟随着一大群孩子，他们也参与演出。[2] 有人扮成天使，身后背着一对翅膀；有人扮演恶魔，脸上涂满烟灰，手持漆黑的魔法棍，"脸上撇出一道可怕的笑容"，就好像他们刚刚从地狱逃出来一般。围观的孩子看到这样的队伍走来，甚至会吓得大哭。"青年男女"队伍后面就是全副武装的弓箭手，他们敲着鼓，打着标语，威武地走过。再后面是拉丁学校的学生，他们身穿白色圣衣，一边歌唱一边行进。接着便是城市修道院的修道士们，他们身着黑色、灰色和棕色的长袍，长袍后面绘有十字架和其他图案。之后是打着标语的神职人员和赤脚行进的忏悔者。队伍的尾端是由四名市长和神父组成的小队，四名市长手举织锦华盖，神父在华盖下方手握盛放圣餐的圣体匣缓缓前行。在各种队伍行进的同时，城市乐队一直演奏着"悦耳动人的笛声"。

根据传统，游行活动一般从新教堂出发，沿着卡尔夫大街绕城市一周，之后回到尼沃布吕赫并转向艾湾。在艾湾，游行队伍为那里的船只祈福，为他们的航行祈祷平安。之后，游行队伍继续前行，终点则一般设在老教堂。

老教堂的庇护人圣尼古拉斯非常受人欢迎，因为它保佑着水手以及生活在围海造田土地上的人们远离来自大海的危险。随着时间的推移，他又有了一项新的职责：成为孩子们的好伙伴。每年 12 月 6 日，在以他名字命名的节日——"圣尼古拉斯节"——前一晚，他会骑着马来到每户人家的房顶，从烟囱中向孩子们分发礼物，这就是圣诞老人的雏形。

老教堂和新教堂不再是信徒做礼拜的仅有选择。在 15 世纪的阿姆斯特丹，所有的济贫院和修道院都有了自己的教堂。市政厅旁、运河桥边都能看到教堂的身影，各种大大小小的教堂零散地散布在城市的不同区域。总的来说，当时阿姆斯特丹教堂的数量可以为 1 万名左右的市民提供宗教场所。这一时期，阿姆斯特丹甚至还颁布了一道法令——禁止孩子在街上玩皮球或者制造噪声，防止这些行为干扰附近修道院里修女们的修行。

尽管如此，城市的管理者们却在努力抑制修道院数量的增长。1498 年，木匠和砖匠行会的师傅们被禁止参与任何与修道院有关的建造和修缮工程。当时，修道院占据了大量城市空间，因为每一座修道院都要有自己的教堂、菜园、烘焙坊、院子、马厩、布道场和工作坊。更为严重的是，这些修道院通常都很富有，他们会将周边的闲置土地全部买下，从而进一步压缩了城市空间。到了 1500 年，阿姆斯特丹至少已经有 20 座修道院。按照人口数量平摊下来，每 500 人就对应一座修道院。这些修道院的位置比较集中，除了 4 座之外，其余均位于奥德塞德·埃赫特保瓦尔街附近。如今，这片区域的地名一定程度上反映了当时修道院林立的盛况，例如，僧侣街、圣血街、贝萨妮街（因贝萨妮修道院得名）、奶牛街（贝萨妮修道院的修女们以善于饲养奶牛而闻名）。

1345 年 3 月 15 日，发生在卡尔夫大街的一起神奇的事件极大刺激了阿姆斯特丹宗教活动的发展。一位病入膏肓的信徒在接受了神父提供的圣餐后开始不停地呕吐，当时照顾他的侍女们将呕吐物丢到了火炉中。当晚，为了给这位病人取暖，这些侍女们并没有熄灭火炉，而是让它彻夜燃烧，病人的老婆也没有注意到火炉里还有圣餐的残余物。第二天早晨，一名侍女在倾倒炉灰时，吃惊地发现，"灰烬中还有一块保存完好的白色圣饼"，她毫无畏惧地将手伸向火堆去取圣饼，竟然发现圣饼是凉凉的，她的手也没有受到任何灼伤。之后，更神奇的事情发生了，这块圣饼的颜色多次发生改变，甚至开始自己移动。很快，神父就通知了城里所有的神职人员来这所房屋进行调查。然后，这块圣饼被一支人数庞大的队伍护送回了老教堂，在路上，他们打出标语、旗帜，歌唱着赞颂主和感恩的歌曲。

　　历史上，很少有资料会对这样的事进行详细记录，但这个事件却与众不同。事件发生三周后，当地官员对它进行了详细记录。事发地很快成为远近闻名的朝圣场所，人们还专门在卡尔夫大街为朝圣者们建造了一座教堂。到了1347年，已经有一批信徒开始在这个所谓的圣地"沉默而虔诚"地祈祷。为了给朝圣者们提供保障，阿姆斯特丹还在这里修建了一条专用道路，被称为"神圣之路"，这条道路的一部分变成了今天的欧弗尔杜姆街和莱顿街，还有一段路变成了今天辛格尔运河和卡尔夫大街之间的商业街。

　　就在这处朝圣之地，还发生了许多神奇的事情。1476年，据称，一名因中风瘫痪的修女在参观这里之后被赐予了超自然力量。她三次站起来在老教堂广场步行，之后又返回自己所在的修道院。一个类似的事件发生在1514年，一位贝萨妮修道院的修女声称自己受到了诅咒，患上了眩晕症，她说："我的心脏可怕地跳动着，我的身体不停地颤抖，我身下的床也在晃动。"[3]而朝圣让她得以痊愈。一名来自霍伦的妇女和她的孩子在乘坐货船时遭遇了翻船事故，几乎淹死。在母子两人跌入水中时，这位妇女在祈祷中发誓，如果能活下来，就会去卡尔夫大街进行祷告。之后，两人竟然真的奇迹般地获救。就连奥地利大公马克西米利安一世（Maximiliaan I）（后成为神圣罗马帝国皇帝）也感受过这处圣地的神奇。他曾在海牙染上重病，也进行了与落水妇女相似的祈祷，很快便痊愈了。迄今留存下来的最早描述阿姆斯特丹生活的文学作品记录了1380年游吟诗人威廉·范·席勒盖尔斯博奇（William van Hillegaersberch）写的一首词，里面描述了关于卡尔夫大街这处圣地的神奇故事，词中写道："光明而清晰"的奇迹"发生在阿姆斯特尔河畔的阿姆斯特丹"[4]。

　　1350年之后，阿姆斯特丹迎来了举世瞩目的繁荣期。这种繁荣不仅仅得益于贸易的发展，其中也有宗教因素的刺激——尽管这个因素常常会被人们忽略。正如一名16世纪的作家描述的那样，阿姆斯特丹成了极受欢迎的朝圣之地，成为外国旅行者不可错过的地方，甚至被世人称颂为"世界第八大奇迹"。每逢宗教节日，大量的商人会涌入这座小城，以至于城市管理者们不得不出台一些特别的管理规定以控制治安。这种大规模的人口流动为城市的经济生活带来了空前发展，再加上莽撞的查理①（Karel de Stoute）、马克

---

　　①　莽撞的查理：勃艮第瓦卢瓦王朝公爵，因1477年在南锡战役中鲁莽地亲自上阵并战死而获得"莽撞"的称号。执政期间，他与法国国王路易十一（Lodewijk XI）对抗，谋求让勃艮第独立，通过征服等手段获得了低地地区部分领土。

西米利安一世和查理五世①（Karel V）对这里进行的几次"神圣而
又庄严的"访问，为当时还是一座小城市的阿姆斯特丹带来了极为特
殊的声誉。简而言之，在两个多世纪的时间中，阿姆斯特丹不仅是一
个贸易中心，还是一个宗教中心，成了低地国家的坎特伯雷②。

❖　❖　❖

中世纪的阿姆斯特丹，世俗政权与宗教生活一样，都在影响
着城市的生活规则。阿姆斯特丹最开始的时候是一座非常开放的
城市，但不久之后，城市就开始设置各种防御设施，最终建成了
环绕四周的城墙。此后，城墙的作用已经超出了原始的物理隔绝
范畴，逐渐演变成划分政治、经济和社会生活的边界。数个世纪
以来，城市每晚都会在 9：30 关闭城门，完全与外界隔离起来。
守城的士兵会把城门钥匙交给市政厅的人员，后者将其放置在一
个特殊的盒子中，交给一名市长保管。随着太阳升起，整个程序
会逆向再来一遍，直到城门被再次打开。

如同所有中世纪的城市一般，阿姆斯特丹市民与非市民之间
的地位差异非常明显。针对一名市民的犯罪行为，往往会被视为
对整个城市的侵犯。

---

① 查理五世：马克西米利安一世之孙，出身哈布斯堡家族，神圣罗马帝国皇
帝，他继承了诸多头衔和领地，其中也包括荷兰。
② 在英格兰，坎特伯雷被人们形象地比喻为基督教信仰的摇篮。

在阿姆斯特丹，对犯罪行为的惩罚是公开进行的，惩罚程度常常与犯罪的性质有关。例如：小偷会被砍掉双手，亵渎神明的人会被刺穿舌头。人们还会将那些死刑犯的作案工具放在被处决罪犯的尸体旁一起向民众展示。17世纪中叶，阿姆斯特丹已经发展成为一座成熟的大都市，在当时的水坝广场上仍然可以看到三个类似同心圆的设施，这一设施被用来进行一种将市民驱逐出城市的仪式。在中世纪的阿姆斯特丹，如果一名市民欠下了大量债务，并在尝试了所有方式之后仍无法偿还，他将会被带到水坝广场，被要求绕着这些圆圈来来回回走上三遍（更早的时期，这些债务人有可能被要求绕着城市走三圈）。这期间，主事人会向大家发问，是否有人愿意为这个债务人进行担保。如果无人回答，这名欠债的市民将被驱逐出城市，或者被交给债权人关押。

中世纪，阿姆斯特丹城市生活的开放性将市民的生活重心带到了街头巷尾，呈现出一派丰富多彩的景象。与此同时，严苛的社会阶层与自身处境之间存在的反差——如穷人与富人、生存与死亡、健康与疾病——又强化了这种生活的多样性。用赫伊津哈的话说，"由于这种特征，（阿姆斯特丹的）城市生活逐渐呈现出一种戏谑、激昂的氛围，反映的是被社会抛弃的群体中多变的情绪、绝对的愤怒以及善变的态度，随之而来的则是中世纪城市生活的不断变化"。

以现代人的眼光去了解500年前阿姆斯特丹市民的想法始终是不容易的。例如，在1398年，当阿姆斯特丹的市议会成员在狭小的市政厅会议室中讨论是否要加入联军，同整个荷兰站在一起讨伐弗里斯兰人时，我们无从得知他们讨论的重点是什么。对于这座城市的商人来说，经济因素或许在他们做决定的过程中发挥着一定作用，但是如果仅仅据此来推断市议会的决策过程则有些过于简单，忠诚、荣誉、正义这些因素也都扮演着重要角色。在这个过程中，甚至复仇也成为一种强大驱动力。毕竟，荷兰伯爵在此前与弗里斯兰人之战中殒命沙场的事实永远是阿姆斯特丹人心中难以抹去的伤痛。以上这些因素都是阿姆斯特丹相对理性的管理者习惯的思考方式，同时期其他欧洲城市的管理模式也大体一致。

疾病、死亡、瘟疫、战争对市民们来说，并非遥不可及的传说，而暴雨和洪水每天都在威胁着阿姆斯特丹的日常生活。居住在海防大坝后面的阿姆斯特丹民众无时无刻不在面对大自然残酷的那一面带来的挑战，他们也必须对其他的突发事件保持警惕，并对神灵保有一颗敬畏之心。毕竟，天堂、地狱和"最后的审判"距离人们的生活似乎并不遥远。1462 年在阿姆斯特丹方济会修道院修行的布道人约翰内斯·布鲁格曼（Johannes Brugman）是一位时至今日都深受大众欢迎的宗教人士。尽管他生活的时代距今已有五个多世纪之久，

这幅不甚清晰的插图来自《旧法编》（*Digestum Vetus*），描绘的就是约翰内斯·布鲁格曼的形象。（图片来源：Gemeentearchief Kampen）

但是这座城市的人们依旧习惯用"像布鲁格曼那样讲话"来形容那些具有煽动性的演讲者。

布鲁格曼的朋友和精神伙伴、加尔都西会修士狄奥尼修斯（Dionysius the Carthusian）这样描述过地狱的样子："让我们用意识之眼想象地狱的模样，它就像一个熊熊燃烧的火炉，里面焚烧着一个全裸的男人，他很痛苦，却又永远无法摆脱这种苦难。让我们想象一下这个男人在火炉中如何翻身，如何尖叫和哀号，如何面对恐惧对他的压制，如何承受折磨他身体的痛苦，特别是当他意识到这种苦难是没有尽头的时候。"[5] 应对这种灼热、恐惧、哭泣和尖叫，人们只有选择一种方式来避免此祸：持有良好的美德并积极投身慈善事业。

有时候，对地狱烈火的恐惧影响了人们的心理状态。尽管城市中从未发现过巫师袭击市民的事件，甚至连异教徒也从未受到过任何疯狂的迫害（当时的阿姆斯特丹人并没有产生一种对异教徒进行迫害的意识），但同其他欧洲城市一样，阿姆斯特丹市民也同样对巫婆、魔鬼感到恐惧。

多亏了 17 世纪阿姆斯特丹历史学家卡斯普若斯·科莫林（Casparus Commelin）的勤勉工作，我们还能看到一份 1555 年关于指控一名女仆施展巫术的审讯记录。[6] 被审讯者名叫门斯·科内利斯（Meyns Cornelis），来自皮尔默伦德。据称，她会进入疯魔的状态，进入状态之后，她曾发疯似地创造了一幅充满诸多细节的油画，而这幅油画导致一名生活在阿姆斯特丹的女人丧失了意识，深陷到恐惧和混沌的状态之中。

1555 年 11 月 8 日，法官对门斯进行了首次讯问。门斯讲述了一个有关她精神世界的故事：20 多年前，她就已经注意到了一些奇异的现象，比如在一个夜晚，她独自一人坐在火炉旁，突然有十几只猫跑到她身边，"开始跳舞，持续了半个小时"。当她感觉疲乏准备上床睡觉时，她发现有一只猫躺在被子下面。于是，她抓起这只猫的背，从楼上顺着窗户扔到了运河中，然后回到床上睡觉。但当她躺下时，她发现这只猫竟然又回到了床上，浑身湿漉漉的。她感到无比恐惧，担忧自己的生命安全，请求她的雇主允许她换到另一个房间睡觉。

这起事件发生十年后，又发生了一件奇怪的事情。门斯认识了一位名叫雅各布·罗埃尔（Jacob Roel）的人并和他确立了恋爱关系。一晚，她突然看到四个女人穿着怪异的服装站在自己面前。其中一个人从裙子里掏出一块古老的石块向她扔来，嘴里还反复说着："苍蝇会飞到你的脸上！"第二天上午，门斯发现自己的皮肤变蓝了。邻居们将她抬下楼梯，放在一个靠在火炉旁的凳子上。为了驱赶邪灵，他们还在火炉上方挂了"一罐银针，里面装满了门斯的尿液"。

这起事件后，门斯被送到了一位驱魔人那里。驱魔人建议她赶紧结婚，并在衣服上缝制几个装有火药的布袋。几周之后，门斯返回了阿姆斯特丹，但麻烦并没有结束。当她试图进入租住房屋的阁楼时，她总是被一种无形的力量甩到楼下。一天清晨，她的裙子被一个出现在门口的奇怪男人撕成了碎片。此外，她放置在一个小盒子中的存款也莫名其妙地被人偷走，但很快又被几个奇怪的人还了回来。这些人中有一个"戴着一顶西班牙式黑色天鹅绒帽子"的年轻人，他冲门斯大喊："亲爱的，你难道不需要一个爱人吗？我就站在这里，一个值得相爱的年轻人！"

几周后，门斯与一个名叫科内利斯·威廉斯松（Cornelis Willemszoon）的人结婚并和他住在了一起，平静地度过了七年时光，生活没有被任何怪异事件干扰。然而，有一天，当威廉斯松喝得醉醺醺的回到家后，他见到门斯就开始大喊"你简直是欠揍"，并用自己手里的剑威胁她。这时，十几个穿着奇特的女人突然出现在大门口，冲着门斯大声喊道："折断这把刀子，他不能这样粗暴地对待你！"她们的声音强劲有力，穿透了房门。这些女人随即进来帮助门斯折断了丈夫手中的剑。不过，根据门斯此后变得逻辑不清的说辞，这些女人又将自己抓住，并把她"丢出房门，扔到了大街上，她的丈夫之后又将她拖回了房子"。从那时起，这些神秘的女人时常会再次出现，不断对其辱骂并拳打脚踢，最后再将她扔到街上。即使在接受讯问时，她仍然表示有三个女人正坐在她的旁边，不时地"掐着她的身体"。

威廉斯松随后加入了雇佣军，突然在门斯的生活中消失不见，只留下已经怀孕的门斯一人。之后，她搬到了一个叫作雅各布·范·马肯（Jacob van Marken）的人的家里，并生下了一个女孩儿，之后便和范·马肯一起生活了两年。当她再次怀孕后，这些幽灵般的女人又出现了，她们将她拽上屋顶的窗户，把她吊在窗户外面。为彻底解除这个烦恼，她又找到了驱魔人。驱魔人为门斯诵读驱魔法典，还在她的衣服上缝制了魔法咒语，但是并不奏效。

在这之后，可怜的门斯看到的幻象变得更加离谱。一天中午，门斯看到了此前经常出现的一个女人。门斯说，这是"一个美丽的女人，头上戴着上艾瑟尔地区的帽子"。她请求门斯原谅她此前的所作所为。之后，两人一起来到了城市中心，在古老的阿姆斯特丹街道上漫步。她们走过的这条路线今天依然存在：首先，她们去了新教堂，在这里她们双膝跪地一起祈祷并请求主的宽恕，门斯还向主祈祷拯救身旁这个女人。之后，她们去了水坝广场，当两人坐在市政厅的台阶上休息时，这个女人对门斯说："即使将我用锁链捆绑在广场的柱子上，让野兽将我身上的肉一片片撕咬下来，依然不足以补偿我的罪过。"从水坝广场离开后，她们又去了卡尔夫大街，绕着圣餐堂跪行了三圈，结束后便沿着罗金河穿过了长桥。在罗摩茨桥，这个幽灵般的女人突然从裙子中掏出一个东西扔进了水中，嘴里说道："我已把以前的邪恶和不端行为都抛去。"随后，两人互相做了祝福，便各自离去。

第二天，即1555年11月9日，门斯再次接受了讯问。这一次，她提到了四个女人以及一些举止怪异并在晚上对她进行骚扰的男人的故事。不过这一次，她并没有太大的兴致去讲述故事的细节。但在11月15日，她承认被她称作"敌人"的人通过折磨的手段使其"彻底放弃了对基督的信仰"。尽管如此，那些奇怪的人仍然继续骚扰她，还告诉她说："现在你就是我们的人了。"三天后，门斯承认尽管"她已不再是基督徒"，但她依然被"身着白衣的女人"所骚扰。

对门斯的讯问结束后，阿姆斯特丹市的议员们并不打算停手，为了让她坦白对自己孩子犯下的罪行，他们下令将她放在拷问台上施以鞭刑。从这份古老的材料中可以得知，门斯很快就坦白了一切，不过有关门斯故事的困惑却依然没有解除。首先，她承认口中的"敌人"就是撒旦，但不久之后她又改口说那个人就是曾经与她恋爱的雅各布·罗埃尔。一开始，她拒绝了这个男人的求爱，但在"花开之月"她终于将自己献给了他，从那之后，两人每晚都在一起。此外，她还提道：在某个夜晚，当她独自一人坐在家中为生计发愁时，一个长有红色胡须的年轻男人突然出现在她面前，"渴望得到她的身体"。但是她拒绝了这个人的要求。

1555 年 11 月 19 日早晨，门斯再次接受讯问。这一次，她讲述了一些审讯者希望听到的故事。她声称自己曾和两个女人在阿姆斯特丹郊区的修道院生活过一段时间。一人叫作小菲莫（Femmetje），另外一个叫作小格利特·威廉姆斯（Grietje Willems）。三人曾试图一起对那里的牲畜施展魔法。在那之后，她还曾尝试对城门（如今的铸币广场就是这个城门的遗址）外吃草的绵羊施展魔法。当讯问进行到下午时，门斯说，罗埃尔用一枚黄金便士和 22 枚荷兰硬币娶了她。当她被捆绑起来准备进行刑讯时，她才承认自己还对两头奶牛施过魔法。

大约一个多星期之后，即 1555 年 11 月 27 日，门斯被阿姆斯特丹的法官判处极刑，罪名是从事巫术活动。她被执行火刑，在水坝广场"烧为灰烬"。

门斯不是第一个，也不是最后一个被执行残酷死刑的人。在同一年，一个叫作安娜·扬斯（Anne Jans）的女人和她的两个女儿莱斯贝斯·彼得斯（Lijsbeth Pieters）和小扬妮·彼得斯

（Jannetje Pieters）也在阿姆斯特丹被处以火刑，因为她们"伤害、侵扰一些人和牲畜，施展咒语，是撒旦的帮凶"。

16 世纪的阿姆斯特丹，当人们遭到未知事物的威胁时，才会想到通过宗教进行救赎。这个时期，支持宗教改革的信徒们已经开始在四处秘密集会。在处死门斯之前的几年时间里，阿姆斯特丹甚至发生过一次小型的宗教起义，有一些人因此而丧命。然而，在那个时代的阿姆斯特丹，财富的积累改变了商人的态度，古老信条所推崇的善行渐渐被放弃，追求更多财富成为首要目标。阿姆斯特丹的城市管理者们用火刑处决了门斯，因为他们感到了恐惧，即使他们不知道到底要害怕什么，但是这种恐惧一定有其内在原因。

第四章

走向新耶路撒冷

　　安东尼·范·登·维恩加德（Antonie van
den Wijingaerde）是一位多产地形画家，绘制
了荷兰南部、法国北部、英国、意大利和西班
牙等地许多城镇的全景图。这幅绘制于约1550
年的阿姆斯特丹鸟瞰图展现了这座港口城市的
兴盛。（图片来源：Gemeentearchief Amsterdam）

　　门斯·科内利斯的故事发生的时代背景非常特别，当时的阿姆斯特丹早就与一个世纪前那个市民由商人、水手、渔夫和农民构成的小城完全不同，它已从中世纪的阴霾中走了出来，准备好迎接一个新时代的到来。

　　在阿姆斯特丹历史博物馆中，有一幅克纳里斯·安东尼松（Cornelis Anthoniszoon）在 1534 年创作的画作。这幅画本是神圣罗马帝国皇帝查理五世（这是一位致力于收藏描绘各个城市样貌的画作的皇帝）委托这位画家创作的一幅阿姆斯特丹的全景图，由于一些意外的因素，这幅作品没能送达皇帝手中，而是留在了当地，这对阿姆斯特丹人而言是一个幸运的结果。正是因为有了这幅鸟瞰图，我们才能清晰地了解当时阿姆斯特丹的整体样貌。在画中，我们看到一股清新的暖风拂过，艾湾上星星点点地散布着随浪前行的船只，四处可见的云朵在太阳照耀下将影子投在城市之中，仿佛所有的一切都在享受着明媚的春光。1544 年，安东尼松还以此为模板制作了一幅由 12 块木板组成的木刻板，并在他那间位于新教堂后面的画室出售印刷出来的板画。这幅作品所描绘的城市结构非常精准，令人感到无比惊讶，仿佛作者在作画前已经亲自测量了这里的每一所房屋、每一条运河和每一艘船只。不过，随着现代考古工作的不断深入，我们也找到了其中的原因：1544 年的城市地图就已经详细标注了建筑物的相关数据，包括长度、宽度，有时甚至还有高度。

随着城市规模的不断扩大，阿姆斯特丹也逐渐变得更加富有和忙碌。与其他城市不同，这里的民居往往都会有一间温暖、惬意的起居室。直到最近，城市考古学家才在挖掘中发现了一间 16 世纪民居起居室的遗址。从中我们可以判断，这间起居室的墙壁是由以红色花朵和黑色植物为主题的壁画所装饰的，从装饰手法上判断，这种内饰设计一定出自能工巧匠之手。

与此同时，阿姆斯特丹也逐渐树立了自己的声誉。根据一位编年史学家在 1493 年的记述，阿姆斯特丹开始变得"远近闻名，以至于许多国家甚至没有把它视作一座城市，而是将它看成可与之结盟的国家"。早在 1489 年，马克西米利安一世就授予了阿姆斯特丹使用皇冠徽记的权利，当然，我们不清楚，这项权利是不是阿姆斯特丹的商人用钱买来的，但无论怎样，在荷兰再也找不到另外一座享此殊荣的城市，甚至是强大的汉萨同盟城市吕贝克也仅仅能够使用皇室之鹰的徽记。皇冠的象征意义要远大于它的装饰意义，它是一座城市信用度的强力证明，也是开展国际贸易的通行证。人们把它悬挂在阿姆斯特丹商船的船尾，印制在海运和陆运货单的抬头，彰显城市无上的荣耀。

从留存至今的海关材料中可以发现：16世纪初期，约有700艘荷兰船只曾经驶过奥利桑德海峡，这个数字在16世纪末增长了三倍。绝大部分增加的船只来自阿姆斯特丹，因为此时的阿姆斯特丹商人已经有能力大量地运输黑麦、木材、焦油、大麻（用于编织绳索）等货物，且价格要远低于他们的竞争对手。由于那个时期荷兰完成了一系列填海工程，人口得到增加，社会上出现了大量过剩劳动力，导致荷兰人的薪资长期处于较低水平。此外，大量的木材和大麻进入阿姆斯特丹，使得这里的造船业比其他地区更为发达，造船成本更加低廉，远洋货运得到蓬勃发展。这一时期，欧洲北部首次出现了国际化的劳务分工：波罗的海地区主要从事农业活动，而荷兰和英国沿海地区主要从事商业、航运和畜牧业活动等。[1] 得益于此，这些地区的城市很快便萌发了一些现代化的基本特征。一幅于1589年绘制的关于阿姆斯特丹的画作，从阿姆斯特尔河的角度描绘了城市车水马龙的景象：马车、货车、客船、驳船以及远航的船只熙熙攘攘，频繁来往于当时仍然规模有限的阿姆斯特丹。1514年，荷兰一半以上的居民居住在城镇中。根据市政府、老教堂和新教堂神职人员所做的记录，当时阿姆斯特丹市民总数大约为1.1万人。1554年时，阿姆斯特丹人口总数翻了一番；而到了1600年，这里的人口数量已经达到了5万人。

城市的面积也在不断扩大。1380年前后，阿姆斯特丹将城市周边的一块宽阔土地进行了改造，这片土地就是如今红灯区所在的地方。大约一个世纪后，阿姆斯特丹的面积再次扩大，其东部边界已经抵达科洛弗尼尔斯保瓦尔，接着越过铸币广场，顺着辛格尔运河直达艾湾。

　　处在当时的年代，如果你不是一个阿姆斯特丹人，你很难了解这座城市的面积到底有多大、城市的规模会对你产生什么样的冲击。我们或许可以从当时攻击阿姆斯特丹的暴动者那里了解一二。一伙新教徒在一次暴动中进攻阿姆斯特丹并顺利地从一个大门闯入城内。进入城市后，他们的头领却犯了糊涂，把戴姆拉克的尼沃塞德·沃尔保瓦尔（当时还是一条小运河）和水坝广场的尼沃塞德·科尔克搞错了，导致他们误认为库伦美特豪斯就是市政厅。当他们缓过神来时一切都为时已晚，暴动的头领因为这个错误丢掉了自己的性命。

　　阿姆斯特丹是座频遭各种灾害打击的城市。也许有些出人意料，这座城市被大火蹂躏的次数要远多于洪水。1421 年 4 月 23 日，全城三分之一的木制房屋被一场大火焚烧殆尽。水坝广场和卡尔夫大街的房屋迅速倒塌，散发着烧焦的气味，呈现出一片破败的景象。然而更糟糕的事情还在后面。1452 年 5 月 23 至 24 日，阿姆斯特丹又爆发了一场大火，这次火灾的发生地点靠近老教堂。最开始是停泊在戴姆拉克的船只着火，但强劲的北风将这些船只一直推向对岸。它们就像熊熊燃烧的火炬一般将岸上的一切在短短几分钟之内吞噬殆尽。大火很快席卷了整座城市，几乎烧毁了所有房屋。只有艾湾沿岸的几条街道有幸保存了下来。那天晚上，阿姆斯特丹七成的房屋被烧为灰烬，一起烧毁的还有大量的贸易货物，这些货物的价值甚至比存放它们的仓库价值还要高。正是由于这场大火，让今天的我们很难在阿姆斯特丹看到保存完好的中世纪建筑。

如果没有外部力量的帮助，阿姆斯特丹很难从这些灾害中顽强生存下来。幸运的是，它遇到了一位慷慨的统治者，他就是这座城市坚定的支持者——勃艮第公爵菲利普三世① （Filips Ⅲ）。他视阿姆斯特丹为荷兰最重要的贸易城市，并预见到蕴藏在这座城市命运之中的巨大的发展机遇。于是，他承诺免除这座城市几年的赋税，条件是重建的城市必须修筑石制围墙。

然而，阿姆斯特丹的市民却没有对修筑城墙的建议表现出多大的兴趣，事实上，城墙直到几十年后才被建起来。第一，他们不认为修筑城墙是必要的，遇到紧急情况时，只要封锁为数不多的进城道路便可将来袭者拒之城外，因为敌人如果选择其他线路进攻城市，便会陷入城市周边的浅滩和沼泽之中。[2] 第二，由于阿姆斯特丹建在沼泽之上，无论什么工程，首先都要对建筑用地进行排水改造，之后才能真正施工，因此，单单是进行排水就要花费大量的人力物力，更不用提建造城墙本身的工程。第三，这样的工程与阿姆斯特丹市民的传统思维格格不入。

一开始，阿姆斯特丹并不是一座封闭的城市。法国历史学家费尔南·布劳岱尔② （Fernand Braudel）曾称中世纪的欧洲城市为"微缩景观城市"[3]，它们往往拥有封闭的城墙，这些城墙不

---

①　菲利普三世：勃艮第瓦卢瓦王朝公爵，绰号"好人"，在英法百年战争末期扮演了重要角色，先与英格兰结盟，后又与法国王室和解，转变阵营。

②　费尔南·布劳岱尔：法国年鉴派历史学家，第二次世界大战爆发后应征入伍，后被德军俘虏，在战俘营仍坚持研究和写作。

仅圈定了城市的面积，也将人们的思想封闭其中。然而，阿姆斯特丹至少在一开始并非这样一座城市，它的风格与周围城市显得格格不入，但又能够与它们共存发展。

如同公元前 5 世纪的伯罗奔尼撒战争那样，农民们从自己的土地上逃走，涌入雅典城寻求庇护。当有战事爆发时，阿姆斯特丹的街头也会挤满载有干稻草的车辆，大量涌入的难民将这里搞得拥挤不堪。即使到了 1575 年，当阿姆斯特丹已经成为一座真正意义上的城市时，这种情况还在不时发生。[4] 防御设施和大量修建的城墙并没有真正地将城市和乡村隔绝开来。

在这种情况下，菲利普三世和后来的马克西米利安一世多次劝诫阿姆斯特丹人，要求他们加强自己的城防设施。尽管如此，阿姆斯特丹人并未意识到这个问题的严重性，直到自己品尝了苦果之后，才明白富有的阿姆斯特丹早已成为他人眼中垂涎的猎物。

1420 年，一支来自乌得勒支的武装部队越过阿姆斯特尔河畔的防御堡垒（大概位于今天伦勃朗广场所在的位置）。很明显，他们计划向城市发动袭击。当时的阿姆斯特丹人是荷兰伯爵最忠诚的追随者，而与乌得勒支主教的关系则谈不上融洽。因此，人们推断这次军事袭击是乌得勒支主教发动的一场针对阿姆斯特丹的阴谋。然而，这支部队的第一次进攻尝试便被阿姆斯特丹市民挫败了。不过，不幸的事情还是发生了，城防士兵先是将一门火炮架在阿姆斯特尔的大坝上，当指挥官尝试用大炮向城外的军队开火时，炮弹并没有射出来。紧接着，两名士兵将另外一门大炮移到了第一门大炮之前，准备继续开火。正在此时，第一门大炮的炮弹突然射出，炸飞了一名士兵的胳膊。尽管阿姆斯特丹一方出现了这样的意外，但相比之下，敌军在此次战役中的损失更为惨重。

1480 年，两座城市之间紧张的关系再次升级。阿姆斯特丹的渔民和来自海尔德兰地区的船主之间在须德海爆发了一场名副其实的海战。1481 年 12 月，一支约 600 人的乌得勒支部队袭击了阿姆斯特丹在城市东面设置的军事哨站纳尔登。乌得勒支人在这里"做出了很多令人不齿和残酷的事情"。仅仅两天之内，阿姆斯特丹的士兵，在韦斯普和默伊登市民的帮助下，成功夺回了哨站。两周之后，乌得勒支宣布投降，阿姆斯特丹俘获了约一百名俘虏，将他们拉到为胜利举行的狂欢活动中游街。人们还将缴获的乌得勒支旗帜挂在老教堂里向民众展示。1482 年 9 月，阿姆斯特丹的船只俘获了两艘乌得勒支驳船，一艘船上装满了"硝石、火药、石头弹、弓箭等武器装备"。两座城市之间的敌对关系直到 1483 年才结束。当新统治者马克西米利安一世的军队征服乌得勒支之后，两座城市才最终签署了和平协议。

正是因为这场荷兰城市之间的内战，阿姆斯特丹市政府才终于决定建造新的城墙。这项伟大工程的痕迹至今依稀可见，例如，新市场的测量所曾经就是阿姆斯特丹三座城门之一，直到 1617 年才被改造成货物贸易的过磅点。另一处遗迹是著名的泪塔，它之所以拥有这个名字，原因是，据称，即将远航的水手们会在这里与妻子泪别，但实际上这只是误传。孟图恩塔①和蒙特

---

①　孟图恩塔：也被称为铸币塔，原为阿姆斯特丹雷格利尔古城门的一部分，建于 1480 年。

巴恩塔与泪塔形成立体的防御体系，这些塔都配有优雅的尖顶，最初计划将它们当作炮塔使用，考虑到当时城市里的房屋普遍低矮，这些新建的城防设施令人印象深刻。建造在艾湾之畔的泪塔就像一只"武装起来的拳头"保卫着城市的安全，在阿姆斯特尔河畔（靠近今天多伦饭店的位置）矗立着一座类似的塔楼，与泪塔遥相呼应，其名字的意思是"让乌得勒支保持沉默"。

城墙使用砖石垒砌而成，地基也用石头铺设。从古老的地图上可以看到，城墙上还设有拱形的炮眼，当敌人来犯时，可以通过它们向敌人开火。城墙建成后几乎没有发生过什么战争，这里反倒成了一些乞丐和猪、羊等家畜的避难所。

从当时留存下来的城市条例可以看出，城墙的建设给阿姆斯特丹市政府带来了不小的压力，无论是财政上的，还是建筑材料上的。档案中清楚地记载着，自 1500 年开始，这里对犯罪市民的惩罚措施不再是罚款或体罚，取而代之的是搬运石料。比如：一位名叫特鲁德（Trude）的寡妇因为与税务官争吵并对其进行袭击被判处罚，她有三种选择：一是去里尔参与朝拜，二是罚款 90 便士，三是为城墙建造提供 6 000 块石头。负责码头装卸货物的监工卡里斯（Cales）和弗洛瑞斯（Florys）由于收受了几个卖鱼妇人的贿赂，默许她们违反规定提前开市，被责令为城墙建造提供 5 000 块石头。一个名叫扬·范·登·博奇（Jan van den Burch）的人由于售卖三文鱼的价格超过了城市规定的最高定价，被要求三日内交付 3 佛兰德镑的罚金用于"建造城市城墙"。[5]

到了 1508 年，城墙项目才最终完工，这时恰好赶上敌人入侵阿姆斯特丹。那一年春天，海尔德公爵查理二世①（Karel Ⅱ）突然率领军队进犯阿姆斯特丹。他的军队越过霍伊，夺取了默伊登和韦斯普。5月25日，军队抵达了阿姆斯特丹城下。此时，阿姆斯特丹已经做好了被长时间围困的准备，但是双方在迪莫戴克进行了几次小规模冲突后，公爵的军队便撤离了。1512年12月，由大约1 100名士兵组成的海尔德军队穿过老教堂附近冰冻的河面，向阿姆斯特丹东侧城墙进攻，但受到驻守圣安东尼城门（位于今天新市场的测量所）的民兵的迎头痛击，不得不撤退。不过，他们还是在平安夜设法烧毁了停泊在艾湾和拉斯泰格的船只。拉斯泰格是当时城墙东南侧的一块区域，到处都是仓库和小型码头，经济地位非常重要，但是军事防御极为脆弱，很容易受到外界的攻击。1512年的这次袭击让这里受损严重，因此，城市的管理者们决定围绕拉斯泰格建造一圈防御性的围墙。此后，这里演变成了今天的奥德斯堪运河，人们还在附近建造了一座塔楼，就是今天的蒙特巴恩塔。

1508年夏天，在经历了多年努力之后，阿姆斯特丹终于完成了炮塔、城门和城墙的建造工程。马克西米利安一世也终于可以来到这座"属于他的城市"出席城墙竣工典礼。在欢呼声和钟声的环绕下，皇帝骑马缓缓穿过街道。修道院的修女们早早就接到了命令，站在窗户边上为这位神圣的来访者鼓掌致意。皇帝也的确在其中两座修道院做了短暂的停留，向那里的修女们赠送了红

---

① 查理二世：海尔德公爵，在海尔德战争期间与控制荷兰、佛兰德的勃艮第公爵对抗。

酒，还给那些为国家繁荣进行祈祷的信徒发放了赏金。皇帝的赏赐将金钱与献身精神、世俗与宗教世界连接了起来。现在回看当时的情景，这场盛会竟是阿姆斯特丹在中世纪最后一次向世人展示城市辉煌的机会。当时建造的城墙本想用于万世，但仅仅 100 年之后便被拆除了。城墙的断壁残垣对我们当代人而言，不过是满足历史好奇心的遗迹，但在那个年代，却为那些无家可归的人提供了良好的庇护所。

❖　❖　❖

　　沉浸在中世纪宗教氛围中的阿姆斯特丹和奔向黄金时代的阿姆斯特丹之间的裂痕越发明显，而二者的第一次冲突被史书记录了下来。这次冲突始于一座仓库的建造。1531 年，市政长官决定在卡尔夫大街圣斯特德的庭院内建造一座用于储存羊毛制品的仓库。当时的阿姆斯特丹变得日益拥挤，毗邻罗金河和阿姆斯特尔河的圣斯特德庭院成为建造仓库的理想之地。但这项计划遭到一些虔诚女性的极力反对，她们认为一个供世俗使用的仓库是对圣斯特德的亵渎。此外，仓库一旦建成，将会给朝圣者们围绕庭院徒步或者匍匐行礼带来诸多不便，而朝圣传统已经持续了两个世纪之久。市政长官却对这些反对意见置之不理，于 1531 年 5 月让工人们开始在圣斯特德的庭院内挖掘建造仓库的地基。施工开始不久后的一个夜晚，300 多名女性趁着夜色聚集在圣斯特德的庭院中。她们用铁锹把刚刚挖好的洞又填了回去，并很快撤离。这次行动揭开了整个事件的序幕。

罗金河畔的圣斯特德，1345 年 3 月 15 日的"阿姆斯特丹奇迹"便发生在这里。（图片来源：Gemeentearchief Amsterdam）

不出意外，人们很快查清了这起事件的始作俑者。两周后，事件的带头人——参与行动的四位最富有的女性，被责令支付 50 荷兰盾的罚款，否则将被禁止在城市里活动。但她们并没有轻易屈服，而是跑去布鲁塞尔以个人名义向查理五世控告阿姆斯特丹市政府"在专门用于圣礼的神圣土地上建造世俗建筑"。皇帝身边的史官对这次争议内容进行了详细记录。[6]

尽管查理五世非常尊重圣斯特德的地位，但他不想卷入这场纷争，因为他在经济上对富有的阿姆斯特丹商人和市政长官颇为倚赖。布鲁塞尔法庭的其他成员也没有站在这些控诉者一边——甚至连教皇的特使也拒绝给予她们支持。由于控诉失败，她们不得不离开布鲁塞尔，于六周后回到了阿姆斯特丹。回来后，这些女性愤怒地驱使着马车在城市街道上游行"并高高举起她们的手臂"以示抗议，就好像她们在布鲁塞尔赢得了支持。然而，市政当局依然强制执行了此前针对她们的禁令，很快便将她们驱逐出城。在支付罚款前，她们不得不暂时住在一家城外的小酒店中。

其他参与抗议的女性也受到了相应惩罚。一些人被判处一年居所监禁并被罚款，但是大部分人愿意认罪，请求法官宽容处置，最终免于处罚。

参与反抗的所有女性都是圣斯特德圣礼会的成员。这是一个全部由女性组成的团体，遭到严厉惩罚的四名带头人应该是这个组织的领袖。从现存的参与者名单来看，卷入这起事件的成员无一例外地来自阿姆斯特丹条件优渥的家庭，因此，我们也不难理解这样的抗议能够将整个城市搅得天翻地覆，但同时这起事件也彻底毁掉了一些家庭的生活。

这些来自城市女性的反抗举动绝不是鲁莽的行为，它恰恰反映了那个时代的冲突，即新兴的世俗化生活与商业意识的觉醒和中世纪晚期虔诚的宗教信仰对城市生活的根深蒂固的影响二者之间的矛盾。虔诚的宗教信仰仍然深刻影响着人们的道德观念、纯洁的操守意识和简朴的世俗准则。事实上，我们从文献中了解了一位将宗教关系远远置于其他社会关系之上的女性，她便是杰利特·扬松·培格多赫特。十年后，她出现在一幅写满谚语和宗教符号的油画之中，那时她已成为市长埃格伯特·葛尔布兰德松的妻子。这幅油画上的谚语写道："就让我们按照上帝的旨意，圆满地完成他指引的任务吧！完成这些工作。"

　　这场由女性主导的事件仅仅是当时那个处于转变之中的时代的一个缩影。1517 年 10 月 31 日，马丁·路德①（Martin Luther）将自己的 95 篇反对宗教陋习的文章钉在了德国维滕贝格的一座教堂的大门上，这一事件掀起了一场彻底变革教会和社会、人类和上帝之间关系的运动。

　　路德掀起的宗教改革运动迅速蔓延到了阿姆斯特丹。尽管查理五世威胁对支持宗教改革的人施以火刑，但是阿姆斯特丹对宗教改革支持者的态度显然比较温和，毕竟，像阿姆斯特丹这样的商业城市对宗教争议并不太感兴趣。1524 年，8 名参与宗教改革集会的人仅仅被判处手捧蜡烛围绕老教堂步行忏悔的处罚。这场集会的组织者阿切·阿伦茨（Aagje Arents）只是被判向城市提供 10 000 块墙砖，并被勒令去罗马朝圣。城市管理者们颁布了法令，禁止人们发布"恶语诋毁和中伤我们最神圣的教皇"的文字。由于印刷机的发明，管控相关的纸面材料成为限制人们的重要手段。

　　市政管理者们在水坝广场点起火堆，焚烧散布不当言论的印刷品。阿姆斯特丹在这个时期发生的首起罢工事件，导火索是老教堂管理人被迫焚烧了一本流传广泛的宣传宗教改革的刊物。

　　这一时期，阿姆斯特丹的宗教改革的支持者们似乎都有一个共同的特点：他们表现出一种幸灾乐祸的叛逆态度。[7]有人说一

─────────

　　①　马丁·路德：神学家、哲学家，于 16 世纪初发起了对基督教世界影响巨大的宗教改革。

个叫作扬·古森斯（Jan Goessens）的人诋毁圣母玛利亚，于是古森斯被勒令进行一次远方的朝圣之旅，他为自己的行为辩解道："如果我们的圣母是如此神圣，那么将她带到人世间的那个人岂不是更加神圣？"一个叫作扬·艾斯布兰茨（Jan Ijsbrants）的鞋匠在圣奥洛夫教堂的布道仪式中突然站了起来，大声打断了神父的讲话，说道："我要回家，我已经听够了这些歪曲上帝意思的话。"为此，他被判处了六年禁足令。一名叫作埃尔伯特·德克斯松（Albert Dirkszoon）的海尔德人，因在斋月期间公开吃肉被判处鞭刑并被要求前往那不勒斯朝圣。席勒布兰德·范·兹沃尔（Hillebrand van Zwol）因为坚称圣餐的圣饼与普通面包无异而被判处舌头穿刺的刑罚。一个名叫雅各布·克拉斯松（Jacob Klaaszoon）的面包师因为妨碍了一场在老教堂举行的圣餐仪式被判处刑罚。1534 年的夏天，一个竹篮编织工和他的朋友因为抗议修道院的贪婪，在修道院大门上画了一些魔鬼模样的修道士，画中，魔鬼们用鱼换取钱币、奶酪和其他东西，这一行为给他们招来了严酷的刑罚。1539 年，14 岁的约里安·本图森（Joriaen Benthuyzen）被人发现在自家院子里阅读马丁·路德翻译的德语版《新约》，这样的做法在当时足以被判处死刑。约里安解释说，自己刚刚来到这个城市居住，不知道有这样的禁令，而且书是父亲给他的。市参议员和市长因此宽恕了他，但是仍要求他参加下一个周日的宗教游行活动，脖子上要挂着一个写有"我是支持马丁·路德的异端"的牌子。

✤ ✤ ✤

"世界就是邪恶的，"历史学家约翰·赫伊津哈写道，"暴力的火焰一直都在燃烧，魔鬼用那毫无道义的统治以及黑色的翅膀正在将大地笼罩在黑暗之中。"让我们试着再次去看一看阿姆斯特丹在中世纪晚期的城市全景，去想象一下一个类似于今天迪士尼乐园般漂亮的小镇。然而，这种想象的画面包含了太多的错觉，事实上，车水马龙的街道随地都是牲畜的粪便，四处可见的酿酒厂、染布厂、制革厂和其他小摊位不断地散发着臭气和噪声，充斥在居民社区中。人们把大部分垃圾都丢进城市的运河中，导致这里常常被恶臭的空气所笼罩，特别是在夏天，气味尤其令人难以忍受。在这种环境中，男人、女人和小孩子们都在努力地为生存而奔忙。

在现存的档案中，我们发现了一些修道院的账单、泥瓦匠和木匠的工资单、租金价格单和粮食价格单，从这些信息中我们可以大致推断出当时阿姆斯特丹人的生活状况。16世纪初，阿姆斯特丹的经济状况并不总是那么乐观，每个家庭的生计都比较紧张，人们不敢有丝毫的懈怠。超过四分之三的家庭收入都花在了食物上，剩余部分用来支付租金、购买衣物、采暖和照明。随着美洲新大陆的黄金不断涌入欧洲，这里的物价水平也在不断提升。根据一些记载，被用作食物主要原料的黑麦的价格在16世纪的第一个十年就增长了约30%。与此同时，人们的收入却停滞不前，导致大量的手工艺人和他们的家庭生活变得拮据不堪。这个时期的纺织业和食品加工业都深受冲击，甚至出现了由食品短缺造成的骚乱，被戏称为"奶酪和面包的游戏"，这一定程度上反映了当时城市生活的困难局面。

这一时期，阿姆斯特丹出现了第一个新教团体，这是来自苏黎世的瑞士宗教改革者乌利希·慈运理①（Ulrich Zwingli）的信徒所创建的组织。新教运动带来了许多划时代的理念，人们开始尝试通过政教分离、财富分享、拒绝武力等方式重构世俗与宗教的关系。一部分宗教改革者主张，只有信徒能够区分好坏时才可以接受洗礼，其他已经接受过洗礼的成年人需要重新接受洗礼，因此他们被称为再洗礼派。这种想法在当时颇为激进，但很快就在阿姆斯特丹富饶的领土上流传开来，特别是在那些规模尚不大的资产阶级中更为流行，但与此同时，也不断有人为此受到法院的处罚。我们了解到的故事中有鞋匠、铜匠、裁缝、船员、订书匠、木匠、铁匠、裁缝、纺织工、锁匠，以及缝制衣服、磨镜片和制作马具及扫把的手工艺人，他们都是这场宗教运动的支持者，一次又一次地出现在各种案例中。

1530年，德国萨克森州银矿和采石场的3万名农民和工人起来进行反抗，这次运动使当局第一次开始重视再洗礼派的影响。当这次起义被镇压之后，参与者们四散跑往欧洲各地，而宽容的阿姆斯特丹成为他们的理想避难所。在这里，他们的信徒数量开始快速增长。他们声称自己被赋予了使用宝剑去摧毁邪恶当权者

---

① 乌利希·慈运理：16世纪瑞士宗教改革运动领导者，其思想影响了许多新教派别，如再洗礼派。

的力量。

这股全新的宗教改革力量比马丁·路德的支持者更为激进，使得阿姆斯特丹的当权者从最开始的时候就采取更为强硬的手段去应对。再洗礼派的理念不仅威胁着传统教会的地位，还威胁了市政当局的权威。此外，他们的信条与阿姆斯特丹不断涌起的商业意识大相径庭。在阿姆斯特丹，宽容不仅仅是一条原则，更是在实践中必须遵守的行为准则。原因在于，开放的商业城市应当是各种文化并存的地方，不应对那些持不同信仰的群体进行迫害。如果这座城市依照宽容原则成为一个可容纳各种文化理念的地方，那么一旦这种原则被一个反对包容的群体所威胁，城市的管理者们将会毫不犹豫地将其驱逐。

1533 年 11 月，阿姆斯特丹逮捕了 9 名再洗礼派信徒，并将他们送往海牙的荷兰高等法院受审。海牙的法庭对如何审判他们拿不定主意，便写信给布鲁塞尔的查理五世，期望获得指示。得到查理五世的答复后，这 9 个人被斩首。他们的身体被埋在海牙，头颅则被装到一个鲱鱼桶里，送回阿姆斯特丹示众。

尽管市政当局采取了上述措施，但效果却微乎其微。街道上四处可见宣传改革信条的小册子，里面写着：上帝的怒火正在喷向那些违背圣经、不做善事的人们。1534 年 1 月，再洗礼派的信徒占领了威斯特伐利亚的明斯特，并宣称成立锡安王国。他们的领袖是一名来自荷兰莱顿市（位于阿姆斯特丹以南的一座城市）的裁缝扬·博克斯松（Jan Beukelszoon）。明斯特成为一场革命的发源地，而阿姆斯特丹紧随其后。

同年 5 月，光天化日之下，5 名再洗礼派信徒嚣张地在阿姆斯特丹街头手持刀剑，大喊道："我们以主的名义宣布，城市的左半边是被主祝福的区域，城市的右半边是被主诅咒的区域！"倍感震惊的市民聚集到水坝广场，民兵队则警戒待命。

同一天，许多再洗礼派信徒放弃了自己的居所和财产，以及他们的妻子、儿女，纷纷聚集到港口开始登船，准备穿过南海去往"上帝指引的地方"，没过多久，又有一批男人、女人和孩子们坐船离开，他们的目的地便是明斯特。然而，他们不知道的是，一年之后在明斯特，等待他们的是可怕的死亡。科隆教区派出的军队用了几个月的时间围困明斯特，并在那里对他们实施了一场惨无人道的大屠杀。

当年6月，当人们听说再洗礼派信徒正从弗里斯兰杀来打算占领阿姆斯特丹时，这座城市再次陷入混乱。民兵队将警戒级别调到最高级，并用斩首或火刑的方式处决了几名仍在关押的再洗礼派信徒以示警告。在确认入侵信息后的几个月的时间里，整个城市始终处于强烈的紧张氛围之中，因为在城墙内部，宗教改革者的动向也让人惴惴不安。

18世纪的城市历史学家扬·瓦格纳记录了双方人马遭遇时的情景，他描绘了在祖特施泰格所发生的情形（素材可能是来源于当时的审讯记录）。

1535年2月11日晚，几名再洗礼派信徒在他们首领的带领下聚集在一所布料商的房子里。当他们闭眼祈祷的时候，首领突然睁开眼睛向周围的人说道："我刚才看到主，并与他面对面交流了几句。我被他带入了天堂，之后又被贬去了地狱，在那些地方我看清了这个世界的一切。审判日的情形简直就是一场噩梦。"

之后，他接着说："你们将永世受到神的谴责，"同时指着周边的人说："你们连进入地狱的资格都没有，你们要被丢到比地狱更为残酷的地方去。"接着，他便大哭起来祈求宽恕，但很快又重新站在人们中间，说道："主对你们的遭遇感到同情，并决定宽恕你们。"

第二天，这群人再次聚集。其中有几个女人是趁着她们丈夫熟睡时偷偷来参加集会的。他们花了 4 个小时来讨论和祈祷，随后首领摘掉了他的头盔，脱去外套，并将身上剩下的衣服丢尽了火堆里，全身赤裸地站在信徒面前。他劝说其他人也脱去衣服，因为所有世俗制造的东西都应当在火中燃烧。当时，这座房子的女主人阿切·扬斯（Aagje Jans）正在睡觉，本来对他们的活动一无所知，但是衣服烧焦的味道将她熏醒，她误以为是房子着火了，便跑出来看个究竟。结果，她看到 11 个一丝不挂的人站在一起。他们的首领命令阿切也像其他人一样脱掉衣服扔进火堆里，她立刻按照命令脱去了衣服。

这些仪式之后，首领带着信徒们冲出了房子，大喊着："为了我们神圣的主！"这些呼喊声很快传遍了城市，听到这些声音的市民们拿起武器，聚集到了水坝广场。和阿切一样，祖特施泰格附近的居民们也同样被衣服烧焦的味道熏醒，他们砸掉门闩进入了阿切的房子，此时那些狂热的再洗礼派信徒已经离开，铺床的草垫被点燃，旁边是燃烧着的武器和衣物，颇为讽刺的是，火堆上还烤着两盘肉。

这群再洗礼派的信徒很快便被逮捕，但是全都拒绝穿上衣服。他们振振有词地说道："我们才是真理的代表！"一位警官试

这幅画描绘了"祖特施泰格事件"中的情景，赤裸的宗教改革者在城市的街道上奔走。（图片来源：Staatsbibliothek Preussischer Kulturbesitz，Berlijn）

图将自己的外套披在其中一个女人身上，却遭到了他们的咒骂。他们拒绝吃喝，将盛有食物和水的陶罐摔在地上，并围着陶罐碎片跳舞。几周之后，被逮捕的男人们被斩首，女人们则被塞进麻袋从哈灵帕克斯特亨（如今中央火车站对面的停车场附近）丢进了艾湾。阿切·扬斯则在自家门框之上被人吊死。

　　尽管如此，再洗礼派信徒坚定的信念在当时产生了巨大的影响。[8] 1535 年 5 月，不断涌起的反抗活动终于达到了高潮。由于明斯特已经被军队包围，情形变得愈发危险，一些阿姆斯特丹的再洗礼派信徒决定在当地发动一次暴动，占领这座城市。5 月 10 日，40 名暴动者占领了位于水坝广场的市政厅。他们选择的日子是经过周密谋划的，这一天恰好是弩兵连的年度聚会。此时此刻，大部分城市官员"正推杯换盏，醉意醺醺"。暴动发生后，一位市长带领着随从尝试重新夺回市政厅的控制权，但没有成功，被暴动者杀死了。

这时，臭名昭著的醉鬼克拉斯·彼得斯松·范·阿肯（Klass Pieterszoon van Aken）出现在市政厅，宣布自己成为再洗礼派的使者，并叫嚣着说自己将会"恢复和平的秩序"。暴动领导者亨德里克·胡德博莱德（Hendrik Goedbeleid）打断了他的讲话并告诉他赶紧回家。但是克拉斯不为所动，"就像他平时喝醉酒时那样，始终呆呆地站在那里"。暴动者们毫不留情地用刀戳死了他。此时，反应过来的城市卫队开始包围市政厅，用船只封锁了水坝广场，向其轮番开火。

第二天清晨，当太阳升起时，双方在市政厅前激烈交火，但形势很快便稳定下来。再洗礼派信徒有 28 人在这次交火中丧生，同时丧命的还有一些阿姆斯特丹的民兵。随着这次暴动失败，阿姆斯特丹附近的其他再洗礼派信徒很快就缴械投降。暴动领导者亨德里克·胡德博莱德在市政厅被杀，他的副手扬·范·海尔（Jan van Geel）则爬上了市政厅塔顶，在那里咒骂阿姆斯特丹的市民。不过，他很快就被民兵击中，摔死在水坝广场的地面上。

在战斗中活下来的 12 名再洗礼派信徒也未能幸免于难，人们事后把他们的心脏挖了出来，并把尸体切成四段，分别放在四个城门示众。参加反叛的女人们不是被丢进艾湾溺死，就是被处以绞刑。连那些已经战死的暴动者也没有逃过这座城市的惩罚，他们赤裸的尸体被挂在绞刑架上示众。

1537 年 4 月 12 日，另外两个"平和的"路德宗信徒因为他们的信仰在水坝广场被斩首。1543 年 12 月，再洗礼派信徒再次被集中审判。他们的带头人承认印刷了 600 份再洗礼派领袖门诺·西蒙斯①（Menno Simons）的著作。1546 年，又有两名再洗礼派信徒被处以火刑。1549 年，水坝广场上发生了类似的事情。在接下来的数十年中，门诺派信徒仍在积极参与城市事务和公共生活，发挥影响力。不过，市政当局对他们的惩罚越发严厉。1536—1576 年，共有 29 名门诺派信徒在水坝广场被执行了火刑，此外还有 12 人被斩首，6 人被处以绞刑，4 人被投入艾湾溺死。

1544 年，圣斯特德那个用来盛放圣餐的神奇银龛失窃，连同它一起消失的还有里面的圣餐。窃贼被捕时，银龛早已被熔化卖掉，而装有圣餐的水晶花瓶则被丢进了运河。人们很快就行动起来，开着船、架起网对这个花瓶进行打捞。此事很快成为街头巷尾热议的话题。然而，人们并未发现它的踪影。这个承载着宗教意义的花瓶就这样悄无声息地消失了。

---

① 门诺·西蒙斯：文艺复兴时期荷兰神学家，受马丁·路德著作影响，投身宗教改革运动。

第五章

八十年战争中的城市

这幅画由巴洛克时期的荷兰画家、雕刻师安德里安·范·尼沃兰德（Adiriaen van Nieulandt）于1633年绘制，描绘了戴姆拉克在那个时代的样貌。（图片来源：Amsterdams Historisch Museum）

再见了，小伙子和姑娘们，

再见了，如此美丽的阿姆斯特丹，

再见了，我在此刻写下这些话语。

再见了，这里的欢声笑语，

再见了，这里的舞动音符，

再见了，这里的笛声悠悠，

再见了，一切令人愉悦的声响，

再见了，我将在此刻启程。

再见了，这里的尔虞我诈，

与多伦的女孩儿一起远去，

在五月，或是一个月光照耀的夜晚。

再见了，哦！那如同红酒般纯粹的莱茵河水，

再见了，圣安东尼戴克和奥特瓦尔，

再见了，尽管我对此已经非常熟悉，

再见了，安娜肯斯豪斯和雷格利尔霍夫①，

再见了……

——罗默·菲斯海尔②（Roemer Visscher），1572 年[1]

1572 年的平安夜，奥德塞德·沃尔保瓦尔附近的圣安尼特修道院里，神父沃特尔·雅各布松（Wouter Jacobszoon）此时正感到无比的落寞和哀伤。他在日记本上写道："有谁还愿意去尖叫，去咆哮，去大哭？绝望的气氛笼罩着阿姆斯特丹，也笼罩着整个国家，就好像我们已经被土耳其人占领一般。教堂已经不再向教徒们分发圣餐，甚至停止了一切宗教活动。每一个此时出生的人都没有接受过洗礼，去世的时候也像个野兽一样被对待。"

在哀叹痛惜之后，他稳了稳心神，继续用文字回忆着"大家吟唱赞美诗的美好时光"："今天，你应当知道主会来临，很快就会在闪耀的光环中看到他。"沃特尔·雅各布松就这样通过写作来安慰自己。幸运的是，他的日记被保存了下来，我们从中可以了解那个时代人们的所思所想，这也是阿姆斯特丹历史上第一部保存完好的个人日记。[2]

---

①　据推测，安娜肯斯豪斯应当是阿姆斯特尔河附近一所隶属于行会组织的客栈；而雷格利尔霍夫是雷格利尔修道院遗留下来的建筑，位于港口的外侧，是当时一个很受欢迎的娱乐场所，位于今天的皇帝运河和乌得勒支街的交叉处。

②　罗默·菲斯海尔：荷兰谷物商人，同时也是一名诗人，生活在 16 世纪末至 17 世纪初的阿姆斯特丹。

　　考虑到那个时代的生存环境，雅各布松笔下的真实想法能够流传至今实属难得。大部分中世纪的回忆录和编年史作者很注重保护自己的隐私，他们不仅匿名写作，还特别注意不把与自己有关的信息写在自己的作品中。雅各布松从不害怕将内心对生活的恐惧和热爱用文字记录下来，他的目的也绝非满足自己的虚荣心，他也从未想过这本日记能够留存下来供后人阅读。在他眼中，这些记录无非是追随圣奥古斯丁的僧侣们生活中的一些琐事。雅各布松所生活的时期正处在阿姆斯特丹最黑暗的一段历史当中，他所做的记录在今天历史学家的眼中无疑是一份无价之宝。处在今天的我们，可以通过他的日记了解荷兰独立战争①期间阿姆斯特丹天主教徒们的见闻、感受与经历。雅各布松流传下来的日记材料，几乎告诉了我们当时发生的一切。

　　16世纪中叶，反对西班牙强权统治的起义运动很快在低地国家蔓延开来，这是人们在绝望中的反抗。他们试图摆脱独裁统治、高额赋税以及远在西班牙的菲利普二世②（Philip Ⅱ）给予这座城市的宗教压迫。尽管发生在荷兰的冲突看上去是天主教徒和新教徒之间的矛盾，然而事实上却是荷兰资产阶级对封建制度的抗争，或者说是商人对抗封建贵族、新时代对抗中世纪的战斗。这次冲突的模式也与传统的冲突有所差异，我们从中很少见

---

　　①　又被称为八十年战争，是低地国家反抗西班牙统治的战争，发生在1568—1648年。

　　②　菲利普二世：西班牙哈布斯堡王朝国王，神圣罗马帝国皇帝查理五世之子。他从家族继承的巨大遗产中也包括低地国家，他在这里实行毫不妥协的铁腕统治，压制荷兰人反抗西班牙统治的活动。

到战场上那种兵戎相接的战斗、胜者为王败者为寇的结局以及决战双方的和平谈判。它更像是一场发生在丛林中的大火，不知所起同时又在各个地方爆发。有时候，"大火"或许自己就会悄无声息地灭掉，又或者被当权者镇压，不过很快又会在其他地方重新燃起。1572 年，当雅各布松将这个绝望时代的故事写入日记的时候，那些被称为"乞丐"①的新教起义者尚未占领阿姆斯特丹。这座城市表面上仍在传统的天主教、大商人家族的掌控之中，但城市中的新势力正在慢慢崛起。此时，大家都心知肚明：一场战争的到来只是时间问题。

活跃在阿姆斯特丹的新教徒已经开始攻击天主教的神职人员。雅各布松在他的日记中记录了一个个恐怖的故事：一位莱顿的年迈神职人员被扔进运河中；另一名神父的脖子被打断；修女们被扒光衣服；一名"虔诚的天主教信徒"被杀死……"哦！我的主啊，你究竟还要沉睡多久？"雅各布松写道。1573 年 1 月 12 日，雅各布松也遭受了一次无比恐怖的攻击，以至于那一晚他始终无法入眠。"我在床上辗转反侧，但是无论多么努力，都无法闭上我的眼睛。"

雅各布松几乎每天都写日记，用他那纤细的手密密麻麻地记录着自己的生活。随着鹅毛笔尖慢慢地变钝，日记的字迹也在逐渐变大。

---

①　八十年战争时期，大批低地民众站出来反抗西班牙的统治，这些人被西班牙贵族轻蔑地称为"乞丐"，而起义者则喊出了"乞丐万岁"的口号，用以回应西班牙统治者。

雅各布松曾担任豪达附近的斯坦恩修道院院长，但到了1572年，那里转而支持新教，于是他逃亡到了阿姆斯特丹。一开始，他在圣安尼特修道院受到了热烈欢迎，之后又在莱利附近的尼沃纳恩修道院得到了悉心款待。然而，阿姆斯特丹的和平环境并非是由于获得了上天的垂青，而是这里居民不断抗争才换来的结果。雅各布松在他的日记里除了记载日常生活的种种，还记录了低地新教起义军围困城市所造成的影响。1572年11月10日，他记录道："有人看到起义军穿过了艾湾，来到了弗勒韦克。这些人挥舞着沾满鲜血的刀剑，大喊着：'你们这些无知的天主教信徒们！投降吧，不然明天我们就会占领你们的城市！'"第二天，他继续写道："圣马丁日的清晨4：00左右，我们在卧室听到了火枪开火的声音，这些声音不断地从远方传来。我们不知道到底发生了什么。到了8：00左右，我们得到通知，起义军在5艘船上装满了焦油、沥青、芦苇等物品，随后将它们点燃，驶向我们的舰队，企图用这种方式让我们的军舰陷入一片火海。不过，这一切都是徒劳的，这些船好像被人操纵着一般绕过了城市。其中一艘由于撞到了码头上的木桩，竟然调转了方向驶向敌人的阵营。"同一天，人们聚集到圣斯特德，感激上帝对阿姆斯特丹的保佑，感激神力使那些熊熊燃烧的船只奇迹般地绕开了这座城市。

无家可归的农民们在城市外游荡，他们丢下自己的房屋和财产逃难至此。据说曾有一大群（具体的数量说法不一，据说有100多头）受惊的牲畜跑向迪莫湖，压碎了冰面，全都落入水中淹死。第二天，大量"衣着褴褛的人"从被寒冷和饥饿笼罩的阿姆斯特丹跑出来，希望能够找到淹死的牲畜充饥。在市中心，一腐朽堕落；大卫对歌利亚的胜利；以色列人反对埃及强权的斗争。将低地国家上帝子民的处境与古时以色列人的处境进行类比似乎很是贴切。直到 17 世纪，艺术家和文学创作者们还在大量的作品中反复传递这样的信息。此外，加尔文宗中有关自律、节制的规定很快为起义军提供了一个坚实的组织基础。

出身粮商的劳伦斯·雅各布松·里尔（Laurens Jacobszoon Reael）是阿姆斯特丹最早一批追随加尔文宗的信徒。从他的回忆录中，我们可以了解当时加尔文宗信徒秘密集会的场景。实际上，这类集会显得比较欢快——与会者歌唱《旧约》中的诗篇或是一些当时流行的歌曲，这种集会形式渐渐变得流行起来。[5] 神父沃特尔·雅各布松在访问乌得勒支结束后返回阿姆斯特丹，他在自己的日记里记录了这样的情景：那些人在运河上的驳船顶上聚集在一起，"自由自在地歌唱赞美奥兰治亲王的歌曲"，这是一首"此前根据他的光荣事迹谱写的小曲"。雅各布松当时听到的这首《拿骚的威廉》（Wilhelmus van Nassaue）几乎可以肯定是荷兰国歌的原始版本。

在新教起义的大环境下，我们有必要去思考一下阿姆斯特丹的执政者在过去几个世纪中对待持异见群体的态度，这种态度在世人眼中常常是模糊的，而且经常被错误地与阿姆斯特丹的宽容理念混为一谈。例如，里尔在自己的回忆录中写道，在阿姆斯特丹的加尔文宗信徒中流传着一种隐晦的暗语，例如"约瑟夫带着母亲和孩子逃到了埃及"，当听到这句暗语时，每个人都明白这意味着执政者要开始对他们进行突袭搜捕了。而危险解除的信号是"那些威胁孩子性命的人都死了"。没有人知道这些暗语的出处，但有一种猜测是，它们与城市的治安官有关系。尽管对当地官员而言，对持有不同信仰的人实施严酷的惩罚是他们不可推卸的职责，但是编造这些暗语的治安官显然有不同的想法，他认为通过突袭、抓捕的方式对付这些新教徒并不是很奏效，况且这样激进的惩处甚至有可能导致更大规模的混乱。

几个世纪之后，这种对待新教徒的态度逐渐演变为荷兰人利用法律处理争端的典型方式——一种市民机会主义的处理模式：国家作为全体人民意志的代表被赋予了惩罚犯罪的权力，然而，这并非国家与生俱来的权力，特别是在惩罚方式比犯罪行为本身还要糟糕的情况下。最典型的例子是，荷兰人对卖淫行为和吸食软毒品的处理态度，早在 15 世纪，阿姆斯特丹就出现了采用"仁慈"态度处置这类犯罪的例子。当时，根据城市法律，妓院经营者应当被判处"活生生地埋在土里窒息而亡"的惩罚，但实际上，市政官员对在佩尔斯泰格和豪斯泰格（今天的戴姆大街）开设的妓院采取睁一只眼闭一只眼的态度。在那里，许多"缺乏道德感"的女人住在市政官员的房子里靠卖淫为生，这样一来，市政官员本身就成了实际上的妓院经营者。1495 年，城市管理者们甚至计划在豪斯泰格建立一个官方经营的妓院，不过这项计划并未真正付诸实施。[6]

在政治事务上也是如此，城市管理者们将避免发生潜在的暴动作为工作的重中之重，而将那些为理想而战的事情留给其他人去做。15 世纪的大多数时间里，低地国家的大部分地区都陷入了内战的泥沼，相互敌对的贵族在各自附庸的支持下相互争斗，这场低地的内部冲突被形象地称为"鱼钩和鳕鱼的战争"。阿姆斯

在这幅画中，加尔文宗的信徒们在阿姆斯特尔河上的小船
上集会。在远处的背景中，可以看到那座名字的含义是"让乌
得勒支保持沉默"的防御塔。(图片来源：Gemeentearchief Amsterdam)

特丹并不想卷入纷争，于是禁止市民谈论这些与内战相关的话
题，结果证明这很奏效。1481 年 12 月 26 日，市政府甚至下令，
正式禁止人们使用"你是鱼钩"或者"你是鳕鱼"这样的表述。[7]

这种相对中立的态度也改善了第一批居住在城市里的路德宗
信徒的处境，尽管当时他们依旧被当地的主教视作异端。我们从
档案中发现，1518 年之后，以严酷手段对待异端而闻名的法官雷
尼尔·布伦特 (Reynier Brunt) 与一名态度温和的治安官扬·胡
布莱茨松 (Jan Hubrechtzoon) 发生了多次冲突。1534 年，布伦
特终于找到一个机会剥夺了扬的职衔，并指控他误抓了良民，反

而放走了异端。五年之后，扬被指控参与了其他"宗派"的活动，并且在接受讯问后逃跑。20 年后，即 1555 年，又发生了一起针对阿姆斯特丹治安官的起诉，这一次被指控的是威廉·德克斯松·巴德斯（Willem Dirckszoon Bardes），这是一位"拥有机敏的推理能力，做事方式也令人赞叹不已，只是在演讲时有些口吃"的治安官。在西班牙宗教法庭私下的支持下，老教堂的主教举报这位治安官用虚假的证词指控自己。尽管巴德斯最后被无罪释放，而这位主教却罪名成立并受到了处罚，但这个事件还是成为当时一起重大的政治丑闻。不过，据推测，巴德斯很有可能的确对宗教改革者有一定同情心，并秘密地将一些信息透露给了他们，帮助他们"逃到埃及"。

然而，阿姆斯特丹市政府中这些相对宽容的官吏并没有改变这座城市的主流话语权。1535 年再洗礼派的暴动发生后，市民对宗教改革的态度仍旧不友好，不仅仅是路德宗，其他改革派也都在此后的 30 年中逐渐销声匿迹，将自己隐藏起来。而许多此前对宗教事务并不感兴趣的阿姆斯特丹市民，现在也都纷纷站出来支持天主教阵营。而市政厅的权力重心也在发生着转移，此前一直奉行温和政策的城市管理者逐渐淡出政治舞台，新一代管理者的施政策略不再温和而中立。再洗礼派暴动发生后的第二年，即 1536 年，当新一批市议员的名单被呈递给市政府时，变化已经发生："这一届市议员全部通过重新选举产生，这在此前从未发生过"[8]。

阿姆斯特丹城中弥漫的强硬态度也在国际关系中有所反映。1555 年，查理五世将低地国家（包括今天的荷兰和比利时）的管理权交给了他的儿子菲利普二世；西班牙和它的海外殖民地也作为他的遗产进行了继承交接。受到这次权力交接的影响，低地国家和新君主之间的关系注定将走上一条错误的道路。

尽管查理五世对低地国家的财富觊觎已久，但是菲利普二世却似乎并没有对这里显现出特别浓厚的兴趣。他接受的是西班牙式教育，思维方式与西班牙人无异，换句话说，他就是一个纯正的西班牙人。他对待新继承领地的态度与对待他的其他殖民地毫无二致，均采用传统的封建管理方式。如果放在几个世纪之前，这种方式或许还行得通，但是在 16 世纪末，低地国家已经变得高度城镇化，这些城镇拥有自己的权力、独立性，财力雄厚。在这种情况下，菲利普二世推行的仍然停留在中世纪管理农奴那样的方式完全不合时宜。就这样，仅仅不到十年的时间，这种管理方式就激起了荷兰各个阶层的反抗意识。

曾经富裕的城市被高额的赋税逼到了崩溃的边缘。总督愤怒地发现，原本的税种已经无法为皇室压榨出足够的财富，这导致了一种新税的诞生——"第十便士税"①。特别是在荷兰南部地区，城市的经济正逐步走向崩溃，普通的市民被高涨的物价压得喘不过气，虔诚的天主教信徒菲利普二世对新教改革者的严酷镇压也遭到了越来越强烈的反对。菲利普二世还犯了一个错误：对低地贵族从祖上继承下来的权利视而不见，常常不顾及他们的感

---

① "第十便士税"指的是将贸易额作为征税对象，抽取 10% 作为税款。这是西班牙统治者于 1569 年宣布征收的新税种，目的是确保在低地的财政收入，打击反抗西班牙统治的荷兰人。但事与愿违，该税遭到了荷兰人的普遍反对，不仅没有达到分裂荷兰的目的，反而将信仰新教和天主教的荷兰人团结起来，使其一致反抗西班牙人的统治。

受，将重要的职位交给令他信任的西班牙贵族担任。这严重损害了本地贵族的利益，导致他们很快就站在了菲利普二世的对立面上。

埃斯科里亚尔广场曾是菲利普二世掌管其庞大帝国的枢纽，从这里雄伟的建筑中，我们可以感受到坚毅、节制、温和、自律这些加尔文宗所倡导的品质。然而，菲利普二世和反对他的加尔文宗信徒都没有意识到彼此在自我约束、禁欲节制方面的相同点。但二者有一点是一样的，那就是对待自己信仰的狂热，正是由于这一相同点的存在，他们之间的对决从各个方面看，都更加激烈、更加漫长、更加暴力。

❖　❖　❖

就这样，我们所熟知的历史就顺理成章地在阿姆斯特丹发生了。大约在 1564 年，一群富有且思想激进的商人聚集到一起，打算终结那个守旧、专制且不允许他们担任高级官员的城市管理体系。在一封寄往布鲁塞尔的请愿信中，70 名参与者列举了阿姆斯特丹官吏的种种罪状：阻碍贸易、司法不公、贪污腐败、中饱私囊、任人唯亲、滥用税款等。这些请愿者们强调自己都是虔诚的天主教徒，并且此前为国王鞍前马后地效力过。布鲁塞尔当局非常重视这封信的内容，在经过荷兰执政奥兰治亲王的调查之后，这封请愿信的大部分内容都被证实是真实的。在接下来举行的市政选举中，执政决定通过任命新的市议会的方式更改城市管理规则。然而令人感到意外的是，这次选举过后，市议会中仍然由传统的统治家族控制。这是因为当时阿姆斯特丹爆发动乱的潜在危险已经非常大，在这种情况下，如果市政管理体系再出现大的变化，对西班牙统治者更为不利。

纵观整个 16 世纪，统治阿姆斯特丹的各个家族势力之间发生了一场悄无声息的争斗，这让我们不禁想到中世纪意大利某些城市发生过的事情，例如维罗纳的蒙特鸠家族和凯普莱特家族之间的明争暗斗。在阿姆斯特丹，这场冲突最开始只是与加尔文宗的崛起引发的一系列社会矛盾有关，但很快就与宗教冲突本身融合到了一起。阿姆斯特丹的商人们在 1564 年递交请愿书是一起重要的标志性事件。这起事件之所以重要，并非因为它给城市带来了多大的实质性影响（实话说，影响微乎其微），其关键在于参与起草这封请愿书的那些人开始逐渐走进了公众视野。请愿书的署名人在稍后不久便发现自己已经卷入了即将到来的八十年战争之中：有一些人逃离了这座城市，其他人则在菲利普二世于 1567 年派到荷兰镇压起义的阿尔瓦公爵①（Hertog van Alva）来到前，加入了"乞丐"的起义队伍。他们当中的很多人后来成了阿姆斯特丹自由派领袖，并形成了以家族血缘为中心的派系，一定程度上继续重复着他们祖先们犯下的错误。即便如此，如果非要找寻那些为阿姆斯特丹步入黄金时代打下基础的奠基人，他们

---

① 阿尔瓦公爵：费尔南多·阿尔瓦雷斯·德·托莱多（Fernando Álvarez de Toledo），西班牙贵族，军人和政治家。他是国王菲利普二世最信任的将领。1567年，他被任命为总督，镇压低地国家的反抗运动。

当仁不让。1564 年，这批商人已经在历史上刻下了自己的姓名。

　　两年后，这一刻终于到来了，永不屈服的起义运动席卷了整个阿姆斯特丹。成群结队的市民疯狂地发泄着自己的愤怒，肆意地破坏着这座城市。此时的阿姆斯特丹或许会感到难以承受，但从那一刻起，它将不会再对这种场面感到陌生，因为几个世纪之后，这座秩序井然的城市将再次遭受一场类似的磨难。起义运动浪潮始于荷兰南部，那里的新教支持者们疾风骤雨般地摧毁了根特市附近的教堂和修道院，撕掉那里的宗教画像，拆毁教堂的圣坛。1566 年 8 月 23 日晚上，几个安特卫普的商人来到阿姆斯特丹的集市上（当时在瓦慕斯大街附近还有露天集市），随他们一起到来的还有南方起义的最新消息。他们向阿姆斯特丹市民展示了一些小块的大理石和石膏碎片，这些都是愤怒的起义者砸毁的教堂雕像的碎片。这一切震惊了阿姆斯特丹市民。当这些消息传到市政官吏耳中时，他们都变得非常紧张，不仅仅是因为这些雕像碎片，而是因为他们已经无法阻止加尔文宗信徒参与露天宗教仪式（这些仪式被称为"hagespreek"，字面意思是"篱笆布道"，常常在哈勒姆港外，即今天的文肯大街举行）。他们明白，可以烧死 5 个或 10 个异端分子，但却无法烧死 1 000 个。

　　安特卫普的消息到来之后，阿姆斯特丹的神父们被要求将教堂、修道院中值钱的物品藏好。城市官员们本想通过这种方式掐掉民众发动骚乱的念头，但结果却适得其反。

　　城里的工人们在上午 11：00 左右回到家中吃午餐时，吃惊地看到"神职人员在街上跑来跑去，慌张地往车上装银子、圣餐杯、圣餐盒、碗和教袍，此外还有用于祭坛的珍贵装饰品"[9]。

这一情景令这群工人立刻骚动起来，他们纷纷跑到教堂一探究竟。大约下午2：00左右，他们来到老教堂，发现这里正准备为几个孩子进行洗礼。当主持仪式的神父开始为洗礼念诵经文时，几个工人开始大吼道："你们这些骗子！停止吧！世界已经被你们欺骗够了！"说着，他们开始向圣坛丢石头，对教堂进行破坏。

为了避免骚乱升级，市政官吏们对新教徒做出了巨大让步：将天主教教堂的所有宗教画像搬走并将其关闭；允许加尔文宗的信徒举行集会活动，但必须在城外进行；病人们有权选择天主教神父或新教牧师对其进行照料。不过，很快他们便收到了来自布鲁塞尔的命令，要求他们重新恢复宗教秩序，对玷污天主教的人采取严厉的惩罚措施。总之，就是要以更为强硬的态度打击骚乱。对于大城市的管理者而言，将上层的命令与本地实际情况结合本是日常工作的一部分，但布鲁塞尔提出的要求已经完全脱离了实际，因为有一半的阿姆斯特丹居民符合被逮捕的条件，当局根本无法将他们全都抓起来。

两周之后，弥漫在城市中的紧张气氛又酝酿了第二次骚乱，当时在新教堂举行的一场葬礼最后演变成了一次骚乱。情绪激动的群众涌向了他们心中无比憎恨的宗教法庭所在地——位于新市场附近的福莱尔米诺修道院。人们不仅四处打砸破坏，还出现了几起抢劫事件。"修道院的牛肉和其他食品"被抢走送给了孤儿院，修道院的图书馆则幸免于难。

受到几次骚乱的影响，1566年的阿姆斯特丹在政治上和宗教上成了无人管理之地，这座城市显得不知所措。对于市民来说，一方面，宗教迫害和高额税收逐渐强化着他们反抗西班牙统治者

这尊完成于 1450 年左右的圣像在 1566 年的骚乱中被损毁，发现于阿姆斯特丹一所修道院的花园中。（图片来源：Amsterdams Historisch Museum）

的决心和争取独立的信念；另一方面，清醒理智的商业意识却提醒他们不要与当时世界上最强大的国家——西班牙——产生公开的冲突。有那么一段时间，整座城市的态度就在这两者之间摇摆不定。显然，这种状态不会持久，无非是暴风雨来临之前的短暂平静而已。

与此同时，在这些事件背后，各种各样的政治团体——或者说是家族更为贴切——正在城市管理层内部进行权力斗争。首当其冲的便是传统的天主教家族，他们已经统治市议会达数十年之久，他们效忠菲利普二世（这种忠诚的前提是他们的商业利益或城市自由不会受影响）。其次便是"新商人"群体，他们是城市管理权的主要挑战者，这个群体大都来自 1564 年请愿书的署名人所在的家族，此时的他们依旧被排除在权力的大门之外。他们当中的许多人都与德国北部有密切的贸易往来，而那里是宗教改革的大本营。在这些人当中，有的转变为加尔文宗的信徒，有的则依旧信奉天主教，不过他们仍然在争权夺利，意图将传统的天主教贵族势力扫地出门。普通的市民和手工艺匠人们则组成了反对西班牙天主教霸权统治的阵营，尽管他们的反抗意识主要源自菲利普二世糟糕统治所带来的灾难性的经济困境。

在权力斗争中还有一个不可忽略的因素，即市民组成的民兵组织。这些民兵大部分来自经济条件优渥的家庭，在危难时刻受托保护城市免遭侵害并维护好公共秩序。他们当中的大多数人都慢慢地转向了独立派。例如，1566 年 8 月 4 日，治安官彼得·彼得斯松（Pieter Pieterszoon）在对一位新教牧师进行拘捕时突然被一队民兵制止，他们叫嚣着说："你要是敢拘捕他，我们就让你吃点苦头！"

不过，此时依旧有相当一部分市民支持亲天主教的阿姆斯特丹执政者。沃尔特·雅各布森的日记清楚地记录了当时大部分市民的想法，他们认为这些加尔文宗的支持者在搞恐怖主义，生怕这些骚乱分子真的取得胜利。当时，人们每周要举行三次宗教仪式，向上帝祈祷尽快平息骚乱；许多人为了表达自己的虔诚，在祈祷时赤脚在地面上行走。

1567 年 2 月初，阿姆斯特丹市长解散了三支民兵队，同时雇用了 500 名所谓的"城市战士"来保卫城市安全。这是一支完全隶属于城市官吏的武装力量，这种做法在当时欧洲的商业城市中非常罕见。与此同时，宗教对立让城中形势变得更加紧张。劳伦斯·雅各布松·里尔的记录中写道："有的家庭中，父子两人分属不同教派，有的亲兄弟因支持不同的阵营反目成仇。"他还讲述了一个关于卷入暴乱纷争的两兄弟的故事，他们一人支持信仰天主教的一方，另一人支持新教的一方。正当双方准备大打出手时，其中一个突然说："别记恨我，其实我不想伤害你。"多亏了战斗前的这句话，两人都放下了武器，避免了一场兄弟相残。

　　各大家族对城市管理权的争夺造成了权力的真空，反抗西班牙统治的军队认为这是一个千载难逢的机会，可以在兵不血刃的情况下占领整个城市。这一想法也得到了狂热民众的支持，起义军的一名领袖名叫亨德里克·范·布雷得奥德①（Hendrik van Brederode），他在此时来到阿姆斯特丹想大干一场，攫取这里的管理权。大量的独立运动支持者聚集在水坝广场，迫于这种压力，市议会不得不任命亨德里克·范·布雷得奥德为"战争供给队长"，这一任命实际上将城市的军队控制权拱手让给了他。亨德里克住在水坝广场的一家名叫奥兰治亲王的客栈里，这也是他接见其他独立派领袖的场所。在这些人之中，便有劳伦斯·雅各布松·里尔。他也得益于与亨德里克的会面，进一步巩固了自己的领袖地位。

　　1567年4月，独立派的运气似乎走到了尽头。忠于国王和天

---

　　①　亨德里克·范·布雷得奥德：荷兰贵族，八十年战争中荷兰一方的重要人物，被称为"大乞丐"。

主教的强硬派获得了布鲁塞尔的支持，奥兰治亲王威廉一世[①]（Willem I）也因为拒绝保持和菲利普二世的同盟关系而不得不离开荷兰。与他一起离开的还有很多贵族。此外，对新教徒毫无怜悯之情的阿尔瓦公爵正率领军队杀向荷兰，竭力恢复西班牙王室在低地的权威。

4 月 17 日，阿姆斯特丹市长下令禁止所有加尔文宗的宗教活动，尽管此时的阿姆斯特丹已经是加尔文宗主导的城市，但面对来势汹汹的西班牙军队，与敌人发生正面冲突显然不是明智之举。因此，城里的加尔文宗牧师们被迫离开了城市，同时也带走了几千名独立运动的拥趸。十天后，布雷得奥德也离开了这座城市。为此，市议会以他的名义举行了一场盛大的晚宴，大人物们纷纷进行演讲，歌颂他的丰功伟绩，之后又专门举行仪式欢送其登船离开。布雷得奥德乘船前往德国北部城市埃姆登，在那里，一股由流亡的阿姆斯特丹商人组成的势力正在蓬勃发展，迅速崛起。

根据历史学家亨克·范·尼尔奥普（Henk van Nierop）的观点，阿姆斯特丹传统的天主教势力通过所谓的"宗教清洗"政策解决了城市内部分裂问题。市政当局实施了严苛的对外政策和安全政策，那些凡是被怀疑违背天主教教义的人全都被赶出了城市。荷兰各地的城镇纷纷推行相似政策：新教占主导的城市驱逐天主教信徒，天主教占主导的城市勒令新教信徒离开。然而，也

[①]　威廉一世：低地独立运动的主要领导者、八十年战争领袖之一，曾任荷兰共和国第一任执政，被称为荷兰国父。

有一些地方为了保持城市的统一和稳定，采取了不同的政策——"宗教和平"政策或是宽容政策，这种以平和的态度处理宗教纷争的做法大大缓解了人们之间的仇恨和争斗，并在那些开放性的移民城市大获成功。

不过，就阿姆斯特丹而言，对于新教徒的驱逐给城市的发展带来了不可估量的负面影响，阿姆斯特丹迅速走向萧条。1575年，整座城市有三分之一的房屋空置，而随着大批信仰新教的商人离开，城市也失去了大量的资金和贸易机会。然而，对新教徒的惩罚并没有丝毫减弱。支持新教独立运动的男孩维恩·奥滕斯（Wijntje Ottens）在水坝广场被处决，他在众目睽睽之下被扔进了一只装满红酒的桶中。阿尔瓦公爵的"清算委员会"（亦被人称作"血腥委员会"）疯狂报复那些支持独立的低地民众，而"乞丐"们的抗争也从未减弱，双方的对抗迫使成千上万的阿姆斯特丹市民背井离乡。与此同时，城市涌入了几千名从别的地方流亡至此的天主教难民，他们之中便有沃特尔·雅各布松。

当八十年战争在低地国家烽烟四起的时候，海上也出现了一群信仰新教的反抗者，被称为"海上乞丐"。他们通过拦截商船、破坏海上贸易的方式，对那些信仰天主教的城市进行经济上的打击。1572年后，随着"海上乞丐"的势力不断扩大，许多开展海上贸易的城市不得不妥协，接受了他们提出的苛刻条件。与这些城市相比，阿姆斯特丹显得更为倔强，尽管贸易受到严重影响，却始终未向"海上乞丐"屈服，因而不得不面对孤立无援的局面。但阿姆斯特丹似乎仍在小心翼翼地维系着一种暧昧的"中立"态度，他们一方面对新教徒的起义活动感到反感，不惜用严酷的刑罚予以惩戒，甚至还为包围了哈勒和阿尔克马尔两城的西班牙军队提供补给，但另一方面又对西班牙人颇为警觉，拒绝了他们进城休整的提议，防止自己成为西班牙人进攻荷兰的基地。不过，这些举动无法令阿姆斯特丹真正做到左右逢源，直接导致了推动阿姆斯特丹不断发展的引擎——贸易——彻底停滞，饥荒再次无情地笼罩了这座城市。

❖　❖　❖

神父沃特尔·雅各布松在奥德塞德·沃尔保瓦尔修道院为后人记录下了有关八十年战争的真实经历。1573 年 4 月 20 日，阿姆斯特丹突然出现了罕见的降雪天气，这似乎又注定了一场厄运的到来。雅各布松写道："房顶都被大雪覆盖，好像冬天早早地降临了。"这时，所有的宗教场所都把自己饲养的牲畜赶进了城内，因为他们担心城外新教徒的"散兵游勇"会趁机进行掠夺。雅各布松记录道："酷寒的天气令这些牲畜处境困难，在寒冷、饥饿、无助、绝望下的吼叫声令人心碎，足以彻底融化任何一个铁石心肠的人。"

与此同时，雅各布松也尽可能地去做一些力所能及的善事，他帮忙埋葬了一名从贝弗韦克逃到阿姆斯特丹却不幸死去的孩子。"我发现，除了将他像只小狗一样埋葬之外什么都做不了。他的叔叔将这个小孩的尸体放在了棺材里，随后就把它放进了土坑并亲自盖上了棺盖。"在另外一场葬礼上，他注意到人们使用了一个二手棺材。"掘坟者从土里挖出一个棺材，将早先葬在里面的尸体拉出来扔到一旁，就像将死老鼠丢到垃圾堆里一样。"

从奥德塞德·沃尔保瓦尔修道院向城外望去，阿姆斯特丹周边的村庄都在着火，这是"乞丐"队伍中的一部分暴徒在对村庄进行掠夺：韦斯特赞、斯洛特代克、迪门，无一例外。这些地方刚刚逃过西班牙士兵的占领，却又陷入暴徒的劫掠。一天晚上，雅各布松在"半睡半醒间"听到了城里的嘈杂声。"一开始，我还以为那是往酒桶里倾倒啤酒的声音，但很快我意识到那其实是鼓声。"醒来之后，他无法再入眠，后半夜他就在"叹息和哭泣"中度过，为他所处的不幸时代而感到哀伤。第二天早上，有人告诉他昨晚听到的鼓声来自一支瓦隆的雇佣军，他们取道阿姆斯特丹前往哈勒市。

恐惧感始终支配着雅各布松的日常生活，这种恐惧感既来自他的天主教神父身份，也来自对于"乞丐"可能占领阿姆斯特丹的忧虑，这时的他已经深信自己难逃这场浩劫。在日记中，从他对于自己的衣着的困扰中，不难看出他的焦虑："曾经有一段时间，我决定换上普通人的衣服，但直到现在，我也没有这样做。因为我始终觉得如果有紧急情况发生，总会有足够的时间去换衣服，但除此之外，我也担心额外添置一套普通人的行头会产生很多花费，我觉得还是应该把钱用在更要紧的地方。"

雅各布松还记录了城市里孩童们的打斗场景，通常是一大批孩子聚集到一起打群架，市民们普遍觉得这是一种不祥的预兆。他的日记中有这样一个故事：一个孩子的尸体被带到了治安官那里，从尸体上判断，他应该是在和伙伴们玩"乞丐和主教"（分别代表独立运动的支持者和西班牙的支持者）的游戏时受了致命伤。"他们游戏时模仿真实的战斗场景，厮打在一起，甚至相互投掷石块。"

慢慢地，"乞丐"给予阿姆斯特丹的压力逐渐增加。雅各布松在他的日记里一次又一次地告诉我们在城市周围两派的交火情况。甚至在城里也能偶尔看到"乞丐"的身影。

1577 年 4 月 8 日

昨天晚上，一名"乞丐"闯进了一间房子。当时两个修女正在吃晚饭，他便坐在桌子旁边像客人一般与她们一起就餐，一边吃还一边用粗俗和下流的语言谈论着圣餐。这些言语令两位虔诚的修女感到又羞又恼，她们不敢继续停留，起身跑到街上，直到那个"恶棍"离开后才回去。

1577 年 11 月 23 日

早晨 8：00 左右，没有人会料到今天将要发生不幸的事情。然而到了 8：30，大约 40 名"乞丐"聚集到了水坝广场，试图占领广场。在圣卢锡安修道院也发生了同样的事情："乞丐"们一边敲着鼓一边绕着新教堂行进，同时大喊着："城市是我们的！"他们还喊道："从你们隐藏的地方跑出来吧，你们这群国王的狗腿子！"

这篇日记中提到，"乞丐"首领海灵（Helling）当时成功地骗过了哈勒姆港的守卫，但是他的部队在城市里迷了路，援军也没能在 2 小时之后及时赶到。于是在经历了激烈战斗之后，他们又被赶出城外。

1578 年 1 月 1 日

许多市民聚集在市政厅前，一位市政官员说，如果自己不能尽力保护城市免受"乞丐"们的侵扰，还不如与自己家人一起被埋葬在水坝广场。此时，许多市民已经匆忙地离开了城市，巨大的恐惧感弥漫全城。

1578 年 1 月 6 日

今天，一个姑娘割喉自杀了。同时，许多神父开始在晚上执勤以增强守卫力量。城市周围的"乞丐"越聚越多。

1578 年 1 月 23 日

人们都聚集在雷格利尔城门附近的区域排队逃离城市。街对面，我看到人们匆忙地打包物品，就好像进入了每年 5 月的搬家季。如果再进一步去探究这座城市的现状，你将一无所获，回荡在街头的只有叹息声和呻吟声。

1578 年 2 月 20 日

事态与我的预期渐行渐远，阿姆斯特丹这座可爱又虔诚的城市，在经历了漫长的等待之后，在表达了对国王无比的忠诚之后，满怀着悲伤和勇气，最终还是落到了"乞丐"们手中。（事实上，这时的阿姆斯特丹只有一部分落入了新教徒手中。）有人听到一些人公开地说，其中甚至有特别虔诚的天主教徒。"啊！太棒了！我们的生活又要变得好起来了！食物供给将很快恢复正常。"

1578 年 2 月 23 日

我们听说，这些天，许多逃离阿姆斯特丹的人又回到了这座城市。

1578 年 3 月 16 日

阿姆斯特丹举行了一场盛大的聚会，来庆祝与"乞丐"达成和平协议。晚上，人们从 7：00 到 8：00 会敲响城里所有的钟。与此同时，城里到处都在鸣枪庆祝。喧嚣的钟声和打雷般的枪声混杂在一起制造了恐怖的噪声，震耳欲聋。这段时期，城里举办了许多热闹的庆祝活动，现场被燃烧着的火把照得如同白昼。许多善良本分的人看到这里发生的一切，开始变得非常沮丧，他们无法控制住自己的情绪，开始大哭起来，充满着对未来可能再次遭受磨难的恐惧。

1578 年 4 月 22 日

我，这本日记的作者，收到了警告，我被要求准备好离开这里，不然第二天就要被驱逐出城。他们给出的原因是我和其他神父没有出现在城市长官面前（向新的管理者宣誓效忠）。

1578 年 5 月 3 日

士兵们像野兽一般奔跑着穿过城市，举止怪异、行为莽撞。他们在五朔节花柱旁忙碌着，把英国啤酒当作水洒在柱旁，就好像这些花柱需要浇水似的。

5月26日，"乞丐"们彻底占领了整座城市。几乎同时，一大群新教徒要求在城里建造一座属于他们自己的教堂，这里面混杂了一些刚刚返回阿姆斯特丹的人。当市长拒绝了这个提议后，"乞丐"们把他们赶出了市政厅并丢进了监狱。同时，一些修道院再次遭到打砸抢烧。沃特尔·雅各布松记录道："被罢免的市政官员被当作罪犯受到审讯，还被拉到街上游行，忍受着旁人的呵斥和辱骂。他们随后被一个个地扔进船里驱逐出城。他们已经失去了任何想要改变当前处境或者返回城市的想法。这些人随船一起驶离了城市，随后在一处大坝上岸，改为步行。"几天后，雅各布松也在几个朋友的帮助下逃离了阿姆斯特丹。他在阿姆斯特丹最后的几篇日记里写道，西班牙的军舰一离开城市，"戴姆拉克便停满了（商用）船只，恢复了往昔的模样"。

当这场持续80年的混乱结束时，阿姆斯特丹将自己从中世纪的阴霾中彻底剥离了出来，人们称其为"大变革"。阿姆斯特丹成为世界上第一个现代共和国——荷兰共和国——的经济中心。与此同时，城市新一代的管理者开始掌管权力。这其中就包括劳伦斯·雅各布松·里尔、亨德里克·劳伦斯松·斯皮海尔（Henderik Laurenszoon Speighel）、克莱门斯·科恩哈特（Clemens Coornhert）、科洛姆豪特（Kromhout）和保乌（Pauw）等人。他们都经历过艰苦的流亡岁月，是一群渴望机会并愿意为自己的理想赌上所有财富的人。得益于流亡经历，他们的眼光与视野超越了前辈，建立了全新的商业网络和贸易关系。这些人正在构思一种全新的政治和宗教秩序，用以管理城市生活。天主教徒们必须放弃在宗教事务上的排他性，但是他们的生活、贸易和公司则受到了很好的保护。加尔文宗成了新的官方信仰，而这座城市的"非官方信仰"——贸易和资本自由，以及由此扩展的思想和写作自由——似乎拥有更崇高的地位。"大变革"标志着这座城市进入发展的快车道。根据一些历史学家的看法，1578 年 5 月26 日才是阿姆斯特丹真正意义上的诞生日。

✜ ✜ ✜

1592 年，距离沃特尔·雅各布松离开阿姆斯特丹还不到 15年，我们从另外一位记录者口中了解到了这座城市的变化。一个名叫费恩斯·莫里森（Fynes Moryson）的英国旅行家这样描述阿姆斯特丹："在阿姆斯特丹港口附近没有市场，而是一块叫作凯普拉茨（他指的其实是普拉茨）的广场。在这里，即将出海远行的市民与他们的家人和朋友道别。夏天的时候，大量的商人聚集在桥上高谈阔论，到了冬天则都跑去了新教堂，排成两列在教堂内参与宗教活动。城市的东面有一面漂亮的石墙，墙头上铺设了一条人行道路。"[10]

此时的阿姆斯特丹比以往任何时候都更加喧嚣、热闹。随着木材和粮食的转口贸易不断发展，城市也扮演着贸易仓库的角色。还有一个重要原因使仓储对阿姆斯特丹非常重要，那便是当

这幅由扬·卢肯（Jan Luyken）完成的画作，描绘了
1578年被驱赶的信仰天主教的市政官员和神职人员，背景是
水坝广场的老市政厅。（图片来源：Gemeentearchief Amsterdam）

城市遭遇风暴袭击、粮食歉收以及战争威胁时，必需品的供应将
变得非常脆弱。当时，阿姆斯特丹已经拥有完整的存储系统，包
括仓库、阁楼和地窖等。一些老旧地图还会用"木材花园"来标
注那些储存木材的地点。

通过开辟新的贸易线路，流入流出城市的货物质量也得到了
大幅提升。向北方，船只已经可以航行至白海区域；向南方，与
地中海各国的接触也逐渐增多，其重要性也愈发凸显。除此之
外，阿姆斯特丹还通过与敌人开展贸易赚取了大额利润。西班牙

需要大量粮食，阿姆斯特丹的商人们则不顾独立派反对的声音，毫不羞愧地将粮食出口给低地的敌人。还有一个有趣的例子：西班牙的海军毁于低地人之手，但重建时使用的恰恰是阿姆斯特丹提供的木材，西班牙士兵的工资是阿姆斯特丹提供的贷款发放的，甚至西班牙在征讨低地时使用的加农炮和步枪也是阿姆斯特丹提供的。直至今日，我们还能看到特力普家族的豪宅矗立在科洛弗尼尔斯保瓦尔。这座房子的烟囱形状酷似炮筒，客观地见证了特力普家族的生财之道——战争。这一时期，荷兰的国家认同感还没有完全形成，在人们心中，最多只能说存在一种对自己所居住城市的忠诚感。与之相比，对贸易的需求才是凌驾于一切之上的行事准则。

阿姆斯特丹崛起的一个重要催化剂是其最大的竞争对手安特卫普的衰落。1576 年，西班牙军队血洗了安特卫普。1585 年，效力于菲利普二世的帕尔马公爵①（Hertog van Parma）占领了这里。作为对此事的回应，来自泽兰的舰船封锁了安特卫普的出海口，直接导致了安特卫普贸易的崩溃。仅仅几年之后，安特卫普的人口数量就从 10 万骤降至 4.9 万。与此形成鲜明对比的是，阿姆斯特丹则早在 1578 年就成功地从八十年战争的泥沼中脱身。此消彼长下，阿姆斯特丹成功取代安特卫普，逐渐成为低地的国际市场中心。

随着安特卫普的衰落，成千上万名来自安特卫普的移民从南

---

① 帕尔马公爵：亚历山大·法尔内塞（Alejandro Farnesio），意大利贵族，16世纪欧洲杰出将领，1578—1592 年担任西属尼德兰总督。

方来到阿姆斯特丹，随之而来的是他们专业的贸易知识、资金、热情、语言以及他们高品位的艺术和文化。1585—1600 年，几乎半数来到阿姆斯特丹的新移民都来自南方。[11] 他们在这里站稳脚跟后，便开创了蚕丝、炼糖、钻石贸易。此外，他们还带来了新的绘画技术。阿姆斯特丹在出版业获得的国际声誉很大程度上也得益于这批 16 世纪末的移民。

在这一时期，阿姆斯特丹市民的语言受到了词汇丰富的布拉班特语的影响。在沃特尔·雅各布松所处的时代，当地人讲的是一种古老的阿姆斯特丹方言，它听起来与南非荷兰语似乎更接近。然而到了 1600 年前后，阿姆斯特丹有三分之一的人讲安特卫普方言，富裕的资产阶级讲法语，而生硬的阿姆斯特丹传统方言很快就随着新移民的涌入而消失不见了。

当人们走进阿姆斯特丹历史博物馆的城市民兵队画廊时，可以从那里展示的群体肖像画中探究八十年战争前后的历史风貌。16 世纪中期的民兵制服设计呆板、颜色灰暗，然而到了 16 世纪末，他们的制服逐渐变得明亮起来，色彩感也更加明显，小领口和贝雷帽被突出的白色线条和巨大的帽子所取代。大约 1625 年，市民的穿衣风格发生了转变，原本那种农民和渔夫式的色彩低沉、阴郁的穿衣风格，仅仅用了一代人的时间，就转变成了色彩丰富的高雅风格。遗憾的是，这些华丽的衣饰几乎没有留存下来。[12]

当时的阿姆斯特丹生产的商品，都属于奢侈品的范畴：精致的水杯、蕾丝衣饰（在 16 世纪，蕾丝衣领和袖口变得越来越时尚）、衣胸针、钱包扣、戒指、眼镜，甚至还有小木剑和陀螺这样的儿童玩具。

这幅约完成于 1690 年的画作描绘了辛格尔
运河边的苹果市场。作者是彼得·范·登·伯格
（Pieter van den Berge）。（图片来源：Gemeentearchief
Amsterdam）

SEPTEMBRIS

另外一波移民潮来自葡萄牙，那里的赛法迪犹太人受到宗教法庭的迫害，生计艰难。他们的到来为阿姆斯特丹奠定了烟草贸易和钻石产业的基础，同时也使其成为著名的希伯来文的印刷与出版中心。低地新生的共和国成了他们最理想的庇护所，因为这里宗教氛围相对宽容。这里婚姻自由，没有人被强迫必须住在犹太人社区。此外，犹太人还能拥有财产权，对他们而言，这种自由度在其他地方是闻所未闻的。

这些犹太移民曾经在宗教法庭的压迫下被迫改信基督教，即便来到阿姆斯特丹，他们也不敢公开自己的犹太人的身份。一开始，市政府不同意他们建造犹太教堂，直到 1614 年情况才发生变化，因为这时开始，犹太人被允许在老教堂拥有自己的墓地。然而，本身喜欢社交的犹太人仍旧将自己与外人隔绝开来。此外，他们还被禁止"去打探已婚或者未婚的基督教妇女的情况"。与此同时，除了个别人之外，犹太人也无法加入当地的手工业行会，这迫使他们只能在贸易领域寻求生计。

尽管阿姆斯特丹有一小部分富裕的葡萄牙犹太移民，但这并不能完全代表阿姆斯特丹移民的整体生活状况。大部分来这里的移民都非常贫穷，他们被饥饿、战争、传染病威胁，与其他成百上千名拥有类似遭遇的人一道，在欧洲四处游荡寻找庇护之所。对他们而言，阿姆斯特丹成了收留他们的最后港湾。从一份阿姆斯特丹法庭发给一位来自荷兰南部的 31 岁的妓女凯特琳·德·沃斯（Cateleyne de Vos）的判决书中，可以大致了解当时这座城市移民群体的状况和诉求。判决书中写道："她称自己靠纺织劳作赚到了面包，不过迫于生存的压力，不得不去做妓女以维持生计。"[13] 几千名像德·沃斯这样的移民每日走在街头，依靠乞讨、卖淫和偷窃勉强为生。随着移民的涌入，在不到 50 年的时间里，阿姆斯特丹的常住人口就从 3 万增长到了 10.5 万。

彼得·巴斯特（Pieter Bast）在 1597 年制作的阿姆斯特丹鸟瞰图令人印象深刻，因为地图上看不到任何一个标注绿地的符号。城市的每一寸土地都用于商业贸易，城墙边上搭建了数不尽的小屋子，一些市民甚至全家都住在城墙的拱门之下。尽管城市的总面积和一个世纪前相比没有变化，但是人口却增加了三倍。地图上还能看到一些三四层高的房子，大部分房屋将继续往高了盖，这一过程还将持续几个世纪。这个时期，阿姆斯特丹民居的发展方向无疑指向了天空，人们简单地向上叠加楼层，一直加到地基可以承受的极限才停手。

罗默·菲斯海尔写了一首关于"纽文代克女孩"的诗，名叫《爱之花绽放》（Lief de Bloeiende）：

> 在水边欢愉的你们，如此真实，
> 在瓦尔慕斯大街的你们，兴致高昂，
> 在卡夫尔大街的你们，不愿和我起舞，
> 在伯格瓦尔的你们，我也始终惦念，
> 在水坝广场的你们，拥有玫瑰色的脸颊，
> 但是在我怀里的你们，才享有最快乐的时光。

不经意间，菲斯海尔的诗句向我们透露出，当时的阿姆斯特丹仍在散发着乡村气息。在将近一个世纪的时间里，阿姆斯特丹市政府都拒绝扩大城市的范围，然而，许多有敏锐投资嗅觉的商

人已经开始在城市周边购买土地，导致那里的地价蹿升。直到"大变革"之后的 1578 年，新的市政府才急切地开始城市扩展计划。首先，通过排干海水，艾湾的浅滩转为城市用地，这样可以免于购买投机者早先投机的土地。通过这种方式，阿姆斯特丹获得了乌伦伯格、拉彭伯格和马瑞肯岛，它们成了如今城市中新市场的所在地。许多新移民，特别是从葡萄牙逃过来的犹太人在这里建造了他们的房屋和仓库。阿姆斯特尔河岸也被填埋出一块土地——弗伦伯格，之后这里修建了滑铁卢广场。四个世纪之后，考古学家在这里挖掘出了三艘 16 世纪时的船只残骸，船舱内填满了碎石。据推测，将这些船只沉在这里主要是为了填河后增强地基的稳固性。

在城市的西面和西南面，老城墙被新建的土墙和壁垒所取代。与此同时，城市的边界也向外扩展了约 150 米。城里最古老的运河——辛格尔运河——周边的土地变成了居民区，河西岸是一排排房屋和小商店，再往外的地方便是城墙，城墙西侧是新开凿的领主运河的西段。这次城市扩张大约在 1591 年结束。

阿姆斯特丹已经准备好了迎接一个新时代的到来。从这一时期的绘画作品中，我们可以感受到空气中弥漫的紧张气氛：屠杀、残肢断臂、旧世界的战争等都成了画家们的主题。此外，画家们还在作品中大量使用了诸如飞向天空的伊卡洛斯①（Icarus）这样的形象，表达心中对未来的期待。

在这些作品中，就有"乞丐"领袖劳伦斯·雅各布松的儿子——

---

① 伊卡洛斯：古希腊神话人物，在使用蜡和羽毛造的翼逃离克里特岛时，因飞得太高，双翼上的蜡被太阳融化而跌落水中丧生。

荷兰海军将领劳伦斯·雅各布松·里尔——的肖像画。这幅画由
科内利斯·范·德·伏尔特（Cornelis van der Voort）于 1620 年
创作完成，现收藏于阿姆斯特丹市中心的国家博物馆内。从画
中，我们可以看到一个男人倚靠着一根拐杖，面带坚毅、充满活
力的表情。他身着黑衣，但精致的领口、袖口和表链都散发出一
种富裕的气质。他一只手握着拐杖站立着，做好了发布命令的准
备。当然，也有人解读为，他正准备用拐杖进行攻击。真正的含
义或许只有他自己才知道，看画的人则有不同的解读。

这幅肖像画中的男人散发出一种新兴富人阶层特有的斗争精
神，他看起来身体结实、动作敏捷。这幅画的完成时间与前文提
到的那幅市长埃格伯特·葛尔布兰德松夫妇的画像的完成时间相
差不过 80 年，尽管 80 年在历史长河中转瞬即逝，但受到宗教改
革和八十年战争的影响，人们开始逐渐从对宗教的精神臣服中解
放出来。此时，来自新兴市民阶层的劳伦斯·雅各布松·里尔的
眼界与思想与 80 年前的市长夫妇有了天差地别。

第六章

局内人和局外人

迪尔克·巴斯（Dirck Bas）一家的家庭肖像画，绘制于 1634 年，作者是迪尔克·桑特伏特（Dirck Santvoort）。迪尔克·巴斯是一名军火商、外交官，同时也是荷兰西印度公司的经理，还担任过阿姆斯特丹市长。（图片来源：Amsterdams Historisch Museum）

一个年轻的女孩儿像一个没有生命的玩偶，被吊在一根柱子上随风摇摆，空悬的双脚下面是静静的艾湾，此时，她好像在默默地凝视着曾令她心生向往，但又为她带来悲惨遭遇的城市。她身体左右两侧各有一根水平架起的木头，一根绳子绕在了她的腋下，还有一根捆住了她那条粗呢裙子。她右半边的身体被绞刑架轻轻地架起，左肩旁的木架上挂着一把斧头。当年迈的伦勃朗[①]第一眼看到她时，她已经死去几个小时了。这个女孩儿是在五月上旬的一天被绞死在水坝广场上的，之后她的尸体就被移到了弗勒韦克，挂在艾湾水面之上支起的木桩上，任凭雨水侵蚀，慢慢腐烂。

---

① 伦勃朗：欧洲巴洛克绘画艺术的代表画家之一，也是 17 世纪荷兰黄金时代画坛的主要人物，被称为荷兰历史上最伟大的画家。

伦勃朗为这个女孩儿画了一幅肖像，准确地勾勒出了所有的细节。他认真描绘了这个女孩儿朴素的衣服、捆绑着她略微隆起肚子的绳索、下垂的双脚和随风而动的裙边。她脸上弯曲的嘴型和紧闭的双眼体现了她孩童般的特征。在这幅画中，伦勃朗刻意忽略了周边的环境，也没有描绘女孩儿身旁其他人的尸体。整幅画里只有这个女孩儿一个人，作者用一种非典型的方式对她进行了描绘，像是要用这种方式来留存住一些东西以证明这个孩子的无辜。

现在，这幅画被收藏在

伦勃朗于 1664 年完成的作品《艾尔斯·克里斯蒂安》（*Elsje Christiaens*）。（图片来源：Metropolitan Museum of Art，New York）

纽约的大都会博物馆，是这座博物馆收藏的两幅伦勃朗的素描作品之一。感谢阿姆斯特丹档案专家伊萨贝拉·范·伊恩（Isabella van Eeghen）的努力，我们现在能够得知这位女孩儿的身份[1]："她是来自日德兰半岛斯伯恩的艾尔斯·克里斯蒂安（Elsje Christianens），只有 18 岁。1664 年 4 月 28 日，她在一起案件中受到了市政长老的审判。这一天，距离她抵达阿姆斯特丹刚刚 14

天。"这些信息被记录在市政府的《悔罪书》（*Confessie Boeken*）中，目前保存在阿姆斯特丹市档案馆。

从这些手稿中，我们可以很容易地了解艾尔斯·克里斯蒂安在阿姆斯特丹短暂停留期间发生的事情。她在4月中旬抵达阿姆斯特丹，尝试寻找一份做女仆的工作。她临时在戴姆拉克找到了一个房间居住，期待用工作挣来的第一份工资支付房租。然而两周之后，女房东便要求她先支付一部分房租，可是她当时一点钱都没有。第二天早上8：30左右，女房东再次向她索要房租，并威胁扣押这个女孩儿为数不多的随身物品。遭到了艾尔斯拒绝后，女房东抽起扫帚便向她打去。"情急之下"，艾尔斯抄起身旁椅子上的小斧头进行还击。女房东受到击打后便倒下，滚下楼梯，摔死了。这一切发生后，艾尔斯用一把锤子砸开了其他房客的行李箱，取出了一些亚麻布和一件外套。两人冲突发出的尖叫声引起了邻居们的注意，艾尔斯谎称自己流了鼻血，因为用手去擦拭，所以才沾上了鲜血，搪塞过去之后她就迅速逃跑了。不过，邻居们很快就在地下室发现了女房东的尸体，纷纷跑到街上去追她。慌忙中，艾尔斯跳进了戴姆拉克，但很快被人抓住，带到了法庭受审。

审讯笔录记录了艾尔斯当时的供词。"她说她很害怕，因为女房东不愿意再多宽限几日。"这些所谓的女房东实际上很多都是妓院的老鸨。艾尔斯和被她杀死的女房东之间激烈的争吵背后或许还有其他隐情。[2]遗憾的是，《悔罪书》中并没有记录其他细节。在她被捕后的第二天又进行了第二次讯问。如同一天前一样，艾尔斯承认了她的所作所为。我还在5月1日的记录中发现了如下信息：她承认从其他房客的箱子里取走了亚麻布和外套，但对房客们丢失的钱币和耳环一无所知。仅凭这些证据，法院做出了宣判，判决如下：将她处以绞刑，之后由行刑人使用她杀死女房东的斧头敲打她的头颅。

我们不清楚艾尔斯·克里斯蒂安是在哪一天死去的，也许就在五朔节当天或者之后一两天的时间里。不过，我们可以猜想，伦勃朗几乎在行刑完之后就立刻画下了那幅素描，因为在他的画中，这个女孩儿的尸体像是刚刚被处决的状态。

当伦勃朗划船穿过艾湾去画被处决的艾尔斯·克里斯蒂安时，他早就不是那个誉满全国、学徒众多的尤登布雷街（如今伦勃朗故居所在地）的成功画家了。他已经衰老，而且就在不久前，他深爱的亨德里克耶·斯托弗（Hendrickje Stoffels）刚刚去世，他自己也不得不搬到罗森运河 184 号的一所小房子里居住。与其他大部分画家一样，他现在住在城市西边。17 世纪初期，城市西边的地区才刚刚并入阿姆斯特丹。卡罗尔·杜·雅尔丹（Carel du Jardin）就住在这个区域的罗森运河。格沃特·弗林克①（Govert Flinck）在劳里尔运河有一幢漂亮的大房子，里面专门留有一间富丽堂皇的房间用来展示他的画作。彼得·德·霍赫（Pieter de Hoogh）、加布里埃尔·梅曲②（Gabriël Metsu）和诗人冯德尔也住在附近。他们都跟随着有钱人搬到了老城周边的

---

① 格沃特·弗林克：荷兰著名肖像画家，伦勃朗最著名的学生之一。

② 加布里埃尔·梅曲：荷兰黄金时代画家，工于历史画、风俗画、肖像画和静物画等诸多绘画类别。

新区。

阿姆斯特丹仅仅用了一代人的时间就发生了翻天覆地的变化。居民总数从 1600 年的 5 万增长到 1650 年的 15 万。这座城市的原住民和后来陆续移民到此的安特卫普人、葡萄牙犹太人、法国胡格诺派信徒、德国劳工，共同构成了这座大都市的社会基础。它在当时给人们留下的印象就如同纽约在当下给我们留下的印象如出一辙。

画家约翰斯·林格巴赫（Johannes Lingelbach）在 1652 年创作的一幅巨型油画描绘了当时阿姆斯特丹各色人等的生活，这里有来自世界各地的商人、水手、船员、鼓手、名人和乞丐。在熙熙攘攘的画面背后，是瓦慕斯大街上整齐的房屋和老教堂的钟楼。城市的婚姻登记处可以从一个侧面很好地反映城市人口的变化情况。根据记录，多年来阿姆斯特丹超过半数进行婚姻登记的人都来自外地。1611—1615 年，这一比例高达 73%。[3] 其中超过 5 000 人来自如今波兰和德国所在的地区，这也是阿姆斯特丹最主要的移民来源地。来自这些地区的人都是由于三十年战争的爆发被迫离开自己家园的难民，还有来自石勒苏益格-荷尔斯泰因和东弗里斯兰的农民（这些人希望来阿姆斯特丹找到一份工人或者海员的工作）以及来自不莱梅的手工艺人。[4]

从这个角度看，外来移民对阿姆斯特丹的发展功不可没。这些移民拥有驱散中世纪阴霾的力量，他们将自己的命运紧紧地与阿姆斯特丹的发展联系在一起，同时又通过书信、贸易、友谊和家庭关系构建的网络使阿姆斯特丹与无数欧洲城市保持着紧密联系，所有这一切成就了今天的阿姆斯特丹。1635 年左右，法国哲学家勒内·笛卡尔（Rene Descartes）写道："这座城市里的每个人都与贸易息息相关。他们都只关注自己的得失。毫不夸张地说，只要我愿意，一辈子都不会有人注意到我。"[5]城市里几乎没有王宫、教堂或其他称得上宏伟的建筑，每个来这里的游客都会惊讶地发现，阿姆斯特丹人生存的目的很简单——获取财富。在17世纪所谓的黄金时代，阿姆斯特丹就像一台设定好的机器一样，正在全力以赴地转动。城市中的每一寸土地、每一个人都像零件一样在推动机器的运转。

今天，坐在驶过艾湾南岸的火车上，我们仍旧可以在转瞬即逝的一瞥中体会到那个年代阿姆斯特丹的城市韵味。如果我们可以回到17世纪的阿姆斯特丹，第一印象恐怕便是城市中随处可见的桅杆、旗帜和塔楼。风车矗立在城墙之上，野鹤跃起飞向空中。走近城市，你会看到河里与湖中缓慢行驶的船只。港口的后面是赞德胡克和博腾坎特，就在今天亨德里克卡德王子街所在的位置。[6]这里建造了一座座呆板却又庄严的营房，供船长们休息。船员和商人们在浮筒上来来回回地走动，码头边上尽是热闹非凡的小市场，你可以在这里看到所有从荷兰北部运来的商品：牛奶、鸡蛋、稻草、石灰等，应有尽有。

17世纪的大型商船无法驶入城市，它们必须把锚抛在艾湾的深水区（今天中央火车站所在的位置），并在小船的帮助下把货物卸下来再运往市区。小船则可以直接驶入戴姆拉克，也就是艾尔斯·克里斯蒂安曾经住过的地方。

顺着弯弯曲曲的海湾望去，一幅完整的风景画便呈现在眼前。浮动在水面的浮筒将这幅画切割成若干部分，每一部分都能看到几艘大船和数不尽的小船随着波浪在水面起起伏伏。[7]这幅风景画有着自己独特的结构，在船帆点点中甚至可以隐约看到岸边的房屋，那是远处的船只管理所。这是一个搭建的平台，有两架木头做的起重机、几间卫兵室、排水风车和"树铃"。当夜晚来临，城市要关上通往外海的水闸时，"树铃"就会随之响起。此外还有一家用途特殊的客栈，那些木质房屋主要用来接待那些不被允许进城的外国人。从流传下来的画作中，我们依旧可以感受到当时那幅奇怪、晃动、充满腐烂木头气味的情景：长满苔藓、变得弯曲的柱子、篱笆、浮筒和短梯子，沉默的水流，滑动的小船和飞翔的海鸥。数个世纪以来，这样的场景勾勒出了阿姆斯特丹所谓"水城"的真正含义。直到中央火车站建成后，阿姆斯特丹的主城区才切断了它与艾湾的连接。

　　艾尔斯曾在阿姆斯特丹最热闹的区域居住。这里曾经是、到现在仍是大部分旅行者抵达阿姆斯特丹后的第一个落脚点，这也许可以解释为什么艾尔斯在这里遇到了麻烦。船长们在尼沃布吕赫桥头的一幢圆形建筑中支付港口使用费并装载客人和货物。在旁边的一个房间里张贴着告示，上面记录了所有船只抵达和出发的时间。这里拥有一套成熟的系统，能够对城市周边乃至整个荷兰的船只进行高效管理。它可以帮助我们了解所有船只在任何时刻精准的出发和抵达时间。阿姆斯特丹和哈勒之间夜以继日的运输服务每年可以运送 2.5 万人次的乘客，他们中的很多人还要转乘其他船只继续航行。因此，港口的出发地总是聚集着大量搬运工人、商人以及为住宿和其他服务招徕生意的人。

　　一个名叫菲利普·冯·蔡森（Philipp von Zesen）的德国人

与艾尔斯同期来到了阿姆斯特丹。在看到车水马龙的戴姆拉克之后，他无比惊讶，无法用任何语言来形容这紧张忙碌的场景。[8]他首先访问了粮食交易市场。那是一个建在水面上的正方形场所，四面都由柱子支撑。交易商们从盒子里拿出一把粮食，面冲北方、背对着阳光找准合适的光线，认真地去检查谷物的品质，因为粮食利润的大小都体现在这些细节之处。然而，所有人都知道，他们在这里从事的贸易，可不仅仅是手里一小把粮食的事儿，而是牵扯几吨、满仓、满船的粮食乃至整个城市的粮食，这些贸易有时甚至关乎战争与存亡。

从戴姆拉克再往远处走一小段路，便是水坝广场，那里海鲜市场的叫卖声不绝于耳。当时的戴姆拉克——就在今天国家博物馆的所在地——停满了来往的船只。位于戴姆拉克前方的测量所，以前曾是民兵队的总部，但现在是一个异常忙碌的地方，整批整批的货物在售卖前都要运到这里称重，以便计算应向城市缴纳的税款。这个场所在1808年被拆毁，因为那时的国王觉得这座建筑挡住了他宫殿的视野。

水坝广场的南侧是建造在罗金河上的市场交易所，这是一座带有画廊的大型石质建筑，里面有一个供商人们使用的庭院，顶层是一个个商店，在那里几乎可以买到当时所有可以想象到的奇珍异宝。冯·蔡森记录道："这场景就好像整个世界的人都汇聚到了这里进行交易。"荷兰人、德国人、波兰人、匈牙利人、法国人、西班牙人、俄罗斯人、波斯人、土耳其人甚至是印度人，都在这里进行贸易活动。市场上划分了不同的区域，每个区域都售卖特定的产品，商品买卖双方之间喧嚣的讨价还价声震耳欲声。在这里，你可以买到烟草、丝绸、珠宝、汇票、股票、房产、食物、兽皮等约 400 种不同类型的商品和服务。每个人都可以找到自己想要的东西，无论是艺术品，还是贷款服务。一国的王子甚至可以在这里下单订购一支装备良好的舰队，这里的商人可以将战舰运送到当时世界上已知的任何地方。

城市交易银行建造在市政厅的侧翼，位于水坝广场的西侧。这是 1609 年市政府开办的机构，它为阿姆斯特丹的贸易活动提供了巨大的金融便利。

随着无数的城市和各地的货币被纳入这张贸易网络，国际贸易间的支付变得越来越复杂，甚至可以说是一片混乱。通过城市交易银行，阿姆斯特丹可以扮演出纳员的角色。在这里，商人们可以轻松获得融资服务，能够以更优惠的汇率换取当地货币。无论是英格兰的基尼、法国的路易，还是西印度群岛的金块，所有的一切都可以在城市交易银行中按固定汇率兑换成一种货币：弗罗林。这家银行的汇票被阿姆斯特丹所有的商人认可，实际上已经成为当时一种可流通的纸币。享誉整个欧洲的阿姆斯特丹城市交易银行被视为阿姆斯特丹贸易繁荣的催化剂。

同期，在这个贸易中心，还发行着几份原始的报纸，一般用来刊登货物价格、更新商船的位置以及货物信息、报告全世界粮食收成的情况。早在 1618 年，阿姆斯特丹便有了最早的定期发行的报纸，例如《意大利和德意志新闻报》（*Courante uyt Italien，Duytschlant etc.*），它们同时也是世界上第一批出现的报纸。这些报纸由杰斯帕德·范·亨顿（Gaspard van Hunten）出版。不久之后，波尔·扬松（Broer Janszoon）出版了阿姆斯特丹第一份真正意义上的"流行"报纸，马上成为当时商人们获取信息的首选。

由资本、贸易和信息流通构成的贸易体系拥有强大的力量，这主要体现在它的周全性和时效性上。城市的管理者非常重视贸易服务领域的工作，确保贸易活动能够繁荣有序地发展。在这种意识的推动下，各项城市服务井然有序地开展。往来的贸易船只一旦抵岸，托运人便立刻可以了解货物的去向，参与交易的商人可以畅通无阻地使用其他国家的货币在阿姆斯特丹进行交易。通过提供阿姆斯特丹的相关贸易信息，可以确保商人们从海外获得真实客观的报告。连贯、高效和绝对的信任是这里发生经济奇迹的基础所在。

位于水坝广场西侧的重新修建的市政厅（之后这里改造成了如今的王宫）于1662年完工，自此之后，这里开始负责整个城市的市场、银行、贸易、货运等事项的管理。在这一时期，阿姆斯特丹已经发展成为世界上一支重要的经济力量。原本那座建于中世纪的、不起眼的市议会大厅依旧是这座城市各项计划和活动的决策机构，然而，在1652年7月7日，一场大火终结了这座建筑的使命。一起在大火中消失的还有它的塔楼、拱顶和那座巨大的荷兰伯爵的雕塑。[9]

新市政厅的设计工作由深受意大利古典主义风格影响的画家和建筑家雅各布·范·坎彭（Jacob van Campen）承担。新市政厅的每一处细节都强烈彰显着阿姆斯特丹的权力和财富。它的高度盖过了任何一座普通的房屋，甚至超过了附近的新教堂的塔顶。市政厅的外部看起来非常简朴，甚至有些肃穆，然而内部的装饰极尽奢华：精雕细琢的画廊和庭院、巨大的威尼斯风格的市民大厅以及周围环绕的几十间办公室、官员公寓共同组成了它的主体。

这样富丽堂皇的装饰都是经过深思熟虑之后的选择，这里的任何一座雕塑和绘画都在宣扬完美的道德感。议事大厅的入口上方制作了描绘伊卡洛斯坠落的壁画；参议院大厅里的浮雕展示着圣经故事里的场景以及用来提醒市政官员恪尽职守的图画。虽然这些作品全部都在描绘圣经推崇的处世原则，但是由于时代的变迁，当时的阿姆斯特丹人早已不再墨守成规。新市政厅的每个房间都放置了羊毛制品，用来提醒市长他是水手或者商人的后代。这些羊毛制品有很深的寓意，它表明好的运气仅仅是上帝的恩赐，而这些好运也随时可以变为霉运，成为限制发展的敌人。

就是在这座处处宣扬美德的建筑里，艾尔斯·克里斯蒂安的生命走到了尽头。法官在装有古铜色大门的菲尔斯哈大厅里宣读了对她的死刑判决。行刑地点与当天其他执行死刑的人无异，就在市政厅门前的木制绞刑架上。如今，你依旧可以看到市政厅外墙上的正方形孔洞，当年人们就是用这些孔洞来固定绞刑架的。市政厅地下是拷问室，用来刑讯犯人，艾尔斯生命中的最后几个小时便是在拷问室旁边的一间牢房中度过的。

❖　❖　❖

大坝的走向多么奇怪，究竟有多少船只漂泊在外海，

> 驾船远航的人啊多么骄傲，多么尊贵，
>
> 城镇的新房子鳞次栉比，多么绚丽夺目。
>
> 我听说，整个国家都建造在大坝和水闸之上。

这是布雷德罗[①]（Bredero）创作的《奶牛的抱怨》（*Klucht van de Koe*），诗中提及一个农民在一日清晨，沿着阿姆斯特尔河走向阿姆斯特丹时说的话。

> 这是个奇迹，难道不是吗？南教堂多么的美丽，
>
> 这里有用白石建造的塔楼，多么无与伦比的杰作！
>
> 太阳闪耀，映射着光辉，
>
> 照在光滑平整的屋顶上，照在崭新的商船上。

17世纪是属于阿姆斯特丹的时代。世纪伊始，整个世界仅有40座城市的人口超过4万。其中的6座城市位于法国，7座位于西班牙，7座位于荷兰。在这三个国家当中，荷兰是国土面积最小的国家。[10]直到17世纪末，其他人口较多的城市才逐渐出现。

在城镇化的历史进程中，阿姆斯特丹始终处于前列。来阿姆斯特丹寻找工作机会的人绝大部分住在城市周边地区，这也让这里成为事实上的贫民窟。有人统计过，1609年，阿姆斯特丹城墙外存在3 000个非法的居住点。

与此同时，面积狭小、组织无序的定居点就像野蘑菇一般在路边、运河边无序地冒出来，特别是在如今领主市场和拉得豪斯大街附近的区域，当时挤满了小房子、谷仓、商店、菜地、猪

---

① 布雷德罗：荷兰诗人、剧作家和出版商，善于创作通俗诗歌。

舍、风车和瘟疫病人的避难所。

在建造完领主运河仅仅 20 年之后，阿姆斯特丹便开始着手进行又一次扩张计划。在这次扩张中，首当其冲的便是阿姆斯特丹的运河规划，计划将整座城市的运河进行改造，完成之后，鸟瞰的城市将像半个切开的洋葱。这是一项大胆且雄心勃勃的计划。根据这个方案，不仅要将领主运河进行拓宽，还要在领主运河外侧挖凿一条新的运河——皇帝运河，在更外侧的则是亲王运河。三条运河之外的大片区域此后逐步发展成为资产阶级和工人阶级工作生活的区域，被人们命名为约旦区（命名原因至今未知，可能是来源于法语词 jardin，也很有可能是因为引用了圣经中约旦河的"应许之地"的典故）。最后，市政府为彰显阿姆斯特丹的地位与独特风格，还在靠近如今拿骚和斯塔德豪德尔卡德的地方建造了一座军事要塞。

城市里挖凿的人工运河主要是为了服务那些逐渐成为城市主流的新富人阶层，因此这些新的运河获得了"领主""皇帝""亲王"等较为尊贵的名字。在新运河周边建造的房屋都有独特设计，在它们后面均预留了花园和绿地的位置，同时禁止在这里开展任何可能产生垃圾、烟雾、臭气或者噪声的贸易活动。此外，这片区域还建造了两座加尔文宗教堂：一座叫作西教堂，主要供富裕的运河带的居民使用；另外一座叫作北教堂，风格较为简朴，主要供约旦区的普通居民使用。这两座教堂是世界上第一批专门为加尔文宗礼拜活动建造的教堂。它们构造简单、空间充裕、声效绝佳。讲坛的位置位于教堂正中间，被教徒环绕，寓意主的话语应当在中心位置散播，上帝的子民必须环绕周围，认真聆听。

　　运河带的建造实际上在 1613 年才开始。这项工程像极了一家巨型的商业公司，为数以千计的人提供了就业机会。修建道路、挖掘运河、堆放泥炭、排水注水、安装木桩、建造码头、搭建桥梁、运送泥沙等工作看起来规模庞大，但大都是为了建造房屋所做的基础工作。所以，当市政府投入了大量人力物力完成上述工作之后，你连一座房屋的影子都还看不到。

　　领主运河的拓宽工程以及新挖两条运河的项目并没有按照从中心向四周扩展的方式进行，而是从西北部开始动工，走弧线，先向南再向东延伸。如同汽车的雨刷器转动的模式一般，划过西部，到西南部（即大约 8：00 方向）时便中止了。这次城市的扩张项目也一样，第一轮工程仅仅延伸到了今天莱德运河的地方就停滞不前，这个区域以外一直延伸到阿姆斯特尔河的项目进展异常缓慢，耗尽了整个 17 世纪剩下的所有时间。随着城市财富的减少，扩建计划也最终被叫停。未完成的区域——即城市东侧——在 17 世纪末交给了慈善组织开发，用来解决老年市民的住房问题。此处还修建了一座植物园，它是一种蒂沃利式的先锋花园，带有剧场、啤酒花园、游乐场以及大面积的绿地等配套设施。如今，此处留下的艺术家动物园依旧保留着那个时期植物园遗留下来的一些设施。

　　法国历史学家亨利·梅赫兰（Henri Mechoulan）在他撰写的一本关于 17 世纪阿姆斯特丹市民精神生活的书中写道："在 17 世纪人们的心中，阿姆斯特丹因其卓著的股票交易而闻名于世。但是，"他继续写道，"人们首先会把它看作孕育自由思想的城市。"[11]同时期的日内瓦、威尼斯和安特卫普，尽管它们也是当时很重要的贸易城市，却从未给欧洲带来一场思想领域的革命。1578 年之后，阿姆斯特丹给世人带来了一种追逐财富的全新理念，即以自由为基础的财富聚集模式。不过，当时的世界对此还一无所知。欧洲历史上首次，人们对金钱和自由的追求取代了中世纪时对"荣誉"和"英雄主义"的向往。同时，一起消失的还有另外一种理念：最伟大的美德应当体现在征服和战争过程中，体现在骑士、国王和他的法庭所代表的精神中。梅赫兰写道："商人——新时代的英雄，每天都在利用贸易手段和只有在自由条件下才有的权力和生活，终结了以往的战争模式。"这里所谓的自由条件，首要的一点毫无疑问便是"留存真我"。

有意思的是，在推翻最后一名中世纪的统治者之后，阿姆斯特丹逐渐发展成为中世纪所倡导的乌托邦城市：拥有安全的环境以及封闭的空间，非市民身份的人也有机会冲破农奴身份的枷锁。移民到阿姆斯特丹的犹太人无比信任地在他们葡萄牙式的犹太教堂门顶上写道："这座奉献给上帝的教堂不会束缚信仰，也免于磨难和死亡。"此时此刻，这些犹太教信徒称阿姆斯特丹为西方的耶路撒冷。

约翰·洛克① (John Locke) 在阿姆斯特丹写下了《论宽容》(*Epistulae de Tolerantia*)。巴鲁赫·德·斯宾诺莎② (Baruch de

---

① 约翰·洛克：英国历史上最伟大的哲学家之一，被广泛称为自由主义之父。

② 巴鲁赫·德·斯宾诺莎：西方近代哲学史重要的理性主义者，与笛卡尔和莱布尼茨 (Leibniz) 齐名。

Spinoza）和勒内·笛卡尔在这里体会到了宽松自由的研究环境，有同样感受的还有画家和发明家扬·范·德·海登（Jan van der Heijden）和作曲家扬·皮泰尔索恩·斯韦林克（Jan Pieterszoon Sweelinck）。扬·施旺麦丹[①]（Jan Swammerdam）在这里为生物学和昆虫学奠定了科学基础。在这些浩如烟海的成就中，还包括建筑家和雕塑家亨德里克·德·凯泽（Hendrick de Keyser）建造的南教堂、西教堂、股票交易所以及领主运河旁那座著名的巴特罗蒂华厦。建筑大师雅各布·范·坎彭和丹尼尔·斯泰普佩尔特（Daniel Stalpaert）通过一座座崭新的宏伟建筑提升了整座城市的形象，后者甚至成功地在 9 个月内完成了荷兰海事博物馆的主体建筑的设计。

绘画，自 17 世纪起就是阿姆斯特丹最受欢迎的艺术形式。由于城市里没有传统意义上的贵族，而且教堂也几乎不会委托艺术家们进行艺术创作，因此，这里的画家不得不将目光转向生活优渥的中产阶层。

相比于其他事物，这里的中产阶层更喜欢在墙上挂一些不是很贵却能展现他们品位的物件。这一时期，艺术市场上出现了大量的肖像画、风景画、宗教画等作品，通常都是匿名画家所作，而买家通常也是匿名的。这一时期的绘画作品与此前几个世纪的画风相比，少了许多对细节的描绘。这种全新且影响广泛的画风，使得一些艺术家在一天内就可以完成一幅甚至多幅作品，大大降低了作画的时间成本。一些画作甚至可以在自由市场的摊位

---

① 扬·施旺麦丹：17 世纪的荷兰生物学家。

上看到，常常与桌椅板凳，甚至是家禽肉类等一起售卖。英国人彼得·蒙迪①（Peter Mundy）在 1640 年造访阿姆斯特丹时写道，"这里的每个人都试图用珍贵的物品来装饰他们的房子，特别是那间冲着街道开放的房间"。他还补充说，在阿姆斯特丹，就连面包店、肉店、铁匠铺和补鞋店的墙上，都能看到一幅幅的画作。[12]

阿姆斯特丹画家的风格变化，不仅展示了艺术市场的发展，也从一个侧面展现了城市精英阶层从市中心迁往城市边缘的趋势，这一变化过程持续了几个世纪之久，精英阶层的社区最终延伸到如今冯德尔公园和阿姆斯特丹的南端，甚至到了博腾菲尔德特、阿姆斯特尔费恩和布卢门达尔。

但是在 1600 年前后，阿姆斯特丹大部分画家依旧住在市中心佩尔斯泰格附近的一小片区域，靠近水坝广场和如今成为戴姆大街的地方。在这里，你永远都能找到正在售卖的画作，卖家主要是聚集在这里的城市治安官和二手店店主。佩尔斯泰格也是许多妓院的所在地，这里的妓女为画家们充当模特。在这里长大的一群男孩儿，不少都成了画家，其中就包括彼得·拉斯特曼②（Pieter Lastman）。

在 17 世纪初期，阿姆斯特丹的艺术贸易整体转移到了圣安东尼港最宽敞的地方，即之后的尤登布雷街。这里为阿姆斯特丹

---

① 彼得·蒙迪：17 世纪的英国商人、旅行家和作家。他是第一个有记录可循的品尝过中国茶的英国人。其足迹遍布欧洲、亚洲。

② 彼得·拉斯特曼：荷兰黄金时代画家，曾教授过伦勃朗绘画。

的掌权者和来自安特卫普的富裕移民建造富丽堂皇的住宅也留足了空间。这片街区很快发展为"绘画工业区"。[13]画家彼得·波特（Pieter Potter）和他的儿子帕鲁斯·波特（Paulus Potter）搬到了圣安东尼港附近的一栋房子里。彼得·拉斯特曼将他的工作室安在了南教堂的对面。伦勃朗在拉斯特曼手下做了 6 个月的学徒。创作了劳伦斯·雅各布松·里尔肖像画的科内利斯·范·德·伏尔特住在斯旺嫩伯格瓦尔拐角处的船闸附近，而艺术品交易商人亨德里克·乌伦博格（Hendrick Uylenburg）（他是一个自己并不会作画的商人）的工作室就在这里。[14]

伦勃朗学生的作品《工作室的模特》（*Atelierta fel met mod-ellen*），绘于 1650 年。（图片来源：Musée du Louvre, Parijs）

1631 年，伦勃朗被委托管理这间实际上像是一座绘画工厂的工作室。在这里，他和他的学徒们不间断地创作或者仿制油画作

品。在他为乌伦博格工作的 4 年时间里，伦勃朗为 50 多名富有的
市民创作了肖像画，然而真正帮助他声名鹊起的则是他那位来自
弗里斯兰的年轻妻子莎士基娅（Saskia），她是乌伦博格的侄女。
以她为模特进行创作的作品为伦勃朗赢得了更多的声誉。受大众
追捧的《花神弗洛拉》（Flora）在油墨未干时便被争相订购。然
而，在伦勃朗结婚后的第一年，即 1635 年，他与乌伦博格的关
系逐渐冷淡，最终结束了与这位艺术品交易商的合作。

　　伦勃朗居住的地区对他的作品风格产生了巨大影响。他的传
记作者加里·舒瓦茨（Gary Schwartz）曾说过，伦勃朗最主要的
赞助人、客户和交易商都活跃在以他家为中心的半径 600 米的区
域，包括：彼得·拉斯特曼、市宗教事务官员乔纳斯·武滕伯格
（Joannus Uytenbogaert）、亨德里克·乌伦博格、伦勃朗的朋友
和赞助人扬·希克斯（Jan Six）以及靠军火生意起家的赞助者特
里普（Trip）家族。

　　1639 年 1 月，伦勃朗买下了乌伦博格工作室旁边的一所富丽
堂皇的房子，就是今天我们看到的伦勃朗之家。当时，艺术家们
为了满足工作需要，普遍会在自己的工作室以外额外建造新的场
所，作为自己工作室的补充。伦勃朗也不例外，他利用布鲁姆运
河靠近约旦区西教堂的一间仓库建造了一间工作室，供他的学徒
使用。那时，受到运河带社区各种规定的影响，许多被禁止的艺
术活动都转移到了约旦区，因此这里变得非常热闹。到了 1658
年，运河带社区可以开展的艺术活动已经屈指可数，伦勃朗也不
得不搬去了约旦区居住。[15] 两条著名的城市运河——领主运河和
皇帝运河——穿过街道狭小的约旦区，城市 1/4 的穷人都聚集在

这里，与周边的富人们比邻而居。然而，现在，这两类人群逐渐被分开，不再交叉居住。位于他们之间的亲王运河像一条不可逾越的界河一般将他们隔绝开来。

被运河带分割开来的约旦区体现了阿姆斯特丹内部不断变化的社会关系。在沃特尔·雅各布松所处的时代，商人们普遍将自己的货物存储在自家的阁楼之上。他们的妻子扮演商店主和工匠的角色，商人们自己则在家里或者其他的私人领地工作。尽管那时阿姆斯特丹有几个特别富裕的商人，但是整座城市的平均收入并不是很高。根据 1585 年的税务记录，阿姆斯特丹市长和铁器商人迪尔克·杨松·格拉弗（Dirck Janszoon Graaf）是这座城市最富有的人。他拥有 14 万荷兰盾的财富，大概相当于今天的 60 万英镑。整个城市中，拥有超过 10 万荷兰盾财富的人数不超过 5 个。而到了 1631 年，这一数字扩大了 20 倍。[16]

仅仅用了一代人的时间，一种新型的商人群体便出现在阿姆斯特丹。他们手握大量资本，活跃在股票和期货交易市场，对那些他们从未见过、有时甚至还没有抵港的货物进行交易。此外，他们还对并不十分了解的公司进行大额投资。荷兰北部开拓出来的土地和大规模的填海造田工程便是 17 世纪典型的投资对象。商人们还将大量资金投资给那些前往未知领域的探险活动，包括印度、美洲、火地岛和北极圈等地。这些投资行为不仅仅呈现出一种新的投资模式，更反映出一种新的投资智慧。

17 世纪初，阿姆斯特丹也在悄悄地发生着社会变化。历史学家艾德·塔威尔纳（Ed Taverne）在他有关运河带的研究中写道："早在那些商业管理者们未能意识到自己权威和权力的真正来源时，他们就已经开始与这座城市的普罗大众渐行渐远。他们从拥挤不堪的内城搬出来，跑到只属于他们自己的外城安家，那里便是从1615年就开始建造的运河带地区。"[17]

阿姆斯特丹人并不迷恋宏伟的纪念性建筑，这里没有大型广场、公园或者宫殿，却有一些能够反映典型的富有、独立甚至有些固执的资产阶级特征的东西：与他人隔绝的居住区域。考虑到开发运河带是一项宏大的计划，我们仍不清楚当时的人们更看重美感还是实用性。由于大部分的原始计划书已经无法找到，我们也不可能查询到建筑师们的真正意图。不过，从蛛丝马迹中，我们还是注意到这些建筑师们深受意大利文艺复兴理念的影响，尝试建造一种所谓循环式的"完美城市"。城市中的运河体现出来的对称性和比例关系充分体现了建造初衷——缔造"城市宝石"的理念。不过，1609年由城市木匠亨德里克·雅各布松·斯塔茨（Hendrick Jacobszoon Staets）所作的设计草图更加注重城市的军事防御功能。市议会在之后的几年中主要在讨论城市的堡垒、大门、城墙和护城河的建造计划。对他们而言，阿姆斯特丹要成为一个大型的、富裕的军事要塞，所有其他事项都位居其次。

对于计划用来为资产阶级提供住处的约旦区，人们不仅要填塞几条壕沟，还要拓宽几条已有的壕沟并将其改造为运河，同时将一些小路整修成适合行人行走及车辆通行的道路。这些看起来很奇怪的、弯弯曲曲的街道仍旧遵循着中世纪的布局规则。1614年9月，当人们正在加足马力推进工程进度时，一些市议会的委员提出了全新的想法：在如今皇帝运河的所在地建造一条林荫大道，用于媲美位于海牙的道路——弗尔豪特街。不过，这项计划几乎一提出来就遭到否决。尽管计划没有实施，但还是有人通过投机交易以及与项目有关的土地交易赚了一大笔钱。[18]

运河带的建造无疑是一项令人瞩目的工程，城市的管理者们敢于做如此的尝试，其勇气和想法远远领先于他们所处的时代。尽管这项工程反映了城市的恢宏大气，但也折射出商人统治者们狭隘的思想和贪婪的品行。"运河带中的街道和运河之间体现出完整、有条理的关系，以及这里宽敞的水路、码头、街道、土地规划与当时已有的城市布局具有很大的差异。"艾德·塔威尔纳在对城市档案馆进行认真查阅后得出这样的结论。"阿姆斯特丹这种对城市功能进行划分的新型发展方式，与同时期其他城市相比，显得与众不同。"[19]简而言之，运河带的产生是阿姆斯特丹城市改善政策的结果，而这些政策的制定者恰恰是这些政策的受益者。通过运河带的开发，他们为自己创造了更优越的居住环境。这项计划也帮助阿姆斯特丹成为一座可同时供人们工作和生活的城市。从那时起，越来越多的市民开始在城市的不同区域从事商业活动。

从这个角度来说，伦勃朗仍算得上一个守旧的阿姆斯特丹人，因为他将自己的生活和事业紧紧地与自己所在的区域捆绑在一起。实际上，他还可以走到城市的其他地区找寻作画的灵感，比如到离他家只有一个街角之隔的犹太人聚集区布雷大街。同时期的人曾经描述过他经常在市场闲逛的情景。他常常在新市场和北市场寻找马具、勋章、日式短剑、皮草和蕾丝衣领等物件。这些都是他认为值得去在作品中描绘的事物。[20]

他将这些物件买来放在工作室，常常用它们摆弄出一个故事

场景，就好像导演一样，指挥着剧场里的一切。在他那幅著名的
《妓院里的浪子》（*De verloren zoon in eenherberg*）中，他把自己
当作主角，打扮得很漂亮，手里握着一只酒杯，而他的妻子莎士
基娅则扮演一个水性杨花的女子。在画中，伦勃朗光芒四射，精
力充沛，莎士基娅则显得颇为犹豫，坐在他的膝盖上，转向观
众。在过去，研究伦勃朗的专家们倾向于认为这幅画想要表达的
是拥有高尚道德的男子被女人所吸引，从而内心产生了动摇。但
实际上，画中的主人公正拿着一面镜子照着自己，没有刻意去留
意画中的女人。伦勃朗喜欢用这种方式和观众们玩猜谜游戏，以
此掩盖其真正想要表达的想法。[21]

　　半个世纪之后，画家兼艺术历史学家阿诺多斯·豪布拉肯
（Arnoldus Houbraken）向人们介绍了伦勃朗使用工作室的方法
（他曾经做过伦勃朗弟子的学徒，因此有所了解）。伦勃朗用分割
好的纸张和画布将工作室隔成几个独立的空间，这样每一个学徒
便可以不受外界打扰地专心作画。有人还记载了一个关于隔间的
小故事：在一个阳光明媚的夏日，油画模特和一个学徒像"刚出
生的婴儿"一样赤身裸体地在隔间里画画。一些好事的学徒站在
隔间外侧，透过画布上的小洞向里面窥视。这时，伦勃朗走了进
来。起先，他还打算和其他人一样看个究竟，但当其中的一个学
徒告诉他，里面的人现在就像"亚当和夏娃"一般没有穿衣服
时，他立刻冲着里面大喊道："立刻滚出你们的天堂！"说着，便
将里面两个赤裸着身子的人撵了出来。

　　伦勃朗不是一个纯粹的画匠，他拥有艺术家的天赋。他所创
作的艺术品便是他存在的意义，但他本人也同样蕴藏着巨大的商

业价值。几幅有关他工作室的作品被保存了下来：一群学徒围坐成一个圆圈描摹着坐在中间的模特，另外一名学徒带着两名模特和老师一起监督他们。还有一幅描绘伦勃朗工作室的巨幅作品：画架摆放在工作室前方，灯光从高高的窗户透进来打在上面，在它前面摆放着一张带有讲台的桌子，用来展示刻板画和油画，右手边则是一个摇篮，再旁边是一个火炉和一名女子，大家推测她可能是亨德里克耶·斯托弗。[22]

在伦勃朗的整个创作生涯中，他一共有 50 余名学徒和合作者，这也是为什么许多流传下来的作品尽管署了他的名字，但并非他的真迹。[23]当伦勃朗逐渐成为上流社会推崇的艺术家后，他开始积攒自己的声誉并且将其转化为财富。他甚至会跑去拍卖行竞价自己的作品，目的就是为了把它们的价格抬高。传言说他曾经斥资 100 荷兰盾的巨款购买了自己的作品《布道的基督》（*De Predikende Christus*），就是为了推高这幅作品的价值。[24]不得不说，这是一项相当成功的策略。这一系列操作使得伦勃朗成为当时阿姆斯特丹收入最高的画家。收藏家们在欧洲范围内不断地倒手和交易他的作品，使其一跃成为国际知名的画家。尽管从艺术成就上来讲，他绝不是一个"孤独的天才"，但他却是一个善于将自己置于聚光灯之下的人，也是一个能够决定运河带流行风尚的艺术家。

1664 年的春天，在他画完艾尔斯·克里斯蒂安时，往昔的辉煌早已成为过眼云烟。那几年，他的自画像所表现的形象往往是一个带着画家帽的肥胖男人，头发灰白、一身疲态，一副松松垮垮的样子。他的眼神冷漠，空洞无物。特别是在 1642 年莎士基娅去世之后，他的情绪更是一落千丈，常常在城市里溜达，并随意画一些素描。尽管如此，他的工作重心仍旧在工作室里。

那一天，当他划着船驶向弗勒韦克时，尝试了一种新的作画方式，这幅作品也体现了与以往作品的不同风格。这种差异不仅仅是因为这幅素描是他在工作室之外的地方完成的，更是因为这幅作品的风格有别于他在同时期的其他作品。[25] 从这幅画上看，伦勃朗在尽可能地捕捉这个女孩儿死亡时的真实形态，就好像他希望通过这种方式永远地将艾尔斯定格住，以防止她的尸体继续腐烂下去。同时，作品中展现出一种安息和遗憾的气氛，对她往昔经历的追忆胜过了对她遭遇的悲惨结局的刻画。

❖　❖　❖

几周之后，艾尔斯·克里斯蒂安再次被人记录下来，这一次是画家安东尼·范·博瑟姆①（Anthonie van Borssom）。他用画笔描绘了那时弗勒韦克所有悬挂着尸体的绞刑架：两个男人的尸体挂在一个巨大的石质绞刑架上（我们从法庭的记录中了解到，其中一个人已经被挂在那里达 1 年之久，另外一具尸体则挂了 3 年）；他俩旁边是另外一具被刺穿身体的尸体；一个谋杀犯的尸体被车轮压断，一只手枪被钉在他尸体的上方；在右手边，我们可以清晰地看到那根带着小斧头的柱子，上面悬挂着艾尔斯的尸

---

① 安东尼·范·博瑟姆：17 世纪荷兰画家，伦勃朗的学生之一。

体。[26]在这幅画中，我们还可以看到她身着的红色短裙和灰色夹克。她的身体由于悬挂已久而严重下垂，特别是头部。

正如我们从《悔罪书》上所看到的那样，艾尔斯被判决"被空气慢慢腐蚀，任由天空中的鸟儿啃食……绑在一根柱子上，在她的上方悬挂凶器斧头"，现实发生的也正是如此。在《悔罪书》中，我们还发现了对她进行讯问并决定判处她死刑的人：市议员库恩拉德·伯格（Coenraad Burg）、扬·布劳（Jan Blaeu）、罗切斯·范·德·坎贝尔（Rochus van de Capelle）、尼古拉斯·范·隆（Nicolaas van Loon）、迪尔克·斯伯赫（Dirck Speighel）和文森特·范·布隆克豪斯特（Vincent van Bronckhorst）。不用费多大力气便能找到这些人的身份。[27]迪尔克·斯伯赫来自阿姆斯特丹最古老的家族之一，他的祖父是一个鲱鱼商人，父亲是纽文代克的煮皂工，他自己则是西印度公司的一名经理（西印度公司是荷兰共和国于 1621 年创办的商业公司），并担任弩兵队队长。尼古拉斯·范·隆曾是皇帝运河的一名商人，担任纠偏委员会的管理者。文森特·范·布隆克豪斯特也来自一个富裕的商人家庭。库恩拉德·伯格曾是驻外使节，同时也是西印度公司的一名经理，还担任荷兰在北美殖民地新阿姆斯特丹的行政官员。扬·布劳不仅是一名优秀的制图者，还是一名出色的出版商，当时市面上的畅销书《大地图集》①（Grooten atlas ofte werelt-beschrijving）被人称为"布劳的大地图集"。

---

　　① 《大地图集》是扬·布劳所绘制地图的合集。它用拉丁语、西班牙语、荷兰语、德语、法语等多种语言出版，包含 594 张地图，是 17 世纪最贵重的出版图书。

那些决定艾尔斯命运的人完美地代表了 17 世纪统治阿姆斯特丹的贵族家族，包括可以决定城市生活方方面面的精英阶层，还有控制着贸易和船运的新兴家族。这些人牢牢把握着城市的权力。我们可以从成百上千幅肖像画中看到他们自鸣得意的表情，这其中便有伦勃朗的作品。伦勃朗在《夜巡》中描绘了队长弗兰斯·班宁·柯克（Frans Banningh Cocq）的形象，他之后也成了阿姆斯特丹的市长。[28]《尼古拉斯·杜尔博士的解剖学课》（*De Anatomische Les van Dr. Nicolaes Tulp*）中刻画了市长安德里斯·德·格拉弗（Andries de Graeff）的样子；此外还有特里普家族、扬·希克斯、比克（Bicker）兄弟，等等。

以文森特·范·布隆克豪斯特为例。他是一个在皇帝运河上做生意的广受尊敬的商人，但是他的财富却主要来自他的父亲。他父亲是 1595 年资助科内利斯·豪特曼①（Cornelis Houtman）和彼得·凯泽②（Pieter Keyser）船长去远方探险的商人之一。他们为这次探险提供了四艘船，而船长们也不负所望，继葡萄牙人和西班牙人之后，独自发现了通往印度的贸易路线。1592 年，野心勃勃的传教士彼得·普兰西斯（Peter Plancius）设法获得了 25 张葡萄牙人绘制的世界地图，上面标注了"地球表面上所有的海岸线"，以及岸边悬崖的高度、水路的深度和港口的位置，此外还有通往东印度和西印度的秘密线路，以及外国人在贸易中遵

---

① 科内利斯·豪特曼：16 世纪荷兰探险家，他发现了一条从欧洲到东印度群岛的新航线，由此促进了荷兰的香料贸易。

② 彼得·凯泽：16 世纪荷兰航海家和天体制图师。

循的习惯和原则。这些信息对于阿姆斯特丹商人们意义重大，他们甚至据此派出了一个秘密代表团去访问里斯本，以了解更多有关印度航线的信息。这些人里面可能就有科内利斯·豪特曼。

1595 年 4 月 2 日，由四只船组成的小型船队从艾湾起航。两年多后，人们在 1597 年 8 月 14 日等到了他们的返航。然而只有其中的三艘船成功地回到了泪塔。在派出去的 240 人中，只有 87 人生还。这次尝试让人们了解到这种雄心壮志的探险并不能带来可观的回报。尽管如此，船队的水手们还是被当作英雄一般被人群拥入城市：因为他们终于发现了通往印度的道路。阿姆斯特丹也对即将开始的伟大贸易征程摩拳擦掌。

范·布隆克豪斯特曾经是"通往东印度航线新公司"的经理。这一类公司有着强大的生命力，类似于今天的有限责任公司，通过这种合作模式，阿姆斯特丹的商人们开始赞助高风险的贸易项目。随着冒险征程的不断扩展，商人们的胆子也逐渐大起来。1602 年，这些公司组成了世界上第一家跨国公司——荷兰东印度公司。它在未来的两个世纪里控制了荷兰在亚洲的航线和贸易。公司的总部位于奥德霍赫大街的东印度宫，现在成了阿姆斯特丹大学的一部分。根据当时的一些记录，这座房子和周围的建筑中四处弥漫着来自东方的丁香和肉豆蔻的味道。

荷兰东印度公司这样的公司就像一个国中国。它的管理机构就是无所不能的"17 先生"，这 17 个人有权代表荷兰共和国与印度的统治者们谈判，并被允许建造堡垒、招募士兵，等等。

1621 年，又有一家公司成立了——荷兰西印度公司。公司由荷兰的海外殖民地新荷兰（即今天的纽约州和新泽西州）总督彼得·施托伊弗桑特（Peter Stuyvesant）掌管，它成立的目的是为了与葡萄牙、西班牙争夺横跨大西洋的海上霸权。1647 年，荷兰西印度公司在北美东海岸的哈德逊河口建造了一个小型贸易站。来自曼哈顿岛的第一份报告这样描述这个地方："这里水草丰美，遍地是鲜花和大树，可爱的香气飘荡在周围。"这便是荷兰人在新阿姆斯特丹定居时的场景，之后那里成了今天的纽约市。

　　荷兰西印度公司主要进行白糖、烟草、珍珠、皮草、热带木材和象牙贸易；此外，还通过从西非向美洲的种植园运送奴隶赚取巨额利润。保守估计，仅仅在 1626—1650 年，荷兰西印度公司就从非洲向北美运送了约 7 万名黑奴，这其中只有 1/5 的人存活了下来。[29]所有这些贸易活动决策都是在位于哈勒姆大街的西印度宫做出的。这座建筑至今依然存在，现在主要用于组织各色各式的招待会活动。

　　除了上述两家公司之外，还有一家实力强劲的贸易公司——北方公司。这家公司成立于 1614 年，专注于捕鲸生意。最开始，阿姆斯特丹的商人试图避开危险的好望角-印度航线，便尝试寻找一条途经北极的新航线。不过，在进行了三次尝试之后，他们不得不放弃了这一想法。这三次航行之中，有一次是由船长威廉·巴伦支①（Willem Barentsz）带领船队完成的。1596 年，他在靠近俄罗斯东北海岸的新地岛上度过了一个完整的冬天。尽管这些探险都失败了，但是人们在这片水域发现了大量的鲸鱼。鲸

---

　　①　威廉·巴伦支：16 世纪荷兰航海家、制图家和北极探险家，巴伦支海是以他的名字命名的。

鱼对阿姆斯特丹人而言意味着肉、鱼油、肥皂、灯油，更意味着一种新的收入来源。

这些商业活动背后的驱动力远不止对利润的追逐。对于荷兰的探险家和航海家，以及给予他们资助的商人们而言，扬·布劳地图上奇怪的符号、遥远的岛屿和模糊不清的海岸线变得不再那么可怕，与之相反，他们表现出一种强烈的挑战欲望。地图上大片的空白区域等待着人们去发现，整个世界正在期盼着人类进行探索。茫茫大海中的一个水滴中包含的小世界也许是打开北美大陆的钥匙。扬·布劳将这些未知的世界变得近在咫尺，不再陌生。从一定意义上来讲，这些伟大的贸易公司开展的探索活动也是一种国家性质的冒险，尽管探索的中心在阿姆斯特丹，但是低地国家的每个人都可以参与其中。留存下来的注册信息记录着一千多名参与其中的股东：贵族、商人、手工艺人、传教士、教师甚至仆人。[30]最重要的是，他们进行这些商业活动的方式展现了阿姆斯特丹人的勇气和活力，就好像他们都在跃跃欲试，准备迈入一个新纪元。

这种城市活力像一块磁铁吸引着无数的外来人。对于艾尔斯·克里斯蒂安而言，阿姆斯特丹显然是一个外来务工人员的明智选择。当欧洲其他地方的实际收入不断下降的时候，阿姆斯特丹的薪水标准却一直上涨。在科隆，一个工人每天的薪酬大约是15斯托弗①，在阿尔海姆是22斯托弗，而在阿姆斯特丹则高达27斯托弗。在这里，几乎没有极端贫困的现象，也没有普遍出现对生活感到绝望的情绪，而在欧洲其他地方，生活的困境始终让那里的

---

① 斯托弗：荷兰旧时货币，20斯托弗等于1荷兰盾。

底层群体举步维艰。得益于阿姆斯特丹对粮食贸易强有力的调控，城里的面包价格非常稳定。那个时候，一条三磅重的黑麦面包大约需要花费 4 个半便士。这反过来说明，当时连普通人的收入都有能力负担起较为奢侈的食物，像新鲜蔬菜、黄油、奶酪、鸡蛋和鱼肉这些食物[31]，往往还能保证充足的供应量，而且价格不贵。

　　作为一名来自莱顿的新人，伦勃朗很快在阿姆斯特丹找到了工作。在亨德里克·乌伦博格的帮助下，他步入城市高层社交圈，为牧师、市长和富裕的船主作画，之后成为圣卢卡斯画家行会的成员，并搬到了布雷大街宽敞的大房子里。他与莎士基娅·乌伦博格的婚姻则提高了他的社会地位和收入。他所收藏的石头、钱币、罗马雕塑、头盔、素描、印刷品和其他稀世珍宝可以与城市中那些最富有商人的收藏相媲美。在那个画家还不能被称为艺术家的时代，像伦勃朗这样一个所谓的画匠可以被城市的高层社交圈所接纳，显示出 17 世纪阿姆斯特丹社会相对开放的心态。[32]

　　伦勃朗的作品《弗兰斯·班宁·柯克队长的连队》（De Compagnie van Kapitein Frans Banninck Cocq）由于画布表面布满的灰尘造成了暗黑的效果，强化了其在光线运用上的明暗技法。之后，这幅画以《夜巡》的名字闻名于世。在当时，它是一幅非常大胆的作品，因为它颠覆了一般群体画像中人们整齐排列的习惯，用一种错落有致的方式安排了画中人物的位置。[33]

　　伦勃朗是一个固执且追求完美的人，这是所有花钱请他作画的人必须接受的一点。豪布拉肯曾经听伦勃朗的学徒们讲过自己的老师是如何"花掉两天的时间根据自己的喜好在画面上增加一个头巾"的故事。他可以完全不去关心细节，却依然能够随心所欲地将内心想法一股脑地倾泻在画布之上，"仿佛手中有一把焦油刷"。这导致一些油画作品看起来"好像是被泥瓦匠的泥铲涂抹过一般"。当来访的人提出要凑近油画去观察时，伦勃朗往往都会拒绝。他说如果离得太近，会闻到刺鼻的颜料味道。"伦勃朗的作品非常关注女人，"豪布拉肯补充说道，"这是艺术家笔下最美妙的主题（正如伦勃朗所创作的作品一般），这些女人们太可怜了，很少有人愿意为她们写一首歌、跳一支舞。"

　　当时，还有人批评他不以"希腊维纳斯"式的高贵女子作为对象，反而经常去画一些洗衣女工或是在谷仓里踩稻草的女人。对于这类批评，伦勃朗根本不在乎。他有一幅具有讽刺意味的作品（现存纽约市），描绘了一位在工作室里赞美他最新作品的时尚绅士。这位绅士头戴一顶高帽，露出两只巨大的驴耳朵。站在画布旁的则是艺术家本人，他一边大笑着，一边向旁边的夜壶里吐口水。这些作品中表达的含义成为阿姆斯特丹不喜欢他的人蔑视他的理由。他作为艺术家的创作自由被视为一种思想意识的自由。幸好在当时的阿姆斯特丹，没有人会反对一个市民自主的权利，只要他不碰触社会底线，就可以在自己的世界里任意驰骋。

❖　❖　❖

　　尽管荷兰东印度公司和西印度公司的生意做得风生水起，但是我们不能忘记阿姆斯特丹始终是一座典型的贸易城市。诚然，这两家伟大的公司，乃至北方公司，或许可以吸引人们的注意力，但是它们并不是城市经济发展的命脉，这座城市的大部分财富还是来自与欧洲的航运贸易。荷兰人的成功很大程度上取决于他们居于世界领先地位的造船水平。比如，16世纪90年代研发出来的远洋航行轻体船是当时造船技术的巅峰之作。它的制造成本只是其他相同尺寸船只的一半，10名船员即可操作驾驶，而与之相似的船只则至少需要30名船员。

　　到了17世纪中叶，荷兰已经拥有700艘海船，超过了英格兰、苏格兰和法国所有舰队船只的总量。1600—1800年，共有9 641艘船只从欧洲驶往亚洲，其中4 720艘船来自荷兰，几乎占了一半。正如前文所提到的，荷兰船员的工资成本较低，主要是因为许多海员住在荷兰北部的乡村地区，除了在海上打工之外，他们都还有自己的一片小农场以供营生。[34]阿姆斯特丹造船材料的成本也比其他地区低1/3左右，因为这里有充足的进口木材和亚麻。此外，阿姆斯特丹还有源源不断的资金支持，可以不间断地制造新的船只，资助商业航行。纵观整个欧洲，几乎没有哪个地区能够与阿姆斯特丹一较高下。此时，英国和法国有很多内部问题尚未解决，这为它们的贸易带来了很多负面影响；而西班牙和葡萄牙的主要精力都在南美洲和亚洲，无暇顾及欧洲。

　　17世纪早期，阿姆斯特丹就发现自己处在一个特殊的位置上。仅仅用了几十年的时间，它便拥有了经济上的霸主地位。按照经济学家们的说法，它完全控制了当时世界经济的命脉。美国经济历史学家伊曼纽尔·沃勒斯坦（Immanuel Wallenstein）认为，17世纪荷兰所享有的国际地位在此后只有全盛的英国和美国能与之相比。他表示，荷兰霸主地位的获得很难去解释，因为其背后没有强有力的军事力量作支持。沃勒斯坦相信，除了贸易之外，荷兰的渔业和早期工业产业也在其国家意识形成中发挥了重要作用。正是荷兰风车的发明，才使得阿姆斯特丹发展成为"木材机械化世纪"的中心。这些风车也帮助荷兰进行了大规模的围海造田工程，并发展出荷兰前所未有的高密度农业产业。[35]

今天的我们可以很容易地说出阿姆斯特丹成功的关键是什么。然而，对于当时的很多评论者而言，阿姆斯特丹的经济繁荣只不过是一个短暂的奇迹。英国学者威廉·艾格林比（William Aglionby）写道："在智者的对话中，几乎没有什么话题能比讨论这个小国家的崛起更令人着迷。在不到一百年的时间里，这座城市发展达到的高度不仅超过了所有古希腊城邦在古代拥有的高度，甚至让我们这个时代最伟大的国家——英国，也会在某种程度上感到羞愧。"[36]在这个狭小、奇迹般的国度内，阿姆斯特丹拥有绝对的统治地位。

阿姆斯特丹承担着共和国大部分的防务花销，并且在很大程度上决定着国家的外交政策。1638 年，当心怀鬼胎的玛丽·德·美第奇①（Maria de'Medici）访问阿姆斯特丹时，城里的当权者们组织了盛大的欢迎仪式，就好像他们就是来访贵族的"亲儿子"一样。阿姆斯特丹赠予刚出生的威尔士亲王亨利②（Hendrik）的礼物，不是钻石和珍珠，而是一个装满阿姆斯特丹股票

---

①　玛丽·德·美第奇：意大利著名的美第奇家族的重要成员，法国国王亨利四世（Henri Ⅳ）的王后。

②　威尔士亲王亨利：英格兰国王詹姆斯一世（James Ⅰ）的儿子。

交易市场发行债券的纯金箱子。正如一位荷兰外交官所称,这才是"真正的黄金"[37]。

阿姆斯特丹发行的货币非常坚挺,这种状态维持了一个多世纪的时间。由于英国在亚洲进行贸易时,一些当地商人不愿意接受除荷兰之外其他国家的货币,使得英国不得不购买荷兰的货币,以满足交易的需求。甚至到了18世纪晚期,波兰的粮商还在使用阿姆斯特丹发行的货币进行交易。[38]1645年,城市已经有足够的财力派出一支舰队专门驶向奥利桑德海峡,以便保障荷兰贸易船只的安全。阿姆斯特丹的外交官库恩拉德·范·伯宁恩(Coenraad van Beuningen)曾对瑞典国王说:"打开奥利桑德海峡的钥匙就在艾湾。"而哥本哈根附近甚至出现了一片荷兰人聚居区,低地国家在彼时的兴盛由此可见一斑。当时,对于一个年轻的丹麦女孩儿来说,离开家乡去闯荡,阿姆斯特丹无疑是最好的选择。

正是由于上述原因,阿姆斯特丹已经不是一座普通的城市,尽管它并非无所不能,却有能力操控共和国的各类事务。国家的大事小情都需要阿姆斯特丹的支持才能推进,特别是外交政策,因为共和国与外界的任何冲突都有可能导致港口或者海上线路被封锁,从而损害贸易的开展。一座拥有这样至高无上权力的城市,常常会遭到其他城市的嫉妒。几个世纪以来,乃至今日,阿姆斯特丹在国家中的特殊地位和无上权力常常引发它与荷兰其他城市之间关系的紧张。

八十年战争期间,阿姆斯特丹甚至企图干预荷兰与西班牙战争的进程。1617年,荷兰新教内部的抗辩派和反抗辩派之间出现了一次论战,阿姆斯特丹的统治者们支持反抗辩派的立场,这并非是因为他们赞同这一派所倡导的教义，而是因为这一派的立场可以帮助他们阻挠扬·范·奥德巴恩菲尔德①（Jan van Oldenbarneveldt）主持的与西班牙人的和平谈判进程。阿姆斯特丹早就有了创建西印度公司的计划，目标正是富饶的南美大陆。它的目标宏达，试图抢占西班牙在这些地区的贸易份额，甚至希望将其势力彻底赶出这片区域。因此，相较于荷兰其他地区，阿姆斯特丹是最不愿意看到与西班牙达成和平协议的城市。[39]

　　一开始，阿姆斯特丹的商业精英阶层支持绰号为"城市征服者"的弗雷德里克·亨德里克②（Frederik Hendrick）亲王。他也不负众望，从西班牙手中占领了一座又一座城市：登波士、文洛、鲁尔蒙德、马斯特里赫特、布雷达。这些胜利也为他个人带来了巨大的政治资本。弗雷德里克·亨德里克开始设置忠于自己的权力机构，采取了更具王室色彩的管理风格，甚至安排自己年轻的儿子作为继承人。

　　事实证明，弗雷德里克·亨德里克希望在低地施行君主制，而这恰恰违背了阿姆斯特丹的利益。在阿姆斯特丹那些来自商人阶层的城市官吏眼中，自己是不可或缺的共和国地方长官，而且他们的这种自我认知随着城市不断走向辉煌而愈加强化。因此，他们丝毫没有犹豫，拒绝向奥兰治家族妥协。这样一来，阿姆斯特丹与奥兰治家族之间的关系渐行渐远，随着时间的推移，双方

---

　　① 扬·范·奥德巴恩菲尔德：荷兰共和国律师、政治家、开国元勋之一，荷兰东印度公司联合创始人。
　　② 弗雷德里克·亨德里克：荷兰政治家和军事统帅、奥兰治亲王，威廉一世的幼子。

甚至发展成了水火不容的敌对关系。

除此之外，随着时间的推移，大部分的阿姆斯特丹商人逐渐认识到，如果任由战争继续发展下去，将会阻碍城市进一步获取财富。阿姆斯特丹这样一座依靠贸易发展的城市对征服没有兴趣，更担心会陷入混乱的状态。它更倾向于保持现状，反对任何形式的战争和骚乱。当弗雷德里克·亨德里克最终做出收复安特卫普的决定时，他与阿姆斯特丹的关系彻底破裂。对阿姆斯特丹来说，重新给予安特卫普这个老对手新的生机和活力，简直令其如鲠在喉。

弗雷德里克·亨德里克最难缠的对手是科内利斯·比克（Cornelis Bicker）和安德里斯·比克（Andries Bicker）两位市长以及这个家族的另外两位成员——雅各布（Jacob）和扬（Jan），还有出现在伦勃朗画中的那位器宇轩昂的安德里斯·德·格拉弗。在这些人的管理下，市政府逐渐被改造成了一家"家族公司"。批评家者称他们是"残酷、自负、敏感、贪婪、渴望权力的操控者"。比克家族财富之庞大，甚至超过了许多阿姆斯特丹商人所渴望的终极目标。作为荷兰人，他们还厚颜无耻地为西班牙人建造了一支舰队，甚至资助西班牙军队抵御安特卫普人的进攻，这些行为彻底激怒了弗雷德里克·亨德里克。

随着形势变化，阿姆斯特丹转而支持和谈。在比克和格拉弗两大家族的强大压力下，共和国不得不在 1648 年开始与西班牙人进行和平谈判，并在明斯特签署了和平协议。令人颇感讽刺的是，这一年恰恰是弗雷德里克·亨德里克死后的第一年。西班牙国王菲利普四世（Filips IV）承认共和国的独立地位，荷兰南部地区则依旧归属西班牙统治，阿姆斯特丹的竞争对手安特卫普的出海口仍被死死封锁。最终，甚至可以这么说，八十年战争以阿姆斯特丹取得彻底胜利而告终。这座城市的统治者展现出了实用主义，或者说机会主义，并收获了丰硕的果实。

然而，阿姆斯特丹与奥兰治家族的矛盾依然没有解决。双方的冲突在一场突如其来的事件中达到了高潮：威廉二世①（Willem Ⅱ）给这所城市带来了一场风暴。

这场风暴发生时，这位年轻的共和国执政还是一个只有 24 岁的年轻人，他在 1647 年从父亲弗雷德里克·亨德里克那里继承了爵位。也正是从这一年起，他与阿姆斯特丹之间的恩怨便开始了。在《明斯特和约》（Vrede van Munster）签订之后，阿姆斯特丹和荷兰的其他城市希望削减一半的雇佣兵数量，但是遭到了威廉二世的激烈反对。他依旧没有放弃征服包括安特卫普在内的荷兰南部的梦想，更没有放弃在低地建立一个集权国家的梦想。为此，他首先要让不听话的阿姆斯特丹服从自己的意志。于是，在 1650 年 7 月 29 日晚上，他命令军队进攻阿姆斯特丹，希望在黎明到来时制服阿姆斯特丹的城防部队。当这一切完成之后，他会将比克家族的成员踢出城市管理层，由自己的亲信取而代之。

然而，事情的发展与他的计划背道而驰。当天午夜，一场猛烈的暴风雨袭击了希尔弗瑟姆赫斯，威廉的军队因此迷了路，直到早晨 9：00 才抵达城外。来自汉堡的邮差在城外的灌木丛中发

---

① 威廉二世：弗雷德里克·亨德里克之子。在他执政时，1648 年荷兰与西班牙签订和约，荷兰反抗宗主国西班牙的八十年战争正式结束。

现了这支部队的踪迹并向阿姆斯特丹市政府发出了预警。科内利斯·比克当即命令关闭城门，并在城墙上架起了加农炮，做好开炮准备。火枪手和步兵也进入战备状态。此外，他们还开闸放水，淹没了地势低洼的区域，并派出 10 艘军舰驶入艾湾参与防御，整座城市都在积极防守。

这场突袭最终以失败告终，不过阿姆斯特丹也遭到了军事包围。当天中午，阿姆斯特丹用一支舰队载着一个特使代表团驶向奥兰治亲王军队的总部，会见威廉二世。代表团用尽了好言好语，希望劝说威廉二世撤军，因为"城里的人擅长各种奇技淫巧，他们也许会冷不丁地令你们非常难堪，造成严重后果"。历史学家扬·瓦格纳写道，年轻的奥兰治亲王意识到他的计划失败后，"便将自己关了起来，愤怒地在房间里踱步，将他的帽子狠狠地摔在地上"。

实际上，年轻亲王的目的至少实现了一部分：这次军事行动过后，比克家族被剥夺了城市的管理权。一定程度上，这次军事行动限制了阿姆斯特丹的独立性。城市也几乎无力继续承担与奥兰治家族和其他荷兰城市之间的对抗。但这些已经不重要了，几个月后，威廉二世就因为患天花而离开了这个世界。

此后，奥兰治家族和阿姆斯特丹好像都意识到了双方只能在一种微妙的平衡之间共存。这是一种极其脆弱的平衡，只有在双方做出一定让步的情况下才能保持稳定。在这种模式下，妥协成为关键，不过，这种模式也充分体现了灵活性。专制君主常常陷入与民众对立的一面，而在这种模式下，君主与其所管辖的民众建立了一种近似于盟友的关系。低地的执政者通过给予地区和城市较大自治权的方式将各地联合起来，并将事务的决定权下放给各个城市。这样做的重要原因在于，大部分民众对自己所在城市的忠诚度往往都比对国家的忠诚度高。在那个时代的人们的脑海里，几乎不存在民族国家的概念。因此，在 17 世纪，生活在低地城市中的人们，从来不说自己是荷兰人，而是自称阿姆斯特丹人、莱顿人或其他城市的人。人们脑子里想的只有城市，其他的事情都排在后边。民众对于所在城市政权的认可给予了荷兰共和国独有的民主力量，使得荷兰可以毫无阻碍、不受限制地不断获得发展。[40]

❖ ❖ ❖

令人感到悲痛的是，艾尔斯·克里斯蒂安在阿姆斯特丹那些权势人物面前显得如此渺小和可怜。《悔罪书》中明白无误地写道，她来自日德兰一个叫作斯伯恩的地方。但当我试图去重构艾尔斯的一生时，甚至连她的出生地的确切位置都找不到。

一位通晓丹麦语的朋友曾和我解释道，这可能是一个很小却很不幸的误会。"斯伯恩"可能就是动词"讲话"，当时的艾尔斯·克里斯蒂安很有可能就是没听懂坐在桌子对面的法官问话。当她被问到从哪里来时，她很有可能做出一些诸如"你说什么？我不会讲你们的语言，先生"这样的回答，于是她的回答很有可能会被书记员记录为"斯伯恩"。之后不久，在一些朋友的帮助下，我找到了一些关于一个叫作斯伯罗格的菲英地区岛屿的信息，这个地方曾经在中世纪流传下来的一份手抄书稿中以斯伯罗瓦伊的名字出现过。这个岛屿曾经是臭名昭著的强盗巢穴，还曾是许多荷兰人在丹麦生活的地方。但是，无论艾尔斯是否来自这里，她的出生地并没有改变她命运的走向。

对伦勃朗而言，他与城市精英们的关系非常复杂。与艾尔斯一样，他也是这座城市的新移民，不过他是莱顿一个磨坊主的儿子。得益于他的天赋，他在年轻时便被人所关注，但是在社交层面，他从未获得过真正的成功。就像《夜巡》中的民兵一样，他们是衣着华丽的商人，为城市创造着财富，为城防贡献着力量，可以成为各个城市委员会的成员，也能担任孤儿院的董事，但除此之外再也没有其他的影响力。伦勃朗的奋斗也始终无法让自己跻身社会高层。在将近 40 年的时间里，伦勃朗头顶阿姆斯特丹最杰出肖像画家的头衔，但只为不超过三位市议会的议员作过画，且从未给现任或前任市长作过画（只给还未登上市长之位的人作过画）。杜多克·范·黑尔（Dudok van Heel）在他的研究中这样总结伦勃朗："他从未被人冠之以'阁下'的称谓，这种称谓只用于统治阶层。他不过是一个画家，做一些艺术品生意。"[41] 如果说艾尔斯·克里斯蒂安移民阿姆斯特丹的计划从一开始就因命运注定失败，那么伦勃朗也是如此。对这座城市而言，伦勃朗始终是一个局外人。

其实，这座城市也并不是完全"封闭的"，还是有一些移民在这里跻身城市高层，即使这需要一两代人的努力。文森特·范·布隆克豪斯特——审判艾尔斯的法官之一——便是其中一例。他的祖父曾是韦斯普的一个酿酒师，他的父亲是瓦慕斯大街的一个粮商，他自己则踏入了阿姆斯特丹社会的最顶层，拥有巨额的财富，此后甚至还成为荷兰最高法院的法官之一。

然而，阿姆斯特丹对外人的态度并不总是宽容的，在它早期的发展阶段，就已经开始追求一种更为积极的移民政策。随着经济的不断发展，整座城市对某些领域技术工人的需求变得更加旺盛，于是政府果断地开始引进相关人员。1597年，阿姆斯特丹与威尼斯的吹玻璃工安东尼·奥比塞（Anthony Obisy）签订了合约，将他引进阿姆斯特丹，从而将水晶制作工艺引进到这里。此后不久，葡萄牙商人马努·罗德里格斯·德·维加（Manuel Rodrigues de Vega）从阿姆斯特丹收到了12万荷兰盾的资金，用于在这里兴办丝绸行业。阿姆斯特丹之所以出重金邀请这位商人，是因为荷兰共和国曾经俘获了两艘葡萄牙丝绸货船，他们非常焦急，不想错过这样高利润的贸易活动。来自荷兰南部的汉斯·勒·马特雷（Hans le Maitre）获得了一笔总额为2 000荷兰盾的资助以及一间装备完整的工作室，被邀请向阿姆斯特丹的手工艺人教授制作镀金壁挂饰品的手艺。甚至连在法国遭受迫害的新教难民——胡格诺派信徒——也于1685年之后在阿姆斯特丹安家，并且收到了政府奖励，以鼓励他们教授不同贸易领域的技术。丝绸纺织工皮埃尔·巴利（Pierre Baille）收到了几笔1万～4万荷兰盾不等的现金资助，用以建立一座拥有60个车间的丝绸工厂，而工厂的一部分学徒是阿姆斯特丹孤儿院的孩子。来自法国的帽商、镀金工人、锦缎纺织工、缎带和蕾丝工，甚至被分配了属于自己的一小片街区，这里房屋的一层拥有宽敞的工作室。时至今日，我们依旧可以在靠近斯皮格尔大街和国家博物馆附近的维特林大街发现这些房屋遗留下来的痕迹。

简短来说，阿姆斯特丹的移民很大程度上丰富了17世纪阿姆斯特丹市民的生活形态和精神生活。在1601—1800年，174 874名外来移民从欧洲各地来到阿姆斯特丹，另外还有153 490人从荷兰其他省份移居至此。1600年，阿姆斯特丹的常住人口约5万人，到了1622年这个数字增长到了10万，1630年又增长至12万，1650年攀升至16万。进入18世纪之后，这一数字稳定在了22万。这样大规模的人口涌入使得阿姆斯特丹出现了如今在美国一些城市才能看到的社会特质。人们在这里能够获得快速的发展从而迅速崛起，但也可能以同样的速度迅速坠落。伦勃朗的经历恰恰是这两种现象最好的证明。

在水坝广场市政厅从不缺席的钟声伴随下，在集会人群的众目睽睽下，艾尔斯·克里斯蒂安死去了，然而并没有人对此感到悲伤。

毫无疑问，恩拉德·伯格、扬·布劳、罗切斯·范·德·坎贝尔、尼古拉斯·范·隆、迪尔克·斯伯赫和文森特·范·布隆克豪斯特的身影依旧会出现在显赫的场所，行刑人照旧会收到砍头的劳务费——6荷兰盾，而对于艾尔斯而言，甚至不会出现丧葬费用的支出，因为按照当时阿姆斯特丹人的主流观点，"她不被土地所接纳"。死去一个无足轻重的小人物，对当时的阿姆斯特丹而言是再正常不过的事情。

相比之下，伦勃朗则经历了完全不同的命运。在他去世几十年之后，那幅旷世佳作《夜巡》与其他画幅相似的城市民兵集体肖像画被挂在了市政厅内。《夜巡》的悬挂地点是市政厅中最小的地方，位于两扇门夹住的一面墙上。为了匹配悬挂油画那面墙的尺寸，人们甚至还把原作裁去了一部分，结果便是原作左侧的两名民兵彻底消失了，右侧的鼓手被砍去了一半，只剩下他的头、胳膊和鼓。在污垢和灰尘长时间的作用下，这幅画的颜色逐渐灰暗下来。

伦勃朗的坠落并非因为贫穷或者缺少世人的认同所致。当莎士基娅在1642年去世的时候，他仍旧是一个富有且享有盛誉的艺术家。豪布拉肯曾经计算过，单单从学徒那里，他每年就可以挣到2 500荷兰盾。[42]多年来，他与阿姆斯特丹的年轻商人、作家、艺术资助人，并在此后成为市长的扬·希克斯都建立了很好的关系。伦勃朗为这些人制作刻版画、肖像画和家族画，向他们出售作品，向他们借钱。希克斯甚至曾经尝试帮助伦勃朗融入阿姆斯特丹的上层社会，但是没有成功。之后到了1654年，两人之间的友谊突然冷淡下来。希克斯出售了对伦勃朗的债权，并且当他1656年结婚的时候，他的正式肖像画并没有请伦勃朗执笔，而是找了格沃特·弗林克。[43]从这些情况看，我们只能去猜测两人关系的破裂一定是有些特殊的原因。

我们猜测，让这位画家一步步滑向无人问津地步的原因最有可能是他在社交场合的失礼行为。这种所谓的失礼表现在他进行《夜巡》创作的态度上，正是这种态度导致他最终被阿姆斯特丹的上层社会所排斥。

首当其冲的便是伦勃朗的性格特点。客气地说，他不是一个很有礼貌的人。流传下来的关于他为数不多的小故事也展示出他贪婪的个性。一个经常被人提及的笑话说，他的学徒们为了让他弯腰，有意在地板上画了一枚硬币。此外还有一些关于他糟糕的幽默感、喜怒无常的脾气和粗俗虚伪本性的故事在坊间流传。加里·舒瓦茨从这些沉默的材料中抽丝剥茧，告诉了我们有关这位画家的性格特点和缺陷：从来没有人请他给孩子做过教父，或是请他作为见证人，甚至没有人请他作为专家帮忙评估一幅油画作品。

此外，伦勃朗在阿姆斯特丹还缺乏稳定的政治基础。阿姆斯特丹的政治基础建立在资金资助和政治保护的前提下，这意味着一名画家的社会地位只有一小部分是由他的作品所决定的，更为关键的因素则是哪一位社交圈的贵人愿意资助和支持他，有点类似于如今我们对一件艺术品的评价，往往取决于哪些博物馆和艺术评论家认为它"有价值"一样。在这方面，伦勃朗显得欠一些火候。当时阿姆斯特丹最有权势的比克家族从来没有在伦勃朗那里订购过哪怕一幅作品。当莎士基娅死后，由于一些未知的原因，伦勃朗未能取得奥兰治亲王的认可，他在阿姆斯特丹沙龙中的声誉开始急转直下。向他预订肖像画的顾客开始迅速减少。1650 年之后，他此前的几位顾客开始执掌城市的管理权：1650年是弗兰斯·班宁·柯克，1651 年是扬·惠德库珀（Jan Huyde-cooper），1654 年是尼古拉斯·蒂尔普（Nicolaes Tulp），1657 年是安德里斯·德·格拉弗，但同期请他作画的人只不过是一位市政府的议员乔恩·雅各布松·辛罗本（Joan Jacobszoon Hin-lopen）。在这一点上，他的成就可远不及他的学生——阿姆斯特丹著名画家格沃特·弗林克。后者与奥兰治家族、勃兰登堡伯爵和其他城市管理者之间有着良好的关系，不过他的名气不是很大。除了缺乏稳定的资助者之外，伦勃朗的衰落还有更多的原因。从现存的文献中，我们可以清楚地发现伦勃朗个人层面的污点：一是伦勃朗不光彩的家事，二是他值得商榷的生意风格。

对这位画家私生活的诟病主要是针对他与保姆格尔特耶·迪克士（Geertje Dircx）不光彩的风流韵事。这位保姆受雇来照顾他的孩子提图斯（Titus），这也是伦勃朗与莎士基娅所生四个孩子中唯一活到成年的一个。在他的妻子莎士基娅于 1642 年去世之后不久，伦勃朗便和格尔特耶发生了关系。莎士基娅的叔叔、正直的亨德里克·乌伦博格对此非常失望。与此同时，正如前文所述，伦勃朗与奥兰治家族的关系开始变得冷淡，肖像订单也一天比一天减少。

5 年之后，一位 22 岁的农村女孩儿亨德里克耶·斯托弗来到伦勃朗家做用人。豪布拉肯描述她"虽然个头比较小，但是比例匀称，身材丰腴"。她的到来使伦勃朗的家庭关系不可避免地变得更为复杂。1649 年，格尔特耶·迪克士离开了伦勃朗位于布雷大街的家。紧接着，令人感到难堪的事情发生了：伦勃朗曾经同意向她每年支付 60 荷兰盾的生活费，但是她感觉这笔钱太少了，于是在家里的厨房大闹一顿，并以伦勃朗违背此前答应与她结婚的承诺为由，把他告到了负责婚姻事务的城市长官那里。由于身份的差异，两人不可能正式地生活在一起，于是她变更了请求，要求获得每年 200 荷兰盾的生活费。从婚姻事务法庭审判的记录中我们查到了以下信息："原告否认做出了结婚承诺，但却声称从未同意与伦勃朗一起生活。"[44] 然而，伦勃朗也以同样的方式进行回应，他向前来索要生活费的格尔特耶的兄弟和侄子施以贿赂，从格尔特耶邻居那里搜集有关她道德不端的证据。利用这些信息，伦勃朗成功地将格尔特耶投入了女子监狱。直到 1655 年，在几位朋友替她说情后，格尔特耶才被释放。[45]

1654 年又发生了另外一场丑闻。留存下来的记录显示，当斯托弗怀孕后，她被带到教堂委员会问话，因为人们认为"她如同妓女一般和伦勃朗在一起生活"。由于伦勃朗并非教会成员，牧师对他没有惩罚权，所以他逃过一劫。他同样不愿与斯托弗结婚，原因大概在于他无力承担结婚之后的生活费用。如果他要再婚，则必须将莎士基娅留给他们儿子提图斯的遗产全部交出，总金额达到 20 000 荷兰盾。[46]

这样一来，伦勃朗便违背了阿姆斯特丹上流社会信奉的又一条准则：财务清偿能力。以现在人的眼光来看，伦勃朗似乎用一种奇特的方式过着一种奢侈的生活：长久以来，他的作品常常供不应求，那些资助者们非常乐意提前支付绘画资金，给他施加一种道德上的压力，从而迫使他完成委托的任务。伦勃朗的这种工作方式引发了人们的好奇心，也许是因为大家都不太确定这位绘画大师是否能够按照约定完成作品，有的人甚至会为此小赌一把。[47]然而，在 1654 年前后，所有这一切都在往糟糕的方向发展。伦勃朗再也无法对自己的信用引以为傲，再也借不到钱，当然这也与大的时代背景有关，当时正值荷兰与英国交战期间，许多商船无法到港，失业、破产这些情况开始频繁在阿姆斯特丹上演，大部分商人不得不削减开支。到了这时，阿姆斯特丹人才突然意识到自己的经济有多么不堪一击。

1655 年 12 月，伦勃朗在卡尔夫大街的一家旅馆里将自己的物品进行了拍卖，其中就包括他自己的绘画作品，然而购买者寥寥。6 个月后，他不得不宣告破产。阿姆斯特丹的破产法庭对他启动了破产程序。其中有一位债权人令他感到无比烦恼，这人便是格尔特耶·迪克士，那时她已经被释放出狱。她的意图很明显，依然是索要伦勃朗欠她的生活费。由于伦勃朗无法支付，她威胁要再将他告上法庭。不过，不久，格尔特耶便去世了。[48]

由于破产的缘故，伦勃朗不得不第二次面对来自教会的压力。在当时的阿姆斯特丹，在破产案件中，教会扮演着道德法官的角色，对破产申请人进行评判。有的破产案件非常简单，破产申请人是诚实守信的，只不过由于不走运才资不抵债，并且至少做出了努力来减少损失。有的破产案件则是幌子，破产申请人企图藏匿自己的财产以求蒙混过关。前者可以按照清算走完破产程序，后者则会面临真正意义上的破产。那些逃避清偿债务的人将永远失去在加尔文宗占主导地位的城市中继续进行商业活动的机会。

某些记录显示，伦勃朗用尽了一切办法来保住自己的财产。比如，他将自己在布雷大街的房子过户到儿子提图斯名下，以避免房子被拍卖。尽管从理论上讲，伦勃朗得以摆脱那些债权人的纠缠，但在社交层面上，由于他的不诚信和为保护财产进行的操作，他的信誉彻底破产。不仅仅是扬·希克斯，任何资助人都不希望将正式的肖像画交给道德有失的人来完成。

伦勃朗位于布雷大街的房子最终还是被出售了，房子里的家具被典当给了位于奥德塞德·沃尔保瓦尔的典当行（这座典当行依旧在那里）。之后，17 岁的提图斯用自己的存款买回了一面用黑檀木做框的珍贵镜子，因为他的父亲伦勃朗曾经用这面镜子进行过自画像的创作。然而不幸的是，他在把镜子搬回家后，不慎将其摔碎。[49]

伦勃朗晚期作品营造的氛围与早期相比有很大不同。事物的轮廓不再那么明显，前景和远景彼此融合，空间感变得逐渐模糊，画面看起来似乎在无限延伸。这个时期阿姆斯特丹最大额的订单是市政厅的内饰画作，市政府将大部分订单委托给格沃特·弗林克完成。然而随着弗林克的突然去世，伦勃朗被允许参与其中一小部分画作的绘制。1662 年，市议会又停止了伦勃朗的工作，用一个无名之辈取而代之，来完成格沃特·弗林克的构想。

从那时起，伦勃朗不得不搬到了罗森运河，受到为数不多的几名阿姆斯特丹精英人士的接济，这其中便有军火商特里普。1664 年，即伦勃朗完成艾尔斯·克里斯蒂安素描画的同年，他被迫出售了莎士基娅位于老教堂的墓地。那时，瘟疫开始猖獗地蔓延，特别是在中产阶级居住的约旦区，几个星期里就死掉了上千人。一个女人在疫情暴发期间这样记录道："前天布鲁姆大街死了 27 人，今天安捷里尔大街死了 22 人，昨天住在巴恩德运河边一所房子里的 3 个人的尸体被埋葬。"[50]

同年的一个晚上，大概 11：30，一团"闪耀着白光的火球"从空中坠落，就好像"一个燃烧着的火炬从天空坠向大地"。几个月后，一个火球再次在城市上空出现，"散发出耀眼的光芒"[51]。在瘟疫流行的 1663—1664 年，阿姆斯特丹有将近 3 万人失去了自己的生命，占当时总人口的七分之一，斯托弗也是其中之一。五年后，27 岁的提图斯在婚后不久也去世了。再往后一年，已经 60 岁的伦勃朗也离开了人世，被埋葬在韦斯特教堂中一块没有名称的穷人墓地。

三个多世纪后，当这里的教堂再次被翻修时，人们发现了一具尸骨，大家猜测这便是伦勃朗的遗骨。不过，这具尸骨在电视直播的画面中，被机器生生地碾成了碎片。

第七章

冰河世纪的延续

　　这幅画作于 1779 年，作者雷尼尔·温克斯（Reinier Vinkels）描绘了冬季的阿姆斯特尔河及岸边的景色，河面已经冰封，河岸也满是积雪。（图片来源：Gemeentearchief Amsterdam）

　　阿姆斯特丹与其他同等规模的城市一样，都存在一些散发着神秘色彩的老屋，其中一座就坐落在阿姆斯特尔河附近，位于领主运河和皇帝运河的拱桥之间，这是一座古老但看起来依旧不失宏伟的房屋。1992 年，在一个阴暗的下午，我来到房屋这里，饶有兴致地看着外墙上多年来积聚起来的密密麻麻的涂鸦，发现上面有一些被喷涂上去的字母和一个浅蓝色的标记，在这一层的涂鸦下面，却有另外一些时间更为久远的红色涂鸦，上面画着几颗星星、一艘帆船、一些奇怪的符号和一个没有写全的人名"范·伯……"。如果走近了仔细看，可以看出"雅各芭"这个名字的痕迹。这些标记看起来像 20 世纪 60 年代的涂鸦风格，然而事实却并非如此。

　　墙上那些字形模糊却依然可以识别的文字几乎可以断定是在

300年前由阿姆斯特丹外交官以及市长范·伯宁恩在变疯之后写下的。有些人说，这些字是用红色粉笔写上去的，但有些人则坚称这是他用自己的鲜血书写的。考虑到他发疯的状态，后者的说法也并非没有可能。

几个世纪里，人们称此处为"血石屋"。令人惊奇的是，上面书写的字迹始终无法被人擦去。还有人称，当有人尝试去擦除这些字迹时，这些文字就会变得更加清晰。然而，经过几个世纪的风雨侵蚀，这些文字已经不像先前那样清楚了。1937年，人们用当时最先进的技术对这座房屋的墙体进行了清洗，上面的图案和文字才清晰地显现出来：几个希伯来字母、带有桅杆和旗帜的船只、一个五角星和一个八角星，还有范·伯宁恩的名字和他妻子的名字——雅各芭。[1]此外，还有一个希伯来语拼写的名字——马格科，这是异教徒的代表符号。[2]无论这些符号和图案变得多么模糊，人们总是无法彻底擦除它们。为此，工人们尝尽了所有方法，甚至还使用了高压泵，但都无济于事。

库恩拉德·范·伯宁恩的名字已经在前面的篇章中有所提及。他就是那个告诉瑞典国王通往奥利桑德海峡的钥匙就在艾湾的外交官。他曾多次借款给丹麦国王以帮助其武装舰队，打击他们的敌人瑞典人。范·伯宁恩是17世纪阿姆斯特丹杰出的外交家和谈判家，类似于当代的亨利·基辛格（Henry Kissinger）。他出身名门望族，在19岁的时候就担任了著名诗人和政治家康斯坦丁·惠更斯（Contantijn Huygens）的秘书，20岁的时候担任阿姆斯特丹市政府秘书。此后，他还先后担任荷兰共和国驻法国和瑞典的大使、威廉三世①（Willem Ⅲ）的顾问、阿姆斯特丹市政府的顾问、东印度公司的经理以及 6 任阿姆斯特丹市长。他几乎单身了一辈子，这一点令人感到有一些奇怪。即便如此，他依旧是欧洲外交史上一颗璀璨的明星。

我们不是很清楚在他身上发生了什么，但是 1672 年发生的事情导致了他一生命运的转向。历史上称这一年为"灾难年"，年轻的共和国不仅面临内部的纷争，外部还遭受法国、英国、明斯特和科隆的攻击。

1665 年，西班牙的菲利普四世去世之后，他的女婿——法国国王太阳王路易十四（Lodewijk ⅩⅣ）——即宣称自己拥有对西班牙属尼德兰的主权。1667 年，法国军队入侵并占领了西班牙属尼德兰地区，在那里轻松击败了西班牙军队。不过，此后他们被一支由英国、瑞典和荷兰组成的联军击败。这场时间不长的军事冲突被称作"荷兰遗产战争"。战争于 1668 年结束，各方签署了《亚琛和约》（Vrede van Aken），法国宣布接手一部分佛兰德地区。然而在四年之后，尽管《亚琛和约》依然有效，但是太阳王仍旧决定再次派兵攻击荷兰。这一次，英国也趁机加入了对荷战争，在海上攻击荷兰舰队，希望借此机会彻底击溃荷兰海军。与此同时，来自科隆和明斯特的军队也利用荷兰国内的混乱，攻击了格罗宁根等地区。

这些出人意料的军事行为主要是荷兰在经济领域的竞争对手

---

① 威廉三世：出生即继位为奥兰治亲王，1672 年 7 月任荷兰省、泽兰省执政，1674 年 4 月任乌得勒支省、海尔德兰省及上艾瑟尔省执政。后又成为英格兰、苏格兰和爱尔兰国王。

策动的，但这其中也有意识形态方面的因素：在君主制统治下的欧洲已经受够了荷兰共和国所倡导的言论自由、思想自由、宗教自由。那些嘲讽时政的出版物和禁书在欧洲其他地区受到了严格的管控，但是在宽容的荷兰却能够大肆发行。

荷兰人思想意识中体现出来的无序与自由完全不同于其周边实行君主制的地区表现出来的守序与克制。此外，由于人们普遍相信荷兰是一个视个人私利至上的国家，从而"滋养着那些宗教叛徒"，这使得周围的君主制国家非常担心荷兰这种所谓的混乱状态会像"病毒"一般向整个欧洲蔓延。[3]

然而，除去这些原因，路易十四的主要目的是要对荷兰进行一番羞辱。除了提出领土和经济要求外，他还希望荷兰每年向法国派一支朝觐代表团，要求在凡尔赛宫提交一封表达他们为此前的抗争行为深深忏悔的信，并对路易十四做到百分之百的臣服，对其恩典永怀感恩之情。此外，他还打算对荷兰加以改造，将其置于奥兰治亲王威廉三世的直接统治之下，而威廉三世将会成为一名傀儡国王，听候法国人的调遣。威廉三世此刻心里非常清楚，如果对荷兰设置这些条条框框，其结果将会与法国国王的设想背道而驰。尽管法国人开出的条件对威廉三世具有巨大的诱惑力，但是这样做会扰乱共和国内部各方势力之间达成的脆弱平衡，这对荷兰苦苦奋斗得来的成果是致命的。

与此同时，荷兰人民正处在深深的恐惧当中。牧师们不断地散播着"七头兽"和"巴比伦妓女"再次出现的言论。时任荷兰驻法国大使库恩拉德·范·伯宁恩意识到路易十四身上正在散发

出尼布甲尼撒二世①（Nebuchadnezzar Ⅱ）的特质。当大地上升
起浓浓黑烟，路易十四向人群大声喊道："死亡！死亡！猎杀至
上！"[4]1672年，荷兰最有影响力的两名统治者——共和派的德·
维特（De Witt）兄弟在海牙被处决。此时，一些权贵人物开始选
择支持威廉三世，他们当中便有范·伯宁恩。他也抛弃了此前的
朋友德·维特兄弟，站在了亲王一边。

　　法国人的军队势不可当，很快杀到了阿姆斯特丹附近。荷兰
人民将大堤决口，淹没了大片土地，形成一道"洪水防线"，抵
挡住了法军的进攻。与此同时，范·伯宁恩则施展其巧妙的外交
手段，试图将荷兰、西班牙、奥地利、丹麦和德国的统治者联合
起来，组建反法同盟。此时，英国国王查理二世②（Karel Ⅱ）迫
于国内舆论的压力，开始慢慢从对荷战争中抽身。

　　一旦来自外部的危险消退，国内一直存在的阿姆斯特丹与奥
兰治王室之间的冲突便再次变得尖锐起来。威廉三世希望和他的
新盟友继续打击法国，但是阿姆斯特丹反对他的计划，毕竟商人
可不喜欢战争。这些商人们的立场令奥兰治亲王、将军和舰队司
令们感到心烦意乱，但这绝不是他们最后一次体验这种感觉。威
廉三世称他们为"来自阿姆斯特丹的流氓"，同时宣布永不和
范·伯宁恩见面，后者此时正担任阿姆斯特丹的市长。[5]历经两
年多的谈判，阿姆斯特丹与奥兰治王室才达成和解。[6]但是，

---

　　①　尼布甲尼撒二世：新巴比伦王国君主，政治家、军事家、战略家，在位时
期是新巴比伦鼎盛时代。他建造的空中花园，被誉为古代世界七大奇迹之一。
　　②　查理二世：英国斯图亚特王朝君主，在位期间曾发动对荷战争，与荷兰争
夺海上霸权。

范·伯宁恩却失去了荷兰政府的宠信。

是这种不体面的遭遇让这位曾经在欧洲政坛叱咤风云的顶级外交官深受打击？还是爱情真的来了？我们无从得知。但事实是，1686 年，尽管心情糟糕，但已经 64 岁的范·伯宁恩突然决定结婚。他的未婚妻是 46 岁的雅各芭。她住在领主运河，距离范·伯宁恩的房子只隔一个街角。雅各芭来自当地的一个贵族家庭，其家族还颇具声誉。然而，她应该是一个比较阴险的女人。在范·伯宁恩死后，为最大限度地争取他留下的遗产，她对前来进行遗产评估的人员百般刁难。总而言之，这场婚姻带给范·伯宁恩的只有痛苦。

在范·伯宁恩与雅各芭结婚的同年，他被免去了阿姆斯特丹市长和市议会议员的职务。这种事情此前闻所未闻，每个人都很震惊。没有记录显示是谁做了这个决定。政坛失意的他，开始尝试对东印度公司的股票进行投资，结果证明这又是一场灾难。他损失得越多，就越相信自己能够赢回来。就这样，在期望财富不断增加的虚幻中，他的财产渐渐消失殆尽。他还向身边人推荐股票投资，但回应者寥寥无几。投资失败和身边人的漠视让他再次深受打击，开始变得精神恍惚。随着范·伯宁恩越来越游离于现实之外，他甚至开始产生幻觉。

在 1689 年的冬天，他记录了自己的发现："天空中出现了一团奇异的火光，许多巨大的燃烧着的石块，出现在城市上空，如星星般闪耀。与此同时，在黄油市场附近的雷格利尔运河的一座马厩里，有一件东西突然消失不见。据目击者描述，这是一个彩虹色的棺材。它先是不断收缩，之后猛地窜向天空，散化为一束璀璨的烟火，消失在无尽的黑夜当中。"

他的妻子最终离开了范·伯宁恩，很有可能就是在她离开前后，范·伯宁恩用鲜血在自己房屋的外墙上写下了那些信息。在一个冬日的午夜，他从床上爬起来，在大街上狂奔，同时愤怒地吼叫着，还不断敲打着邻居的房门，试图唤醒"这座城市中令人无法理解的昏昏沉沉的市民"。最终，在 5 月 12 日，他在一所教堂前，冲着教会人员大喊大叫，"浑身都散发着抑郁沮丧的情绪"。为此，他被判处在监护下生活。事实上，他被锁在了阿姆斯特尔河岸边上的一所小公寓的后房里，限制了活动自由，两年后，他就去世了，生命最终定格在 1693 年的 10 月 26 日。他的遗物仅有一件斗篷、两件日本长袍、一个床架、几把椅子、一个书架、一个椭圆形的镜子、四把凳子和伦勃朗画的一幅男人肖像画。这些物品总共价值 7 荷兰盾。[7]

范·伯宁恩曾是一位取得过非凡成就的人。在他罹患妄想症之前，他简直可以算是人们理想中阿姆斯特丹商人的化身。巴洛伊斯（Barlaeus）在阿姆斯特丹雅典学院（阿姆斯特丹大学的前身）的公开演讲中称其拥有墨卡托①（Mercator）的智慧。在阿姆斯特丹，"拥有智慧"是对一个商人的很高评价。

"智慧商人"必须拥有优秀的品德，从而坚持最好地为城市提供服务的传统，并将这一传统一代一代传承下去。这类人要么是一个富有的人，要么是迎娶了一位来自略低阶层的富家女。他

---

① 墨卡托：16 世纪荷兰的地图制图学家，是地图发展史上划时代人物，精通天文、数学和地理。

还要融入精英阶层的文化生活，会用夹杂着古怪拉丁词汇或短语的法语交流，高谈阔论古希腊和古罗马的古典文学，并展示出对诗歌和绘画的鉴赏能力。[8]

在荷兰本地的语言中，"执政"和"像执政一样"两个单词常常带有政府滥用权力的含义，但是这种认知上的偏见不会被用在阿姆斯特丹的执政官身上。尽管这座城市的执政团队出现过一些丑闻，也存在一定程度的腐败问题，但是从城市发展的结果来看，不能否认 17 世纪的阿姆斯特丹是一座管理水平出众的城市。特别是由商人组成的管理团队被证明获得了巨大的成功，给城市发展带来了很多益处。就像一个商人一样，一名出色的政治家必须有能力维系一个庞大组织的运转，能够洞察谈判对象的情绪变化，能够控制好自己的情绪，能够建立一个高效运转的网络，能够迅速评估信息，能够理解对手的动机，能够发掘隐藏在事情背后的真相。尤为重要的，他需要在恰当的时机做出行动，并且找到最合适的妥协方案。

17 世纪时，阿姆斯特丹高水平的贸易活动为这座城市培养出了几位杰出的管理者。他们为城市的基础设施建设筹集了充足的资金，与外国开展积极的交流，认真监督运河带的建设工作，合理安排粮食的存储以避免饥荒的产生，还建造了欧洲无可比拟的孤儿院体系和其他慈善设施。

法国历史学家亨利·梅赫兰这样评价阿姆斯特丹所特有的城市管理现象："管理者是城市中一名负有强烈责任感的好公民"。这里的管理者可以是像东印度公司和西印度公司这样的大公司的掌舵人，可以是一座孤儿院的院长，也可以是一名法官或市长。

总而言之，他是一个沉默不语的精英，但在任何一项有关城市发展的重大事项中都能看到他的身影。用梅赫兰的话说，他们是"这座城市的灵魂"。

人们对管理者的人选要求极高。一名好的管理者必须信仰新教、值得信任、头脑清醒、才思敏捷，并且受过经典文学方面的高等教育。如果他还是道德的楷模以及作风清廉的古罗马式市长，那就再理想不过了。当然，拥有大量的财富是成为管理者最重要的先决条件，这是防止一个人登上高位后屈服于金钱和权势诱惑的最好保证。

大部分阿姆斯特丹人或多或少能够理解这其中的道理。否则，就很难解释为什么这么多年来，阿姆斯特丹的由富裕市民组成的精英团队得到了广泛认可，且没有人去反对他们。阿姆斯特丹的4名市长和36名市议员掌控着整座城市的运转，甚至在整个荷兰，也拥有不可估量的影响力。此外，他们所在的家族也达成了某种"和谐契约"，允许他们在市政管理岗位的分配方面拥有更大的自由度。一个人一旦被任命为城市长官，他几乎可以永享权力，因为即使他卸任，也总会得到另外一个合适的位置。当然，有时这种裙带关系会有些过分，但它却有一个最大的优点：城市可以持续维系在一个较高的管理水平上，而管理者候选人的队伍也能保持一个较高的准入门槛。[9]

尽管如此，这个管理体系从"灾难年"——即1672年——开始逐渐变化。范·伯宁恩留下的潦草血迹便是这种变化的证明。人们开始意识到，荷兰与法国的战争将对整个国家以及阿姆斯特丹的生存带来巨大影响。人们信心的缺乏可以从1672年之后艺术市场、特别是油画市场的崩盘中一探端倪。扬·弗美尔和艺术商乌伦博格都在那一年走向破产。实话说，此时阿姆斯特丹的繁荣与市民的热情都已消耗殆尽，像艺术品交易商破产这样的现象，如果放在从前，绝对是大家无法想象甚至觉得不可思议的事情，但渐渐地也被大众所接受，成为生活的日常。此前人们常常说的"城市民族主义"——那种让阿姆斯特丹人民在黄金时代敢于抵抗任何侵犯者的情绪——逐渐消失了。城市的精英阶层开始寻找城市发展新的刺激点和盟友。

在这种情况下，对荷兰怀有敌意的法国出人意料地成了新盟友的选择。荷兰的文学、戏剧、建筑逐渐开始追随法国的时尚。阿姆斯特丹贵族阶层的年轻人开始模仿皇室朝臣的举止行为：穿着浮夸、头戴假发，对话中夹杂着法语表达，并在日常问候、举止和交谈中逐渐演变出一种法式的"华丽"风格。

这种趋势加大了那些追求国际风尚的统治阶层、传统贵族和依然守旧的荷兰普通民众之间的鸿沟。一些历史学家称之为荷兰贵族阶层的"贵族化"，特别是当阶级固化使贵族阶层变得越来越难以跨进的时候。阶层的分化早在阿姆斯特丹建造运河带的时候就显露端倪，到了18世纪，这一趋势变得愈发明显。居住在这座城市中的人被分割为不同的文化群体，水坝广场的市政厅宣扬的道德观念也遭到了颠覆，已经不是阿姆斯特丹民众所共认的理念和道德观，群体之间存在的差异性成为大家公认的事实。市政府施以管理的正当性已经不再源于官员的公民身份，而是他们所代表的不同群体的利益。从此之后，城市的统治者已经不再是单纯的市民精英，而是新兴的资产阶级。[10]

　　在这场城市的权力游戏中，神职人员是城市管理者们的直接对手。阿姆斯特丹的城市剧院是最能体现双方角力的战场。城市精英阶层的社交活动都聚集在这座位于皇帝运河之畔的剧院里，而这种社交行为则遭到了牧师们猛烈的抨击。

这幅由彼得·巴别斯（Pieter Barbiers）所作的画描绘了 1772 年 5 月 11 日发生在城市剧院里的大火。（图片来源：Gemeentearchief Amsterdam）

　　1772 年 5 月 11 日傍晚，剧场正在为衣着华丽的阿姆斯特丹贵族们表演着《被宠溺的女儿》（*De kwalijk bewaarde dochter*）。这部剧第二幕的场景是一个昏暗的地牢，戏剧进行到这一幕时，大家都闻到了一股烧焦的味道。进入第三幕后，随着灯光再次亮起，遮光罩从燃烧的蜡烛上被取了下来，整个舞台再次明亮起来。这时，观众们发现剧院起火了，人群变得非常恐惧，争相从包厢和走廊中跑出来，舞台布景随着可怕的轰隆声开始崩塌，屋顶上的一个吊灯坠落砸向了人群……不到半个小时，火焰就烧穿了屋顶，燃烧着的窗帘碎片在空中飘荡。这场大火火势凶猛，以至于在阿姆斯特丹城以外的地方，一直到北海遥远的特克塞尔岛都能看到这里的火光。

共有 18 人在这场大火中丧命，考虑到当时的情景，这个数字并不算太高。死者中有巨富雅各布·德·纽弗维尔·范·伦内普（Jacob de Neufville van Lennep）和他的妻子，还有一位叫作特谢拉·德·马托斯（Texeira de Mattos）的富家千金。阿姆斯特丹商人雅各布·比克·雷伊（Jacob Bicker Raye）在他的日记里写道："大量的珠宝、黄金和其他贵重物品在这场火灾中遗失。据说，仅仅特谢拉女士佩戴的珠宝首饰价值就超过 2 万荷兰盾。"

这场灾难给阿姆斯特丹市民留下了难以磨灭的印记。牧师们则狠狠地抓住了这次机会大做文章，在他们眼里，这场灾难就是上帝对那些每晚醉生梦死的享乐贵族的警告。[11]

城市商人和宗教领袖之间的关系不洽已经成为毋庸争论的事实。尽管在多德雷赫特的宗教会议以及抗辩派和反抗辩派之间的冲突中，阿姆斯特丹的牧师们已经开始扮演重要的角色，但是他们始终未能成功地在这座城市建立他们更为喜欢的神权政体。水坝广场的新市政厅在建时（建造始于 1648 年，耗时 8 年完工），城市管理者们也计划对新教堂的南墙进行改造，让墙面更加光鲜亮丽。为了实现这一计划，他们试图弥合市政府与宗教领袖们之间的矛盾，至少在城市建造方面要达成一致。然而，神职人员却不满足于此：他们要求新教堂的塔楼要高过市政厅的穹顶，以此来显示上帝在这个世界上至高无上的力量。尽管按照这个想法做了建筑方案，却没有照此施工，这也一定程度说明了市民在此事中的倾向性。

　　虽然加尔文宗是整个国家认可的宗教派别，其影响力也在阿姆斯特丹不断扩展，但是阿姆斯特丹的商人们仍旧在心底反对任何形式的宗教信仰限制。在这里，像伦勃朗这样的人不需要加入任何一个教会组织就可以很好地生活。此外，缔结婚姻关系也无须得到教会的认可，只要得到市政府的承认即可生效。这些已经成为阿姆斯特丹人公认的准则，但是放眼整个欧洲却是独一无二的存在。瑞士军人史托帕（Stoppa）在一本法语小册子里曾经描述过不同教派在阿姆斯特丹和谐共存的情况[12]，他说："除了犹太人，再洗礼派、门诺派、索齐尼派……都可以完全自由地在阿姆斯特丹生活。"阿姆斯特丹人视其为一种褒奖。虽然名义上天主教信徒不被接受，但实际上没有人会对他们感到反感，更说不上去迫害他们，他们会尽可能地向当地的市政长官和治安官"表现其礼貌的态度"，他们会在隐秘的小教堂中举行弥撒，并且常常给这些小教堂起一些富有诗意的名字。在这些教堂里，人们安置了扩音设备，信徒们歌吟的声音可以从很远的地方听到。[13]大家都知道，许多阿姆斯特丹的名人实际上都是天主教徒，他们当中就有诗人约斯特·范·登·冯德尔、雕刻家罗伯特·维尔赫斯（Rombout Verhulst）以及建筑家菲利普·芬伯翁（Philip Vingboons）和亨德里克·德·凯泽（Hendrick de Keyser），后者恰恰是阿姆斯特丹最重要的三座新教教堂的设计者。

　　1650年之后，城里神职人员的权力有所增加。在经济大萧条、1652—1653年和1664—1667年两次英荷战争，以及其他一些被普遍认为是"因为上帝愤怒所导致的灾难性事件"的影响下，加尔文宗在阿姆斯特丹的影响力有所强化。与此同时，针对"伤风败俗行为"——特别是剧院表演活动——的批判，再次活跃起来。这一时期，亨德里克耶·斯托弗遭到教会的审判，冯德尔则因为他的剧作《卢塞夫》（Lucifer）惹上了大麻烦。1655年，著名的外科医生蒂尔普成功推动通过了"奢侈法案"，用以反对过度奢华的婚礼活动。尽管这部法律的规定并不是很严苛，但还是做了一些限制，例如参加婚礼的宾客不能超过 50 人、相关活动不能超过两天等。1663 年 12 月，蒂尔普和他的支持者们呼吁禁止出售用作"抽象崇拜"的圣尼古拉斯姜饼小人。这一举动在小孩子中引发了一阵骚乱，出售禁令很快便取消了[14]。阿姆斯特丹依旧首先是一座贸易城市，而不是一座宗教城市。在这里，只有一条被普遍认可的做事信条：谈判。

让我们回到大部分争议事件最开始发生的地方：阿姆斯特丹传统的房屋。这些房屋用教科书般的注脚完美展示了"限制即自由"这条原则。由于城市所在的土地非常湿软，房屋的石砌外墙必须建在稳定的地基之上，然而，房屋的外立面没有单独的地基，它必须依靠支撑房屋的木制框架从上至下建造，只有这样才能保证房屋结构的稳定性。考虑到整座城市被划分为不同的小块土地，并且良好的建筑用地稀缺，所以阿姆斯特丹的房屋建造模式非常灵活。尽管这一时期特有的房屋类型不是特别常见，但历经了三四个世纪之后，其数量依然非常可观。

一座房屋的外表历经时间的打磨也许可以被彻底改变，但其内部装饰一般能够保存下来。在数个世纪的时间里，人们将这里房屋的墙面刷了又刷、涂了又涂，以顺应各时期不同的审美风尚。

大约在 1655 年，画家雅各布·德·乌弗特（Jacob de Ulft）完成了一幅有关水坝广场未来场景的想象图。事实上，作品完成的时候市政厅才刚刚建成一半，而在新教堂旁边的那座巨型塔楼也并没有如期动工。（图片来源：Gemeentearchief Amsterdam）

直耸的三角墙面被所谓的"脖颈"或"钟铃"型三角墙面所取代，而到了 1700 年左右，水平的三角墙面开始变得流行起来，且常常用小物件和栏杆进行装饰。在 17 世纪后半叶，房屋的窗户开始变得更大、更宽、更高，样式也有不同的变化。百叶窗已经不再被使用，屋顶植物出现在房屋设计中但很快又被人们放弃。为了增加使用面积，人们通常会简单地选择加盖一层。

所有这些变化都在这座城市中留下了印迹。如今的阿姆斯特丹，无论是房屋的比例还是颜色，都与 18 世纪的阿姆斯特丹大相径庭。当时，砖砌的墙面大都刷成红色，不像今天常用的黑色或自然色，而那些未上色的石墙则呈现出一种淡黄色。房门通常是红色的，之后才出现了赭色或者棕色的门。从整座城市来看，房屋高度的变化改变了阿姆斯特丹的市貌特征，由于房屋的高度不断增加，导致城市的街道看起来狭小又昏暗。过去，像水坝广场和伦勃朗广场这些常常可以在老油画中看到的地点，它们在画中所占的比例往往很大，但随着这些区域附近房屋高度的增加，它们在后期画作中呈现的感觉与之前相比变得更为狭小、局促。

在房屋内部，中世纪时期留下的空间宽敞、挑高较高的前厅逐渐变成了一个狭小的空间。前厅旁边是一间侧室，可以让房屋与街道相邻。房屋前面的空间被压缩得更为厉害，有些则直接变成了房子的一个门厅，通过走廊与内部的房间、客厅和房子后侧用于招待宾客的区域连接。房屋的后面一般会有一个花园（特别是那些临运河而建的房屋），这些花园的面积一般都比较大，房屋主人都会对它们进行精心设计。

阿姆斯特丹运河区域的房屋长期以来扮演着灯塔的角色，给这里混乱的环境勾勒出一些秩序。从 16 世纪末到 17 世纪中叶，房屋里使用的家具都具有浓郁的荷兰风格。这种风格常常可以在伦勃朗、弗美尔、扬·斯坦（Jan Steen）和其他画家的作品中看到。房间里家具的摆放较为稀疏，颜色也偏于暗黑。楼下的地面通常会铺上石板，楼上的地面则用松木板混着沙子铺设，墙壁用灰泥涂抹。

1672 年后，法国的流行风格开始逐渐风靡阿姆斯特丹的室内装修市场。墙壁上涂抹的泥灰隐藏在镀金的皮草装饰物后面，地板则铺上了大理石或者厚厚的地毯。人们开始用灰泥涂抹天花板，用油漆喷涂墙壁进行装饰，并慢慢开始使用昂贵的木材进行装饰。与此同时，房屋中家具的数量也在一件一件地增加。

此外，人们也开始重视乡间房屋的建造。富裕的阿姆斯特丹人希望从喧嚣和臭气熏天的城市生活中逃离出来，来到城市周边购置土地、建造房屋。1742 年，郊区已经有约 600 间用来避暑的房屋，那些无力在近郊购买房屋的人也至少会尝试在博腾辛格尔、亥恩或者哈勒姆港等地购买一间小房子或者茶亭。这样一来，阿姆斯特丹的贵族阶层逐渐形成了一种每年搬两次家的习惯。他们用船带着所有的生活物品以及大部分的个人财产往返于城郊和城内的住所。每年 5 月的时候，城里的富人们便启程出发去他们的夏季住所生活，到 9 月再返回城市。离开城市之后，他们将主要的时间都用在了与周围邻居进行户外活动、探亲访友上，此外他们还尝试种植一些不同类别的植物。在 17 世纪末，活跃于高端社交圈的女士们能够成功培育出菠萝树，荷兰东印度公司的经理在他的暖房中成功种植了咖啡树和香蕉树。[15] 人们从殖民地将外国品种的鸟类带回荷兰饲养，并对城市中的草坪进行翻新。荷兰文学中也开始出现了有关牧羊人的诗歌和对田园生活的刻画。

> 在那里我看到挤奶工和他的尼尔，
> 正在甜蜜欢快地劳作
> 产奶的奶牛湿漉漉地站在那里，
> 为男女老少们提供牛奶
> 我们那些欢愉的家畜，
> 此时正在发出吱吱嘎嘎的叫声。

这是备受大家欢迎的诗人丹尼尔·威林克（Daniël Willink）在 1712 年站在阿姆斯特尔河畔创作的诗句。

一些人甚至模仿贵族的做法，将自己的名字与他们在乡下的房产联系到了一起。不过，大部分阿姆斯特丹的贵族认为这种做法太出格了，他们依旧是传统的市民，但是从来不会忘记他们也是共和国的公民。

布鲁格曼写道："当时的景象说明，18 世纪的阿姆斯特丹与其说是一个欣欣向荣蓬勃发展的城市，不如说更像是一个阶层固化的城市。持续不懈的努力已经无法换来社会地位的提升，而那些已经达到社会高层的人则开始努力保住自己的地位。"[16] 换句话说，城市的发展已经达到了它的极限。

❖　❖　❖

欧洲在 18 世纪经历了恐怖的"大严寒"，这是一个寒冷的世纪。那时的冬天异常寒冷，而且持续时间很长，气象学家称那段时期为小冰期。这也是为什么我们能够在描绘当时阿姆斯特丹冬日全景的油画中看到许多富裕的家庭都有马拉雪橇。严寒天气常常使城市的运河结冰，也使艾湾上停泊的船只与船桩冻在一起。在绘画作品和流传下来的印刷品里，我们可以看到码头被冰雪覆盖，城市里房屋的屋顶全是厚厚的积雪。在莱内尔·韦柯林斯（Reiner Vinkeles）的一幅名为《贝尔拜特的阿姆斯特尔河》（De amstel bij de Berebijt）的作品中，一个农村女孩儿走在曳船道上，她的头巾被凛冽的寒风吹起，随风摆动。[17]这是一个下午，鸟儿在光秃秃的树上盘旋，预示着另外一场风雪的到来。

1767年1月8日，雅各布·比克·雷伊在他的日记里写道："天气是如此寒冷刺骨，当我写下这些文字时，即使身旁的火炉正在熊熊燃烧，也没有阻挡手中钢笔的墨水被无情地冻住。"比克·雷伊绝非一个穷困潦倒的人，可以说，他属于在18世纪生活条件非常不错的中产阶级，虽不属于贵族阶层，但已经获得了几个高薪的职位，几乎不用怎么工作就可以获得可观的回报，这帮助他能够无比接近贵族圈子。他是水坝广场鱼市的管理员，不过他自己并不需要具体做什么，而是雇用了一个代理商替他干活儿，他从收益中提取一定的比例就可以赚到不少的利润。此外，他还是一支民兵队的队长，是煤炭贸易的征税人，是粮食货物注册的登记员。他在领主运河附近居住过一段时间，之后搬到了皇帝运河，距离哈顿大街不远。

他在1732—1772年写的日记，全部都是当时每日发生的新闻：

约翰·杜萨德（Johan Dusard）的眼睛看上去要瞎了。他给一个性格顽皮的女孩儿送了一些烟草，但是由于她敲击鼻烟盒过猛，导致一些烟草飞到了杜萨德的眼睛里。即使他没有变瞎，也应该去看一看医生。

在一所施工的房子里，扫烟囱的工人不慎掉入了滚烫的开水锅中。人们把他的衣服撕开，用菜籽油在他的全身进行涂抹。

市长的秘书尼古拉斯·范·斯泰恩（Nicolaas van Strijen）和红酒商的妻子私奔了。

一名 17 岁的女孩儿在纽文代克附近的一所房子中不慎坠落，摔成了"碎片"。她当时试图向上拖拽晾挂的衣服，但不小心失去了平衡。

德·哈恩（De Haan）女士自从她的丈夫去世后便失去了知觉。有人骗她说，她的身体里有一个肿瘤，需要通过手术摘除。然而，手术完成后，她就死了。

在黄油市场，有人牵出来一头犀牛向大家展示，这只体型极为庞大的野兽吸引了大家的目光。

一名西班牙水手从妓院出来后就变得非常不开心，绝望地用剃刀将自己阉割了。

在奈斯地区，一个老妇人在回家的路上被一根掉下的房梁砸死了。这令她的丈夫悲痛欲绝。这对夫妻非常恩爱，丈夫用手臂紧紧将这名老妇人抱住，众人不得不用力将其拉开。

德·马奎特（De Marquette）女士患了某种怪病去世，这种病让她 35 天无法排便，以至于不得不从口中将食物抠出来。她死后被放上了一辆六匹马拉的灵车，安葬在老教堂的墓地。

一个被判处死刑的犹太人由于没有听牧师的话，所以死的时候像一头野兽，"在绞刑架上不停地号哭"。

比克·雷伊像是一个絮叨的公务员，和母亲一起居住了许多年，同时饱受痛风带来的痛苦。他对科学、文学、艺术都没有兴趣。对他而言，连当时 10 岁的音乐神童莫扎特（Mozart）在 1776 年访问阿姆斯特丹这样的轰动事件都不值得让他去进行任何记录。他为数不多的娱乐活动便是去刑场看杀头。他笔下的大部分奇闻或许都是从他那些民兵队的酒肉朋友口里听到的。在他的日记里，我们还能读到当时社会上流行的一些八卦消息。[18]

例如，他在日记里曾写过位于哈勒姆广场的一间房屋的倒塌事故。这事发生在一场葬礼后的晚餐期间，主持人和喝醉的客人们疯狂地冲出房屋，"人们就像从被打破的罐子中滚出的水果一样，顺着旋转楼梯滚落，房间里的桌子被打翻，杯子和瓶子全都摔碎了"。他还描述过一个溺死在市政厅后面的补鞋匠故事。他的日记里还记录了早期还属于较为稀奇的"安乐死"的细节：一个孩子被疯狗咬伤，医生表示无能为力之后，在"获得政府许可的情况下被人为捂住口鼻，窒息而死"。

此外，比克·雷伊还描述过一起案件。一个头颅被人们从阿姆斯特尔河里捞了上来，一名86岁的瑞典船长因此遭到逮捕，被指控犯有谋杀罪并判处死刑。然而，他对死亡无所畏惧：在行刑时，他在跳上绞刑架前先拉伸了胳膊和大腿，说这样被吊起来时会舒服一些。比克·雷伊的日记还讲述了卡尔夫大街一个假发商的疯老婆的故事。她被一丝不挂地锁在阁楼里，就如同"刚出生时一般"。有一天，人们在她身旁发现了一个新生儿的尸体。很明显，她此前就已经怀孕了，但是没有人注意到这个事实。在孩子出生后不久，这个疯婆娘就杀死了孩子。假发商之后宣称，他和这个疯老婆许多年都没有在一起生活了，她一定是和一个仆人发生了奸情。这本日记里还记录了大量的丑闻和市井谈资。例如，有一个关于红酒商佩灵（Paling）的故事，他因为自己暴饮暴食的特点而臭名昭著："他有很好的胃口，能吃下一块七八磅的煎牛肉，一条完整的羊腿对他来说也不在话下，艾湾的30条香煎鲱鱼配一大盘苹果蛋糕更是小儿科。即使他吃饱了，他还能吃下3只小火鸡，这时再喝上6瓶红酒对他几乎也没有任何影响。"最终，在一个秋日的夜晚，佩灵吃饱喝足，醉醺醺地跌进了莱德运河丢掉了性命。

比克·雷伊笔下的阿姆斯特丹不再是一个蓬勃发展的国际中心，而是一个臃肿、自满、糟糕、臭气熏天的封闭城市。"不可思议的死气沉沉"，这与库恩拉德·范·伯宁恩在 1672 年之后的设想已经大相径庭。英国、法国、普鲁士和奥地利已经出现了现代国家的雏形，拥有高效的管理能力和对经济强有力的领导力。与之相比，荷兰共和国作为一个国家，组织体系显得过于分裂和混乱。在这里，你看不到一项稳定的经济或军事政策。几十年来，没有一位执政官可以很好地平衡阿姆斯特丹与整个国家的关系。在此后很长一段时期内，国家管理的关键职位都给予了掌权者的家人、朋友和那些愿意为获得特权而出钱的商人。这反过来更加剧了国家行政管理层面的不平衡现象。在这样的困境下，这个当时欧洲最现代化的国家的发展受到了严重阻碍。在经历了包括整个 17 世纪在内的 150 年的繁荣发展后，荷兰的影响力逐步开始衰弱，被其他国家所取代。

荷兰的商业活动也很糟糕。荷兰引以为傲的最大商业优势——通畅的水路、廉价的劳动力和资源产品、大型舰队、源源不断的原材料和半成品——逐步被他国攫取或削弱。曾经处于领先地位的荷兰技术也渐渐落伍。17 世纪，英国还在模仿荷兰的造船技术，努力赶上低地船只的速度和性能，但是一个世纪之后，荷兰的造船者们已经为自己落后于时代的造船技术而感到绝望。那个时候，英国人的船坞拥有更加先进的技术，特别是在建造三层甲板船方面处于更为优势的地位。[19]

对阿姆斯特丹而言，所有问题的源头似乎都来自它的港口。由于港口位置与其他地方相距较远，这导致很多船只难以靠岸。

驶向阿姆斯特丹的商船穿越南海和艾湾后，有时受到风向的影响，不得不在潘普斯岛附近的浅滩停靠几天甚至数周的时间。此外，围海造田和在水中打桩的工程导致艾湾泥沙淤积。不过，通过工程领域的技术进步，阿姆斯特丹在挖泥船的帮助下，保证了城市附近水域的深度，确保海船可以顺利停泊。

阿姆斯特丹在 17 世纪的杰出地位并不是以广袤和强大的陆地资源为基础的，而是得益于它优越的地理位置在国际贸易中所发挥的优势，这也导致城市的发展有很大的脆弱性。因此，当伦敦和汉堡逐步成为更容易停泊的港口之后，它们便取代了阿姆斯特丹的地位。这两个港口都有广阔的腹地，可以大量生产用于出口的商品，而这恰恰是阿姆斯特丹一直欠缺的能力。国际商品流通趋势的变化意味着商品越来越倾向于从生产地直接向消费地运送，这样便剥夺了阿姆斯特丹作为转口港口的价值。随着市场的不断扩大，阿姆斯特丹逐渐失去了它在贸易中所拥有的关键地位。

此外，荷兰经济的下滑也源于邻国在产品生产中给予的压力（对农产品和渔产品的冲击尤其严重）。法国、低地南部、普鲁士和丹麦不再进口荷兰的鲱鱼，不仅导致荷兰渔民失去了生计，还影响了鲱鱼包装工、造船工人、修帆工、绳索工和其他行业人员的收入来源。

这些并不意味着阿姆斯特丹已不再是一座重要的贸易城市。尽管面临伦敦和汉堡的竞争，阿姆斯特丹依旧在国际贸易中扮演着至关重要的角色。不变的是这里紧张而忙碌的氛围，阿姆斯特丹依旧聚集并流通着大量的资金，各国商人也在此汇聚。变化的则是贸易的性质。在 17 世纪经济大发展期间，大量的资金涌入城市，因而城市的商人们不愿意再去承受贸易的风险，而是使用这些资金向外借贷进行金融活动。奥兰治家族、政府、奥地利的皇帝都是他们资金借贷的客户，甚至连英国的银行都会向阿姆斯特丹进行大规模借款。到了 18 世纪末，大约有 5 亿荷兰盾投资到了海外地区。当荷兰的经济开始步入衰退期时，仍旧有许多阿姆斯特丹的商人继续向海外投资，当时没有任何一个机构有权对此进行管控。长此以往，阿姆斯特丹商人逐渐从贸易的积极参与者和推动者演变成了被动参与的中间商，简而言之，他们成了银行家。贸易性质的改变，导致生活文化重心发生了变更。此时在阿姆斯特丹中产阶级的眼中，消费已经取代了生产成为生活的中心。

尽管阿姆斯特丹依旧富有，但是在我们的故事中，头脑清醒却步履蹒跚的劳伦斯·雅各布松·里尔和终日带着假发、脸上涂脂抹粉的雅各布·比克·雷伊还是有着本质的区别。一个世纪的时间演化出两人不同的生活环境。一份 1742 年的"个人缴税贡献名单"向我们展示了阿姆斯特丹纳税人的基本情况，其中"投资家"是最频繁出现的一个职业。此外，这份名单还记录了 1 111 名商人、760 名酒馆老板、472 名面包师、392 名红酒商、327 名烟草商、220 名蔬菜商、209 名焊接工人和木匠、199 名外科医生、198 名会计和 184 名商店老板的纳税记录。

名单中纳税最多的是市民中最富有的群体，包含 23 名股东、30 名商人、30 名城市政府官员以及 3 名酿酒师和 1 名手工业者。[20] 然而在他们的财富中，股东掌握的财富占据了绝大部分。

这些财富帮助他们活跃在政治、文学、绘画、科学和音乐领域，他们创建了相关的俱乐部和社团，将大量的时间投入一系列复杂的社交活动中：互相访问、宴请、聚会、观看演出、郊外漫步、远途旅行，等等。

正如任何建立在金钱利益至上基础上的文化一样，财富拥有者都不认为自己有义务为社会的发展做出相应贡献。毕竟，他们依靠放贷赚取的利息就已经足够生活得很好。这些人通过语言表达、行为举止、穿着打扮来显示自己和那些不是很走运的、需要通过努力工作才能生存下去的群体的区别。这个世纪的荷兰文学体现出大众对这类文化导向的尊崇，充斥着大量寄希望于通过婚姻或继承获得大量财富，从而跨入无须工作的特权阶层的描述。

然而，这种文化对城市生活的影响到底有多大依旧是个谜题。在《萨拉·伯格哈特小姐的历史》（*De historie van mejuf-frouw Sara Burgerhart*）这部小说中，18 世纪的女性作家贝尔特·沃尔夫（Bertje Wolff）和阿奇·戴肯（Aagje Deken）描绘了她们眼中阿姆斯特丹商人家庭的样子。小说中的人物扬·埃尔德林和亨德里克·埃尔德林整日无所事事，通过不劳而获的收益享受生活。他们远离自己的办公室，经常去外国旅行。他们的同事亚布拉罕·布兰卡德（Abraham Blankaard）则是一位努力工作的员工，他是一个"细致的谈判家、情深意切的爱国者，渴望获得一片属于自己的天地"[21]。尽管阶层分化日益严重，但在许多方面，阿姆斯特丹依旧是一座活力四射的城市。

直到 17 世纪末，科莫林的笔下依旧描绘了阿姆斯特尔河附近水闸处（如今的阿姆斯特尔酒店附近）熙熙攘攘的景象。他认为这条河流太窄了，"以至于源源不断驶来的货船无法穿行。在不同的季节，他们从各处运来黄油、奶酪、鸡蛋、鸡肉、鸭肉、河鱼等货物"。这里还有运送精美的手工艺品和煤炭的船只，满载各种蔬菜、牛奶和生鲜的船只，以及"载有往返于默伊登、韦斯普、纳尔登、乌得勒支、豪达、代尔夫特、海牙和鹿特丹这些城市的人员的船只"。在比克·雷伊生活的时代，这样的场景并未发生多大改变。每周单从阿姆斯特丹出发的船只就达 800 艘，运载着货物和乘客去往 180 个不同的目的地。

档案馆存留了无数记录当时阿姆斯特丹每日生活的材料，同时也向我们勾勒出当时上流社会浮夸且无所事事的奢靡生活：船只不停地运送货物和生活必需品，股票交易市场常年通宵达旦地运行，阿姆斯特丹的商人们整日忙忙碌碌，努力维系并试图进一步扩展他们在这座城市的中心地位。按照荷兰人的传统，此时的阿姆斯特丹应当激情澎湃地设法与刚刚成立的美利坚合众国建立联系，以拓展新的对外贸易，虽然这很有可能引发与英国之间一场新的战争。不过，对于阿姆斯特丹的商人而言，他们乐于承担这一风险，没有人会认为，商人们愿意隐藏扩张的野心。

商人的逐利本性还表现在了另一个地方。当大量资本涌入这座城市之后，一些投机风潮席卷了城市，尽管投机并不仅仅发生在 18 世纪。最著名的一波投机热潮发生在 1636 年，阿姆斯特丹郁金香球茎的贸易热度急速上升，这一趋势很快影响到了荷兰其他地方。这种原产于土耳其的植物突然变得流行起来。郁金香球茎的平均价格原本只有大约 3 荷兰盾，然而，当投机潮到来时，一些稀有品种的价格可以轻松达到两三千荷兰盾。对于郁金香球茎追逐的热潮发生不久，人们已经不再满足于兜售球茎，而是鼓吹一种形象和一种理念。人们在售卖球茎时一般都会给它们起一个名字并配上色彩绚丽的图片，比如"完美形象""皇家玛瑙""恩科豪森将军""绝对价值""森佩尔奥古斯托"等。得益于那些流传下来的古老画作，我们才可以了解到这些被人奉为珍宝的郁金香的样子：完美无瑕的白色花瓣中，清晰可见的红色脉络遍布其上，花托的颜色如天空一般湛蓝。如果想要欣赏这样美丽的花朵给你带来的转瞬即逝的享受，你到底需要付出多大的代价呢？5 000荷兰盾！这差不多等同于一套带有大花园的房子的价格。[22]

一个世纪之后，另外一波投机热潮降临阿姆斯特丹。在咖啡馆中，人们开始购买贸易公司的股票。这些所谓的"风一样的贸易"导致许多人破产，很多工人因此失去了工作，愤怒的人群聚集在当时阿姆斯特丹最著名的贸易中心——位于股票交易市场后面的卡尔夫大街的甘康普瓦咖啡馆——抗议。的确，当时的情况已经非常危险，市政当局不得不介入以平息民众的愤怒，恢复社会秩序，将城市带回到正常的商业活动中来。

尽管有这些事件，但并不能说当时所有的借贷人都是贪得无厌的小人。在比克·雷伊生活的时代，阿姆斯特丹最富有的女士——领主运河的寡妇佩尔斯，家里的仆人数量也不到5人，尽管她拥有的财富超过了当时许多亲王或公爵的财富。运河旁边大量的房屋基本上都拥有富丽堂皇的内部装潢，但它们依旧使用了简朴的外墙，所以从外表看起来平淡无奇。某种程度上来讲，此时阿姆斯特丹的财富都集中在了银行业，而住在这里的人们刻意隐藏自己奢华生活的习惯至今都没有改变。

时至今日，荷兰中产阶级对于财富的过分追求依旧是他们的动力源泉。对他们而言，金钱是做生意和维护家族地位最重要的工具，也是子孙后代继续发展的基础。因此，必须要维系并增加目前所拥有的财富，这样才能让后代继续留在精英阶层。此外，荷兰虽有贸易传统，却并不擅长进行金融战争。一般来说，荷兰的投资者们对可持续的低收益投资会感到非常满意，并且在新的经济活动中始终遵循这种投资思路。荷兰拥有的贸易资本就是通过这种无数的微小利润积聚起来的，那些一夜暴富的情形在这里非常罕见。

还有一个现象令外国人众口一词，他们都惊讶于阿姆斯特丹人朴素的生活模式。在 18 世纪的城市运河带，人们必须按照一种特定的生活方式在这里居住，绝不允许出现肆意花钱的现象。生活在这里的人都要遵守不成文的规定，例如：周日下午必须安排一场散步活动。根据曾在 1769 年访问过阿姆斯特丹的德·萨德①（De Sade）侯爵的说法，荷兰的求爱者们在这里"喝完茶、抽完烟，就开始笨拙地向自己倾慕的对象表白。此时，他的追求对象很有可能会非常开心，因为她也不指望追求者能搞出什么新花样"。从中可以看出，这里的生活是多么的枯燥与单调。

----

① 德·萨德：法国贵族，哲学家、作家和政治人物。1769 年，他写了一本关于荷兰的游记。

维尔沃·范·登·瓦尔科特
（Werver van den Valckert）在 1626
年绘制的牧师分发救济粮的场景。
（图片来源：Amsterdams Historisch Museum）

✤ ✤ ✤

　　正如前文提到的，18 世纪是一个寒冷的世纪。以 1740 年的冬天为例，比克·雷伊记录了那一年 1 月 5 日的天气情况。那是酷寒的一天，人们来到冰封的运河上滑冰。1 月 22 日，人们甚至可以驱赶四匹马拉的货车穿越结冰的艾湾。比克·雷伊自己也乘坐马车穿过阿姆斯特尔河去了老教堂。那时水上结的冰层非常厚，破冰船根本无法穿过。人们想出了一些奇妙的办法，用 20 匹马沿着运河拖拽破冰船，随着破冰船驶过，可以听到冰层破裂的声音，以此开辟一条水道，使得供水船可以驶进城里，带来干净的饮用水（当时城里运河中的水污染严重，无法直接饮用）。

　　面对困境，酿酒商们计划在韦斯普将干净的冰块锯下来，并将其运回城里供酿酒使用。阿姆斯特丹这座欧洲水资源最丰富的城市正面临严重的饮用水短缺问题，人们必须支付多达两斯托弗的价格才能买到一桶水。在此期间，城里还由于饮用水价格过高引发了几场小规模的骚乱。

　　1 月 23 日，比克·雷伊记录了一个故事：在目睹了破冰船无法穿过阿姆斯特尔河的事实之后，急不可耐的船长亨德里克·德·菲尔（Hendrik de Veer）染上了严重的风寒，第二天便死了。几天之后，一栋房屋失火，人们尝试在冰冻的水面上凿出一个洞以便取水灭火，但是没有成功，房子因得不到救援被彻底烧

毁。到了 2 月，人们迎来了短暂的解冻期，但是很快严寒的天气
再度袭来。比克·雷伊记录道，这个时候从荷兰南部寄过来的信
件往往很迟才能送到，因为运送信件的马匹在半路上会因为寒冷
的天气被冻死。直到 5 月 3 日，天气依然未见好转。城里再也看
不到新鲜蔬菜和青草，干草也几乎使用殆尽。这时，100 磅干草
的价格已经达到了 30～40 荷兰盾。仅仅一周之后，这个价格又
飙升了 3 倍。北风持续呼啸，大地千里冰封，呈现出一片荒芜的
样子。成百上千的家畜因为缺少食物被活活饿死，此前人们还尝
试用黑麦面包喂食，但是很快便发现即使这样也是非常奢侈的。

那几年，乡下的贫困日子变得愈加艰难。由于经济下滑，贸
易、农业和渔业都受到较为严重的影响，导致小城镇里的居民大
批离去。例如，四分之一的豪达居民、三分之一的莱顿居民、几
乎一半的哈勒居民都离开了自己的城市。大量的乞丐在荷兰北部
平原地区游荡。那些退伍的士兵和临时工勾结在一起，在晚上打
家劫舍。这其中最著名的盗贼当属沙库尔（Sjakoo）——一个在
阿姆斯特丹地区堪称罗宾汉式的人物。甚至一个半世纪之后，
人们还会非常恭敬地指着他那座位于艾兰运河之畔的房子说：
"这就是沙库尔的城堡。"他的偷盗方式堪称传奇，极度专业的
手法令不少人认为他可以像幽灵一样上天遁地。他先后在格罗
宁根、豪达和阿姆斯特丹作案。穷苦大众对他的评价也都不错，
乃至于在他去世多年之后，邻居们还称他"是一个仅仅偷盗富
人的绅士"。

他的房子里充满了密道和出口。两个世纪之后，这里的居民
还很骄傲地向来访者炫耀楼里的机关设置。沙库尔有好几次都上

演了令人惊叹的脱逃好戏，但最终还是在 1717 年被捕。被抓时，他正在哈勒姆代克一个叫作黄金马车的小客栈里，与他的同伙格利特·拉莫斯（Griet Lammers）躺在床上。他被处以极刑，"全身被打断后放在一个几英尺高的轮子上，以保证他不会立刻死去，必须要等到最后将他的头颅砍下"[23]。

此时的阿姆斯特丹，贫困人口的数量也正在上升，但总体而言比同时期的其他城市还是要好一些。1654 年，济贫院中只有八分之一的乞丐来自城市；而在一个世纪之后，这一比例增长了 1.3 倍。弃婴的数量也从 1691 年的 15 个飙升到 1800 年的 500 个。

H. G. 滕·凯特（H. G. Ten Cate）在 1819 年绘制的兰邦斯运河（当时称乌得勒支运河）旁边破旧的房屋。

（图片来源：Gemeentearchief Amsterdam）

比克·雷伊讲述了一个陌生女人的故事。"一个已经怀孕但仍在努力工作的女人"在罗金河附近的街头产下一个婴儿，随后将孩子丢在那里，头也不回地离开了。在1738年寒冷的1月，他在日记里还描述了冻死人的情况，人们将这些尸体一具具地从雪下挖出来。他的日记还记载了一些自杀事件。自杀的人差不多都是由于生活艰难而失去了活下去的希望，不得不在绝望中了结自己的生命。

犹太人社区更是遭到沉重打击，贸易的停滞导致他们生活极度困难。1799年，他们当中有超过半数人以乞讨为生。同时，又有数千名犹太人涌入城市中，以躲避德国和波兰对犹太人的迫害。尽管在18世纪初期，犹太人群体占阿姆斯特丹总人口的比例不足3%，不过到了世纪末，这一比例几乎达到了10%。新犹太移民主要来自东欧，他们很快成了阿姆斯特丹犹太人社区中最主要的组成部分，不过他们并未和更早来到这里的那批来自葡萄牙的犹太人开展贸易，因为这里的许多职业不对他们开放。他们当中的许多人不得不在当地市场从事一些二手商品的交易活动。18世纪末，阿姆斯特丹2/3的日耳曼犹太人靠施舍为生，这个比例是非犹太人社区的两倍。

他们唯一可以从事的商业活动只有钻石贸易，因为钻石工人不需要成为行会的成员。1748年，当钻石贸易正在衰退时，信仰基督教的钻石工人试图建立一个属于他们自己的行会组织，以削弱犹太人的竞争力。但是，市政府对这项计划却没有兴趣，他们认为，犹太人"已经在城市中创建了属于他们自己的钻石贸易"。此外，他们也担心如果没有犹太人掌握的钻石技艺，这项工业可能就会不复存在。的确，尽管从事钻石产业的犹太人收入微薄，而且工作条件也非常糟糕，但他们的规模却越做越大，在钻石进口、分离、切割方面表现得更为出色。

大部分的犹太人住在乌伦伯格、拉彭伯格和马肯岛上，就是今天我们熟知的新市场地区。在 17 世纪，当码头搬迁到刚刚填海造出来的凯滕伯格、威滕伯格和奥斯登伯格时，新到的犹太移民逐渐在这些非工业区站稳了脚跟。富裕的犹太人最终搬到了阿姆斯特丹东部新建的运河带生活。由于特殊的地理位置，这里不会被非犹太族裔的阿姆斯特丹人打扰。[24]然而，大部分的犹太人仍旧在狭窄的小巷子里居住。

犹太人街区——尤登布雷街——某种程度上是通过人员的自由流动自发形成的居民区。一位旅行者曾经这样描述这个街区：这里"好像是一个由狭窄、肮脏的街道以及古老的房屋组成的迷宫，给人一种弱不禁风的感觉。[25]好像只要冲着这里的墙壁随便踢上一脚，整个街区就会坍塌一样"。在街道墙壁上的晾衣绳上四处可见破旧的衬衣、裤子和打补丁的裙子。房屋大门外面凌乱地摆放着一堆东西，有"家具部件、武器零件、宗教物件、衣服碎片、劳作工具及儿童玩具的残留物、老旧的铁器、破碎的陶器、破布条以及许多无法叫出名字的物品"。这片区域此前貌似是一个跳蚤市场，所有的东西都在露天街道上售卖。"女人们在小炉子上烘烤鲜鱼，女孩儿们帮大人给襁褓中的婴儿喂奶，男人们聚集在一起谈论着古老的故事"。这位旅行者十分厌恶这里，他为自己能够离开这里重返运河带而感到无比兴奋。

对于阿姆斯特丹最贫穷的人而言，他们有两种方式来逃离这种命运。这两种方式都很常见，但却非常残忍，无异于自杀：男人们可以申请去东印度公司的商船上工作，而女人们可以去妓院售卖自己的灵魂。

为荷兰东印度公司招募船员的人通常被称为"灵魂买家"。这些人从大街上随意招徕工人，给他们提供食物和住所。直到荷兰东印度公司开始准备派船远航时，这些所谓的"灵魂买家"便将骗来的"客人"列到船员名录中，同时将本应发给船员的津贴中的大部分截留到自己的口袋里，当作"客人"们的食宿费用。他们通过这种方式赚了一大笔钱，而大部分的海员却仍旧处在负债的状态中，即使他们整日都在卖力工作也无济于事。孤儿院和济贫院的管家们也定期向东印度公司提供劳动力。

在通往亚洲的航行中，数百名船员会死在海上。有的人从桅杆上摔下，有的人从船上跌入海中淹死，有的人被海盗杀死，有的人染上了坏血病、疟疾或痢疾而死，还有的人因为船只发生事故，与船一起沉入海底。1701—1800 年，一共有 671 000 名乞丐、水手、破产商人、流亡的农民和冒险者从蒙特巴恩塔踏上驶往东印度的船只。一位不知名的阿姆斯特丹作家曾经描述过一支船员小队（东印度公司的船只将每 8 名船员编成一支船员小队）是如何开会、如何一起用餐、如何一起购买供给品，以及如何将每位成员紧密地连接成一个整体的。这支小队的成员分别是银匠、裁缝、屠夫、面包师和银行收债人的后代，"每个人都有一段悲惨的经历，这迫使他们不得不参与这样一场远行。""他们所在的船只于 1751 年出发，路上碰到了一场大风暴，船员们不得不爬上绳索以控制好船只，确保航行的安全。"这部回忆录的作者被当时的场景吓坏了，"浑身颤抖着，像一只冻得瑟瑟发抖的狗……我当时想：要是知道会碰到这样的事情，我宁可待在家中破旧的老火炉旁，哪也不去"[26]。

这类远洋航行中，1/10 的水手都无法活着回来。每 25 艘船只中就会有一艘沉没在从远方返航的途中。671 000 名记录在册的从阿姆斯特丹出发的船员中，只有 266 000 人安全返航。

捕鲸，也是一项极度危险的活动。阿姆斯特丹商人在巴伦支海靠近斯匹茨卑尔根岛的地方建造了一些捕鲸站。由于当地冬天的气温过低，捕鲸船只能在春天和夏天开展捕鲸活动，因此，人们尝试在岛上建造一个永久性定居点，但这一举动引发了致命的后果。当船只在春天返航后，他们发现七名留下来的船员已在冬天被冻死了。他们在最后一篇航海日志中写道："我们几个人躺在床铺上，是仅有的幸存者。我们想吃东西，但是没有人有力气去把火点着。由于身体被冻僵，我们无法移动。我们诚恳地祈求上帝，将我们从这个糟糕的世界中解救出去。"[27]

1980 年，一名荷兰捕鲸人（可能是一个鱼叉手）的骸骨在岛上被人发现。他死去时的年龄是 68 岁，身体受过严重的伤，还有骨折的情况。他拖着这样的身体在岛上存活了许多年。他的双腿已有残疾，右腿变得僵硬，很有可能是从桅杆上坠落所致。两侧的肋骨骨折过，胫骨也一样（但多少已经恢复了一些），手腕上的老伤虽已恢复，但与手臂形成了一个奇怪的角度。这个人一定经历了一个又一个的事故，遭受了一场又一场的险境。

对于那个时期的女人来说，摆脱贫困生活的一个选择是做妓女。从当时去往阿姆斯特丹的旅行者记录来看，没有一个人不会提及那里松散的道德约束。1634 年，一个英国官员记录了他在哈勒姆大街令人吃惊的经历，街边的女人热情地向他打着招呼，就好像是自己的"老朋友"一样。这些女人拍打着他的肩膀，拉扯着他的外套，挑逗地问他是否愿意跟她们一起上楼。法国的喜剧演员让·弗朗索瓦·雷格纳德（Jean Francois Regnard）在 1681 年写道，除巴黎之外，恐怕没有另外一个地方能够像阿姆斯特丹一样对人们的道德约束如此宽松[28]。当南尼德兰总督萨沃伊（Savoy）亲王①在 1722 年访问阿姆斯特丹时，他和雷纳德（Renard）爵士一路风尘仆仆没有休息，直到抵达特拉索会所才停下脚步。他让会所里所有的妓女排成一队在他面前走过，这令他感到"非常开心"。有人把这幅场景画了下来，保留至今。在画中，雷纳德爵士和萨沃伊亲王（戴着一顶三角帽，嘴里叼着一支长烟斗）大笑着居于画面右侧；画面左侧则是七个女人，她们正从两人身旁绕圈走过。

从道德观的角度来看，阿姆斯特丹有一种独一无二的特质，甚至连精致的享乐主义者卡萨诺瓦②（Casanova）都会为那些在街上自由开放的阿姆斯特丹女人感到吃惊。1759 年初，他和阿姆斯特丹市长霍夫特（Hooft）住在一起。有一天，市长安排人送他和市长的女儿海泽·霍夫特（Heser Hooft）一起去剧场看演

---

① 萨沃伊亲王：又被称为欧根亲王，哈布斯堡王朝杰出将领，神圣罗马帝国陆军元帅，被视为 18 世纪欧洲最优秀的军事指挥官之一。

② 卡萨诺瓦：极富传奇色彩的意大利冒险家、作家。他的自传《我的一生》（Histoire de ma vie）被认为是反映 18 世纪欧洲社会生活习俗和规范的最真实的资料之一。

科内利斯·特罗斯特（Cornelis Troost）绘制的萨沃伊亲
王逛妓院的情景，约完成于 1730 年。（图片来源：Rijksmuseum,
Amsterdam）

出。他竟吃惊得说不出一句话来，因为一路上就只有他们两个人
单独坐在一个封闭的车厢里。"我知道，在其他任何地方，一个
女孩儿在没有其他人陪同的情况下和一个男人出去约会是不合乎
习俗的。然而当时只有 14 岁的海泽·霍夫特就这样做了。"当卡
萨诺瓦试图去亲吻她的手臂时，她却反问道："为什么亲吻我的
手臂？"说着，便将自己的嘴唇伸了过去。卡萨诺瓦在他的回忆
录中记录道，"当时她给了我一个吻，直戳我的心怀。然而，当
她告诉我，即使她的父亲在场，她也会做出同样的事情时，我不
知道是否该为此感到高兴。实话说，我不奢求往后会和她继续发
生些什么。"[29]

　　然而，这些体现城市宽松道德环境的事例与所谓的自由没有

任何关系，过于宽松的道德环境反而会导致贫穷、绝望和对命运的无力感。

在比克·雷伊的日记中，曾提到过一个叫作扬·坦登特（Jan Tandent）的"伟大且颇有成就的棉花商人"，他死后，不仅留下了大笔财产，还有"25个私生子，都是和他的几个女仆所生"[30]。

作家西蒙·施阿玛（Simon Schama）在他所著《富人的尴尬》（*Overvloed en Onbehangen*）中，通过查阅大量的法庭记录，对阿姆斯特丹的妓女进行了细致的描述。[31]大部分的妓女年龄在18～30岁，主要来自附近的村庄和城镇，当然也有来自弗里斯兰、德国、丹麦或者低地南部的女人。来到城里后，她们一开始都是做裁缝或者女仆。不过，她们命运的进程似乎都在遵循相同的轨迹：先是怀孕，紧接着因为怀孕丢掉工作。在生下孩子之后，为了养活自己和孩子，不得不以卖淫为生。在当时阿姆斯特丹繁盛的商品贸易环境下，施阿玛称这里也存在一个"性服务市场"。妓院与其他商业活动的运营模式类似：与波罗的海沿岸和德国内陆沿河平原的贸易决定了行业的收入水平。这个行业同样存在周期性的特点，如果碰上有从东印度返航的船队，生意会急剧增加，不过这种情况并不是很稳定。施阿玛写道："妓院在荷兰有自己独特的运营模式，但仍然是一种违反伦理的存在。"他还写道："与家庭所起到的净化世间污秽的作用不同，妓院是一个让人放纵的地方。"[32]

和水手们一样，大部分妓女为了负担自己昂贵的穿戴花销，不得不背负很多债务。她们当中的大部分人即使穷尽一生都可能无法偿清。她们的处境和奴隶的遭遇很相似，也常常被当作奴隶般对待。有些妓女甚至会被用来抵债。

阿姆斯特丹的音乐厅随处可见，这里也是妓女们招徕生意的地方。在这里，人们随着手摇风琴、簧风琴和小提琴演奏的美妙音乐起舞。人们每天唱啊跳啊，沦落风尘的可怜女孩儿们则极尽所能地向路人献媚。[33]一位不知名的阿姆斯特丹作家曾经对 1750年左右的音乐厅进行过描述，称年轻人和上了岁数的人跑到这里聚集，"像夜莺一般欢唱最快乐的歌曲"，这里挤满了寻欢作乐的人群。位于约旦区的音乐厅也对他产生了极其强烈的吸引。一个傍晚，他来到法兰西小路（即现在的威廉大街）上的一家音乐厅。他从这里了解到了许多东西："有人拄着拐杖在街道上行走，瘸腿、眼盲的残疾人为来这里跳舞的人演奏小提琴。这里也有长笛吹奏者、双簧管吹奏者和在晚上上街挣点小钱的妓女。人们在这里吃饭，吃的东西都很不错。一个人就着面包啃猪肘子，一个人在吃三文鱼配熏肉，其他人则在吃炖肉。所有人都尽情畅饮，不醉不归。"这位作家的经历很快成为大家茶余饭后的话题，并迅速传播开来。大家很快知晓，在这里残疾人可以找到营生。不可否认，领主运河、皇帝运河一带的居民和旅行者都非常慷慨，但是在这里讨生活的人"必须是真实的眼盲或者瘸腿"的残疾人。[34]

❖ ❖ ❖

就这样，阿姆斯特丹迎来了 1763 年——大严寒之年——的到来。这一年开头的几个月，寒冷的天气死死地冻住了城中所有的水面，人们甚至可以透过冰面清楚地看到运河底部，冷酷的冰霜随着大风打在行人们的脸上。对于像阿姆斯特丹这样拥有丰富水资源的城市，甚至可以说，城市绝大部分地方都已经被冰雪冻住。比克·雷伊幸运地熬过了最寒冷的那几个月，我通过研究他留下的日记和其他材料对当时的情况有了一些了解。

1月1日，他在日记中记录了一个"非常严重的"霜冻天，"导致在很短的时间内，水面全部冻住。这为喜爱滑冰的人提供了娱乐场所"。然而，严寒的天气没有结束的迹象。到了1月10日，"人们甚至可以在运河上驾马拉雪橇，这时冰面的厚度已经达到了1.5米"。破冰船已完全无法击碎冰面。

就在同一天，人们在霍赫大街的一个房间里发现了几具尸体，是一个女人和她的孩子，他们显然都是因为寒冷的天气被活活冻死在那里的。"她和三个孩子躺在一个铺着稻草的纸箱床上，一个孩子则坐在便盆上。整个房间除了这稻草床和便盆之外，再也看不到其他的东西。"

1月11日，城里的饮用水开始变得愈发稀缺，三桶饮用水可以卖到8~10个斯托弗。因此，人们决定打通一条通往韦斯普的水道，缓解饮用水短缺的问题。工程于12日开始，有超过250名工人参与，之后人数又增加到了350人。这些人每天可以赚到24个斯托弗，外加一条面包、1/4磅奶酪、啤酒和两满杯杜松子酒，用来抵御严寒的天气。十天后，人们终于打通了这条水道。破冰船得以再次尝试破冰作业。一开始，人们计划用破纪录的160匹马拖拽破冰船前进，但很快就发现城里根本找不到这么多马，于是只能使用84匹马进行破冰。然而事实上，当破冰船驶到斯赫浦桥（今天的阿姆斯特尔火车站所在地）时就无法继续前进了。
此时，无水可喝的恐惧再次袭来，令人惴惴不安。阿姆斯特丹为
此召集了所有水利工程师开会，但这些人没有一个可以提供解决
方案。

1 月 23 日，比克·雷伊写道："严寒天气仍然在继续，许多
报纸都刊登了人被冻死的消息，甚至还有关于士兵在他们的岗亭
里被冻死的报道。由于破冰船无法将河道打开，饮用水变得更加
稀缺，人们不得不支付 50 斯托弗来购买一桶水。这些饮用水都
是从默伊登和韦斯普用几百辆雪橇运来的。这也是为什么许多人
用艾湾和阿姆斯特尔河里的冰块融水来饮用，但是因为这些水源
早已被污染，这种行为会引发许多疾病。"

4 天之后，他记录道："拉彭伯格发生了一场火灾，原因是一
个老妇人将一个燃烧着的脚炉放在了床上。"

1 月 27 日，三位市民提交了一份改进破冰船的设计方案。市
政府为此给予他们的奖励之丰厚，凸显了阿姆斯特丹当时令人绝
望的状况：每年 300 荷兰盾的终身津贴。然而，他们提供的设计
方案还是失败了。在 2 月 1 日进行的实验中，46 匹马拖拽的破冰
船从上午 10：00 一直折腾到下午 13：30，才将破冰船向前挪动
了仅仅 400 米。

最终，在 2 月 3 日，破冰船终于发挥了它的作用，顺利破冰，
打开了水道。仅仅一天之后，一支驳船队便顺利抵达了韦斯普。
他们在那里停留了好几天，搜寻可以饮用的干净水源，于 2 月 8
日返航。破冰船带着 30 艘载满饮用水的驳船返回阿姆斯特丹。
此时，这座城市的 20 万居民在缺乏饮用水的情况下已经坚持了 6

周时间。[35]

到了 2 月底，天气突然发生了变化，气温急剧回升，几乎和夏天的气温一致。然而，这仅仅是一个假象，真正的春天并未到来。3 月初，一场暴风雪再次席卷了城市，持续了 3 天时间，将这里的水面再次冻得结结实实，"冰面坚硬到人们甚至可以步行穿过艾湾"。

大严寒的到来是阿姆斯特丹逐步开始衰退的起点，这次衰退期一直持续到 18 世纪末。同样是在 1763 年 2 月，欧洲七年战争①打响。交战的一方是英国和普鲁士，另一方则是法国、瑞典、俄罗斯和奥地利。德意志地区、瑞典和英国的银行家们为了资助自己的国家，向阿姆斯特丹的同行们大量借贷。不过，在那个时期，通过借钱给交战国而获得可观收益的好日子已经结束了。不仅如此，由于一些债务面临无法被偿还的风险，阿姆斯特丹金融圈子里的紧张情绪变得日益明显。

几个月之后，比克·雷伊在日记中记录了德·纽弗维尔（De Neufville）兄弟掌管的银行倒闭的情况。银行的倒闭"导致 25 位身份显赫的商人难逃破产厄运，令数百人蒙受巨额损失"。兄弟几个中最重要的一位是雷德特·彼得·德·纽弗维尔（Leendert Pieter de Neufville），他是当时那个时代最典型的"年轻有为的专业人士"，30 多岁时就已经成为阿姆斯特丹最有影响力的银行家之一。

---

① 七年战争：发生在 1756—1763 年的战争。因为当时西方的主要强国均参与了这场战争，所以其影响覆盖欧洲、北美、中美洲、西非海岸、印度及菲律宾。

他掌管着 5 艘海船，拥有的荷兰东印度公司股份的价值高达
4 万荷兰盾，他还拥有一家印花棉布工厂、一家玻璃工厂和一间
银器铺。他把办公室设在自己房子里的 3 个房间内，配备了 19 张
办公桌和 23 名员工，与来自英国、法国、瑞典的 70 余家公司，
以及德意志地区的 100 余家公司开展贸易。他的贸易对象囊括了
粮食、糖、香料、法国红酒、纺织品、白银、常规金属、萨克森
陶瓷和黑奴。他的房子里悬挂了 100 余幅油画，墙壁上尽是丝绸
装饰品，卧室中放置了镀金的赌博游戏桌。奢华的装饰背后则是
另外一个现实：在这座如同宫殿般的房屋中，即使找遍每一个角
落，也不会发现一本书。

德·纽弗维尔家族的衰落也使许多人受到牵连。总共有 360
名商人成为这次破产的受害者，损失总额几乎达到 1 000 万荷兰
盾。[36] 即使如此，这次银行业的灾难被控制在了贸易领域，头脑
清醒的阿姆斯特丹商人阶层及时做出了调整，很快就找回了自己
的节奏。

10 年之后，这里又发生了另外一场信用危机。这场危机源自
人们对英国东印度公司股票的疯狂投机行为。首先受到波及的还
是一家银行——声誉不错的克利福德银行。这家银行在某天突然
停止了支付业务，像倒下的多米诺骨牌一样，迅速引发了一串连
锁反应。危机不断发酵，陆续又有几家银行失去了金主的支持，
走向破产。当时，阿姆斯特丹市长和银行业管理委员会对此进行
了干预，发挥了如今中央银行的作用。他们利用一些简单的金融
工具对这些投机行为进行了调节，遏制了事态进一步恶化。

尽管两场金融危机持续时间都不长，但却给人一种阿姆斯特

丹日暮西山的感觉。这座城市正在沉沦，贫困人口开始不断增长。尽管从整座城市的角度看，这里依然富有，但这种富有是金融行业的繁荣，而实体经济日益衰落。城市里大量的运输工、搬运工和仓储管理员逐渐超出了市场的需求，已经深陷困境的制造业几乎无法为他们提供新的就业机会。

有一个数字可以很好地显示出当时城里的贫困程度——医院接纳病人的数量。1785—1796 年，医院每周接收病人的数量从500 人增加至 800 人。数字上升并非是因为这里出现了流行病，也不是因为人口的增加。它的原因很简单，就是饥荒和贫困。阿姆斯特丹最底层的人们再也无法承受生存带来的压力。

越来越多的市民开始抱怨城市里出现的雾霾天，空气中充斥着迷雾、浓烟和腐烂的气味。这种天气几乎天天出现，在夏天时更为严重。英国旅行者菲尔（Fell）曾说，1800 年的阿姆斯特尔运河就是一条漂浮着动物尸体、腐烂的臭鱼和市场倾倒的垃圾的臭水沟。"数不尽的死狗、死猫在水面上漂着。在一条运河中，我甚至还看到了一匹死马的尸体，几乎已经彻底腐烂，令人作呕。"他的同胞、作家和雕刻家塞缪尔·爱兰德（Samuel Ireland）曾说，荷兰人抽烟抽得很凶，为的就是遮掩运河中散发的臭味，简直是以毒攻毒。[37] 与此同时，这座城市在其他方面也在不断堕落。由于共和国执政的软弱和长期缺位，导致城市管理者们在几十年的时间里对阿姆斯特丹进行着肆无忌惮的统治。他们将城市中 3 000 余个重要岗位都交给了自己的亲友。能力从来不是选拔官员的考虑因素，因为这些岗位只是"发放工资的账户"，具体的工作则可以花钱雇人去完成。

比克·雷伊就是接替了他哥哥的职位才成为水坝广场鱼市管理员的。他可以从市场营业额中抽取 2.5% 的利润作为自己的收益。这样算来，他每个月的收入可以达到 500 荷兰盾，有时候甚至可以达到 1 000 荷兰盾，而他每年只需要支付给替他干活儿的人 400 荷兰盾，剩余的钱则全被他收入囊中。

在比克·雷伊的日记里随处可见这种欺骗的戏码，这些绞尽脑汁对普通人进行压榨的把戏在那些报酬丰厚的公职任命中层出不穷，早就成了城市管理的潜规则。他在日记里记录了许多看起来荒唐的故事：市长将一个年收入高达 6 000 荷兰盾的城市市场管理员职位交给了他 14 岁的儿子。另一位市长的儿子在年幼时就走上了辉煌的仕途，在 5 岁时就担任鹿特丹、代尔夫特和海牙的邮政所所长，8 岁时成为汉堡邮政管理员，18 岁时成为新瓦伦教堂的执事。不幸的是，他在 19 岁时就一命呜呼了。在他死后，他的遗体不得不用一条皮带紧紧捆住，以固定他满身的脂肪，他身体的肥胖程度甚至令"他的肺和肝都长到了一起"。他死后还留下一笔多达 2 000 荷兰盾的遗产。

市长撒乌坦（Sautijn）、希克斯和吉利斯·范·贝姆滕（Gillis van Bempten）在任命重要职位时，都要求被任命者给予他们一定回报，这几乎成了众所周知的秘密。此外，吉利斯·范·贝姆滕还是一个臭名昭著的纨绔子弟。他的身材异常臃肿，以至于在进出市政厅时，需要有几名男仆将他抬进抬出。

很明显，依靠裙带关系上位已经成为当时城市管理的一大病症，却也已经或多或少地被市民所接纳。尽管那个时候城市里出现了一些反对者们印刷的小册子，但是几乎没有明显针对富裕家族垄断城市官吏系统的抗议。这些市政管理职位被当作一种恩惠和礼物，在封闭的统治圈内进行流转。这种排他的、封闭式的政府管理倒是颇具中世纪的封建传统。

在某种程度上，甚至普通的阿姆斯特丹市民也可以在官场的交易和腐败中获利。尽管规模很小，但是可以惠及整个社会。那些犯法的人总要花钱贿赂法官和治安官以逃避惩罚，而那些达官显贵为了免于惹上官司丑闻，则需要花费更多的金钱行贿，其金额可能达到数百荷兰盾，有时候甚至会达到数千荷兰盾。

这个时代，牧师们仍旧在教堂中宣扬真善美，尽管每场宗教活动都能吸引许多信众参加，但这些人并没有为从事奴隶贸易、逼良为娼、贸易欺诈这些行为感到羞耻，而市政厅中那些描述高尚道德的寓言壁画早已被人忘得一干二净。

大约在18世纪中期，市政腐败体系第一次出现了裂痕。为获取官职和其他优渥职位而付出的贿金以及获得职位后得到的收入，主要来自赋税，但是这些压力已经逐渐转嫁到普罗大众身上，无论是富人还是穷人，都承担着不小的赋税压力，特别是面包、肉类和煤炭的高额税率使人们的生活成本大幅提升。1740年，由于连年歉收，整个欧洲的食物价格开始蹿升，随之而来的便是民众骚乱。由于面包、荞麦粉、苹果以及此前我们提到的饮用水价格的上升，阿姆斯特丹出现了一些与之相关的暴力事件。早在1696年，就出现了一起发生在丧葬行业的骚乱，伴随大范围的抢掠事件，这起事件之后，市政府对"自由职业"以及葬礼公司的管理进行了限制。而到了1744年，棉纺织工又发起了数次罢工事件，他们甚至筹措了罢工资金，还印发写明他们诉求的传单，这些罢工事件成了当年最为严重的社会事件。

早在危机发生前一个世纪，冯德尔就曾说过"政府无法管理一个吃不饱饭的人"这样的话。阿姆斯特丹的城市管理者们对此也早已心知肚明。为应对这些问题，投机主义的原则再次被搬上舞台。为了防止出现公共秩序的混乱，市政府开始发放食物补贴。对于阿姆斯特丹而言，粮食的供应在大多数时候是不成问题的，而且市政当局会密切关注仓库的余粮数量，以便确保在城市发生暴乱之前可以用来应急。如果面包的价格变得昂贵，城市里的穷人就会收到政府发放的优惠券。1700 年，市政府甚至还通过紧急调回两艘开往但泽和赫尔辛格的粮船平息了一场可能发生的暴动。[38]

然而，驱使阿姆斯特丹人不断前进的可不仅仅是投机主义。受到虔诚商人埃格伯特·葛尔布兰德松和他妻子杰利特·扬松·培格多赫特支持的救济院在经历了数个世纪的发展后，已经逐渐发展成为一个以济贫院为主体的综合救助系统，在那个时代，这令许多这座城市的来访者感到无比惊叹。与邻国比较起来，救济院提供的食物和避难场所质量都高出不少。这里收容的人员都会学得一门手艺，年轻人则会跟随师父做学徒。简而言之，综合救助系统通过对济贫院和孤儿院的严格管理，能够成功地帮助社会上的穷人重新融入社会。

尽管当时整个欧洲都在学习、模仿阿姆斯特丹在社会保障方面的做法，但这并不意味着阿姆斯特丹在 18 世纪的社会保障工作就是无可挑剔的。济贫院里收容了各色人等，他们当中大部分都是需要被照料的人，但不乏应当直接被监管起来的人，包括疯子、小偷。这里甚至还有一些来自富裕家庭的孩子，他们因为行为乖张，超出了家人的忍耐范围，就被送来了这里。许多人在济贫院中待的时间并不长就被放回社会，这样可以保证济贫院的收容能力。

当时的人们普遍认为，通过劳动可以提高济贫院中被收容人员的道德水准，但现实中更多依靠的还是宗教感化和严格的惩罚措施。济贫院创建者的初衷是希望为穷人提供一个场所，给他们提供劳动机会，并对他们进行管理[39]，但事实上，这里更像是帮助人们进行行为矫正的收容所。多数情况下，这里也发挥了避难所的功能，用来收容那些无家可归的人。

阿姆斯特丹用来惩罚犯罪人员的机构有两个：一个叫作拉斯普豪斯，用于收容男性罪犯；另外一个叫作斯宾豪斯，用于收容女性囚犯。无论男女，囚犯都要进行劳动。具有讽刺意味的是，这两个地方在当时都是外国旅行者清单上的必去之地，就连阿姆斯特丹本地人也会在圣诞节前后去看一看关在那里的妓女，他们会充满讽刺地说："瞧瞧这些漂亮的小妖精。"在当时欧洲其他国家的监狱里，被关押的人往往会被人们遗忘在地下牢房中，慢慢死去，他们的名字会被注销，逐渐被人遗忘。与之相比，荷兰的做法显得更为现代化一些，至少在理论上讲，他们在帮助犯人实现"道德水平的提升"并帮助他们改过自新。[40]

除了劳动之外，我们也不能忘记这些监狱管理者们使用的所谓提升道德水平的方法：严酷的刑罚。鞭刑和体罚已经成为这里惩戒违反纪律行为的一种手段。比克·雷伊和同时代的另外几个人甚至还记录了一种"水房子"，实际上就是水刑牢房，不过没

这幅画描绘的是斯宾豪斯女子监狱的工作间的情景。

（图片来源：Rijksmuseum，Amsterdam）

有任何一份官方的历史资料可以确认它的存在。如果犯人拒绝参与劳动，他们会被关在这类牢房中，之后牢头就往里面慢慢注满水，牢房安装了一个抽水泵，如果犯人不摇动水泵或者摇动得不够有力，就会被活活淹死。[41]

这些惩罚措施真的管用吗？法国旅行者纪尧姆·达伊安（Guillaume Daignan）在1777年参观斯宾豪斯时发现，那里的女囚们看起来并没有对自己的所作所为感到懊悔，反而还很享受那里的生活。她们居住的房屋非常干净，每个人看起来都很开心。不过，在拉斯普豪斯则是完全相反的情景，一位不知姓名的英国女士在看到拉斯普豪斯之后不禁发出了感慨，认为这简直是地狱一般的存在："所有囚犯都半裸着身子，全身由于黏附着木屑而显得黑乎乎的。由于他们在锯木头的时候出了大量的汗，木屑糊在了他们的脸上和身上，就像黑色的沙拉酱一样。人们看到这些场景会忍不住恐惧地颤抖起来。"[42]

这种对罪犯实施适当压迫的管制体系，仍然不足以确保统治阶层维护他们在社会中的地位。1747 年 11 月，荷兰面临着被拖入奥地利王位继承战争①的风险。当法国吞并了低地南部后，荷兰人民担心国家会再次遭受如"灾难年"那般的打击，于是要求恢复奥兰治家族的统治，随之而来的便是爆发在阿姆斯特丹街头的公开示威运动。起先，在瓷器商丹尼尔·拉普（Daniel Raap）的煽动下，一大批市民签署了请愿书，敦促市政当局承认奥兰治家族的世袭统治，并要求市政府将那些不太重要的官职出售给竞价最高的人选。看起来，当时的阿姆斯特丹市民并不打算彻底推翻市政制度，但也要求市政管理者不再依据裙带关系分配官职。

当市政府对这份请愿书进行辩论时，又爆发了一场骚乱，市政厅很快就被人群围得水泄不通。当时唯一一位出现在现场的市长尼古拉斯·戈尔文克（Nicolaas Geelvinck）感到"无比恐惧"，直接跑回了家。几个阿姆斯特丹市民爬进了市政厅，坐在市议会的桌子上；还有一些人则打开市政厅的窗户，向窗外聚集的人群挥舞着他们的帽子，同时将一个扫帚吊在窗外，象征着对市政府所谓公平正义的嘲讽。他们对人群大喊道："市政府已经不再是原来的市政府！奥兰治万岁！"

尽管阿姆斯特丹的民兵队在当天就将市政厅清场，但是愤怒的人群依旧给当时的城市带来了深刻的影响。丹尼尔·拉普甚至

---

① 奥地利王位继承战争：1740 年，神圣罗马帝国皇帝查理六世（Charles VI）逝世，因为身后没有男性继承人而导致继承权战争，荷兰作为哈布斯堡家族的领地也卷入其中。

提出了更为严苛的要求：阿姆斯特丹接受奥兰治家族的世袭统治，所有市政岗位都不再允许直接由副职接替，并且停止通过兜售官职或者利用自己的职位来获取利益。

半年之后发生了另外一场运动，这一次民众们反对的是税收体制。税务官的职位依旧可以花钱买到，而且他们总能想方设法从税款中揩油，于是其职位就成了当时政府中最让人羡慕的肥缺，当然也是普通市民最痛恨的。

针对税务官的抗争首先在弗里斯兰爆发，随后像野火一样散播开来，一发不可收拾。很快，这场运动从单纯的针对税务官，逐渐演变为反抗所有的政府官员。反抗运动从低地北方开始爆发，很快就蔓延到了阿姆斯特丹，民众多年积攒的怒火一并爆发。1748 年 6 月 25 日，阿姆斯特丹的黄油市场（今天的伦勃朗广场）出现了冲突，这里正是征收黄油税的地方。这一天，黄油征税官被人群推搡，垃圾扔得遍地都是，形势变得不可控制，民兵队赶来并开枪示警。一个女人先后几次向民兵队挑衅，作为回应，"士兵毫不犹豫地向这个女人开了枪"，几个小时之后她就死了，这个女人的死就像引线一样，点燃了广场上的"火药桶"[43]。

骚乱期间，比克·雷伊正因为痛风在家里休养，但他依旧设法收集了足够多的信息来详细记录整个事件的过程。暴乱的市民至少闯进了 30 座房子，"像野兽般"将那些税务官和富裕市民的住所洗劫一空。根据比克·雷伊的记录，"大部分漂亮的家具遭到他们疯狂的毁坏，最后都被扔到了运河里"。

一大群掠夺者偷偷潜入城市，按着所有税务官的住址，一家一家地去打砸。这些人家里的瓷器、衣柜、镜子、竖琴等，都被砸成碎片丢掉到了街上。掠夺者们将靠垫用剪刀剪开，把里面的棉絮撒向窗外，就好像雪花一样飘落。在运河水面之上，人们可以看到大量被人丢弃的家具、书籍、瓦罐、衣物、地毯，以及各式各样的手工艺品，有些沉入了水底，有些则漂在水面之上。

在皇帝运河边的绅士大街，克里斯托夫·卢布林克（Christoffel Lublink）的家中，一些疯狂的女性暴民穿上了卢布林克的衣服肆意地蹦跳着、尖叫着。她们将屋里面所有能看到的东西全都毁掉。当屋中精美的装饰被砸成碎片后，暴民又将目光瞄准了屋顶，毫不犹豫地爬上去将其砸得粉碎。他们用破布制作了标语，悬挂在窗外。他们还破坏了屋主的鸟舍，一大群漂亮的金丝雀、金翅雀、燕雀、松金翅雀从笼子里飞出来，重获自由。

然而，这些暴乱并未给暴徒们带来什么实质性的战利品。这些人在暴乱中近乎疯狂，这更像是一场"打破旧制度"运动。如果暴民在打砸过程中发现了一袋钱币，他们会将袋子撕破，把钱币倒进运河中。比克·雷伊在日记中记录道："甚至是沉重的铁铸钱箱，也会被强壮有力的人抬起来，甩过桥边的护墙扔到运河里。"在其他地方，大批的绘画作品被撕成碎片，包括梅尔希奥·洪德库特尔①（Melchior Hondecoeter）的一幅"美轮美奂以至于每个人都希望看一眼的"油画作品。一名亲历者曾经描述过一个暴徒用"他恐怖的爪子"将一幅菲利普·伍文曼（Flip Wouverman）的作品狠狠地砸在一根桥柱上。

这场放肆的暴乱在辛格尔运河边的酒商范·阿尔森（Van

---

① 梅尔希奥·洪德库特尔：荷兰17世纪画家，善于描绘动物。

Aarsen）的家中达到了高潮——他酒窖里贮藏的大约 32 000 瓶葡萄酒，大部分都被暴徒砸碎了。有一个贮藏酒的房间门槛比较高，大量的酒甚至在房间内汇集成了一个小水池，"那些暴徒甚至可以在里面游泳"。根据比克·雷伊的记录，这些暴徒整晚都在这里"肆意饮酒"，"一些人甚至由于喝得太多而死在了那里"。

实际上，城市的民兵队对税务官也有诸多不满，但是并未参与到这场暴乱当中。直到暴徒们劫掠的房屋已经不再局限于税务官的居所后，他们才进行干预，维护城市的秩序。

4 天之后，这场暴乱终于结束。暴乱中的 3 个主要首领在水坝广场的测量所被处以绞刑，其中包括玛特·范·登·纽文代克（Mat van den Nieuwendijk）和彼得·范·多尔德（Pieter van Dord）。当时的一个目击者卡伊姆·布拉特巴德（Chaim Braatbard）在其所著的《意第绪编年史》（Jidische Kroniek）中记录了当时行刑的场面。当 3 人被带到广场时，街边的鼓手开始使劲敲鼓，希望用鼓声盖住玛特的尖叫声。"但是她的嘶吼声音太恐怖了：'复仇！复仇！亲爱的同胞们！你们都来帮帮我！我所做的一切都是为了整个国家，一定要反抗税务官的暴行！他们疯狂地折磨着我们的市民，用暴力抢走我们的财富！'"

无论是她的嘶吼还是接下来的乞求，都无法改变她被绞死的命运。很快，人们看到绞刑架上的皮带开始转动，她的身体被拖拽起来，样子看起来非常狰狞与痛苦，人们似乎依旧可以听到她声嘶力竭地喊着："复仇！复仇！"[44]

当彼得·范·多尔德被行刑时，整个人群都往前挪动了几步，也许他们只是希望靠近一些，不想错过任何细节。结果，由于人群同时移动，导致现场的守卫以为他们要发动攻击，于是就鸣枪警告，这引起了人群的恐慌。根据比克·雷伊的记录，数百人因为恐惧不慎掉进了测量所后面的运河里。其中，有 60 人因此溺亡，"其他人则因为恐惧纷纷逃走，无人再理会吊在绞刑架上的死人，人们互相踩踏，导致很多人受伤、死亡"。在这场混乱中，由于踩踏导致死亡的约有百人。

就像几个世纪以来一样，阿姆斯特丹的民众再次将自己的希望寄托在奥兰治家族身上，但是他们并未意料到，在历经许多年之后，除了留给市民一些茶余饭后闲聊的话题之外，这个家族对这座城市的影响几乎所剩无几。多年来，郁郁不得志的威廉四世①（Willem Ⅳ）一直在等待一个重掌大权的机会，但当权力于 1747 年再次回到手中时，却有些突然和意外。尽管他享受着权力不断增加带来的快感，却不知道如何去使用它。面对 1748 年各地掀起的抗争运动，他完全不知道该如何应对。他既缺少领导者应有的视野，也缺乏果敢的决断力，无法从政治上主导局势的走向，更不可能让事态按照有利于自己和支持者的方向发展。因此，在 18 世纪后半叶，整个荷兰包括阿姆斯特丹都在两股弱势的敌对势力间寻找平衡：一方是能力出众但腐败堕落的市政精英，另一方则是呆板的威廉四世和他的继任者威廉五世②（Willem Ⅴ）。这两位君主对现状都无计可施，无法回馈民众对他们的

---

① 威廉四世：来自奥兰治家族的一条分支，1747 年被任命为荷兰共和国的执政。

② 威廉五世：威廉四世之子，荷兰共和国最后一位执政。

玛特·范·登·纽文代克和彼得·范·多尔德被处决时的场景，J. 斯霍顿（J.Shouten）于1748 年绘制。（图片来源：Gemeentearchief Amsterdam）

信任。然而在 1748 年左右，当时参与政治角力的各方人士都没有很清晰地意识到时局的真正态势。

在阿姆斯特丹，一个自称"目标清单"的组织视奥兰治王室是打击市政精英权力的最理想的政治势力。这个组织掀起的是一场真正意义上的公民运动，它汇集了这座城市各行各业的代表。参与者聚集到科洛弗尼尔斯多伦的民兵队射击房策划行动，很快便达成了共识。他们将自己视为政府的替代机构，一个由选举产生的民众代表组成的权力机构，类似于法国大革命时期雅各宾派的激进组织。他们拥有革命性的目标：自由选举市长、治安官和民兵长官，废除税收，荷兰东印度公司和荷兰西印度公司的管理人员由市民选举产生，等等。这些主张在此后的四五十年中对法国和低地国家产生了重大影响，不过这些颇为激进的革命目标对当时的荷兰而言或许有些超前。

在丹尼尔·拉普的带领下，这场运动很快就吸引了许多人的参与，他们的主张也限定在恢复旧有的行会制度、禁止滥用权力、终结自上而下的官员任命体系以及由民众提名民兵长官人选的范畴。此时，拉普像是一位穿梭在奥兰治亲王和市政府之间的外交官，在他的努力和双向施压下，市长们决定"在有利于国家利益的前提下"放弃自己的职位。受这次运动的影响，我们的日记作者比克·雷伊也失去了民兵队队长的官衔。

在这种情况下，重组市政府成了荷兰执政的专有权利，而威廉四世也在此时受邀以个人名义访问阿姆斯特丹。1748 年 9 月 2 日，他率领一众随从抵达这里，他的船上有一面写着"献给奥兰治和自由"的大旗。市民们欢呼雀跃，希望亲王可以充分考虑他们的利益，并让他们的生活回到正轨。

实际上，威廉四世并不了解阿姆斯特丹当时的状况，以为需要帮助丹尼尔·拉普和他的支持者们做些什么事情。抵达之后，他才发现统治大权已经给他准备好了，他需要做的仅仅是接受。掌权后，他提名组建了新的政府，但是任命的 4 位市长仍然来自此前的市政精英。此外，他有意给人留下一种印象：自己并不情愿罢免旧的政府而组建新的政府。国务秘书亨德里克·菲戈尔（Hendrik Fagel）参加了其中的任免仪式，之后便在他的日记中记录了亲王与市长科沃尔的对话内容。亲王对这位备受尊崇的市长说：“我对罢免你的职位感到非常遗憾，但是我别无选择。”[45]科沃尔则回答说完全理解亲王左右为难的处境，两人的“眼眶里都含着泪水，深情地拥抱在了一起”。

与此同时，“目标清单”组织对自己的处境感到困惑，于是决定进行最后一次尝试，期待说服奥兰治亲王支持他们的主张，做更彻底的改革。在一个午夜，他们的代表强行闯入亲王下榻的旅馆，希望能够与他当面交谈。威廉四世并不了解当时的情形，因此与他们的交谈简短而蛮横，并最终下定决心不再与这伙人进行任何合作。这之后，他就很快离开了阿姆斯特丹。

“目标清单”组织有一种被抛弃的感觉，此时他们当中的民主派终于明白了一个道理，即不能再对奥兰治家族抱有任何幻想。他们放弃了对威廉四世抱有的幻想。从后来的情况看，威廉四世在 1748 年 9 月对阿姆斯特丹的访问造成了市民与奥兰治家族之间的信任裂痕，双方的关系直到 1818 年才有所修复。

在这些事件中，阿姆斯特丹民众还产生了一种遭人背叛的感

西蒙·福克（Simon Fokke）在1754年绘制的有关丹
尼尔·拉普葬礼的情景。（图片来源：Gemeentearchief Amsterdam）

觉。正如历史上所有类似事件一样，他们将心中的愤怒洒向了自
己阵营中可怜的领导者，而非他们的敌人。这种愤怒程度可以在
六年之后丹尼尔·拉普的葬礼上一见端倪。当他在1754年1月
10日去世后，没有一个人愿意将他的遗体抬进坟墓。葬礼仪式大
约是下午2：00开始的，当时数百名阿姆斯特丹民众聚集在拉普
位于水坝广场附近的奈斯瓷器店门口，并打碎了放在门口的棺
材。当时如果没有士兵阻拦，他们一定会将愤怒发泄在尸体上。
最终，我们的"历史学家"比克·雷伊在他的日记里将结果告诉
了我们：丹尼尔·拉普在他去世的当天就下葬了。他的遗体被一
匹白马带到了老教堂，被人们像处理动物尸体一般丢进了坟墓
里。在阿姆斯特丹，用白马运送的尸体一般是在水坝广场上被处

以极刑的罪犯，其中的寓意不言自明。随白马一起去往老教堂的还有 20 名仆人、2 名代理执行官和几个喋喋不休的守卫。那一晚尽管天气寒冷，但是街道两旁仍然挤满了人。更有一大群人聚集在老教堂广场，希望夺走丹尼尔·拉普的遗体，将其吊上绞刑架。丹尼尔·拉普，一位积极为普通民众争取权益的人，就这样不体面地被丢进了老教堂第 45 号墓地。而他昔日那些志同道合的朋友们则"担心被愤怒的人群报复"，早就逃之夭夭了。

❖　❖　❖

1771 年 1 月，阿姆斯特丹降下了大雪。比克·雷伊此时已经年迈体衰。他只能透过窗户看着人们在自家房前结冰的皇帝运河上玩耍。出于无聊，他开始数从窗前经过的马拉雪橇的数量。"1 月 11 日，上午 10：00—下午 2：30，以及下午 3：00—4：30，一共有 357 辆马拉雪橇在我房子前面的冰面上驶过。这样美丽、柔软且阳光和煦的一天，对于女士们而言再完美不过了。她们打理好自己的发型，乘坐漂亮的马车出来玩。"但是对于穷人而言，这无非又是一个恐怖的冬天，中产阶级到现在才发现他们的经济基础正慢慢变得不堪一击，就像这座港口城市的没落一般不可逆转。

在这座发展陷入停滞的城市里，逐渐形成了三个独特的社会群体：位于社会顶层的是城市高级官员、富有的商人和银行家（数量在逐步萎缩），处于社会底层的是乞丐和工人（数量不断增长，生存条件极度糟糕）和位于中间阶层的资产阶级（他们认为奥兰治家族的统治没有起到原本期待的效果，城市的市政精英仍然奉行着寡头政治，管理不善且越来越令人无法忍受，但是又缺乏有效的政治手段对现状进行改变）。

阿姆斯特丹中产阶级的意识逐渐在 18 世纪觉醒，形成了一种新的思想派别并最终在整个欧洲蔓延开来，这便是人们所说的启蒙运动。启蒙思想强调理性和经验的核心地位。通过细致观察和逻辑分析，自然科学已经为人类打开了一扇通往新世界的大门。因此，人们认为政治和经济领域也可以用同样的方式进行探索。理论上讲，这个世界可以被认知和改造，由于人类的本质是善良的，所以，通过良好的教育、建立诚实守信的社会，并为所有人提供自由和公平的环境，人类完全可以利用逻辑和理性的力量创造一个崭新的世界。

这场前所未有的思想启蒙运动激发了人们的热情和乐观主义情绪，为当时死气沉沉的时代氛围注入了巨大活力。阿姆斯特丹在这场运动中充当了启蒙思想的"宣传员"。其他国家被禁止出版的印刷品在阿姆斯特丹都可以出版，推动这场运动发展的许多思想家很愿意利用阿姆斯特丹这种独特的优势来宣传启蒙思想。

伟大的法国哲学家伏尔泰就曾七次访问阿姆斯特丹并在这里出版了自己的著作。在他眼里，荷兰人进行图书贸易与纺织品贸易没有什么区别。他们不关心书中的内容是什么，只要能从图书贸易中赚到钱就可以。不过，除此之外，他也发现阿姆斯特丹是一座思想自由的城市，是一个可以实现启蒙运动思想家乌托邦梦想的地方。他在 1722 年写道："我见到了荷兰的政治领袖，他步

卡尔夫大街的法式咖啡馆，艾萨克·路易斯·拉·法尔
格·范·尼沃兰德（Isaac Lodewijk la Fargue van Nieuwland）
于 1761 年绘制。（图片来源：Gemeentearchief Amsterdam）

行穿梭在市民当中，身旁没有一个随从。在这里，没有人必须要
取悦他人；在这里，也没有人会聚集在街边去看亲王驶过的车
队；在这里，人们只知道工作和享受平静的生活。"[46] 1776 年，
美利坚合众国宣布成立，并首次将自由平等的原则作为建立国家
的基石，而《独立宣言》包含的许多内容都直接源自荷兰反抗者
在 1581 年拒绝承认西班牙的菲利普二世对他们的统治而起草的
文件。

令人吃惊的是，荷兰的启蒙运动显现出强有力的宗教特征。
某种程度上，人们设法通过启蒙运动主张的理性和逻辑观念，将
他们的实用主义和加尔文教派推崇的原则协调一致。许多牧师对

此也认可，于是在其他国家出现的无神论和宗教信仰的冲突并没有在阿姆斯特丹发生。这也导致了另外一个结果：世俗化的思想主张实际上早在 18 世纪就在欧洲流行起来，但是直到 19 世纪和 20 世纪才在荷兰获得发展。

启蒙运动最早是一场资产阶级性质的运动，而不是一场社会运动。这期间，荷兰的中产阶级突然表现出对科学知识和经验主义试验的浓厚兴趣。比克·雷伊曾经用充满惊叹的语气描述了伽伐尼①（Galvani）关于电子脉冲理论的试验："伽伐尼的实验好像在说，当有人将食指靠近我的小腿时，我的小腿会闪烁火花，一直延伸到袜子里。可是我的袜子并没有烧着，我也没有感觉到任何的疼痛。"这一阶段，各种新式社团和俱乐部像雨后春笋般在阿姆斯特丹涌现，它们名字也很有特点，例如"勤奋是科学的仆人""启迪智慧的娱乐"和"大众利益社团"。

阿姆斯特丹最著名的社团被称作菲里克斯·曼里提斯社团。1788 年，这个社团搬到了一处位于皇帝运河旁的房屋，拥有了专门的活动场所。这座建筑至今还在，就在这条大街的 324 号。房子里还保存着进行科学实验的房间、一间用于演讲的礼堂、几间用于展览的房间、一间绘画室和屋顶上的天文台。直到 19 世纪，这个社团仍然是艺术家、科学家、发明家和学者交流的地方。

菲里克斯·曼里提斯社团在政治上保持中立。而那些想要讨

---

① 伽伐尼：18 世纪意大利著名医生和动物学家。1780 年，他发现死青蛙的腿部肌肉接触电火花时会颤动，从而发现神经元和肌肉会产生电力。他是第一批涉足生物电领域研究的人物之一。

论国家大事、要求废除奥兰治家族统治的人可以去各色各样的咖啡馆实现自己的目的。早在 1749 年，比克·雷伊就记录了一个自称"正直爱国者"的社团，他们定期在植物园的花园里集会。

在阿姆斯特丹，这类爱国运动的参与者主要是受过教育的中产阶级。这个时期的中产阶级正在迅速积累信心，他们已经嗅到了实现共和国分权治理的时机。这些人里面有信仰路德宗的律师、医生、商人。由于宗教信仰的原因，他们常常无法参与城市治理，更没有机会获得政府职位。所有人都知道只有实现权力的更迭，他们才有可能参与到城市管理事务当中。由于双方都反对奥兰治家族的统治，这个群体还曾经和市政精英阶层的年轻成员结成联盟。不过，随着对民主制度的要求不同，他们之间的关系很快就冷淡了下来。

而奥兰治家族的支持者则是工人阶级和小资产阶级，主要来自凯滕伯格和约旦区，他们接受保守的神职人员领导，建立了奥兰治党。渐渐地，一些城市掌权者发现，那些中产阶级的诉求比奥兰治家族对他们的威胁更为严重，于是转而支持这个奥兰治党。

一开始，双方斗争的"主战场"在咖啡屋的桌子旁，或是在报纸上。双方的支持者也用一些特殊的符号将自己与对方区分开来：一方的支持者戴着银色领针，使用带有爱国者标志——荷兰毛狮犬——的烟草盒；另一方则使用橙色的帽徽、执政的肖像画和各式各样印有奥兰治家族标志的小玩意儿。随着爱国者们进一步建立了属于自己的军事组织（被称作"自由军队"），对立立刻变得尖锐起来。这支队伍在公共场所操练，沉溺在对古代巴达维亚①贵族血统（尽管几乎没有荷兰人与这种血统有关联，并且，实际上当时并没有人知晓巴达维亚人的来龙去脉，人们很有可能是受到了演讲家们的蛊惑）的尊崇、恢复爱国者的公民权利（实际上从来没有存在过）以及解放巴达维亚的梦想中。

与此同时，有一件大事正在数千英里以外的地方发生，并最终加剧了荷兰内部斗争的紧张局势：1776 年美利坚合众国的成立。

北美殖民地反抗英国的独立运动正是受到欧洲关于自由、平等、友爱理念的影响，像一面镜子一样，将启蒙运动的思想重新照向了欧洲。年轻的美国在 18 世纪还是由持有不同理念的人士和州组成的新生国家。

英国人的老对手法国人很快就承认了这个新国家，但是从国家层面上，荷兰依据其传统，依旧试图保持中立态度。但此时，远在大洋彼岸的革命者们已经收到了来自阿姆斯特丹的武器和弹药。阿姆斯特丹的每一个商人都想与这个新生国家产生贸易联系，无论当时是否合法都愿意去冒险尝试。此外，受到启蒙思想影响的资产阶级对美国革命理念大为推崇。因此，当驶向美国的非法货船出现在阿姆斯特丹的港口时，没有一位市长愿意去干预它们的航行。在圣尤斯特歇斯城堡，西印度公司的船队向美国船只鸣炮致意，这也使这家公司成为第一家向美国示好的荷兰机构。这艘被致意的船的船长是美国人保罗·琼斯（Paul Jones），

---

① 巴达维亚：古代的一支日耳曼部落，古时居住在今天的荷兰地区。

由于他俘获了一艘英国船只，使得他被写进了剧本，当有他英雄事迹的戏剧在阿姆斯特丹斯霍伯格剧院上演时，座无虚席，观众高声欢呼。阿姆斯特丹银行家让·德·纽弗维尔（Jean de Neufville）甚至还在市长们的授意下，与美国大使威廉·李（William Lee）起草了一份秘密条约。

最终，英国人失去了耐心，宣布对荷兰开战（这是英国在一个半世纪中第四次对荷兰宣战①），并封锁了低地国家的海岸线。在这种严密的封锁下，荷兰战舰几乎毫无用武之地。与此同时，荷兰同东印度的贸易也在事实上处于停滞状态。

1782 年，在阿姆斯特丹银行家们的施压下，荷兰共和国政府终于正式承认了美国的独立地位。于是，美国驻荷兰大使约翰·亚当斯（John Adams）获得了代表美国向阿姆斯特丹资本市场融资的权利。两年后，英荷两国停战。然而，令阿姆斯特丹的银行家们感到错愕的是，新兴的美国市场并没有转向荷兰，而是奔向了前宗主国英国的怀抱。而英国对荷兰海岸线的封锁对阿姆斯特丹的商业已经造成了严重打击。

毫无疑问，此后法国对荷兰的占领终结了阿姆斯特丹在贸易领域的霸主地位，但事实上这座商业城市早在 1795 年就已经开始萎缩。当阿姆斯特丹的商人将注意力从印度再次转向美洲时，便彻底走上了一条不归路。当时，西印度公司表现不尽如人意已

---

① 此处指四次英荷战争，分别发生于 1652—1654 年、1665—1667 年、1672—1674 年、1780—1784 年。四次战争的原因虽各不相同，但都是双方争夺海上霸权和海外贸易主导权的结果。

是尽人皆知的事情，最终，这家公司在 1791 年解散。而曾经强大的东印度公司也早已无法捍卫往昔的荣誉。尽管其财富和声誉在 18 世纪初依旧稳如磐石，但从 1737 年开始，东印度公司已经无法靠自己的财力向股东支付分红。好在它的名声足够响亮，仍旧可以轻松地从其他地方筹措到资金。

荷兰东印度公司脆弱的经营基础在第四次英荷战争期间就凸显出来。那时，公司连续数年时间都无法从印度地区进口到任何货物，同时英国人也从他们手中夺取了暹罗和马六甲等许多贸易据点，这些损失总计高达 1 100 万荷兰盾。两年间，公司没有卖出去一件商品，也没有赚到一分钱。为了能够继续维系自己的支付能力，公司开始向国家借钱。1782 年 5 月 24 日，荷兰东印度公司在破产前通过借款向股东们支付了最后一笔分红。

东印度公司后期的经营状况无比惨淡，那过程就像是屠杀一头巨大的鲸鱼：又臭又长。尽管面临巨大的困难和无法挽回的局面，东印度公司还是苟延残喘到了 1800 年 1 月 1 日。这一天，这家举荷兰全国之力发展起来的公司终于消失在了历史长河之中。

与这两家公司一起退出历史舞台的还有许多早早建立起来的商业公司。为避免破产的命运，它们在生意场上逐渐变得小心翼翼并且吝啬起来，有的甚至还抛售了房产。一个叫作弗雷德里克·卡尔（Frederik Kaal）的精明投机商人买下了这些公司抛售的房产，并通过对房屋的分类拆解进行了二次售卖，挣了一大笔钱。那个时候，石材、木材和土地的价值远大于拆毁房屋的成本。位于阿姆斯特尔河沿岸的大批房屋几乎被拆除殆尽，到卡尔去世的 1790 年，仅有一小部分保留了下来。

与此同时，爱国者和奥兰治党之间的对立关系变得愈加紧张。最能反映这个时期双方激烈关系的文件是一本当时广泛散播的小册子《致荷兰人民》（*Aan het Volk van Nederland*）。这本小册子在 1781 年印发，主要在阿姆斯特丹、南荷兰省和北荷兰省传播。多年以后，我们才知道这本小册子的作者是乔恩·德克·范·登·卡佩伦·多特·德·普尔（Joan Derk van der Capellen tot de Poll）——一位来自上艾瑟尔省的贵族。他和美国的约翰·亚当斯和其他革命领导者一直保持着密切的联系。这本小册子直接针对亲英的执政威廉五世，认为他对荷兰在欧洲陷入孤立负有责任。乔恩主张通过直接选举的方式选出"一定数量的品德优秀、善良虔诚的人"，与掌权者们一起实现人民共同的意志。他认为美国人的做法在政治上考虑得非常周全，堪称典范，呼吁人们"将自己武装起来，为自己选出可以依靠的代表，以便冷静、平和地处理一切事务"[47]。

当时的政治局势再次升级。依靠"自由军队"的支持，爱国者获得了几座城市的管理权。与此同时，阿姆斯特丹的情况也逐渐紧张起来，咖啡馆里的辩论氛围显得火药味十足。有一个年轻的亲历者曾写道："现场参与辩论的人有 200～300 人。半数的人都在吸着烟斗、喝着烈酒、大嚷大叫，抒发着自己对国家大事的意见。"[48]

1787 年 4 月 21 日，几支"自由军队"占领了水坝广场，闯进市政厅，将军队里的 9 人安插进了市议会。威廉五世被迫做出反应。他要求所有爱国者放弃他们的职位，不过这些措施于事无补，反而像斗牛场上的红布一样，加剧了对方的敌对情绪，最终又引发了一场革命运动。

一听到执政干预的消息，爱国者们立刻涌进位于雷格利尔运河阿姆斯特尔教堂附近的一家咖啡馆，将里面忠于奥兰治家族的顾客丢了出去。但是，爱国者们很快也遭到了报复。第二天，他们的房屋遭到洗劫。特别是那些居住在人工岛上的爱国者，他们的损失更为惨重，因为那里的大多数居民是奥兰治家族坚定的支持者。为了保护自己不受骚乱影响，岛上的居民把通往岛屿的桥梁吊了起来，将这些岛屿硬生生地变成了与世隔绝的堡垒。

爱国者们的"自由军队"对此绝不会坐视不管。1787 年 5 月30 日，一场小规模的冲突在凯滕伯格打响。经过一晚的战斗，爱国者们成功地将桥梁降了下来。不过，他们也为此付出了代价。在交火过程中，火枪手亨德里克·希尔莫斯（Hendrik Hilmers）被杀身亡。在他的葬礼邀请函上，写着这样几句话：

> 我们以阿姆斯特尔的火枪手为荣
>
> 他的名字将永不磨灭。
>
> 我们也以每一位
>
> 为获得自由而牺牲的巴达维亚人为荣。[49]

然而，爱国者的优势并没有持续很长时间。普鲁士国王腓特烈·威廉二世①（Frederick William Ⅱ）很快就向他的姐夫［腓特烈的姐姐威廉明娜（Wilhelmina）嫁给了威廉五世］提供了支援。9 月初，普鲁士国王率领一支 2 万人的军队越过了荷兰边境，

———————————

① 腓特烈·威廉二世：普鲁士霍亨索伦王朝的国王、勃兰登堡选帝侯。

对反抗运动进行镇压。在他们的帮助下，奥兰治家族仅仅用了一个月的时间就重掌大权。由爱国者们任命的议员被驱赶出议会，此前被赶走的议员又重新回到了议会。

此时，阿姆斯特丹和奥兰治家族之间的关系跌到了谷底。城市失去了对荷兰共和国管理的话语权，贸易领域重要的决策已经不再由阿姆斯特丹的商人们说了算，这里的报纸和其他舆论机构发布的政治言论都会受到严格审查。许多爱国者，包括一些卓越的阿姆斯特丹市民流亡到了法国。留下来的市民又开始慢慢拾起了此前被丢弃的象征奥兰治王室的橙色徽章。

实际上，威廉五世对阿姆斯特丹的态度并不明智。尽管阿姆斯特丹的地位或许有所下降，但它依旧是一座实力强劲的城市。当他回过神来之后，才对自己惹恼阿姆斯特丹商人和银行家的短视行为感到懊恼，不过一切都太迟了。8 年后，当法国人打到荷兰边境时，他试图通过借款来保卫自己的政权，而此时阿姆斯特丹将自己的"钱袋子"捂得死死的，没有人愿意借给他一分钱。没错，此时年迈的荷兰共和国就像一个熟透了的烂梨，挂在树上摇摇欲坠，迫使它最终摔落的则是钱。阿姆斯特丹的银行家们已经将自己的财富消耗殆尽，即便愿意借给奥兰治家族钱，他们也拿不出多余的钱向外放贷。[50]

❖　❖　❖

18 世纪最寒冷的冬天出现在 1763 年，但是 1740 年、1757 年和 1771 年的冬天与之相比也不相上下。1794 年 12 月，一场寒冷而猛烈的寒流袭击了阿姆斯特丹。这一次，它再也无法保卫自己的安全。反抗运动又一次在城市内部发酵，爱国者们以"读书会"的形式秘密集结，他们焦急地等待着推翻现有政权的一天。此时此刻，法国的革命军正穿过荷兰南部的边境向阿姆斯特丹袭来。

在这样寒冷的天气里，荷兰共和国的最后一道防线——洪水防线——无法奏效。法军于 1795 年 1 月 10 日越过瓦尔河的冰面，在 16 日占领了乌得勒支。仅仅两天后，威廉五世就从冰冷的席凡宁根海滩出发，逃到了英国。

同一天，阿姆斯特丹的革命者在一家位于纽文代克的咖啡馆开会，商讨着如何在不发生流血事件的情况下将这座城市交给他们的法国"兄弟"。当天下午，一个名叫克拉伊恩霍夫（Krayen-hoff）的革命者抵达了韦斯普港。他是一名医生，现在却在丹德尔斯（Daendels）准将的带领下为法军作战。他骑马穿过大雪覆盖的城市，来到阿姆斯特丹城防部队总部，以革命委员会的名义要求获得城市的控制权。一顿好吃好喝的招待之后，他在晚上正式担任了阿姆斯特丹城防部队的司令员。

第二天早上，几十个阿姆斯特丹人佩戴着红白蓝的帽徽，在水闸附近的阿姆斯特尔河面做好了迎接法军的准备。9：00，阿姆斯特丹市长和市议会的 36 名议员抵达市政厅，开了整整一个小时的会。随后在火炉旁备好了座椅，将革命者的代表请到大厅。

革命者的代表卢特格·扬·史希莫本尼克（Rutger Jan

这是一幅由雅各布·凯茨（Jacob Cats）绘制于 1795 年
1 月的画作，描绘了行军途中的法军。(图片来源：Gemeentearchief
Amsterdam)

Schimmerlpenninck）用尽可能礼貌的措辞感谢市政府对城市所做
的贡献，之后以阿姆斯特丹全体市民的名义宣布免去他们所有的
职权。他们没有做任何反抗便离开了市政厅，而市民们也终于知
道这里发生了什么。在水坝广场上，人们尝试在冰冻的土地上栽
下一棵由法国人带来的冷杉树，但没有成功。不过，人们还是围
绕着一棵由绳索固定却不太稳定的"自由之树"跳起舞来。

　　这就是当时的情形，在一种极尽讽刺意味的背景下，古老而
又辉煌的阿姆斯特丹一去不返。

　　这一次，让我们用数据来讲讲当时的情况。1794 年，阿姆斯
特丹的贸易利润是 719 000 荷兰盾。一年后，利润减少了多一半，
仅为 321 000 荷兰盾。1796 年，情况继续恶化，利润仅为 55 000

荷兰盾。1793 年，阿姆斯特丹的银行业总资产仍有约 2 200 万荷兰盾；到了 1795 年，这个数字减少了一半，仅剩 1 100 万荷兰盾。在此期间，宿敌英国切断了荷兰人与殖民地的联系，当时的盟友法国则抽离了资金和商品的供应。荷兰银行和其他金融机构逐渐失去了信誉，商店和公司的营业额均大幅下降。阿姆斯特丹的商业机器正在逐步停止运转。

1808 年 4 月 9 日，阿姆斯特丹市将著名的市政厅赠予了新拥立的荷兰国王路易·波拿巴（Lodewijk Bonaparte）——法国皇帝拿破仑一世（Napoleon Bonaparte）的弟弟——用作临时皇宫。自此之后，这座市政厅再也未能返还给阿姆斯特丹市政府。奥兰治家族于 1815 年重掌政权之后，国家的运转被王室紧紧攥在手中。被临时用作皇宫的市政厅也始终未能再次恢复它的职能。此后，市政府在奥德赛斯弗尔伯格瓦尔大街找到了一处临时落脚点，并在那里度过了一个半世纪的时光。

刑场从水坝广场搬到了新市场。水坝广场上的测量所也因为国王抱怨它阻挡皇宫的视野而被拆除。到了 1808 年的夏天，原先充满生机的城市中心突然间变成了一个氛围凝重、僵化并且单调的广场。

1810 年，阿姆斯特丹与荷兰其他地区一起并入了法兰西帝国，它 17 世纪的辉煌消失殆尽。

第八章

火焰·宫殿

J.M.A. 里克（J.M.A.Rieke）于 1892 年绘制的哈勒姆港（当时被称作威廉港）。（图片来源：Gemeentearchief Amsterdam）

　　午夜！教堂塔楼传来了第 12 次钟声。它那金属质感的声音庄严厚重，回荡在清爽而又宁静的冬日夜晚之中。我从窗外望去，整个世界都是白色的。大地被一层洁白而又厚重的大雪覆盖。当行人们走过时，地面发出吱吱嘎嘎的声响。我躺在这里，聆听着夜晚的声音：一辆马车从远处驶来，伴随而来的是道别时的歌唱声。在这样一个寒冷的夜晚，一切的声音都是那么洪亮而又清晰。

这是雪茄商人和记者加斯图斯·范·毛瑞克（Justus van Maurik）编写的一个非常奇怪的故事开头，记录了 19 世纪阿姆斯特丹一个无眠夜晚的情形。在他写的这则故事里，几乎所有事物都与他在城市黑夜中听到的声音有关，例如：第一波运送牛奶进城的农民发出的声音，早早起床干活的犹太商贩拉动货车的声响，熄灭路灯后灯夫急促的脚步声。[1]

如果一个人可以穿越回 19 世纪中期的阿姆斯特丹，他首先感受到的很有可能是对声音的体验。那时的阿姆斯特丹或许比现在更加嘈杂一些，但是城市的声音与现在完全不同。在那个时代，人们在城市里能够听到的主要是马蹄声、车轮声、海鸥鸣叫声、贩夫走卒的叫卖声、交谈声以及行人的脚步声。

除此之外，还能注意到什么呢？答案几乎肯定是——黑夜，夜幕降临之后那伸手不见五指的黑。[2]早在一个半世纪之前，阿姆斯特丹街灯的数量就已经和现在差不多了。在满月来临的夜晚，路上的街灯都会处于熄灭的状态。你可以从无数描绘 19 世纪阿姆斯特丹样貌的绘画和印刷品中看到星空照耀下城市一片漆黑的景象。画中星星的数量、亮度和闪烁的程度，与那些描绘遥远乡村夜空的画作别无二致。漆黑的夜晚总给人带来巨大的不安全感，事实上也是如此。从现存的记录中，我们可以发现，当时在阿姆斯特丹的夜间，发生过多起安全事故。其中一起发生在 1893 年 12 月一个大雾弥漫的傍晚，96 名阿姆斯特丹市民意外跌入运河之中，其中 2 人溺亡，还有 6 人不知所踪。

"在明亮的星空映衬下，位于瓦慕斯大街两旁的高耸房屋就像从运河中崛起的一堵墙壁，静止而沉寂，漆黑又充满威胁。"范·毛瑞克这样描述戴姆拉克在月光照耀下的情景（这片街区靠近今天观光游览船的上岸地点）。从窗户向外望去，一束黄色又有点儿偏红的光束投掷在漆黑的船队之上。船上的桅杆直挺挺地探向无际的天空。在绳索上，几盏小灯透过夜色闪烁着光芒，将船舱中冒出来的几缕烟雾染成了粉色。在远方，一束红色的灯光从忙忙碌碌的水坝广场方向映射过来。

到了深夜，只有巡夜人会定期地在街上行走，嘴里一直嘟囔着："现在0：00了！0：00就是现在!"塔楼上也会有守卫站岗，注视着脚下沉睡的城市。在一份1875年描述城市生活的材料中，我们可以了解到塔楼守卫的具体任务：遇到火灾时，第一时间吹响手中的喇叭及时通知市民，之后将灯火悬挂在塔楼上发现火情的一侧。很快，消防队就会赶到现场开始灭火。疾驰而来的马车上，头戴厚重头盔的消防员手里举着燃烧的火把，就像"一群乘坐红色马车而来的魔鬼"。

除了刚才所说的声音和黑夜之外，在19世纪的阿姆斯特丹，你能直接感触到的第三样东西一定是那里的气味，或者说得更加确切一些——臭味。尽管19世纪中期的阿姆斯特丹是一座安静、优美的城市，但城市中散发的气味确实无法恭维。生活在这个时代的人感觉随时都要因为呼吸中毒或者窒息而亡。仍旧是1875年的那份记录材料告诉我们："秋天的时候，房屋中用木头搭建的部分的颜色开始变得越来越深，就像是被铅笔涂黑了一般，在约旦区和亲王运河附近的房屋尤为明显。这是发臭的硫黄蒸汽和涂料中的白铅混杂在一起发生化学反应的结果。"其他的文字材料还描述过"令人恶心的垃圾堆、粪肥堆和其他闻起来令人作呕的东西"。1866年，一场严重的霍乱夺走了城市中1 100人的生命。当时1/8的城市人口住在地下室里，半数的儿童不得不去救济院的学校读书。19世纪阿姆斯特丹的人口数据统计特征与今天第三世界国家的情形很像：居高不下的出生率和与之匹配的高死亡率。只有一半的男性能活到35岁，而那些纯粹做体力活儿的工人们的处境更为糟糕，他们的预期寿命几乎不会超过 30 岁。

除了声音、黑暗和气味，最后一个会引起你注意的便是时间的概念。当时，任何一个人如果想乘船从城市的一头去往另外一头，都需要花掉整整一个上午的时间。如果有人要从阿姆斯特丹去乌得勒支，则要花掉一整天的时间。那些排队进港的船只有时需要等候整整一个月的时间才能停船靠岸。在这里，从产生一个想法到付诸实施，从离开一个地点到抵达一个新的地点，今天的我们可能仅需要几个小时便可完成，在当时却需要花费数天或者数周的时间。也许在当时，时间并非一种稀缺的商品，相反，它就像空气和水一般充足。19 世纪阿姆斯特丹的生活带有一种慵懒、缓慢的特质，而这种生活方式随着城市快节奏贸易活动的消失进一步得到加强。

自从法国人占领了阿姆斯特丹，这里没有发生过太大的变化。整个城市似乎一直处在停滞的状态中逡巡不前，人们的生活毫无生机与活力，建筑物也不再重建和修缮。荷兰东印度公司此前留下的大型仓库在 1822 年的一天夜里突然倒塌，原因竟然是年久失修。1851 年，《普通商报》（*Algenmeen Handelsblad*）刊登了一则报告，称一个世纪以来，没有人敢于去尝试重新建造一座新的市政厅。法国作家龚古尔（Goncourt）兄弟在 1861 年访问阿姆斯特丹之后发出感慨，感觉整座城市"已经停滞不前，整个国家正在沉睡"。"当你从博物馆走出来的时候，街上看到的房屋和运河完全和博物馆里陈列的彼得·德·霍赫①（Pieter de

---

① 彼得·德·霍赫：17 世纪荷兰风俗画家，擅长描绘荷兰人的日常生活。

Hoogh）所作油画上的景象一模一样。"[3] 黄金世纪中强大的阿姆斯特丹在 19 世纪中期逐渐衰落，成为一个死气沉沉的城市。

不过在某些方面，法国人的占领也给荷兰吹来了一股新风。他们在这里创建了新的政治管理体系，原有的特权阶层和寡头统治最终被废止。这在某种程度上使荷兰与其他欧洲国家在制度层面上靠得更近了。然而，法国人对阿姆斯特丹这座贸易城市的统治又是最致命的。受到大陆体系的影响，法国本就将自己与海外世界隔绝开来，因此对阿姆斯特丹也执行了相同的政策。他们切断了这座城市与荷兰殖民地以及贸易对象的联系。1795—1815 年，城市人口从 221 000 人减少到 190 000 人。城里四处可见空置的房子，有些人甚至为了避税还主动拆毁房屋。此前约有 3 500 人在艾湾沿岸的码头工作，到了 1811 年只剩下 350 人。曾经作为阿姆斯特丹重要工业生产部门的丝绸和丝绒加工产业，在法军占领时期只剩下了 2 家工厂（在 18 世纪的时候约有 50 家），烟草行业曾经的蓬勃发展也在此时戛然而止。[4]

曾经宏大的政治理想也随着法军的到来烟消云散。爱国者们对此非常失望：尽管他们此前希望通过建立巴达维亚共和国来实现的政治理想已经通过法军占领后组建的政府得以实现，但似乎法国人的做法又有点过了。与此同时，那些曾经支持奥兰治王室的人终于明白了终结权贵的统治也是一件好事。从某种程度上讲，法国人对荷兰的压迫客观上将此前彼此对立的对手——革命者和保皇派——变成了朋友。

然而，荷兰人并没有因此而感到困惑，大部分人依旧坚信启蒙运动提倡的理性主张，对未来持有乐观态度，并坚信通过教育

皮埃尔·泰塔·范·埃尔文（Pierre Tetar van Elven）于
1847年绘制的维恩丹的样貌。这位画家对建筑、风景有着独特的
偏好。（图片来源：Gemeentearchief Amsterdam）

的力量可以提升普罗大众的认知水平，从而达到民众自我治理的
程度。同时，那些接受过良好教育并且乐于为社会做出贡献的人
群，应当给予普通民众一些必要的关照和帮助。华而不实的言语鼓
动已经不复存在，革命者和保皇派之间的极端对立也已烟消云散，
双方现在的争论焦点已经转为如何谨慎又冷静地面对当下的时局。

　　当法军在1813年10月19日于莱比锡遭到惨败①之后，法国

---

①　此处指1813年10月发生的莱比锡会战。拿破仑率领军队与俄罗斯、奥地
利和普鲁士等国军队进行鏖战，最终拿破仑战败。

很快便结束了对阿姆斯特丹的占领。同年 11 月 14 日，法军将领莫利托①（Molitor）带着整支部队悄无声息地离开了城市。矫健的荷兰水手约博·梅（Job May）察觉到了法国军队正在悄悄撤军，感觉应该采取一些行动。他说："既然这样了，是时候改变了。"第二天，一小撮人在市场上掀起了一场暴动。橙色的标语迅速出现在城市的每个角落，位于艾湾附近的几间法国人留下的海关办公室陷入一片火海。一伙暴民在法尔克（Falck）的率领下向凯滕伯格逼近，准备对那里进行一次洗劫。法尔克在自己的回忆录里记叙了下列一段对话。

"但是队长，"一个部队头领说道，"打家劫舍的勾当应该不是我们要做的事情啊。"

"那你们在凯滕伯格做的事情算什么，你们是不是这支队伍的一员呢？"

"就是找点儿乐子，队长！我们想把兰斯沃夫大门上的'大鸟'打掉。"

"然后呢？"

"点个小火堆，队长，因为这里有点儿冷。"

对话中提到的"大鸟"是象征法兰西帝国的战鹰，法国海军大楼的大门顶部就悬挂着一只木雕鹰。随着大家要求打掉"大鸟"的呼声愈发强烈，法尔克同意了，它的翅膀和头被象征性地砍成了碎片，丢进大火之中，人们开始了狂欢庆贺。这时已经到

① 莫利托：法军将领，1810 年起驻防阿姆斯特丹。

了凌晨 4：00，法尔克回忆道："在摧毁了帝国战鹰之后，人群便四散而去了。紧接着就下起了瓢泼大雨。"[5]

1813 年 12 月 2 日行进中的荷兰国王威廉一世的军队。

（图片来源：Gemeentearchief Amsterdam）

　　一个月之后，新的荷兰国王、奥兰治家族的威廉一世①（Willem I）抵达阿姆斯特丹。他在这里受到了热烈欢迎，就好像此前从未有过奥兰治家族成员来过这里一样。威廉一世头脑聪明，在荷兰国内两个派别的纷争中采取了超脱的处理态度。他没有指责革命者的激进，而是摆出一副不计前嫌的样子，同时做足了要将荷兰国家利益放在首位的姿态。得益于此，威廉一世不仅仅将整个阿姆斯特丹攥在手中，还控制了城市之外的其他地区。

---

　　①　威廉一世：荷兰前执政威廉五世的长子，曾流亡英国，1813 年回国接收法军撤退后的政权。1815 年的维也纳会议上，在列强的支持下，他获得了南尼德兰（现比利时）的统治权。他致力于重整奥兰治家族的政治地位，包容接纳了原本的亲法人士，很快获得荷兰人民的敬爱。

此时的形势也许对著名的毛里茨·范·豪尔（Maurits van Hall）来说有些许尴尬，这位曾经坚定的革命者被新国王邀请参加晚宴。他在日记里写道，晚宴上自己的座位竟然与荷兰前执政威廉五世的遗孀威廉明娜公主相邻。这位公主为了缓解尴尬的局面，便主动挑起话题说："真是世事无常，也不知道这些年都发生了什么。"接着，宴会上响起歌声，对阿姆斯特丹人进行赞美。[6]

不过，此时此刻，有一个很尴尬的问题摆在阿姆斯特丹和奥兰治王室之间：水坝广场的王宫依旧被当作宫殿使用，还是要重新成为市政厅？一开始，国王向临时组建的市政府宣布他愿意将自己的王宫"割让"给市民，"作为自己对这座重要城市的尊敬和热爱"。作为交换，他提出的唯一条件就是在大楼里为他保留几个房间，供他在阿姆斯特丹逗留时居住。这个要求看起来合乎情理：既然阿姆斯特丹已经不是王室所在地，那么就没有必要给王室保留一座空荡荡的宫殿。但是，国王的谋臣们却认为，将阿姆斯特丹作为王室在每一年里主要停留的地方是一个明智选择，这样有利于在城市中烘托出一种"王室氛围"。无论怎样，大家都小心翼翼地避免阿姆斯特丹同奥兰治王室再次发生公开冲突。最终，各方达成了一致：阿姆斯特丹被允许称为国家首都，老市政厅依旧是王室的宫殿，奥兰治王室承诺每年在这座城市居住一定的时间。[7]

对于上述最后一条约定，奥兰治王室几乎从没有做到过。数十年来，王室的宫殿就像死气沉沉的大石块一样堆在水坝广场上，只能用来象征王室的存在；当然，换个角度来说，这也是奥兰治王室在阿姆斯特丹没有存在感的有力证明。就这样，阿姆斯特丹从之前的一座有实无名的城市变成了现在有名无实的首都。[8]

出生于 1820 年的荷兰作家爱德华·多万·戴克（Eduard Douwes Dekker）〔他的另外一个名字毛塔图里（Multatuli）或许更广为人知〕在他的喜剧著作《沃特尔·彼得斯的历史》（*De Geschiedenis van Woutertje Pieterse*）中，将他年轻时见到的阿姆斯特丹的样子写到了书中。书里的阿姆斯特丹到处都是分岔的街道，房子里也多有暗室。里面住的人物大多是诸如彼得斯小姐、彭恩韦普老师、赖普斯小姐、助理教师斯托弗小姐、私人教师范·德·赫拉特，以及"无比令人尊敬"的范·豪尔先生这样的人物。[9]主人公沃特尔只有在童话般的乡间小路上才能找到心灵的慰藉和自由，他也在那里找到了他的真爱。整本书描述的就是那个时代城市与乡村之间的差异。书中的沃特尔是一直想挣脱城市生活束缚，却一直没有勇气踏出这一步的城里人。

法国人离开后，阿姆斯特丹依旧显得内敛而不张扬。从 1820 年开始，此前建造的别具一格的城墙开始一点一点地被拆除。城墙消失后，人们又在艾湾的东侧建造了恩特波多克，并且疏通了通往北荷兰省的运河，使得阿姆斯特丹与海洋的交通连接更加通畅。此前倒闭的荷兰东印度公司的遗产则由新成立的荷兰贸易公司继承。一切看起来是那么的朝气蓬勃，然而，在阿姆斯特丹市民内心深处，整座城市仍旧活在过去的记忆里。

当然，也有例外。1816 年，阿姆斯特丹市民纷纷涌向艾湾，去亲眼见证运用新技术制造的船只如何不用船桨和拖绳就可以逆风航行。一艘英国制造的小型蒸汽机船"迪法恩斯号"令所有人都震惊不已，但是几乎没有人知道他们正在见证一项最终能够彻

1825 年左右的卡尔夫大街，弗朗西斯科·图泽（Francesco
Toze）绘制。(图片来源：Gemeentearchief Amsterdam)

底改变整座城市命运的技术。这项技术带来的变化比此前所有执
政、王室和与他国缔结的条约都要巨大和深刻。1825 年，保罗·
范·弗里思恩（Paul van Vlissingen）创建了阿姆斯特丹蒸汽机
船公司，为伦敦、汉堡和南海地区的港口提供日常技术服务。

　　公司起步的时候，范·弗里思恩只能从英国订购船只，但是
建造了自己的码头车间用于设备维护和修理。这些码头车间很快
就发展成为可以生产蒸汽机引擎和其他零件的综合工厂，并推动

此前传统的木质码头进行了更新换代。城市的工商业发展也开始依赖蒸汽机驱动的设备，例如炼糖业和钻石工业。然而，在阿姆斯特丹，蒸汽机还没有普及到各行各业。

荷兰 19 世纪的作家尼古拉斯·贝茨（Nicolaas Beets）就是一个"超级反感蒸汽机"的人，他创作的故事集《暗箱》（Camera Obscura）中的主人公叫作斯塔茨克大叔——一个典型的阿姆斯特丹商人。对当时的大部分人而言，接纳新的理念和新的技术并非一蹴而就。由于经历过 18 世纪末混乱时期的苦涩，他们更倾向于坚守父辈们传统的工作模式。阿姆斯特丹进入资本主义时代的早期，仅有少数几家公司的雇员人数超过了 40 人。大部分的企业主都有源源不断的劳动力供给。只有在迫不得已的情况下，企业主才考虑采用新技术，但即使是这样，他们也是极不情愿的，并且不会对新技术产生感激之情。这个时期，尽管新技术在蓬勃发展，但是人们似乎更享受守旧的生活和生产模式。

对国际上蓬勃兴起的新技术进行抵制，使得阿姆斯特丹产生了一种奇怪的逆潮流的应激文化：一种混合了保守主义、狭隘的民族主义、浪漫主义和宗教复兴主义的文化情绪。当时的阿姆斯特丹作家和诗人，诸如拜尔德代克（Bilderdijk）和达·科斯塔（Da Costa）掀起了一场叫作"忧虑时代精神"的运动。特别是拜尔德代克，他认为启蒙运动和法国大革命造成了信仰的崩塌，它们是精神的魔鬼，召唤出了当代所有的恶魔，任由其在人们的精神世界中肆意横行。

这场运动的一个参与者叫作安纳·毛里茨·范·豪尔（Anne Maurits van Hall），是一个年轻和颇有声望的律师，也是毛里茨·范·豪尔的儿子。在 1866 年全城发生大霍乱时，他独自一人照料贫民区的病人。这段经历使他在精神层面获得了重生，一起受到影响的还有他的妻子。然而，阿姆斯特丹的精英分子认为他的许多行为是对其所在阶层的背叛。作为一位资深的爱国者，毛里茨·范·豪尔曾试图劝说自己的儿子改变，但是并未成功。"关于宗教和信仰，于我而言毫无妥协的空间。"他这样答复自己的父亲。此后，安纳被他的弟弟弗洛里斯（Floris）逐出了律师行会。大家不仅不愿意与这对夫妻交往，甚至避之唯恐不及。他们的生活不时还会遭到骚扰，最终不得不依靠警察的保护才能勉强生活。这些事件发生后不久，安纳就因肺病过世；他的妻子很快也因肺结核去世，死的时候只有 27 岁。他们的三个孩子由老毛里茨和他们的叔叔弗洛里斯监护，后者刚刚被任命为荷兰的财政部部长。

安纳的妻子在去世前一个月写给自己孩子的信被保留了下来。信中这样写道："再见！再见！我再也坚持不下去了。全能的神啊，你最了解我的痛苦……"对大儿子毛里茨（Maurits），她希望他能继承父亲的睿智和信仰；对女儿约翰娜（Johanna），她希望她成为一个"温柔的孩子"；对小儿子弗洛里斯，她希望他成为一名牧师。"哦，我的慰藉与欢愉，常常伴随着我那最痛苦的不幸……"

三个孩子长大以后，大儿子毛里茨成为一位极为富有的银行家；女儿约翰娜嫁给了一位在政府任职的部长；小儿子弗洛里斯则成了一个孤僻、性格古怪的人，在阿姆斯特丹的豪华宅邸中度过了一生。但是，他们父母的名字却很少在范·豪尔家族中再次被人提及。[10]

19 世纪的阿姆斯特丹缺少进取的雄心，很少有人愿意主动推进市政工程的建设。位于莱顿大街和国王广场交汇处的房屋早在 19 世纪初就已坍塌，然而过了 50 多年也没有人考虑进行重建。到了 1853 年，阿姆斯特丹才在英国的帮助下建成了首条穿过沙丘地带的管道。直到 1861 年，阿姆斯特丹的卡尔夫大街才出现了第一条人行道。很难想象在 1875 年，伦勃朗广场还是一片非常安静的区域，周围居民甚至在那里养鸡，广场的地面由于被鸡爪反复抓挠，变得"伤痕累累"[11]。

尽管当时欧洲其他城市的工业化进程非常迅猛，工厂冒出的黑烟逐渐掩盖了天际线，但是阿姆斯特丹数十年来依旧没有变化。1839 年，荷兰建成了国内首条铁路线，连接阿姆斯特丹和哈勒两市。这本是荷兰开始迎接变革的一个标志性事件，但是当时的报纸《普通商报》仅仅用了不到 20 行的文字对其进行报道。与之相比，那一天的头条新闻竟然是发生在教堂大街的一场火灾、阿尔海姆市媒体对于宪法的看法、拉丁学校期末的庆典以及街道被油灯照亮的消息。

"演出非常糟糕，一些剧院也关门大吉。想象力和艺术精神在这里已经不复存在。"国王威廉三世①（Willem Ⅲ）的妻子索菲亚（Sophie）王后在 1850 年写给一个访问阿姆斯特丹的朋友的信件中这样说道，"在阿姆斯特丹市民当中，有一些非常睿智并且卓越的年迈绅士。但女士们则没有出彩的表现，尽管她们频繁地参加我举行的舞会，但除了一个穿着考究的犹太女人外，我没

---

① 威廉三世：荷兰国王，威廉一世的孙子，于 19 世纪下半叶执政。

有发现一个美丽或者优雅的女士。人们热衷于收集财宝、漂亮的老匣子以及各式各样好看的物件儿，但是从来没见他们走进收藏室或者开一个沙龙活动去欣赏它们，享受它们带来的快乐。"[12]

　　1848 年欧洲发生的革命在法国、普鲁士和奥地利的首都燃起了火光，也让海牙的荷兰国王一夜间从一个保守主义者成了自由主义者，但是他依旧未能振奋阿姆斯特丹这座逐渐走向没落的城市的精神。这个时期，阿姆斯特丹也出现了一小群革命分子，大部分是来自德国的手工艺人，像木材工匠克里斯蒂安·古德代克（Christian Goedeck）和裁缝学徒卡尔·汉克（Karl Hanke）。受到欧洲其他地区革命运动的影响，他们印发了许多小册子，鼓动阿姆斯特丹的无业人员在 1848 年 3 月 24 日聚集在水坝广场，"这样的话，或许会有人聚在那里，主张自己的权益并提出改变命运的办法。"到了 24 日那一天，的确有数千人聚集到了水坝广场。然而这些数量庞大的人群却让组织这场集会的准革命们自乱阵脚。他们当中没有一个人能够对集会进行有序的组织，也没有人有胆量在如此多的人群面前发表讲话，于是人们又四散而去。为了躲避政府的追捕，古德代克和汉克转入地下活动，不过最终还是被逮捕并送上了法庭。尽管许多人要求判处他们死刑，但是最终两人都被无罪释放，他们在城市里掀起的这些波澜也随之而去。

　　然而，颇具讽刺意味的是，正是阿姆斯特丹的落后和对进步的恐惧，拯救了这座老城的未来。

　　得益于照相技术的发明，我们可以从一些旧照片中了解阿姆斯特丹在现代化之前的模样。我曾经参观过一个展览，其主要展品便是彼得·奥斯特豪斯（Pieter Oosterhuis）留下的珍贵老照片，这些照片被展方放大，制作成立体图像。这种图像颇受参观者欢迎，可以使人们更为清晰地了解当时城市的样貌。奥斯特豪斯的这些照片拍摄于1857—1865年，当我看到它们时，仿佛掀开了通往那个时代的幕布，我可以透过幕布上的小孔深入探究那个时期的城市面貌。立体图像给人的纵深感比一般彩色的照片更强烈，照片里的影像令你仿佛置身其中，场景仿佛就环绕在你身边，周围的一切都是那么触手可及。

例如，一张照片里有个人在静静的艾湾之上划船，远处的背景是泪塔和一棵被风吹拂的大树。在我看到这幅照片之前，我对当时的艾湾景色从未有过直接的印象，而这幅图片向我真实地展现了这里的景色：新的城市旅馆、浇筑的绞刑架、水面上大大的波浪。向外远处望去，还能看到戴姆拉克。在平静的城市运河之上，和平与安详是那么唾手可及，唯一能打破这种静谧气氛的只有偶尔划过的小船。熙熙攘攘的氛围蕴藏在生活中各色各样的事物中：四处可见的木制摊位、来来往往的拖船、码头岸边起起伏伏的浮筒、水面上不断来往的船只以及货船上运送的大木桩。

奥斯特豪斯拍摄的阿姆斯特丹照片更像是恩克赫伊曾①的景色，城市的寂静如同周日的清晨一般。每时每刻总有人从你身边快速走过。一旁运送牛奶的车辆晃晃悠悠地驶在狭窄的小路上，穿过河上的吊桥驶向城市。下一个场景描绘的是1860年左右的

---

① 恩克赫伊曾：位于北荷兰省，它与阿姆斯特丹以及霍伦一样，曾经都是荷兰东印度公司的分支所在地。

奥德斯堪斯运河旁的泪塔，彼得·奥斯特豪斯摄于 1860 年
左右。（图片来源：bezit Roedema-van Loon）

一个冬日，照片拍摄于新领主运河的水闸附近。水闸管理员将闸
口高高吊起，防止冰雪将其冻住。画面的背景是一艘老旧的帆
船，正在慢慢驶过水面。原本通过的水闸很容易，但由于大雪纷
飞，变得格外困难。画面中的一切显得那么老旧、陈腐，没有任
何新鲜的东西，仿佛岁月在所有的事物上都刻下了深深的烙印。

❖　❖　❖

随着时间的推移，阿姆斯特丹逐渐与它周边的水域连成了一片，导致城里漂亮的房屋在淤泥和沼泽中不断老化腐烂。一个例子便是位于艾兰运河的救济院，它曾经是 18 世纪侠盗沙库尔的"城堡"。记者加斯图斯·范·毛瑞克曾访问过这座已经破败的建筑，整座建筑呈现出一副荒废不堪的样貌，一些窗户已经破碎，有些干脆用纸糊住凑合。尽管如此，还是有 100 多口人住在这个"肮脏黑暗的洞穴里"。毛瑞克记录了自己的所见所闻，以下是我做的一些摘录：

> 房子后面有一个小地下室，这里充其量不过是一个潮湿的地洞，没有一点光亮。如果要是存放煤炭或者柴火，这绝对是一个绝佳的地方，但我在这里却见到了一大家子人：父亲、母亲、八个孩子和一条体型硕大的狗。

> 这间地下室的上方住着几个女乞丐，她们带着自己的孩子在周围的社区乞讨为生。暗淡模糊的光线透过已经变形且脏兮兮的窗户照到房间里，愈加映衬了屋内压抑、痛苦、肮脏的环境。从这杂乱无章的环境中，我们似乎还是能察觉到一些往昔好日子的踪迹。

> 随后，我被带到了一个老年单身汉住的小房间，里面的床板已经破损。在一块烧得漆黑的烟囱碎片旁边是一根快烧没了的蜡烛头、一块破碎的镜子、一罐印有祷文的过期的罐头和一对生锈的鼻夹。

> 在屋顶下方的小房间里弥漫着一种令人厌恶、潮湿并且散发着恶臭的气味。我看到房间里一个女人正在搓洗矿工丈夫穿过的红色内裤。

在另外一个房间里，一个身上只搭着几块破布的女人正蹲坐在邻居的火炉旁烤火。由于自己家里没有火炉，只能向邻居借用。实际上，她自己的房间中可谓"家徒四壁"，什么东西都没有。[13]

犹太人的贫困程度比其他阿姆斯特丹人要更加严重。尽管自巴达维亚共和国时期起，犹太人已被允许根据自己的意愿自由选择职业，并且有些犹太人已经尝试打破族群的界限，成为医生和律师，然而大部分犹太人还是靠一些小生意度日。经过数个世纪以来对职业选择的限制，大多数职业似乎已经和犹太人无关。他们在阿姆斯特丹有自己的独立社区，并与其他社区严格分开。他们的宗教信仰中周六不工作的习俗也给他们带来了许多麻烦。

沙库尔"城堡"里的房间，绘于 1886 年。(图片来源：Sjako)

在阿姆斯特丹，孩子们一到 12 岁就要开始工作赚钱。阿姆斯特丹的蜡烛厂就雇用了一批这个年龄段的孩子。女孩儿们负责搬运 20～30 公斤的箱子，男孩儿们有时会连续几周从早上 6 点一直工作到午夜 12 点。1886 年，一个糖厂的工人向阿姆斯特丹市议会的议员表示，在他 19 年的婚姻生活中，他和妻子一共生了 17 个孩子，但是只有 2 个活了下来。

荷兰作家和政府官员爱德华·道韦斯·德克（Eduard Douwes Dekker）记录了伐木工格拉斯·里斯（Klaas Ris）一家的财政状况。[14]里斯夫妻俩加上 3 个孩子每周的生活费用是 6 个荷兰盾。他们吃的食物主要是面包和土豆，其花费占据了每周支出的 2/3，剩下的钱要用来买衣服、鞋子和看病。如果需要大额开销，格拉斯会向雇主申请提前预支工资，但是这会导致整个家庭在接下来的几个星期内无法吃到黄油和肥肉，只能靠豌豆和盐配面包、土豆过活。德克曾问过里斯："你有没有为了让生活更舒适一些，给自己、老婆、孩子花过钱?"里斯无奈地回答道："我负担不起。"

❖　❖　❖

19 世纪，没有地标性建筑仍旧是阿姆斯特丹最显著的城市特征。此时的欧洲城市正在接二连三地搞城市基础设施建设，例如建造宏伟的宫殿、拆除破旧房屋、修建宽阔整洁的大道、铺设新的街道、建造独具风格的街区。与之相比，阿姆斯特丹依旧不为所动，仍然满足于自己"简朴"的水坝广场。广场上只有一座象征国家统一的简陋雕像，不过在城市暴乱中已经遭到了破坏，先是雕像的胳膊被人拆掉，接着头部也没了踪影。19世纪阿姆斯特丹建造的地标性建筑屈指可数，整座城市没有一处街道可以与英国伦敦的摄政街和奥地利维也纳的环城大道相提并论。人们也没有时间或者没有意愿想要启动类似于法国巴黎协和广场或是奥斯曼大道一样的市政工程，更别提对城市进行整体翻新的计划了。

虽然如此，阿姆斯特丹还是建造了一些新的项目，包括荷兰国家博物馆、中央火车站、音乐厅和人民工业宫①。阿姆斯特丹人对大型建筑兴趣的缺失一方面可能源于缺乏强有力的集权统治传统（通常来说，集权与宏伟建筑会一起出现）；另一方面，则源自阿姆斯特丹人精神层面的追求，"宏伟""强势"不符合荷兰中产阶级的性格和观点。此外，荷兰人认为自己的历史足够悠久，无须靠大型建筑来彰显国家的存在感。因此，这种大型的地标性建筑无论是其表现的意义还是建筑物本身，都不符合这座城市的精神特质。这或许是由于阿姆斯特丹的妥协文化过于强大以至于可以容忍现状，又或者是由于此时的阿姆斯特丹已经落后其他欧洲城市太远以至于无力像它们一样展示资本主义现代化的实力。不过，出现这种局面可能还受另外一种因素的影响：一些头脑清醒的荷兰人对所谓象征意义和世俗权力持嗤之以鼻的态度。

为19世纪的阿姆斯特丹捐赠了最大规模建筑物的是一个阿

————————

① 人民工业宫修建于1858—1864年，灵感来自伦敦的水晶宫。1929年，它被大火烧毁。

维特林斯堪上空的热气球，照片左侧就是人民工业宫。这
张照片由雅各布·奥利（Jacob Olie）摄于 1893 年。（图片来源：
Gemeentearchief Amsterdam）

姆斯特丹人眼中的"外来人"——塞缪尔·萨帕提（Samuel
Sarphati）。萨帕提是一个普通的犹太商人的儿子，他是一位医
生、化学家、面包商和慈善家，是一个活力十足、聪明绝顶、思
想活跃、精力充沛的人，是百年难遇的奇才。在他的字典里永远
没有"不可能"三个字。他试图通过几项大规模的建造计划唤醒
阿姆斯特丹沉睡的状态。他建造了一个垃圾收集厂，创建了一个

屠宰场，组建了一个填海工程机构，新建了一所商业学校和一所高等专科学校，成立了一家商业抵押银行。为了给普通民众提供物美价廉的食物，他在维瑟尔运河创设了荷兰首家面包工厂，每周可以生产 9 万条面条。此外，他还创建了一家名为莫比勒的信贷银行，主要为城市新兴工业项目提供贷款。从他涉猎的项目来看，他的经营范围囊括了阿姆斯特丹市场的各个领域。在市政府的档案材料中，我甚至还找到了一本他自己写的关于塔勒丹薄纱面料的小册子，这本小册子里面甚至还夹着一片红色布料的样本。

城市中的贵族阶层把塞缪尔·萨帕提看作一个暴发户，而不是一个正经的生意人，在他们眼里，塞缪尔最好做一个人畜无害的"疯子"。然而就是这个大家眼中的"疯子"却为阿姆斯特丹留下了宝贵的财富，他创建的酒店、工厂、银行或是屠宰场，有的甚至保留到了今天。有一个例子很能说明一切，当他准备在城外建造阿姆斯特尔酒店时，几乎所有人都不看好这个项目，然而这座酒店至今还矗立在那里，成为阿姆斯特丹最负盛名的酒店之一。

然而，当时的阿姆斯特丹人都有一种反大型建筑的情绪，所以当萨帕提规划酒店周围的建筑项目时，受到了城市官僚体系的责难与束缚。除了在酒店附近建造一些简单的机构和设施外，萨帕提还计划在阿姆斯特尔河左右两侧建造两处别墅区，配备大型花园和公园，有点类似晚些时候在冯德尔公园附近建造的社区。在这项计划的后面，他还为阿姆斯特丹中低阶层和工人群体预留了空间，希望将城南的一片区域并入阿姆斯特丹主城，用以为他们修建住宅。不过，萨帕提于 1866 年就去世了，他的那些宏伟设想也戛然而止，后继者们没有一个人可以达到他那样的高度以继续推动项目的开展。

即使存在这样一个人，他的计划也很难实现，因为但凡超出常规一点点的计划都会被市政府否决。在这个阶段，相比市政府的碌碌无为，个人自发的行为成为引领城市变革的主要力量。随着政府监管的放松，阿姆斯特尔河沿岸的果园、锯木厂等项目很快建立起来。不过，因为当时的大部分人都希望从这些项目中迅速获得收益，因而不太重视建筑的质量。人们使用的木材和石料都质低价廉，房梁很单薄，水泥里掺了沙子。这样的施工标准导致建筑事故频繁发生：1876年，在费迪南博尔大街正在建造的一栋房屋突然倒塌；1900年，威利布罗多大街的房屋也出现了类似的问题。受到建筑质量低下的影响，没过几年，城里的街道看起来已破败不堪。1882年，《阿姆斯特丹学生年鉴》（*Amsterdamsche Studentenalmanak*）的编辑在参观完一处名为派普的社区之后提出了一个疑问："当你看到这些高耸却单调的房屋时，会产生什么样的想法？是不是想马上离开这里？"

萨帕提在一片反对声中，还是成功地在阿姆斯特丹建造了一座标志性建筑——位于弗雷德里克广场的人民工业宫，现在那里是荷兰银行的所在地。这是一座在当时非常先进、质量很高的建筑物，建筑使用的材料是钢铁和玻璃，以伦敦的水晶宫和巴黎的工业宫为模板。萨帕提希望用这座建筑给阿姆斯特丹留下一座用于商业和会展的宏伟地标，并让它成为阿姆斯特丹迈入现代化的标志。

1858年9月，人民工业宫的第一根地基桩由威廉三世亲自打入地面。此时，萨帕提无比兴奋，认为这座建筑"以上帝的名义展现出人类的天赋，将惠及整个世界"。他还在现场进行了演说，用自己的方式宣扬了他所处时代的乐观主义精神。

　　六年后的 1864 年 8 月 16 日，在经历了种种辩论和质疑之后，人民工业宫正式由弗雷德里克·亨德里克①（Frederik Hendrik）亲王宣布启用。对萨帕提而言，这是胜利的一天，也是阿姆斯特丹迈入现代化的一天。上万名阿姆斯特丹民众聚集在广场上，为的就是一睹用玻璃创造的建筑奇迹。这座建筑有上百个拱形窗户，它的主厅和巨大的玻璃穹顶上方是一座闪闪发光的女神雕像，她的手中握着一个真实的火炬，晚上在很远的地方都能看到它的火焰在闪烁。在现场，萨帕提向亲王诉说阿姆斯特丹人是如何用一砖一瓦建起这座伟大的建筑。"每一块石头、每一颗钉子都是靠人们的双手一点点垒砌和安装的。"[15] 随后，乐队进场开始演奏冯·韦伯（Von Weber）创作的庆典曲目。亲王向萨帕提——这个所谓的"外来人"——授予爵位，各家报纸不断为他送上赞美之词：

> 建筑升起的地方
>
> 指向真理和光芒，
>
> 我们歌唱，我们赞美
>
> 献给他与生俱来的智慧
>
> 以及他那优雅又果敢的决心

　　当天晚上，阿姆斯特尔河上空烟火璀璨，在一朵朵升空的

---

① 弗雷德里克·亨德里克：荷兰国王威廉三世的第三子，在长兄去世之后成为王位继承人，直到 1884 年去世亦未能继承王位。

"花朵"映衬下，这座宏伟的建筑变成了童话里才会出现的美丽城堡。但是，可怜的萨帕提并没有机会长久地享受这座建筑给他带来的荣誉，两年后他就去世了，享年53岁。

幸好"他的"建筑还在。然而，单从举办展会中获得的收益无法维系整座建筑的运转，因此这里还会不时地举办音乐会、戏剧和歌剧演出。为了适应这种变化，人们在人民工业宫内规划了音乐厅，以及一个展出油画作品的画廊。随着各种设施的完善，这里很快就成了大众关注的热点。蒙面舞会、东方戏剧、展销会、热气球飞行、为穷人孩子募捐，诸多活动，应有尽有，人民工业宫变得越来越热闹，尽管这或许与萨帕提的初衷不一样。不过，他的另外一个梦想终于变成了现实：优美的宫殿从城市的地平线上拔地而起，它的和谐与美好鼓舞着周围的一切事物蓬勃向上。时至今日，这座建筑传递的精神力量依旧环绕在阿姆斯特尔河和弗雷德里克广场周围。

世界级的城市总面临着治理难题，不过一旦一些商业机构在城市的核心地带发展起来，那么整个城市就会被迅速带动起来。这种经济体系带来的吸引力是巨大的，可以使一座城市禁得住负面力量的冲击。如果不是受到恐怖战争或者其他巨大灾难的打击，像阿姆斯特丹这样的大都市一旦跨过一定的门槛，便很难中断发展的进程。

正是因为这个原因，阿姆斯特丹最终追赶上了19世纪其他欧洲城市发展的步伐。这种城市发展的变化不是日积月累形成的，而是一种井喷式的爆发，就好像阿姆斯特丹人非常不情愿地被人抓住了脖颈，被迫往前飞奔。如果回到1860年的阿姆斯特

海船驶过阿姆斯特丹的新港口，雅各布·奥利摄于

1890 年左右。（图片来源：Gemeentearchief Amsterdam）

丹，你会感到城市安静得可怕，甚至可以听到大头针落在街面上
的声音。但是，仅仅过了不到 20 年的时间，情况就发了巨大改
观。1877 年，比利时作家夏尔·德·高斯特（Charles de Coster）
走在傍晚的戴姆拉克和卡尔夫大街上，发现四处可见灯火通明的
商店，里面陈列着闪闪发光的珠宝和各式各样的生活用品，商店
里面也是熙熙攘攘，到处是购买商品的顾客，"装上灯光的地下
室开辟了宽敞的入口，充当起了商店，里面有各种颜色和各种样
式的玩具、围巾和纺织品。码头和运河也热闹起来，配有绿色船
灯的蒸汽船穿过漆黑、沉寂的水面，驶向城市的各个方向。公共
马车在城市穿梭，搭载着上上下下的行人，车轮压过鹅卵石街面

的声音始终回响在空气当中。大量的街灯映射在运河的水面上，像是一条炽热的火蛇在水中穿梭"[16]。就这样，一夜之间，阿姆斯特丹从睡梦中醒来，立刻就拥有了我们印象中欧洲城市所特有的味道。这听起来是那么的梦幻和不真实，好似天上掉下来的馅饼，狠狠地砸在了阿姆斯特丹人头上。

阿姆斯特丹在 19 世纪后半叶出现的经济奇迹有多方面的原因。首先，它得益于实力强劲的邻国——德国。当时，德国正在逐步树立起自己在欧洲工业领域领军者的地位，并带动了周边地区的发展，其中就包括阿姆斯特丹。其次，这座城市的发展还得益于荷兰在远东地区的殖民地。随着苏伊士运河的开通以及新的农业系统的应用，短期内，荷兰从这些殖民地源源不断地获得了巨额财政收入，支撑了国内大量铁路、港口、运河和其他基础设施项目的建设。

阿姆斯特丹与其他地区的陆上交通网络逐渐形成。1847 年，阿姆斯特丹与鹿特丹实现了铁路连接。1856 年，阿姆斯特丹与德国莱茵河地区实现了铁路连接。1874 年，阿姆斯特丹与荷兰北部实现了铁路连接。为了应对日益繁忙的交通网络，阿姆斯特丹在德罗赫巴克建造了一座大型的临时木质火车站用以连接与各地的陆路交通，而在城市周边兴建的桥梁和高架路又进一步将铁路引入了城市中心地区。

通过上述措施，人们很快注意到阿姆斯特丹发生的另外一种变化：机动性的增强。仿佛一夜之间，阿姆斯特丹人可以在一天之内抵达巴黎（之前则需要花费一周的时间）。城市的商品及其承载的思想在整个欧洲四散传播，而蒸汽火车的到来使得现代化成为不可逆转的趋势。

1869 年，随着南非发现了大量钻石矿，人们进入了一段钻石狂热期。这立刻对当时阿姆斯特丹最重要的支柱产业——钻石业——的发展产生了重大影响。随着大量订单的涌入，钻石工人的薪资水平水涨船高，达到了时至今日都难以超越的高度。这对于赤贫的犹太穷人而言是一个小小的奇迹，因为阿姆斯特丹几乎 1/3 的犹太人都在从事与钻石相关的生意，分割、切割、抛光等基本上都是由犹太工人完成的。而现在，犹太人已然成为工人阶层中的精英分子。他们发现自己的财力可以支撑孩子们在学校学习更长的时间，这也一定程度上提高了整个家庭的知识水平。还有些犹太人干起了自己的买卖或者购置了房产。当时，在韦斯普塞德社区和它后面的斯旺姆丹社区突然间出现了一些富裕的钻石工人。不过，这种天堂般的生活只持续了不到 6 年时间，之后一切又都回归了"正常"的贫困状态。但是，对于很多钻石工人而言，这场突如其来的变化让他们重新看待生存的意义，他们将永远不会忘记短暂经历的一切。

不过，推动阿姆斯特丹走向现代化的最大驱动力则是北海运河的开凿工程。这项工程始于 1865 年，于 1876 年开通运河。这条全新的海洋通道位于阿姆斯特丹的正西方，可以直接穿过沙丘地区连接到北海。这条运河允许当时吨位最大的船只通航。与之配套的城市港口也进行了扩建和翻新，新的码头和岛屿也相继出现在人们的视野当中。中央火车站的初步轮廓逐渐显现在艾湾之上，这座火车站于 1876 年设计，1882—1889 年建造。整座城市的面貌焕然一新。几年后的 1892 年，阿姆斯特丹通过梅尔韦德运河成功地与莱茵河以及与之连接的德国腹地贯通起来。之后，又对这条运河进行了拓宽和加深，部分河段最后成为阿姆斯特丹—莱茵运河的一部分。与此同时，阿姆斯特丹正在建造两个规模前所未有的全新港口岛屿，它们的职能主要有两个：作为印度航线的起点和作为交通中转枢纽，连接去往内陆地区的铁路和航船。总体上看，阿姆斯特丹港口的布局已经确定下来。人们通过水闸将艾湾封锁，使其变为一个大港口，这也使阿姆斯特丹港成为仅次于鹿特丹的荷兰第二大港口。

随着经济的不断复苏，阿姆斯特丹的供应商们也获得了源源不断的订单，这也激发了人们的创业热情，一下子涌现出几百家小公司。在城市的街头巷尾，随处可见这些小公司的招牌，有奶酪商、皮革商、管道清洁公司、艺术玻璃公司、马车制造商和钻石切割商，等等。

就这样，这座古老的城市翻开了新的发展篇章，一座新的阿姆斯特丹城呼之欲出，其繁荣几乎持续了一个世纪之久。

这段时期，阿姆斯特丹也从一座水城逐渐变成了一座陆地城市。加斯图斯·范·毛瑞克在一则故事里描述了他在 1872 年夏天的一个夜晚坐在艾湾的游艇港口前的长凳上看到的情景。当时，这座城市正在努力地规划城市中最后一块水域，这里将被工人们填埋，需要给未来的中央火车站、码头和其他即将建造的建筑腾出地方，游艇码头和附近奇形怪状的小房子以及被虫蛀的栈桥都将消失。毛瑞克写道，"那些坐在露台上的阿姆斯特丹市民就是想再多看一眼旧时的艾湾，他们对市政府破坏原貌的改造工程感到愤怒不已。"毛瑞克的邻居对他说道："我可以在这里坐上

从今天中央火车站所在的位置看到的景象，J. L. 范·登·
博什（J. L. Van den Bosch）于 1825 年绘制。（图片来源：Gemeen-
tearchief Amsterdam）

一整晚，多么美妙与宁静的景色啊！"这位邻居是一个叼着烟斗
的老人，和其他人一样，坐在这里享受着夏日夜晚从艾湾吹来的
风，这风的味道清新但又带着些许咸咸的味道，里面还夹杂着艾
湾对岸绿地和干草的气味。[17]

　　中央火车站是阿姆斯特丹在 19 世纪建设的最大工程，也是
最为愚蠢的城市规划项目。最开始的建设计划是将火车站放在今
天的萨法蒂公园附近，这样可以将雷格利尔运河填埋，铺设一条
从内城到车站的漂亮、宽敞的站前大街。此外，还要在阿姆斯特
尔河上建造一座大型的铁路大桥，进而为铺设城市铁轨做好准
备。新的城市铁路将穿过特朗斯瓦尔、德派普社区和如今阿姆斯
特丹的南部地区，与现在的斯帕伦丹社区相连——那里还将建造

一座大型的货运车站。但当时的海牙当局①认为，火车站的最佳地点在城市的正前方，即三个人工岛的所在地。

几乎所有的阿姆斯特丹本地专家和其他参与设计的人员都认为这是一个灾难性的计划，称其为"最恶心的点子，会给这座美丽和荣耀的城市带来巨大伤害"。尽管如此，本身就对阿姆斯特丹比较反感的内政部长索尔贝克和交通运输部铁路事务局强力推进火车站按该计划建设。最终，这项计划以微弱的优势获得了阿姆斯特丹市政府的通过。

阿姆斯特丹商会在一系列的演讲中警告说，如果火车站最终出现在如今的位置，将会成为"永久的且不可挽回的错误"。这将导致凯滕伯格的码头无法停泊大型船只，商会非常担心火车站的建造会影响阿姆斯特丹的贸易港口地位：为了建造火车站，不得不新建一座人工岛屿，这会使得港口有可能遭到"永久性的破坏"[18]。不过，结果证明，火车站的建造对港口的影响是微小的。阿姆斯特丹在尼沃斯塔德海尔伯地区获得了一个更好的港口，比之前的港口设施更好、规模更大。由于铁路线切断了城市原本的布局，导致阿姆斯特丹在后期向外扩张的过程中遇到了很多意想不到的难题，特别是艾湾一带为此付出了巨大代价。尽管车站的设计者 P. J. H. 塞普斯（P. J. H. Cypers）为阿姆斯特丹带来了一座宏伟建筑，但是整座城市与艾湾的连接被断开。此前从艾湾吹过的风可以贯穿整座城市，提供源源不断的新鲜、自由的空气，如今这一切已经不复存在。美妙的城市全景图中绵延两英里的船

---

① 海牙为荷兰政府和王室所在地，此处意指国家层面的决策。

榀、房屋尖顶和商人的住宅被永久性地摧毁了。[19]

正如阿姆斯特丹商会警告的那样，由于关上了与艾湾连接的大门，阿姆斯特丹结束了作为一个传统水上城市的历史。17世纪阿姆斯特丹内城交通体系的构造和发展主要围绕三种交通工具进行：帆船、拖船和马车。"哗哗作响的桥链与车马声响混在一起，蒸汽船的汽笛声遮盖住了教堂塔楼的钟声；船上覆盖着城市街道上散落的树叶；马车与运河上的货船并驾齐驱；商店的倒影映衬在运河的水面之上，而运河上的船只则倒映在岸边商店的玻璃窗中。"年轻的意大利人埃德蒙德·德·阿米西斯（Edmondo de Amices）这样描述1873年的阿姆斯特丹，"陆上的生活和海上生活紧密地交织在一起，构成了一个全新且生机勃勃的戏剧舞台。"[20]

但是没过多久，这种和谐的景象就消失不见了。几十年的时间里，阿姆斯特丹转型成了一座陆上城市，铁路取代了此前水路的功能。一些运河，例如黄金花运河，因为卫生的原因被填埋起来，但实际上主要是为了拓宽街道路面而做出的牺牲。当然，这些举动并非完全没有意义：城市里数不尽的陡峭桥梁、人行道路、篱笆墙、地窖洞口和储藏室特别不适合发展轨道交通、车辆交通。为了配合城市西部的发展，搭建高效的轨道交通体系，人们分别在1889年和1895年填埋了罗森运河和瓦慕斯运河。1904年，"令人心情愉悦的欧弗尔杜姆运河"被填埋。紧接着，20世纪30年代，维瑟尔运河被填埋。人们甚至还在狭窄的阿姆斯特丹市中心建造了一条大道，紧邻著名的戴姆拉克水道和罗金河。[21]

1857—1895 年，大大小小共有 16 条运河从阿姆斯特丹的地图上消失了。这种填埋运河的疯狂举动直到 19 世纪末才有所缓解。阿姆斯特丹的精英们逐渐认识到，他们在建造中央火车站的时候似乎忘记了一些本应该考虑的问题：城市的美观。

19 世纪末，阿姆斯特丹的一处水景，位置在如今的博物馆广场附近。照片由雅各布·奥利摄于 1894 年。（图片来源：Gemeentearchief Amsterdam）

下面轮到了尼沃塞德·沃尔保瓦尔运河。这条运河宽窄合适，是一条连接多个令人惊喜的小广场、精致的教堂和历史遗迹的运河，被视为阿姆斯特丹最美的运河之一。按照规划，它即将被改造成一条单调枯燥的街道。随着计划出炉，媒体开始连篇累牍地抗议这项规划，它们明确反对"粗浅地、毫无特色地模仿外国城市"的做法。当 1901 年有关方面计划将雷格利尔运河和斯皮尔运河填埋时，那些想保护自己家园和历史街区的人们进行了强有力的游说工作，导致计划搁浅。就这样，阿姆斯特丹古老的架构被拯救了下来。与巴黎和伦敦相比，阿姆斯特丹是幸运的，因为在 19 世纪开发的过程中，这两座城市从中世纪到 17 世纪传承下来的城市结构几乎遭到了彻底毁坏。

　　阿姆斯特丹的人口再次出现增长趋势，从 1840 年的 211 000（1795 年的时候人口数量低于 221 000）增长到 1859 年的 243 000，之后又增长到 1869 年的 265 000。随着港口和其他大型建设项目的开展，城市为民众提供了大量工作机会，吸引了许多外来人口的涌入，并最终在 19 世纪末形成了一波移民潮。1880—1910 年，超过 13 万外来移民从弗里斯兰、格罗宁根和上艾瑟尔等贫穷地区来到阿姆斯特丹并定居在城市周边。今天生活在阿姆斯特丹的居民，只需要往回追溯三四代人，就可以了解到自己家族从乡村搬到城市之后的生活变化。如同 17 世纪一般，阿姆斯特丹再次成为新移民的家园。到 1900 年，阿姆斯特丹的人口总数已经超过了 50 万。

　　阿姆斯特丹的发展从未有过如此规模。首先，在 1860 年，原先的城墙所在地被用来建造新的房屋，位于马尔尼克斯大街的几排民居就是当时修建的。对于人数众多的中产阶级而言，原先的植物园被改造成了漂亮社区。阿姆斯特丹也在 19 世纪出现了首个"现代化"的居民社区。派普社区在 1868 年经历了一次扩张，之后位于阿姆斯特尔河对岸的斯旺姆丹社区也进行了扩张。1880 年之后，达普和奥斯特帕克地区也进行了改造，随后城市便慢慢地开始向东西两个方向扩展。

　　这一时期，城市规划几乎不是市政府的工作重点。如果一家建筑公司想要在已有的拥挤地块中再塞进去一条街道，市政府一般不会反对。如今在达普地区可以看到的诸如范斯文登这样的奇怪小街便是这种"创举"带来的结果。有些建筑商甚至在沼泽地基上直接铺设砂层，这导致他们建造的房子普遍低于圩田的水面高度。这也是为什么今天你在贝拉米大街和肯克地区会突然感觉踏进了一个比周围都要低上半米的区域。[22]

整座城市中，只有一个地区逃过了 19 世纪无序扩张的影响，即冯德尔公园。当那里的植物园休闲区被清理干净、准备建造房屋时，股票交易所的成员和银行家们创建了一只基金，用来建造一座新的大公园。冯德尔公园的出现使得阿姆斯特丹在城市规划和功能层面又一次有了可以和其他大城市一较高下的资本。不过，这些基金的创始人购买的土地面积远大于公园建造所需用地，目的是通过售卖不需要的土地来对公园建设给予财力上的支持。当这块土地被拍卖之后，市政府开始在其他运河带的建设项目上进行相同的限制性规定：民间资本可以使用建筑用地，但不能建造工人宿舍和厂房设施。在这种政策的支持下，城市里很快出现了一块新的区域。在这片区域中，四处可见庄严宏伟的别墅楼群，被冯德尔大街和威廉帕克路等这些安静、宽阔、绿树成荫的大道有序地分割开。这便是如今阿姆斯特丹老城南区的雏形。许多重要的机构都设在这里，包括 1881 年建成的驯马场、1888 年建成的阿姆斯特丹音乐厅。1885 年在这里新建的荷兰国家博物馆则成为这片区域又一座有分量的建筑。[23]

❖　❖　❖

19 世纪的阿姆斯特丹并非一个"完整的"城市，而是由不同风格的"小城市"构成的集合体，但这些"小城市"彼此之间很少往来。如同世间万物都有不同的等级和次序一样，阿姆斯特丹内部的层级也非常明显。让我们再回到毛塔图里的《沃特尔·彼得斯的历史》这部小说中。小说里面有个叫作潘尼韦普的人物，他自己设计了一种等级结构，以判定小说里年轻的英雄人物沃特尔所归属的阶层。实话说，小说里主人公的地位更靠近底部阶层，而非高级阶层。我引用书中的原话进行解释：

资产阶级，第三阶层，属于第七分支

中产阶级居住的"房子"：

(1) 独立的房屋入口，三扇窗户和带有暗室的两层房屋。男孩儿们在自己的房间里睡觉，但是和女孩儿们一起洗漱、穿衣。有折叠屏风。学习法语……女孩儿们取名叫蕾娜，有时可以叫玛利亚，但是很少会叫路易斯。她们做一些针线活儿，并且非常有礼貌。男孩儿们长大后则去办公室坐班。家里雇用仆人、裁缝和"一个做苦工的人"。由于在屋里晾洗衣物，所以房间比较潮湿……星期天吃熏肉、清洗床单、饮酒、喝咖啡。全家信仰宗教，有一定的社会地位。

(2) 还是三扇窗户，房子只有一层……女孩儿取名叫蕾思、梅特，叫路易斯的情况非常罕见。不管男孩儿还是女孩儿，都住在一个房间。有仆人、"半个裁缝"，还有一个"干杂活儿的人"。星期天吃奶酪、不喝酒。将宗教信仰和社会地位看得最为重要。

（3）住在二层，两扇推拉窗。全家都睡在两张床上。男孩儿一般取名叫路易、彼得或者杰利特，长大后成为钟表匠或者排字工。有时会去海边度假，但是这种情况很少发生……宗教信仰是最看重的事情。认识一些"非常受人尊敬的人"。没有仆人或杂工，但有一个兼职的裁缝。

在潘尼韦普心里，沃特尔·彼得斯属于上面阶层分类中最低层次的一员。

直到19世纪中叶，阶级的概念才变得至关重要。一个阿姆斯特丹是由"绅士"和"高级阶层"的人组成的，资产阶级也将自己看作他们当中的一分子。另外一个阿姆斯特丹则由普罗大众构成，即"普通人"和"穷人"；劳工们被视为社会资源的消耗者，而不是财富的创造者。在这两个阿姆斯特丹之间，还存在一个概念不是很清晰的中间阶层。

有了这些概念，一个人很容易将自己归类于某个阶层之中。比如，我们很容易判断出一个戴礼帽或普通帽子的人来自哪个阶层：绅士们常常头戴礼帽，冬天戴黑色的，夏天戴白色的；一个工人则全年佩戴同样的普通帽子，不会有变化。工人们平时身穿工装，绅士们则披着正式外套。至于女性方面，凡是穿着带有裙衬和环箍裙子的女士，很容易判断出她们不用外出工作（不然的话，不会穿这样精致的衣服）。人们在称呼她们时，常常在姓名前冠以"女士"（对已婚女性）或者"小姐"（对未婚女性）的称谓。

如果一个社会缺乏流动性，那么阶层变得僵化只是时间问题。这也是阿姆斯特丹在 19 世纪上半叶出现的问题。严格的等级划分使得高高在上的一小撮人始终占据着优势地位，却难以从其他阶层中获得新鲜血液的补充。处在社会底层的人很难向上流动。对他们而言，唯一的出路是去殖民地寻找发展的可能，或者是成为一名教师或牧师，但这种选择也并非很容易实现，因为当时阿姆斯特丹的拉丁语学校和法语学校只接受上层人士的子女。

不过，随着城市现代化进程不断加快，这种情况逐渐开始得到改变。最直观的感受就是街上行人的穿着出现了差异变化。19 世纪晚期，来自所谓高级阶层的人不再穿昂贵的夹克、马甲和西裤，他们更加喜欢普通的黑色夹克和黑色领带。1850 年之后出现的成衣制品，进一步模糊了不同阶层人士的穿衣区别。"阶层"作为区分不同人群的概念依旧存在，并且此时尚未被另外一个标准——金钱——所取代，不过它已不再是描述和区分不同人群之间差异的标准。

然而，新兴的资产阶级已经在此时开始征服整座城市，他们"成立"了一个由公务员、公司经理和工程师组成的群体。这些人尽管属于城市旧有管理体系的一部分，并且收入不错，但他们对此并不满足。一个人昨天还是一个手工艺人，转眼间可能就会成为一家规模庞大的现代化工厂的技术工人。考虑到生产商已经不再直接与顾客接触，此时便出现了另外一个群体：中间商和零售商。他们扮演了连接生产者和消费者的桥梁。这些变化发展得很快，仅用了一两代人的时间就已经完成，其速度不禁令人啧啧称奇。

这个时期的文学作品常常描述新兴资产阶级的生活。由于他们在社会中地位的提升是靠短期内财富的积聚实现的，所以他们很难依靠自己的力量设定属于这个阶层的道德和行为标准，于是他们向原先的"绅士"阶层借鉴经验。新兴资产阶级在韦斯普塞得、阿姆斯特尔戴克、斯塔德豪德尔卡德、宾嫩坎特和植物园中央大道新修建的房屋，或多或少都在模仿那些运河边上的豪宅风格，与之相比只是在体量和装修的奢华程度上有所弱化。甚至连派普地区的一些小房子也会在自家大门上进行一番装饰，用石灰在天花板上做一些造型。尽管这些看起来都很廉价、简单，但是足够体现出新兴资产阶级对于体面生活和社会地位的追求。

19世纪下半叶是社会变革的时期：固有的格局开始转换或者消失，新的阶层不断涌现，就好像火山爆发一样令阿姆斯特丹的社会为之颤抖，同时狠狠地撕扯着旧有秩序。

人们逐渐对外面的世界产生了浓厚的兴趣。阿姆斯特丹也成了一座"报业之都"，在尼沃塞德·沃尔保瓦尔的派普市场，弗里特大街聚集了一批来自英国的报业公司。城市里的每个人都可以找到适合自己阅读的报纸。自由派阅读著名的《普通商报》，这份报纸从1830年开始以日报形式发行，在记者圈子里，它被称作"派普市场的大主教"。中产阶级更喜欢读《每日新闻报》（*Nieuws van de Dag*）、《荷兰新闻报》（*Het Nieuwsblad Neder-land*）以及稍晚些出现的《回声报》（*De Echo*）。此外还有《黄文报》（*Het Geeltje*），一份尺寸较小、因用黄色纸页印刷而得名的报纸，其前身是已经停刊的《阿姆斯特丹商报》（*Amsterdamse Courant*），不过很快它就被《普通商报》挤压得失去了市场。对于喜欢看八卦消息的读者，可以选择《阿姆斯特丹速闻报》（*Amsterdams Vliegend Blad*），这是一份八卦小报，经常报道一些火灾和其他敏感新闻。自由的激进分子喜欢读《阿姆斯特丹人》（*De Amsterdammer*），最开始这是一份日报，但之后将名字改为《绿色阿姆斯特丹人》（*Groene Amsterdammer*），并改为周刊。新教徒喜欢读《标准报》（*De Standaard*），天主教徒则读《时代报》（*De Tijd*）。此外，人们甚至可以找到一份非常特殊的报纸，只给那些喜欢读特定领域报道的读者准备，名字叫《阿姆斯特丹明灯报》（*Amsterdamsche Lantaren*）。它的发行时间不确定，主要是报道一些知名人士的丑闻，并主要在这些事件发生地附近兜售。"大家快来买呀！《阿姆斯特丹明灯报》，这期报纸讲了阿姆斯特丹一个行为恶劣的房东和女寡妇以及她朋友的秘闻。他们的名字和住址都在报纸上。一份报纸就卖 3 分钱。"一般情况下，这些报道里提到的人会很快找到这些卖报的小贩，一次性买光所有报纸，算是对小贩和这些报纸编辑们"辛勤工作"的补偿。[24]

　　较为严肃的媒体之间进行的讨论一定程度上折射出阿姆斯特丹政治生活的主题。富有的资产阶级推崇的老派自由主义思想面临着与日俱增的压力。普通的新教徒和天主教徒提出了一些为自己所在群体争取利益的诉求。这是一场发生在较为封闭圈子里的社会运动，主要集中在学校和工会内部。他们首先要求巩固自己的利益：公共资金也应当给予私立学校支持，因为那些选择私立学校的孩子所在的家庭依旧在正常纳税，税款却只支持公立学校的发展。每一个天主教会都应该有一所属于自己的天主教学校、一份天主教报纸、一些天主教政治家和天主教徒蔬菜商。此后，新教徒也提出了类似的要求。20世纪上半叶，这种"爱比较"的社会诉求又向前迈了一步，连广播电台、托儿所等几乎涵盖荷兰生活方方面面的机构和场所，都被刻意地标上了某个群体的标签。

再看看左翼群体，自由派成员（通常来自权贵家族）受到一群年轻市民的指责，这些年轻人组织要求政府立即结束放任的管理方式。对他们而言，私人经营的交通和燃气、自来水公司与魔鬼无异。他们深深明白，身处现代化的时代背景中，城市规模不断扩展，过去那种管理驳船和小商铺的行政模式早已无法适应新时代的要求。这个"激进"群体的最主要的代表是威廉·特鲁勃（Willem Treub）。他认为自由主义者就像"一个老女人，无论你怎么做，永远都激发不出她对生活的激情"。他和此后成为社会主义运动领袖的P. L. 塔克（P. L. Tak）一起创建了一个选举协会，并且在数次会议上宣扬他们革命性的政治抱负，如：实现普选，建造保障性住房，政府收购民营燃气、自来水公司。对于激进分子而言，他们关注的事情关涉大众利益，"这些东西如果交给私人企业去做，可能会无功而返，或者说无法完整、迅速、低成本地实现我们的目的"。

1893年，特鲁勃成功当选阿姆斯特丹市长。此时，选民的范围已得到大大扩展。他上任后立即开始了另外一项计划：去私有

斯塔德豪德尔卡德大街与费迪南博尔大街的交叉口，雅各布·奥利拍摄。（图片来源：Gemeentearchief Amsterdam）

化。他先是吊销了一家名叫皇家大陆燃气联合公司的执照，之后由政府成立了一家新的生活服务公司。相同的操作发生在自来水管道行业和阿姆斯特丹公共交通公司（该公司自1875年开始运营阿姆斯特丹市内多条公共交通线路）。通过这些举措，特鲁勃促使市政府的管理逐渐有了稳定的社会基础。

　　最初时，城市的电力供给基本由政府垄断，但是电话业务的运营则由荷兰贝尔电话公司掌控。1896年，阿姆斯特丹市政府开始组建自己的电话网络，这引发了一场贝尔电话公司与阿姆斯特丹市政府之间的暗战。当时，电话网络主要由城市上空四处可见的电话线组成，因此配套建造了许多高耸的电话线塔，这导致线路容易出现混乱。如今，我们依然可以在旧证券交易所附近看到当时留下来的一座电话塔。正是这种混乱的线路，导致任何一个人都可以在晚上通过剪断一些电话线造成整个电话网络的瘫痪。贝尔电话公司就是这么干的，他们甚至还建造了一艘特制的船，船上的桅杆很高，桅杆顶部固定了锋利的刀片。这样，当船驶过运河时，就可以切断悬挂的电话线。1896 年 10 月 30 日，贝尔电话公司由于承受不住法庭制裁的压力放弃了抵抗，至此，双方的明争暗斗才告一段落。1896 年 11 月 1 日，阿姆斯特丹终于有了一家属于自己的市政电话公司。

而城市的工人运动也在不断发展。曾经处于社会边缘的阿姆斯特丹工人阶层从来不是一个温顺听话的群体，但他们此前从未真正挑战过固有的社会秩序。然而，现在形势发生了改变。

早在 19 世纪中叶，排字工和钻石工就创建了本行业的工会组织。到了 19 世纪末，其他领域的工人也开始组织起来。让我们把时间拨回到 1872 年，这一年，不仅仅排字工人开始组织罢工，烟草工和面包工也不甘落后。同年，卡尔·马克思（Karl Marx）在阿姆斯特丹向工人们发表了演讲。1879 年，阿姆斯特丹出现了首份关心工人阶层的报纸《大众的权利》（*Recht voor Allen*），其主编是广受欢迎的费尔迪南·多米拉·尼温豪斯（Ferdinand Domela Nieuwenhuis）。这份报纸在各个地区的工人群体中广为流传，并且在几年后阿姆斯特丹发生的社会巨变中发挥了重要作用。

社会主义几乎成了阿姆斯特丹工人们的信仰，而曾经的牧师费尔迪南·多米拉·尼温豪斯则成为社会主义的倡导者。他放弃了自己的神职工作，全身心地投入到工人阶级运动中。在一些社

雪中的尼古拉斯教堂，伯纳德·F.埃勒斯（Bernard F.Eilers）拍摄。

区，激动的工人们将他视作偶像，高高举起。1886 年的春天，他因为讽刺性地模仿威廉三世，被当局以"不敬罪"逮捕。为此，阿姆斯特丹的街头还爆发了一些小规模的骚乱。1886 年 7 月 4 日，工人们在拉姆港外围的公园集会，高唱一首当时在工人群体中很受欢迎的歌曲，歌词这样唱道：

> 他们是你的主人，你是低贱的寄生虫，
>
> 他们要求你信仰上帝；
>
> 他们自己已经拥有了进入天堂的权利
>
> 而你仍在地狱中慢慢地腐烂。

三周后，"鳗鱼起义"在约旦区爆发，最终导致 26 人死亡和多人受伤。在这次起义中，市民在阿姆斯特丹街头设置的防御性路障第一次出现了红色旗帜。

1886 年 7 月 25 日，在阿姆斯特丹发生的一次民众起义。警察试图阻止民众玩"拉鳗鱼"① 游戏，双方爆发了冲突。历史学家认为，这起事件的爆发与 19 世纪阿姆斯特丹贫富差距分化日益严重的背景关系很大。

"鳗鱼起义"实际上是我们今天常说的警民冲突，往往是警察介入了群众抗议活动从而引发的暴力事件。导致这场暴动发生的因素有很多，但是直接原因却是琐碎小事。

------

① "拉鳗鱼"是荷兰一个古老的民间游戏，人们将绳索横悬在运河或其他水面上，之后将一条鳗鱼吊在绳索之上，参与者驾驶小船过去，将鳗鱼拉下来，或者紧紧地攥住它，将鱼头扯断。为了达到更好的效果，鳗鱼还常被涂上肥皂。当然，这项游戏最有趣的地方就是那些参与者常常会随着鱼头的断裂掉入水中。政府在很多年前就禁止民众玩这种游戏，认为这是一项"残忍的娱乐活动"。

这幅画表现了"拉鳗鱼"游戏的场景,图中的参与者还没有拉到鳗鱼,已经快要跌入水中。(图片来源:Gemeentearchief Amsterdam)

在 1886 年一个温暖的夏日,林登运河(此后被填埋,成为一条街道)附近的居民在街上组织一些诸如背麻袋赛跑之类的娱乐活动。这场活动非常成功,于是大家决定在下一个周日,即 7 月 25 日,搞一次已经很久没人玩儿过的"拉鳗鱼"游戏。20 名约旦区的居民参与了这次活动,他们每人交了半个荷兰盾,用这笔钱买了一条肥壮的鳗鱼,剩下的 6 荷兰盾当作这次游戏的奖金。警察们闻风而动,将他们事先捆在河面上的绳子解开了。警察的举动被发现后,立刻有人用雨伞攻击警察,还有一名警察被丢进了地窖里，这引发了一场小规模的骚乱。然而，阿姆斯特丹的警察们并不想忍气吞声，立刻派了一支小队前往现场，不想却遭到了石块攻击。与此同时，恰巧周边的人民公园正在进行一场工人集会。警察们用警棍和佩刀驱散了人群，有些人还遭到逮捕。大约10：00，事态看起来得到平息，街道恢复了平静。

这幅由E. A. 蒂利（E. A. Tilly）完成的作品描绘了林登大街和林登运河交叉口发生"鳗鱼起义"时的场景。（图片来源：Gemeentearchief Amsterdam）

　　然而，第二天才是冲突爆发的时刻。或许是受到 1871 年法国巴黎公社运动的鼓舞，人们在林登大街和布姆大街纷纷设置了路障。在林登运河上的星期六桥上方，一面红旗和一面黑旗随风飘动，不过这两面旗帜很快就被忠于奥兰治王室的人摘了下来。

　　"到了 4：30，人们在红旗的指引下用石块向警察发起了进攻。"《阿姆斯特丹人》的记者约翰·戈尔克（Johan Geerke）这样描述道。下面，我引用他的原文来介绍当时的情况：

> 　　天上像是下起了石头雨。警察们不得不撤退到北市场的警察局。在林登大街和其他受到波及的街道，人们截断了道路，抠出路面上的鹅卵石，为攻击警察准备更多的"弹药"。为了守卫住第五街区的秩序，又有 30 名警察被增派到现场。穿过布姆大街和林登大街，走到群情激奋的人群后面，我们才能发现这些用来攻击警察的石头都是由一些孩子提供的。他们在街道上把鹅卵石从地面上抠出来，用工具将它们砸成碎块，接着用篮子将它们带到路障附近。我们很难忽视当时人们对这场暴乱的态度，除了个别人之外，几乎所有人都对警察怀有敌意。在林登运河，一个小男孩儿因为无法敲碎手里的鹅卵石，便愤怒地将其丢到了运河里。这时，一个女人过来对这个男孩儿说："你太傻了，孩子，那块大石头可以更好地对付那些警察啊！"

　　之后军队也介入了这场暴动。起义的人群威胁将包围位于北市场的警察总部。到了晚上 6：00，军方开枪镇压。许多"普通人"被子弹击中受伤，就像约翰·戈尔克报道的那样：

军队将街道包围起来，子弹飞得到处都是，胡乱地打在房屋上。之前那个在路障上挥舞红旗的人被子弹击中倒在了地上，可怕的事情正在发生。大约在晚上 9：00，亲王运河和亲王大街的路灯熄灭了。在亲王大街前方，人们建起了一个用鹅卵石堆积起来的路障。40 名警察企图占领这个路障，但是又被飞来的石子打退了。就在此时，一支步兵分队赶到现场提供援助，3 名士兵开始向亲王大街方向开枪射击。我们不知道这场起义造成了多少人的死伤，但猜想应该有很多。[25]

第二天，《飞闻报》（Het Vligend Blad）刊登了一长串死亡者名单，包括那个一直手持红旗的旗手。他叫哈利（Hallee），是一名藤篮编织工。

引起所有麻烦的鳗鱼在若干年后再次回到了人们的视野。在 1913 年 2 月，一条编号为 1324 号的棕皮鳗鱼在瓦慕斯大街的博姆拍卖行进行拍卖，并最终被一个住在林登运河附近、名为 D. 尼温布尔（D. Nieuwenboer）的人拍走了。他声称这条鳗鱼是引发“鳗鱼起义”的那条，鱼身上为绑绳索而挖的洞依旧清晰可见。之后，尼温布尔以 1.75 荷兰盾的价格将鳗鱼卖给了一个退休的陆军中尉。打那之后，这条鳗鱼再也没有出现在人们眼前。[26]

✥ ✥ ✥

现在，我们仍旧能找到一张拍摄于 1898 年早春的照片。照

片里是阿姆斯特尔费恩路，位于阿姆斯特丹郊外。它和我们在老
的印刷品上看到的那条绿树成荫的乡间小道是同一条路。这条路
没有铺设车行道，高耸的树木依旧矗立在道路两旁。照片的近景
是一个挎着装满鸡蛋或面包的篮子的农民，这与其他作品没有什
么特别大的差别。然而，这张照片的不同之处在于，画面上出现了
自行车道。从照片中，你可以看到一个穿着水手服的男孩儿、一个
穿着精致骑行裙的女士、一个戴着礼帽的绅士和其他两个男人。

阿姆斯特尔费恩路的街景，J. G. 范·弗朗科斯坦（J. G. van
Franksenstein）绘于 18 世纪。(图片来源：Gemeentearchief Amsterdam)

这便是那个时代的阿姆斯特丹，一个用一盏接一盏燃气灯点亮阿姆斯特丹运河的时代，一个新技术与旧制度碰撞的时代，一个在踌躇不决中踏入新世纪的时代。

安纳·毛里茨·范·豪尔的孩子弗洛里斯·范·豪尔和毛里茨·范·豪尔此时已经长大成人，成为富有的银行家。他们的妹妹约翰娜在 1884 年去世。弗洛里斯在乌得勒支开设了一处办公室，他本人也是乌得勒支市长委员会尊贵的成员，但是当他的妻子过世之后，他便回到了自己曾经生活过的阿姆斯特丹。他在乌得勒支的房子大部分时间都处于空置状态，被人戏称为"豪尔家的鬼屋"，这是因为弗洛里斯为了迷惑窃贼，故意在房子里设置了许多密道和空空的保险箱。他是人民工业宫管理委员会的成员，很快就搬到了那里居住。

弗洛里斯的哥哥毛里茨成为阿姆斯特丹一位真正的自由主义银行家，同时也是巴黎荷兰银行的创始人和经理，以及荷兰议会议员。他是一个蓄有长须、贵族家长式做派明显的人，膝下一共有 9 个孩子。他住在城市中最著名的领主运河"黄金角"社区，每天都会从那里步行到位于运河沿岸稍远一些的办公室。他手握着一根银质手柄的拐杖，碰到熟人时就会举起自己的礼帽亲切地与之打招呼、交谈。

阿姆斯特丹再次踏上了繁荣之路。在 1903 年，一座全新的贸易中心在瓦慕斯大街和戴姆拉克投入使用。前卫的建筑设计师 H. P. 贝尔拉奇（H. P. Berlage）设计的新股票交易大楼本身就像一座城市，拥有自己的广场、大厅、房间和走廊。

早在 1877 年，阿姆斯特丹的雅典学院就改制成为一所大学，配有实验室和附属医院。而现在，新教中的改革派也创建了一所属于自己的大学——自由大学。1886 年，阿姆斯特丹牧师亚伯拉罕·凯珀（Abraham Kuyper）与他的支持者成为新教改革派的新力量。随着这位极具个人魅力的领导者的出现，追随他的人变得越来越有信心。不过，他们很快发现自己在传统教会中没有了位置。虽然凯珀和他的信徒也曾尝试在新教堂进行宗教活动，但他们还是很快建造了一座属于自己的教堂——皇帝运河教堂。

　　阿姆斯特丹是一座熙熙攘攘、充满活力的城市。在 19 世纪 90 年代，这里便建成了第一条横穿整座城市的有轨电车，和今天仍在运行的 10 号线的路线相似。电车的出现引发了人们的好奇心。当时，人们非常担心那些落在电线上的麻雀会突然被电死。1897 年 7 月 21 日，《普通商报》报道了一则关于尼沃塞德·沃尔保瓦尔出现的"罕见交通工具"的新闻，文章是这样写的："这个东西看起来不那么漂亮，速度和马匹奔跑的速度差不多。准确地说，它就像一个在轨道上跑的卧室。"在伦勃朗广场，一批建筑纷纷建立起来：千柱酒店、德·克朗酒店、马斯特酒店、席勒酒店。新建成的卡斯布姆大厅，可以容纳 1 400 人，配有 24 张台球桌，拥有两个管弦乐队的隔音排练场所、一支女士乐队和一支男士乐队。当一个乐队结束演奏后，另外一支会很快跟上。当时，城里的所有人都愿意去那里休闲娱乐。

　　卡尔夫大街上四处可见吸引人的商店，不过非常可惜，在12：00 到下午 4：00，体面的太太们不会在这里活动，这段时间正是她们的丈夫在股票交易所忙碌的时候，此时出现在街头巷尾的大多是城里的妓女。

市政府计划建设一条从中央火车站到水坝广场的步行大道,但这项计划最终并没有实现。这幅示意图于 1882 年左右绘制。(图片来源:Gemeentearchief Amsterdam)

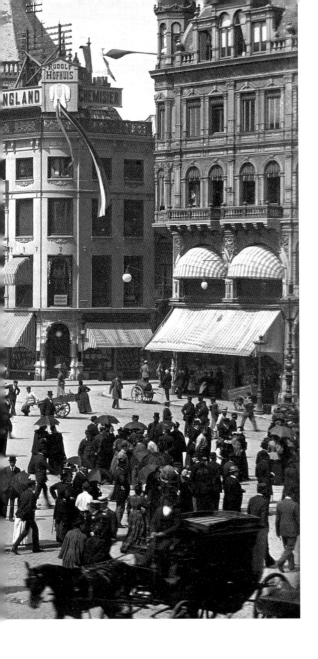

1895年由雅各布·奥利拍摄的水坝广场。

（图片来源：Gemeentearchief Amsterdam）

派普区此时已经成了波希米亚人的地盘。无数的梦想者、诗人、醉汉和新世纪的先锋者们聚集在这里。歌手爱德华·雅各布斯（Eduard Jacobs）此时非常活跃，他在奎尔兰大街 64 号的地下室演出，将卡巴莱①表演介绍给了荷兰民众。他用自己充满磁性的嗓音演唱高亢且充满现实主义色彩的歌曲，彻底征服了这里的听众。

这时的阿姆斯特丹还有一种每周发行的期刊，上面尽是一些这样的广告：

出租：派普区宽敞的客厅和卧室出租。租金 200 荷兰盾一个月，含气电费用和一个 18 岁的火辣女孩儿。来信请寄到……

我需要一个孩子。我的丈夫没有生育能力。有人想帮帮我吗？来信请寄到……

我丈夫的猜忌心太强。我没法背着他与别的男人在一起。谁愿意来我家里做男仆？你不需要有很多的财产，只要来自大家庭就可以。报酬优厚。来信请注明"仆人"，寄到……

各式各样的天才在此时层出不穷。来自特鲁勃区的激进分子

---

① 卡巴莱起源于 19 世纪 80 年代的法国，是一种融合喜剧、歌曲、舞蹈及话剧等元素的娱乐表演。

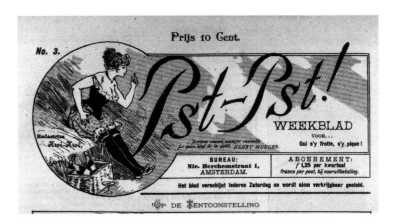

19 世纪广告期刊的封面。（图片来源：Gemeentearchief Amsterdam）

常常在祖尔·巴达维亚酒吧集会。而在威廉姆森酒吧和弗莱克酒吧，则在酝酿一场全新的文学运动——"八十运动"①。

"没错，那些都是'自吹自擂'。"这些作家中的一个人在多年后写道，"在派普区所有的建筑里，在威廉姆森、玛斯特、克拉斯纳波斯基、克里弗港这些咖啡馆里，在阿姆斯特丹所有的啤酒屋里，我们都谈论了些什么？我们都说了些什么？我们谈论的内容正在形成新的文学和艺术概念：一切新奇的事物都在我们这里酝酿发展。"然而，当时那种各种思潮蓬勃发展的时代已经一去不复返了。

作家博德维克（Bordewijk）曾经在第一次世界大战前将阿姆斯特丹比作一间破旧的妓院，将其描述为一堆石头堆砌的红色宫

---

① "八十运动"是荷兰作家在 19 世纪掀起的一场文学理念运动，这场运动之所以有这个名字，是由于他们的主要活跃期正好处在 19 世纪 80 年代。

殿。"一座笨重的砖瓦建筑，外表是棕红的，所有窗户上的百叶窗都闭而不开。"这是一个所有贵族都唯恐避之不及的地方，因为属于贵族的时代已经终结了。

1903 年，阿姆斯特丹快速崛起的工人阶层和城市旧有的精英阶层之间的冲突终于爆发。自信心不断增长的工人群体要求港口雇主们只能雇用工会成员，因为他们知道，这种要求已经在英国实现了。

但是，他们的要求并未得到满足。1 月 9 日，布劳胡登费姆的工人们开始罢工。不久，阿姆斯特丹的铁路工人也跟随他们的脚步进行罢工。很快，罢工风潮蔓延到了全荷兰的士兵、工程师、伙夫、制动员、巡夜人和其他铁路员工中间。

当时出现的一张社会主义运动海报写道："如果你那有力的臂膀充满着坚强的意志，那么所有转动的车轮都会安安静静地停下来。"海报上画了一个强壮有力的铁路工人正在用一只手阻挡一列正在驶出阿姆斯特丹中央火车站的火车。受到铁路工人成功罢工的影响，阿姆斯特丹市政工人也开始罢工。最终，他们的要求在 2 月 9 日获得了满足。

两周之后，政府开始了反击行动，制定法律，规定在铁路系统等任何公共服务领域进行的罢工活动都是违法的。立法之后，阿姆斯特丹又发生了一次罢工，但是这次罢工给当时尚属起步阶段的工人运动带来了巨大打击。政府在火车站和铁路附近部署了部队，确保火车站的正常运转并保护非罢工人员的安全。参与罢工的人员被解雇，被其他愿意工作的人所取代。几年后，一个曾经参与罢工的工人领袖的女儿回忆道：有一天，那些参与罢工的铁路工人突然听到了正在驶向远方的火车发出的汽笛声，这时她的父亲将头埋在双手之间低声念叨着"我们现在失去了所有"。

　　第一次世界大战期间，阿姆斯特丹乃至整个荷兰地区都没有受到影响。荷兰依旧保持中立态度，但贸易的中断、银行业的恐慌、涌入北方的比利时难民、大量的战争投机商、吃不饱饭的工人和他们的家属仍旧让阿姆斯特丹感到担忧。1917 年，当人们在约旦区连一个土豆都买不到的时候，满载土豆的船只却停靠在亲王运河。这令人们感到非常愤怒，于是爆发了一场小规模的暴动，将船只抢劫一空。此外，人们还洗劫了利特兰的铁路货车。刚刚当选市议员的社会民主党成员韦伯特（Wibaut）在市政厅接见了一个由 5 位女士组成的代表团，他第一次感受到了面对革命领袖时进退两难的困境。"你们知道吗？我们的粮食供给没有问题。""城里的食物又好又便宜。"听到这些话，来访的女人们愤怒地离开了。《先驱报》（De Tribune）在第二天的报纸上刊发评论写道："韦伯特想要害死工人。"[27]

　　一场更加难以应付的局面出现在 1918 年 11 月，发生在德国和俄罗斯的革命运动已经开始威胁到荷兰。那些想要返回家乡的士兵们开始暴动，其间还夹杂着一些抢掠行为。此时，连社会民主党人都表示，社会已经到了要发生彻底变革的时刻了。

　　11 月 13 日，革命浪潮蔓延到了阿姆斯特丹，不过很快就沉寂了下去，没留下任何痕迹。到了晚上，刚刚成立不久的全国革命委员会在韦斯普广场的钻石交易所召集了一次会议。这次集会上，原本几位著名的社会主义运动倡导者亨利特·罗纳德·霍斯特（Henriëtte Ronald Holst）、多米拉·尼温豪斯（Domela Nieuwenhuis）和戴维·怀恩科普（David Wijnkoop）要发表演说，但是大厅里来了太多的人，但凡离讲坛稍微远一点的，都听不到演讲者在说什么。会议结束后，来到现场的人又开始在城市里游行。当他们经过萨帕提大街兵营的时候，冲士兵大喊，邀请他们一起加入游行。当时的实习记者毛里茨·德克（Maurits Dekker）在数年之后又回忆起了当时的细节：

> 兵营楼上的窗户全都开着，士兵们一边站在那里观看，一边大笑着。楼下是一个闪着灯光的大门，十米开外的地方是一个铁栅栏，大门被一条厚厚的锁链紧紧锁着。许多报纸报道说游行的人群还试图冲进兵营，其中有个人试着用斧头砸开大门。我离得远，没有亲眼看到这些场面，只知道大门上的灯光突然熄灭了，然后看到一排火花，伴随着子弹呼啸的声音，人群中发出了尖叫声。一些游行人员仓皇逃离，其他人则很快趴在了地上。我也一样，立刻将身体贴着地面，不敢移动。之后，更多的射击声音传来……借着街边的路灯，靠在我旁边的一个人给我看了样东西：一顶浅棕色的帽子，帽檐上有一块浅灰色的东西，有杏仁那么大。他说："这是我朋友脑子里崩出来的东西。"

毫无防备的游行人员被击伤。在这次事件中，总共有 3 人死亡，18 人受伤。而荷兰的革命运动在此时戛然而止。

❖　❖　❖

推崇自由主义的银行家毛里茨·范·豪尔在 19 世纪末去世，

他的弟弟弗洛里斯依旧在世，他比其他人更了解这个世界，曾经在土俄战争期间去巴尔干地区旅行，在一起财政丑闻之后主动从公众视野中消失。整座城市都能听到有关他投资的奇闻逸事：一条连接爱尔兰和新大陆的海底铁路，一次寻找消失的亚特兰蒂斯文明的探险之旅，一个点燃撒哈拉沙漠的计划，等等。他很少离开人民工业宫的大房子，常常在夜间活动，且大部分时间住在没有窗户的房间里。他的一扇房门直接连通人民工业宫剧场，在那里他可以随时了解到舞台上发生的一切。

1929 年 4 月发生在人民工业宫的大火。（图片来源：Gemeen-tearchief Amsterdam）

有时候，在一场歌剧演出期间，观众们会突然将目光盯在经理包厢的方向，弗洛里斯可能会出现在那里。当时的一位戏剧评论家曾这样描述他的形象："他的身体向前弯曲，探出包厢，颤抖的手伏在天鹅绒的看台边缘上，嘴里仿佛在咀嚼着什么东西。这个身形奇怪、身穿羊毛夹克、头戴小布帽的人直盯盯地看着舞台，引得数百名观众分神关注他。"

1929 年 2 月 24 日，他孤独地死在了自己的公寓中，享年 90 岁。他死后不到两个月，即 4 月 18 日的清晨，人民工业宫突然起火，整座建筑都被大火包裹住。火势乘着吹来的西南风呈扇形分散开来。正如当时报纸记载的那样，大楼像是被涂抹了汽油一般，火花肆意地在大楼正面四散蔓延，很快便烧到了侧面。这座宫殿的外墙大部分是用钢材搭建的，随着火势越来越大，这些墙体被灼烧得通红，开始向上翻卷。由于火势太大，人们以为整个街区都在燃烧。火光映衬在附近每一座建筑的窗户上。此时，大楼钟表的时针来到了凌晨 3：00，不幸的是，它将永远定格在这一时刻。

由于火势过于凶猛，前来灭火的消防员不得不用锌板来保护自己的脸，他们将头盔转过来，将原本用于保护脖子的皮革用来尽量挡住自己的面部。大楼中咖啡馆里的氧气筒每隔一段时间就爆炸一个，大楼的建筑碎片四散飞溅，从远处看起来就像在下一场火花雨，附近的树木好像圣诞树一般，每一个树枝上都点缀了明亮的火花。

到了 3：45，刚刚装修一新的餐馆屋顶轰的一声塌落下来，而这里很有可能是火灾开始的地方。支撑餐馆的铁柱子就像烧着的火柴棍儿一样脆弱，眨眼间就被烧断。这时，火焰逐步逼近穹顶。消防员除了尽力将大楼周围的房屋和树木保护好以外，对大楼本身毫无办法。由于火势过于凶猛，以至于用来灭火的水还没有靠近火灾现场就已蒸发殆尽。

　　到了 3：50，大家最不愿意看到的事情还是发生了，这场景就好像噩梦一般。此时，大楼顶部的女神雕像在黄色的烟雾中仍然依稀可见，但之前位于雕像上方的广告牌已经掉落下来。一分钟之后，宫殿的穹顶开始坍塌。它先是下坠，然后保持了一会儿平衡，接着便直接砸向了地面，声音大得像炮台开火，响彻整座城市，顷刻间喷涌出来无数火柱，席卷了大楼所在的广场。所有这一切仅仅持续了一个小时的时间，人民工业宫便彻底烧毁了。

第九章

第 11537 次列车的终点站

这张照片反映了 1910 年前后约旦区的街景。

（图片来源：Gemeentearchief Amsterdam）

在咆哮的 19 世纪 20 年代，阿姆斯特丹的思想家们活跃在新市场一带。他们每周六的傍晚都会在这里聚会，在彼此的交谈碰撞中，一次次尝试着打破旧秩序、构建新世界。这里的空气仿佛充斥着无数灵光闪现的灵感，就像肥皂泡一样美丽而缥缈。各种思想理念层出不穷，它们的提出者和倡导者们用钢铁般的意志捍卫着自己的理想，从不妥协。这里的钟表始终指向 11：55 的时刻。

扬纳斯（Janus）是一个体型纤瘦的人，他喜欢斜靠着手推车和大家交谈。[1]他预言世界将会遭受一场大爆炸带来的灾难：炸弹、路障将会出现，以暴力对抗暴力将成为现实。他因此得到一个大胆的假设："窃贼才是真正的理想主义者。"

起来吧，那些永不知疲倦的人

时刻注意你们拥有的权力

所有的车轮终将停止前行……

"我听到小号传来的演奏声、武器的轰鸣声、马匹踏路而行的蹄声和杀人犯的哭声。"自由主义者弗利普·巴特斯（Flip Bartels）喊道。在测量所附近，传教者格里费恩（Griffioen）站上一个折叠椅，冲着人群说道："恶魔的孩子们，拯救你们的灵魂吧！准备好这最后一次痛苦！"在他旁边，有人开始讨论是否有必要永远废除这座城市的"3K 体系"，即"教堂（Kerk）、酒吧（Kroeg）和资本（Kapitaal）"。在另外一个角落，人们正在争辩一个问题："人可以命令一朵花散播它的种子吗？"人们四处讨论的都是关于腐朽的资产阶级道德体系的话题："为什么大自然中的冲动是纯粹的？"禁酒主义者们手里拿着一堆报纸在市场上四处游荡，上面写着：关闭塞恩达姆和德布劳凡的酒吧。他们讨论一个清醒的罢工者是否比一个喝醉的罢工者更受欢迎。信仰天主教的小商贩们站在他们摊位旁边，粗鲁地谈论着当时的教皇。一些无政府主义者讨论着天文学、万有引力、光电理论。兜售小册子的商贩在人群间四处叫喊着："《革命的炼狱》（*Het vagevuur van de revolutie*）只卖 5 分钱！《人有灵魂吗？死亡就是人生的终点吗？》（*Heeft de mens een ziel，is de dood het einde？*）只卖 2 分钱！《资本主义最后的挣扎》（*De laatste stuiptrekkingen van het kapitalisme*）只卖 3 分钱！"

普选权的实现给阿姆斯特丹民众的政治生活带来了巨大变化，市民终于可以根据自己的喜好进行投票了，这也是他们第一次获得这样的权利。我们从 1923 年的地方选举中就可以看到一些明显的变化。在这次选举中，35 个政党纷纷推出了候选人，甚至连一家洗衣公司也推荐了两名候选人。有些人对此嗤之以鼻，认为愚蠢的民众根本没有能力根据候选人的品德与能力进行投票，只要宣传工作做到位，他们就会傻傻地把票投给某个候选人。在一个傍晚，一群无政府主义者、自由主义者和达达主义①者聚集在雷格利尔运河的乌伦凯尔德（一个艺术家社团所在地）。他们谋划了一项巨大的政治造势活动，希望以此向阿姆斯特丹民众推广在当时较为前卫的柏格森主义思想。计划是这样实现的：在 1921 年的选举中，他们创建了所谓的泡沫党，推选一个叫作奈利斯·德·海尔德（Nelis de Gelder）的流浪汉作为他们的候选人，他们还因此为海尔德写了一首宣传曲，并依靠剧院经理的帮助，创作了一部进行政治宣传的音乐剧：

> 如果只有你身上还有几块钱，
>
> 如果只有你的身旁有人诱惑你，
>
> 如果只有你可以拥有你看到和听到的事物，
>
> 那么，我想和你做爱，
>
> 但是你将永远不会得到我！

海尔德以前曾经做过杂技团的演员，也做过砌墙工，不过在老婆死后他就开始整日酗酒。但在选举前的这些日子里，他经常

---

① 达达主义指无政府主义的艺术运动，它试图通过废除传统的文化和美学形式发现真正的现实，流行于 1916—1923 年。

来到伦勃朗广场溜达，随身携带他的烟盒，向周围的人讨些零花钱，有时候他会跳一小段印第安人的舞蹈。除此之外，当时的人们几乎对这个人一无所知。

鼓励民众为海尔德投票的宣传画。(图片来源：Gemeentearchief Amsterdam)

　　他的竞选主张既简单又明确：让生活物资的价格维持在低水平。例如，白兰地酒卖 5 分钱，面包卖 11 分钱，黄油卖 35 分钱。此外，他还提出了移除伦勃朗广场上的小便池，并允许在冯德尔公园进行钓鱼的主张。在民调中，他获得了 14 000 人的选票，如果不出意外就会在 1921 年 4 月 27 日的选举中成功当选市议员。代理市长对此感到非常惊慌，很快就跑去海牙寻求帮助。海牙给了这位市长一颗定心丸，说荷兰政府已经拟订了一部紧急立法，目的就是为了防止像海尔德这样的人钻制度的空子。然而，事实证明，政府针对海尔德的做法有些杞人忧天，因为在正式选举举行的几天前，海尔德因为饮酒过度而病倒，花了几个月的时间身体才得以康复。与此同时，同在候选名单上的二号候选人——小商贩兼清洁工贝尔图斯·祖必尔（Bertus Zuurbier），在当选后的2年时间里从未在市政府的会议上发表过任何意见，只是默默地领取工资。

这场政治闹剧最值得关注的并非海尔德的个人遭遇，而是围绕他开展的政治宣传。我们从流传下来的泡沫党当时使用的宣传海报可以发现，他们的制作手法非常专业，同时，当地的报纸也配合刊登了一系列有关海尔德的个人报道，使他成为民众每日的焦点话题。这一次，达达主义的试验获得了巨大成功。有史以来第一次，阿姆斯特丹人通过媒体"打造"了一个政治家。这也令想出这个点子的反资产阶级诗人埃里希·魏希曼（Erich Wichman）获得了巨大声誉。魏希曼是索列尔①（Sorel）的拥趸，他是一个可以将自己的眼球从眼眶中抠出来当鸡蛋煮的男人。[2]

❖ ❖ ❖

1928年，阿姆斯特丹警察局一共接到1 660起公共场合醉酒报案，以及2013起自行车偷盗报案。通过浏览各个警察局的接警记录，我们仿佛发现了一个万花筒，透过它看到了在20世纪20年代阿姆斯特丹每一个街区的生活百态。

斯塔德豪德尔卡德大街的警察局常常受理一些日常琐事：哭哭啼啼的女仆被雇主丢出家门；傲慢的有钱太太大模大样地闯进

---

① 指乔治·索列尔，法国新闻记者和社会哲学家，无政府工团主义运动领导人。

警察局；女房东们抱怨他们的租客不交房租。与之形成鲜明对比的是位于老教堂广场的警察局，那里的警察常常要处理妓女被皮条客殴打的案件。这种情况下，那些皮条客往往会被警察毒打一番，自己灰溜溜地跑去医院，不敢向外人声张。

在约旦区的威廉大街警察局，牢房里关着的都是从街上收容来的醉汉。这些醉汉被戏称为"潜水员"。因为他们喝醉酒后常常会不小心跌入脏兮兮的运河，掉下去后不仅不慌张，反而还要在水里游上一会儿，同时还会和路过的行人开开玩笑。而从位于犹太区的尤纳斯·丹尼尔·梅耶广场警察局的档案中，你很少会看到这样的醉汉。这里的警察整日忙于应付邻里和家族之间永远无法调节的争吵与冲突。

每一个警察局都有自己的特点，都有自己的案件处置方式。直到 19 世纪末，许多年长的阿姆斯特丹人都不会离开自己居住的街区。例如，在凯滕伯格居住的居民会因为从来没有去过哈勒姆港而感到自豪，甚至他们讲的方言与那些哈勒姆港的居民也有很大不同。

历史学家特尔·豪夫（Ter Gouw）经过分析研究，发现阿姆斯特丹地区流行着 19 种不同的方言，其中就包括"凯滕伯格语"，这是一种混合了弗里斯兰语、挪威语和丹麦语元素的水手之间沟通的语言。"犹太语"指的是居住在犹太社区的居民所讲的方言，是引入许多意第绪词语后形成的荷兰语。泽代克的俚语中全是航海行话。约旦区威廉大街的方言，深受彼时罢工文化的影响。哈勒姆代克、卡尔夫大街和多弗斯胡克（在今天的塔斯钦斯基剧院后面）的方言主要源自集市上人们使用的语言。[3]

由雅各布·奥利拍摄的 1897 年的乌得勒支大街。（图片
来源：Gemeentearchief Amsterdam）

　　然而，整个 20 世纪，这些社区独有的文化特征却在慢慢消退。
年轻人都搬进了城市周边新建的社区，外来户取代了他们空出来的
位置。此外，商业、宗教和政党活动慢慢地帮助这些社区建立并加
强了彼此之间的联系。社区居民思想和行为关注的焦点已经不再是
社区生活本身，而是转向政党、工会或刚刚兴起的各种体育协会。

　　即使这样，社区文化的"消失"依然经历了一个漫长的过
程。许多政党，特别是共产党，仍旧按照社区模式建立自己的基
层组织。而各类体育协会通常也按照社区的划分组织活动。1930

年，年轻的荷兰社会学家亨克·代克豪斯（Henk Dijkhuis）假扮成花匠的学徒，搬进了位于棕榈运河的一户人家，在那里他进行了一番针对约旦区生活的研究。他发现，尽管人们已经很少能看到传统印象中那些穿着粗呢裙的约旦区女孩儿，但是生活在这里的女孩儿们仍旧不敢和来自其他社区的男孩儿谈恋爱，因为这会带来很多麻烦。社区中传统的庆典活动仍然在按部就班地举行，比如类似于扮装狂欢节的哈尔特日（8 月的第 3 个周一）和鲁拉克节（五旬节之前的周六）。在这些日子里，年轻人都会早早跑出来狂欢，制造出巨大的声响。[4]

犹太社区的氛围也很特别。[5]荷兰超过半数的犹太人都住在阿姆斯特丹（超过 8 万人），主要聚集在尤登布雷大街、滑铁卢广场和乌伦博格大街周围的社区里。到了周日，这些地区就变成了一个巨大的市场。商贩们摆的摊位从尤登布雷大街一直延伸到奥德斯堪运河（这个时期位于乌伦博格大街的房子仍然保留着一个宽敞的底层房间，被犹太市场的商贩们当作货仓使用）。尽管在钻石商店里，你依旧能听到客人与店主兴高采烈的对话，不过整个行业已经在走下坡路，越来越多的犹太人开始在其他行业寻找自己的出路。

社会主义运动对阿姆斯特丹的犹太人产生了巨大影响。19 世纪，犹太人是这座城市里最贫穷的族群，以至于对他们而言，像亨利·波拉克（Henri Polak）（荷兰钻石工人协会的创始人）这样的人物简直就是他们心中的"当代摩西"。尽管犹太人并没有对费尔迪南·多米拉·尼温豪斯所倡导的革命运动表现出多大的热情，但是当波拉克和他的追随者们开始和平地宣扬社会主义信条，宣扬通过宪政的方式进行社会变革时，还是获得了大量犹太人的支持。他们所在的工会获得了此前从未敢想象的优厚待遇：健康和意外事故保险、奖学金和度假村。

1889 年的阿姆斯特丹犹太社区。（图片来源：Amsterdams Historisch Museum)

钻石工人的政治运动总部位于德·艾斯布雷克，这是一家刚刚装修一新的咖啡馆（如今仍然可以在韦斯普塞德大街 23 号找到）。在这里，每晚都会有"左翼"的马克思主义者和"右翼"的社会民主党人进行热火朝天的辩论。这里的咖啡桌留下了很多名人的记

忆：《人民报》（*Het Volk*）的主编 P. L. 塔克（P. L. Tak）在这里为
报纸撰写社评文章；荷兰共产党领袖戴维·怀恩科普（David
Wijnkoop）和塞姆·德·沃尔夫（Sam de Wolf）都是这里的常客；
受人尊敬的木材商人韦伯特（此后成了社会民主党的二号人物）有
时也会来这里喝上几杯。

20 世纪初的德·艾斯布雷克咖啡馆。（图片来源：Internationale Insti-
tuut Voor Sociale Geschiedenis，Amsterdam）

　　荷兰钻石工人协会对其他工人组织产生了巨大的影响，这些
工会组织都成了早期社会自由运动中的引擎。亨利·波拉克致力
于教育和民智的发展工作，他始终坚持一个观点，即荷兰钻石工
人协会的主要任务就是让工人成为文化生活的一分子。为此，他
组织了许多读书会、文学艺术研讨会等活动。此外，他还正式向
工人们发出了在换班间隔清洗双手的倡议，甚至对人们家里的起

居室装修提出自己的意见：反对过度奢华的装修风格，提倡使用柔和的颜色和低调的家具。[6]钻石工人们对他几乎像对圣人一般尊崇，痴迷地听从他的各种建议。在他们家中，豪华的沙发和精美的懒人椅被普通的长凳和简单的手扶椅所取代，装饰绚丽的墙面也消失不见了，取而代之的是颜色朴实无华的墙纸。[7]

　　不久之后，社会自由运动的领导者取代了宗教领袖在犹太社区的地位，这给犹太人的生活带来了重大变化，其中最为明显的是犹太人开始积极接触并主动了解社区之外的生活。对犹太工人们而言，新的世界大门正在被打开：他们阅读毛塔图里（Maltatuli）和伊麦尔·佐拉①（Émile Zola）的著作，赞颂亨德里克·佩特鲁斯·贝尔拉奇（Hendrik Petrus Berlage）的建筑作品。年轻的犹太人跟随思想先进的教师雅各布·P. 泰斯（Jacob P. Thijsse）去郊外进行亲近大自然的旅行。他们与来自其他族群的年轻人一样，在青年工人中心和其他类似机构中发现了新的思想天地。不同族群之间的通婚也变得越来越普遍。

　　如果要找出一个对犹太人融入阿姆斯特丹社会产生最大影响的因素，那一定是工人运动。工人运动的蓬勃发展，促使越来越多的犹太人搬离了原来居住的犹太社区。那些有钱的犹太人搬到了植物园附近，之后又搬去了城南地带。被视作"现代化代表"的基层工人群体则搬到了派普区，大部分人住在位于阿姆斯特丹东城的工人社区。随着居民的不断流动，原有的犹太社区旁边先是出现了斯旺姆丹社区，之后又在稍远的地方出现了特朗斯瓦尔

---

　　①　伊麦尔·佐拉：19 世纪法国最重要的作家之一，自然主义文学的代表人物。

社区。只有生活最为贫穷的犹太人还在原来的社区居住，不过后来他们的生存环境也得到了改善。这些移居到新社区的犹太人尽管生活状态得到了改善，但仍有许多事情需要适应，例如很多犹太人要适应此前从来没有使用过的冲水马桶。历史学家沙克·普莱塞（Jacques Presser）在多年之后还能回忆起自己在每周六下午骑自行车去学校时看到的情景：犹太人从窗户向街道上扔鸡骨头，这些都是前一天晚上聚会时吃剩下的食物。

犹太人的总数占阿姆斯特丹总人口的 13%。尽管他们会不时遭到寻衅和侵扰，但总体还是安全的。不过，犹太人在社会生活中往往会受到一些歧视性的待遇，例如：在一些咖啡馆里，犹太人必须支付两倍的费用来购买饮品和服务。城市里最负盛名且影响力超群的俱乐部——伟大俱乐部——从不接受犹太人成为他们的会员，学校里的兄弟会也同样不接纳犹太人。阿姆斯特丹学校联盟的宗旨中明确写道：不接受无产阶级会员，不接受女子会员，不接受犹太会员。[8] 著名的划船俱乐部——希望俱乐部——也有类似的规定，他们会在各个社区举行男子划船比赛。

商人莫塞斯·德·雷奥（Mozes de Leeuw）在接受采访时说道：在犹太人居住的地区，人们主要靠互助来确保自己的安全，这种互助模式在城南新建立的犹太富人社区也得到了延续。"作为一名犹太人，你不能住在一个没有犹太人的地区。……整个丘吉尔大道一度成为犹太富人生活的街区，从瓦尔大街一直延伸到维多利亚广场。犹太人医生、整个普洛切（Plotske）家族和我所有的叔叔们都住在这里。这里能给我们一种安全感。"

19世纪和20世纪之交时，冬日的艾湾，
照片由伯纳德·F.埃勒斯（Bernard F.Eilers）
拍摄。

❖ ❖ ❖

这些年间，阿姆斯特丹是一座活力十足的港口城市，熙熙攘攘的人群、来来往往的船只，令每一个人都产生了一种想要参与其中的感觉。在一部 20 世纪 30 年代的荷兰电影中，我们可以看到那个时代阿姆斯特丹和艾湾的一些场景：衣着破旧的搬运工正在拖拽一排货船，船上冒出的蒸汽徐徐飘向空中。摆渡船在水面上来来往往，装满矿石的货仓把船舷压得很深。在各类船只中间，还有一些棕色的货运帆船。电影中的主人公站在一艘正驶向大海的船只的甲板上向远方眺望，周围环绕着各种拖船。喷薄的蒸汽和烟雾、嘈杂的生活和来去匆匆的人群构成了电影场景中阿姆斯特丹生活的主要元素。

这一时期，与西印度地区的半成品贸易正在大规模增长。此外，阿姆斯特丹也对一些商品直接进行加工：进口来的干椰子肉促进了城市黄油产业的繁荣；蔗糖被加工为糖浆；进口的烟草为制烟从业者创造了数千个工作岗位。直到 1950 年，阿姆斯特丹还是全荷兰最重要的工业城市，不过，阿姆斯特丹的工业规模都很小，缺少其他城市那种具有统治地位的大型工业。当时，阿姆斯特丹有两家大型酿酒厂和一家在皇帝运河附近快速发展的糖浆厂。直到 1927 年，阿姆斯特丹才有了自己的汽车产业，生产出了经典的荷兰世爵牌汽车。

阿姆斯特丹针对城市北部地区的发展制定了一个庞大的计

划，打算将其与艾默伊登地区合并成为一个大型的工业区。福克尔（Fokker）在帕帕菲尔路建造了一家飞机制造厂。1951 年，这家飞机制造厂生产出了第一架飞机。在钢铁和造船行业，数千名阿姆斯特丹人获得了就业机会。19 世纪从保罗·范·弗里思恩船坞发展而来的维尔克思普与克罗姆波特公司，已经成为欧洲最大的柴油发动机制造商。1933 年，荷兰造船公司已经成为世界第二大造船公司。荷兰皇家航空公司首个民用航班（从荷兰飞往伦敦的航班，那时的飞行员根据铁道的走向进行导航）的起飞地点——哈勒默尔绿地——也在 1926 年被改造为阿姆斯特丹的城市机场——史基浦机场。

与此同时，城市再次吸引了大量移民的涌入。1900 年，这里居住了大约 50 万人，1925 年人口数量超过了 70 万，已经接近了如今阿姆斯特丹的人口规模。当时的情形与 16 世纪末非常相似，在带来大量劳动力的同时，移民也给本已拥挤的城市增添了新的麻烦。

韦伯特曾在 1907—1914 年担任城市公共健康委员会委员，之后又成为市议员，他撰写的工作回忆录如今读起来依然令人震撼。在他的记录中，人们会经常发现一些拥有 8 个孩子的家庭挤在一个房间里生活、做饭、睡觉、工作的故事。在这些家庭里，即使孩子已经 17 岁了，仍要和大家挤在一起生活。一般是女孩儿睡一边，男孩儿睡另外一边。韦伯特曾经问过一位母亲，这样的居住安排是否能让大家晚上都睡好。她回答道："并不能。但如果晚上我听到有人在床上乱动发出声响，我会起来打他（她）一顿，这样就会好一些。我很擅长干这些事情。"另外一位母亲也讲述了相似的经历："一旦有人睡觉的时候乱动，我就会敲打他（她），不然大家都睡不了。我儿子和女儿的屁股总被打得青一块、紫一块。"[9]

面对这些问题，韦伯特逐渐认识到市政府有责任建造一些公寓，以低于成本的价格租给这些低收入群体。他的这个想法是可行的，因为在 1901 年，阿姆斯特丹就已经制定了允许建造这类社会保障性房屋的法律。当韦伯特当选市议员后，他立刻着手实施这一计划，并为此投入了自己所有的精力和激情。

阿姆斯特丹首个社会保障性住房项目在 1918 年完成，地点位于斯帕伦丹社区附近。由于当时的亲社会主义群体认为工人们也应当拥有良好的居住条件，所以这些新建的公寓设计精良，居住环境宜人。紧接着，政府在市郊建造了大批"花园村庄"社区，其中最著名的一个社区叫作贝顿多普，这里便是荷兰著名球星约翰·克鲁伊夫（Johannes Cruijff）长大的地方。多年来，这个社区几乎满足了当时普通民众对理想社区的一切要求：新鲜的空气、简朴优雅的公寓、房前屋后的花园、高水平的学校、周边的公园、社区活动大厅和图书馆阅览室。每年的 5 月 1 日，这些地区四处都会插满红色的旗帜，孩子们也会得到一天的假期。"人民的声音"在布林克广场唱响，青年工人中心的成员在附近的五朔节花柱附近载歌载舞。[10]

然而，这还远远不够，阿姆斯特丹需要完成更多的工作。正如前文所提到的那样，整座城市的发展空间依旧受限于 1600 年左右确定的城市边界。阿姆斯特丹要做的是开展一项大规模的城市扩张计划，要完成这一计划，首先需要市政府有坚定的毅力和实施这项任务的热情。

与以往发生的各类城市变革一样，这项雄心勃勃的计划能够实施主要应归功于这个时代出现的城市改革领导者，他们人数众多且颇有远见与魄力，同时能够互相完美配合。历史记录了这些人的名字：团队灵魂韦伯特、他的助手蒙纳·德·米兰达议员（Monne de Miranda）、出身改革派建筑承包商的市长威廉·德·弗鲁赫特（Willem de Vlugt）和充满激情的市政房屋管理委员会主管阿里·开普勒（Arie Keppler）。幸运的是，他们恰巧都站在了时代发展潮流的最前沿。

1921 年，社会民主党在市议会的选举中取得巨大突破，有 3 名社会民主党人当选议员，分别是：韦伯特、德·米兰达和弗里亨（Vliegen）。

同年，通过合并周边的斯洛滕、瓦特格拉芙默尔、博克斯罗特、尼温丹、兰斯多普等区域，阿姆斯特丹市管辖的面积扩大了 4 倍。一时间，廉价的建筑用地变得充足起来，整座城市也可以超越此前的边界自由地向外扩展，随之而来的便是更多面向低收入群体的"花园村庄"项目，在奥斯特赞、博克斯罗特和兰斯多普四处开花。1915 年，贝尔拉奇在城市南侧设计了一片新的区域，拥有宽敞的广场、主干道以及漂亮的景观。略显空旷的设计初衷是为了给此后这片区域要建造的摩天大楼留出空间，然而，这里后来并没有出现摩天大楼。

贝尔拉奇是一位文化领域的社会主义者，他根据工人的需要设计适合他们居住的社区。此外，他还是一位艺术家。他对老城的历史建筑极为尊重，但同时也对现代化的建筑模式有着极为浓厚的兴趣，这一点与同期的建筑师有很大不同。他敢于打破阿姆斯特丹黄金时期遗留下来的传统观念，并在运河带建筑的设计中充分体现了自己的思想意识，同时为 20 世纪汽车的广泛应用做足了准备。此外，他还敢于在这座传统的"反地标性建筑"城市里引入地标性建筑，因为在他看来，这些地标性建筑体现的正是阿姆斯特丹普通人的精神。

贝尔拉奇的一项计划在 1917 年获得了市政府的通过，但是直到 20 年代才正式动工。这项计划的核心是一条连接阿姆斯特丹艺术学院和阿姆斯特丹火车南站的商业大街。这条大街最终按照计划完工，即今天我们能看到的曼纳瓦大道，但是原计划建造阿姆斯特丹艺术学院的地方却改成了希尔顿酒店，原计划建造阿姆斯特丹火车南站的地方也并未如期出现一座大型火车站，几十年后这里仅仅出现了一座小型车站，车站后面还建造了一座高架桥。从这一点来看，这座城市和地标性建筑似乎仍旧难以并存。

贝尔拉奇并没有在这片"属于他"的区域中设计任何一座建筑，新的建筑全部按照新的阿姆斯特丹学院派风格进行设计。这里年轻的建筑师深受表现主义和艺术装饰风格的影响，将这个区域的房屋设计视为一个整体，而不是单座房屋的集合。他们用砖石搭建所有的建筑：凹凸有致的外表、球面形状、奇怪的凸起窗户或者一些看起来不可能实现的角度、奇怪的图案、厚重的前门。在建造的过程中，他们用砖石进行简单的垒砌，直到出现一座"规矩、严谨、符合新时代风格的建筑"[11]。

贝尔拉奇在城南的设计一直延续到为 1928 年奥运会建造的新火车站。附近的奥林匹亚广场当时还被参加奥运会的运动员们作为训练赛道使用。当时，阿姆斯特丹并未建造奥运村，参赛的运动员住在分布在城市各个角落的酒店、学校宿舍和民居中。1920 年之后，由于较低的造房成本和新的住房补贴制度，民居建造逐渐从公共服务转变为私人领域的投资项目，其他房屋则主要由住房协会负责建造。新的《房屋法》（Woningwet）允许满足一定条件的协会在建造房屋时获得政府补贴，而那些没有资金的普通工人们，则以房屋监理的身份开始逐渐参与这些项目。在召集人阿里·开普勒的带领下，他们每周日早上开会，了解房屋建造和管理的原则和方法。

范博宁恩大街的首批公寓在 1909 年由电车工人组建的住房协会建造完成，取名罗切达拉。这个名字来源于一座英国城镇，因为在 1844 年，这座城镇出现了第一个工人合营性质的组织。这些公寓的住房标准是革命性的：这里没有箱子拼接的床体和暗室，而是拥有了单独的卧室和位于门厅的卫生间。之后，又有更多的住房协会建造了新的公寓，并使用很多充满生机的词汇来命名，如"黎明""东方""传承""外面的夏天"，等等。

与此同时，市政府在建筑领域依旧非常活跃。在德·米兰达的指导下，阿姆斯特丹于 1929 年启动了针对内城一部分古老房屋的翻修工程，这项计划断断续续直到 20 世纪 80 年代才完成。最先开始翻修的是条件最为糟糕的犹太人社区。人们将拉斯泰格路和泪塔大街的老旧房屋拆毁，并在原地建造了新的房屋，这些痕迹即使今天也清晰可见。之后不久，乌伦伯格大街和其他一些小街道被拆除整合，形成了今天的新乌伦伯格大街。

那是一个所有伟大梦想都可能实现的年代。在新成立的市政府城市发展局的画板上，设计师们将所有可以想象到的城区样貌都画了出来，细致入微，甚至包括阳台的栏杆。在这些设计图里，你还能看到玩耍的孩子、围着面包师推车购买食物的母亲和悠闲地享受生活的工人。设计师对这些计划的释义非常清晰明确，像"嘈杂""无法预计""无法管理"这样的字眼从来不会出现在他们的设计说明中。在乐观情绪的支撑下，城市里的公务员、管理者和政治人物勾画了未来几代人的生存环境。这些设计图也在一定程度上反映了他们心中理想城市应该拥有的、必不可少的元素——孩子们的母亲和面包师的推车。

1928 年，城市跃进式的发展步伐放缓下来。本来有一项非常美妙的计划，决定了城市未来几十年的发展方向。不过，这项计划太过于超前，甚至考虑了 2000 年时城市发展的需求。为此，设计师认真进行了大量基础性调研，并据此得到了一些预测性的结论。当时的人们普遍相信到 1961 年的时候，阿姆斯特丹普通家庭的规模是 3.34 人。到 2000 年的时候，如果加上外来移民的数量，人们预测阿姆斯特丹的人口规模会是 90 万～110 万。

阿姆斯特丹市政府制定的《城市扩展规划》（Algemeen Uit-breidingsplan）于 1934 年正式公布，随即获得了巨大的国际影响力，因为这是第一份系统性地根据发展目标年代制定，并以大量调研为基础制作的城市规划。这份文件的起草者科内利斯·范·伊思滕（Cornelis van Eesteren）将城市功能做了四种划分：居住、工作、休闲和交通，最后一项是连接前三项的桥梁。因此，居民区应当安排在工作区附近，而各种休闲娱乐区则穿插其中。这种城市功能的划分成为贯穿整个城市规划的主线。

这项规划与此前贝尔拉奇在城南进行的布局完全不同。贝尔拉奇倡导的相对封闭的社区，缺乏必要的绿色空间，被一些批评家认为仍受 19 世纪风格的影响。然而，范·伊思滕那"光线、空气和空间"的建筑哲学，被视作属于 20 世纪的先进理念。

这些规划中突出的特点便是"条形设计"，也就是现在我们所熟知的用于分隔不同社区的长长步道、大片绿地以及深入居民区内部的公园和运动场所。设计者们在历史上第一次认真考虑休闲娱乐场所和设施的价值。新的社区以人工湖为中心，这是一项明智的选择，因为挖凿人工湖产生了大量的沙子，正好用于这些房屋的建造。

在这座未来之城的附近，设计师们还预留了一块森林区域，即阿姆斯特丹森林。1934 年，市政府开始雇用工人栽种树木。这项计划配备了先进的排水设施，并挖凿了人工池塘。如果没有这些配套设施，无论规划板上的图片多么漂亮，也没有任何一棵树能在这里扎根生长。

除了在建筑学上的成就外，《城市扩展规划》在文化领域也是一个伟大的杰作，特别是考虑到这份规划是在危机四伏、国际局势日趋紧张的大背景下完成的。不过，也许正是这些不确定因素，才使得规划中的那些图画、释义和计划书愈发珍贵。

在遭受了第二次世界大战的摧残之后，阿姆斯特丹急需进行城市重建。这时，这项富有远见的城市规划就发挥了重要作用，人们可以根据规划的内容立刻开始着手城市重建。阿姆斯特丹在战争过后的一片废墟之中得到拯救。实际上，在战争爆发之前，城市东部的博斯和洛默尔地区就已经开始建设了，之后便是斯洛

滕默尔、斯洛滕瓦尔特、戈森菲尔德和奥斯多普地区。到了 1958
年，根据规划内容，博腾菲尔德特地区开始动工重建。

人们称韦伯特为"强人"并非毫无道理。从流传下来的照片
中，我们可以大致了解当时他留给世人的印象：一头灰色的蓬乱
头发和小巧而睿智的眼镜片正是他的特点。他的设想不仅仅是要
建造一些质量不错的公寓。在他的观念里，民主不应当是人们要
耍嘴皮子的空谈，而应当"最大限度地应用到城市中"[12]。对韦
伯特而言，城市本身就是社会主义的试验场，而且在一个像阿姆
斯特丹这样的城市里，人们应当积极地尝试各种可能性。第一次
世界大战期间，当城市的食物供应几乎中断时，他已经开始尝试
运用社会公社的一些原则来解决问题。在他的倡议下，市政府开
始购买土豆、面包、粮食、衣物和大米，并将它们在一些特殊商
店中以极低的价格售卖。市政府似乎又用起了在 17 世纪时市政
精英曾经采取的做法，不同的是，当时权贵们的动机是为了维护
城市的秩序和自身的统治。

韦伯特和德·米兰达决定将这种尝试再往前推进一步。在第
一次世界大战后，这些政府运营的商店仍旧开门营业，售卖鞋
子、衣服和家具等商品。德·米兰达考虑开设一个城市食堂，为
人们提供成本价的食物。之后，市政府还计划通过城市食堂为民
众供应牛奶和鲜鱼。然而，没过多久，私营商店主和供应商们就
开始抗议。在一次会议上，保守派的瓦尔拉夫·博伊斯维恩
(Walrave Boissevain) 向大家描述了市政府走向极端的后果："如
果今后政府想买下女王店（阿姆斯特丹最大的百货商店），那么
市议会一定会强制通过这项计划。"德·米兰达因此受到了猛烈

抨击，他的主要计划之一——创建一座市政府自己的奶制品商店——也遭到了市议会的否决。[13] 不过，他的另外一项建造公共洗衣房的计划却得以实现，他曾说："有投票权的女性不应当站在洗衣盆边洗衣服。"在他的倡议和推动下，市政府取消了在公共澡堂游泳的费用，而且每个区都建造了自己的洗浴场所。正是因为这些举措，社会民主党也在选举中更新了他们的宣传标语：

> 如果你想洗澡和游泳，
>
> 那么请将选票投给德·米兰达！

❖　❖　❖

在人民工业宫被大火烧毁半年后，受到经济危机的影响，世界各地的股市纷纷崩溃。一年之后，经济危机降临阿姆斯特丹。1932 年，阿姆斯特丹的失业人口数量已经达到 1929 年的 4 倍。1933 年，失业人口攀升到 6 万。根据不同统计基数计算，这一数字约占当时阿姆斯特丹人口总数的 1/5 甚或 1/4。

领取救济金并不是一件光彩的事情。如果一个人是某个工会的成员，那么他还算幸运，因为在失业后的一定时期内，他可以按照最近一笔工资的 70% 领取救济金。但这种待遇也不会持续特别长的时间，领取一段时间之后，他们也会变为毫无收入来源的彻底失业者。正如历史学家里切特·洛赫特（Richter Roegholt）所说的那样，他们就是当时那个"排外、迟滞、管控弱化时代"

的受害者。一些人不得不经常去劳动营工作，有的劳动营在城外，离他们的家非常远，常常要花几个小时的时间才能到达。他们赚取的微薄工资仅够勉强度日。城市发放的补贴只能用来购买食物。以犹太人为主的街头小贩被驱逐出城市，官方给出的解释是"他们无法被管控，因此更容易依靠欺诈的方式获利"。历史上，阿姆斯特丹从未陷入过持续时间如此之长、规模如此之大的失业潮。找工作几乎成为毫无意义的尝试。里切特·洛赫特根据政府统计局对 1934 年失业家庭所做的数据调查做了一些统计：失业家庭的平均花销是每周 19.3 荷兰盾，而没有失业的家庭平均花销则为 45.48 荷兰盾。失业的人往往感到羞愧，不愿意出门活动，以避免邻居们对自己指指点点。他们的孩子每天回到家里都会大哭，因为他们白天只能穿免费分发的校服上学，为此常常受到同学们的欺负。

洛赫特写道："单单从这份报告中，我们很难判断他们究竟还面对过哪些更为困难的局面。为了生存，他们过着最为灰暗、单调的生活，没有钱买报纸，没有钱出去活动，没有钱休闲娱乐，没有钱可以花在自己的爱好上。有时候，甚至连支付求职信的邮资都可能成为一座难以逾越的大山。有些人意识到这样的生活似乎毫无出路，他们的求职永无结果，但仍旧固执地坚守着邻居们认同的礼仪标准，百般挣扎着不要掉进贫困的深渊里。"[14]

这场 20 世纪 30 年代发生的经济危机给整个荷兰留下了巨大创伤，同时也深刻影响了阿姆斯特丹市政府乃至荷兰政府直至 20 世纪 80 年代的施政理念——"灾难永不再现"成为之后每个时期执政者的施政口号。许多活跃于 50 年代和 60 年代的政治家在孩童时代经历了大萧条的灾难，那些场景给他们的整个人生都留下了难以磨灭的影响。如果不了解 30 年代荷兰无数家庭遭遇的悲惨经历，那么你很难理解荷兰和阿姆斯特丹在二战后发生的一系列重大事件，包括 50 年代积极踊跃的经济重建、60 年代的困顿无助和 70 年代的"柔化"社会。

1933 年 9 月，提倡社会主义的市议员在市议会中集体辞职，以抗议降低城市劳工的工资标准。此后的两年时间内，直到 1935 年选举，阿姆斯特丹都由政治倾向中偏右的市议会掌管，他们的政治主张很简单，就是一个词——"经济化"。1934 年 7 月 1 日，他们将失业救济金调低了 10%，这意味着一个包含 9 个成员的家庭的收入由 16 荷兰盾降低到了 14 荷兰盾。

几天后，在 7 月一个闷热的周三，约旦区爆发了一场暴力抗议活动。在一次失业者委员会的会议之后，一些人开始走上街头游行，警察开始介入，不过他们很快就遭到了石块和瓦块的袭击。街上的路灯纷纷被人们拉倒，上面的灯泡破碎一地。抗议者们搭起了第一批路障，形势突然变得异常紧张。整座城市直到深夜才恢复平静。

接下来的几天则发生了一场"城市内战"。约旦区的骚乱逐渐扩展到斯帕伦丹社区和阿姆斯特丹东城和北城，之后蒂博港爆发了一场工人罢工，港口能听到枪声传来，之后不久在约旦区也响了枪声。共产党人号召开展新的抗议活动，社会民主党人则警告工人们不要"越陷越深"。此时，有人在一些路障里竖起了苏联的旗帜。有人写诗描述了当时的情景：

他们以为我们听不到来自

遥远的俄罗斯莫斯科崇高的呼声，

他们以为我们会被令人厌烦的情绪所击败

在这片令人厌烦的沼泽地中，发出恶臭

············

到了周一，抗议结束。在这场抗议活动中，共有 5 人死亡，41 人受伤。[15]

未来最重要的特征便是它的不可预测性。在 1939 年底，再次当选市议员的德·米兰达希望"失业者都能找到工作，中产阶级会有更好的营生，富人们对这座城市更加忠诚"。对于阿姆斯特丹东部城区，他希望彻底解决交通不便的问题；对于西部城区，他希望快速完成在博斯和洛默尔社区的住房建造项目；对于南部城区，他希望完成国家保险银行大楼的建造计划；对于北部城区，他希望启动艾湾隧道工程；最后，对于中心城区，他希望能够开启新市政厅的建设项目。[16]

然而，事实总比想象残酷，新的市政厅和艾湾隧道分别在 30 年和 40 年后才开始建造，博斯和洛默尔社区则成了地中海移民的聚居区。至于德·米兰达本人，也在上任后一个月内就被拉下马。距离上一次做出新年致辞还不到 4 年，他就被拘禁在阿姆斯弗特附近的集中营里。据一位目击者称，"他在那里被人塞进小推车推着穿过中心广场，他蜷缩着身体，身上的血污和泥土混杂在一起，肮脏不堪，随后他像一堆垃圾似地被丢到地面上"。

意大利和德国法西斯主义的崛起也给荷兰带来了影响。早在

1933 年，希特勒掌权后不久，阿姆斯特丹的反纳粹青年就在伦勃朗广场进行游行活动，反对一部宣扬纳粹精神的德国电影《黎明》（Morgenrood）在荷兰上映。在伦勃朗剧场，抗议人群高举标语，丢掷臭气弹，释放和平鸽。[17] 此外，他们还成立了反法西斯委员会并组织了相关展览。[18] 在 1936 年，人们甚至用缩略单词 DOOD（荷兰语"死亡"的意思）来代指"独裁者控制的奥林匹克运动会"（De Olympische Spelen Onder Dictatuur）。荷兰王储——朱莉安娜（Julianan）公主——在嫁给德国王子伯恩哈德（Bernhard）后不久就去参观了犹太人医院，以此表现她对德国反犹太主义的蔑视。

数千名被迫害的德国犹太人、奥地利犹太人在这一时期涌入阿姆斯特丹。他们当中的许多人在贝尔拉奇设计的阿姆斯特丹南城开始建立属于自己的社区，主要集中在今天的贝多芬大街。在这些流亡者当中，有相当一部分是作家和艺术家。他们的到来，促进了阿姆斯特丹艺术和文学的发展。这又是 17 世纪和 18 世纪情况的再现，阿姆斯特丹再次短暂地成为移民的避难所。阿姆斯特丹的出版商阿勒特·德·朗芝（Allert de Lange）和奎里多（Querido）开始出版移民用母语创作的文学作品。此外，这一时期，还出现了为犹太移民发行的特殊报纸《新闻汇报》（Die Sammlung）。

然而，在阿姆斯特丹中产阶级上层，民族社会主义还是很有市场的，不时会有民族社会主义运动党①的成员穿上制服在街上

---

① 民族社会主义运动党是一个荷兰的法西斯主义政治党派，活跃于 20 世纪三四十年代。

Het Rembrandtsplein te Amsterdam.

伦勃朗广场上举行的室外教学活动。（图片来源：Gemeen-tearchief Amsterdam）

游行，他们通常会与年轻的社会主义和共产主义支持者们发生冲突。1935 年 4 月，民族社会主义运动党的成员和犹太自由党的支持者在音乐厅发生了严重的暴力冲突。事发当时，犹太自由党正在他们的主席亚布拉罕·阿斯切尔（Abraham Asscher）的主持下召开全国大会。在 1939 年阿姆斯特丹的市议会选举中，阿姆斯特丹成为荷兰唯一一个允许民族社会主义运动党候选人参选的城市，他们最终获得了三个席位。

　　反犹太主义也开始在阿姆斯特丹盛行。早在 1933 年初，北荷兰省的代理主教 J. 博曼斯（J. Bomans）在媒体《电讯报》（De Telegraaf）的支持下发表言论，称四名犹太人出现在阿姆斯特丹市议会里是"不明智"的举动。这次发言掀起了一场对犹太人的无声的"清洗"运动，首当其冲同时也是最主要的受害者便是身材矮小但乐观坚定的改革者德·米兰达。

尽管韦伯特曾是德·米兰达的导师，但是他们的差别却大大多于他们的相似点。韦伯特出身于一个资产阶级家庭，接受了高等教育，成为一名成功且富有的商人。德·米兰达则出生在一个贫穷的犹太人社区，只读了 5 年小学，之后成为人民的斗士，但依旧对"有学识的人"保持尊敬，并且从不掩盖自己的出身。在政治对手眼中，尽管韦伯特对社会民主党忠心耿耿，但他依旧是一位热心社会事务的行政长官。而德·米兰达是一个积极投身政党政治的人，并且不介意在公众场合演讲中使用未经议会批准的表态，因此他也招致了不少人的怨恨，在政坛树敌不少。德·米兰达的传记作者 G. W. B. 博雷（G. W. B. Borrie）写道："韦伯特是政治圈里的幸运儿，德·米兰达则成为夹杂着明显排犹倾向的反社会主义运动的受害者。"在这些事件中，德·米兰达缺少足够的"内部支持"，而这恰恰是他的朋友和同僚韦伯特所拥有的丰厚资源。

德·米兰达身份众多，他是一位伟大的城市再造者、公共浴场创始人、公社乌托邦的理想主义者，可是命运终究还是捉弄了他，令人不禁唏嘘。

博雷所著传记的最后几章主要介绍了德·米兰达在临近政治生涯末尾时的形象重建过程，不过这更像是一个"谋杀"公共人物的案例研究。所有必要的因素都在里面：敌人、动机、冲动、压力、谎言、真相、短暂的回光返照和永远的销声匿迹。

让我们首先从他的敌人们谈起。德·米兰达的冲动情绪可能源于他内心深处所缺乏的安全感，这无疑给他带来了很多麻烦。阿姆斯特丹的中产阶级对他大力推行的保障性房项目以及试图对基本生活物资进行价格管控的想法恨之入骨。在他还没有成为议员的时候，他对待议员候选人就非常无礼，特别是伟大俱乐部的主席瓦尔拉夫·博伊斯维恩。博伊斯维恩和阿姆斯特丹最显赫的几个家族关系都非常密切，而且是当时显贵阶层中非常重要的人物。在政府内部，德·米兰达还和当时有权有势的公共工程局长 W. A. 德·格拉弗（W. A. de Graaf）政见不同。除此之外，他还是一个犹太人和一名社会主义者，这两种身份的结合使得他永远不会受到某些特定群体的喜爱。

韦伯特死后，有些不怀好意的人看到了机会。1939 年 1 月 6 日，《电讯报》掀起了一场针对德·米兰达的舆论攻势，当天刊登了一则名为《对德·米兰达议员和古尔登议员的指控》（*Beschuldigingen tegen wethouder De Miranda en het raadslid Gulden*）的文章。文章报道了警方针对过去几年在土地分配上所做的"广泛调查"。这场所谓的调查的结果可想而知，他们发现，用于建造房屋的土地常常被分配给某些特定的承包商，但是这些承包商并没有盖房子的意愿，而是以高价转包给其他真正想参与建造项目的承包商。德·米兰达的儿子布拉姆（Bram）至少卷入了一起这样的非法交易，这也引发了人们对德·米兰达本人的怀疑。这篇文章的出现像是在舆论界投放了一颗炸弹。《电讯报》和亲民族社会主义的《国家日报》（*Nationale Dagblad*）开始轮番抨击德·米兰达，联手终结了他的政治生涯。市政府为此成立了特别调查委员会，对媒体指控的事项开展调查，这在阿姆斯特丹历史上尚属首次。委员会由瓦尔拉夫·博伊斯维恩领导。最终，调查结果显示德·米兰达仅仅犯了一些管理上的小错误。尽管参与其中的两名社会民主党议员和德·米兰达的儿子布拉姆的确有些问题，不过德·米兰达自己并未有太大的过错。这样看来，《电讯报》对德·米兰达的指控是没有事实根据的。正如当时负责调查的检察官所言，德·米兰达"非常清白"。

德·米兰达与钻石切割工们的合影，约摄于 1900 年。(图片来源：Internationale Instituut voor Sociale Geschiedenis，Amsterdam)

　　尽管已经证明清白，但是这件事对德·米兰达造成的伤害不可估量。由于受到狂风暴雨般的不公平指控，德·米兰达几近崩溃，不得不接受了半年多的心理诊疗。医生将其送到了疗养小镇雷登修养，因为在那里没有人认识他。他绝望地写道："这里的一切都是如此奢侈，每天都有专人侍奉就餐。市长会来这里探望我。你可以想象这里所谓的悠闲生活到底要花多少钱。"更糟糕的是，他在那里每天能读到的唯一一份报纸就是《电讯报》。

究竟是什么人在背后谋划了这场针对德·米兰达的攻击？为找到答案，博雷对大量一手材料进行了深入研究，并最终得出了结论。他认为，这是一场由公共工程局和《电讯报》主编 J. M. 古德曼（J. M. Goedemans）共同策划的阴谋。前者早就希望德·米兰达下台，后者则深受反犹主义的影响。从《电讯报》刊登的一系列文章判断，他们一定从公共工程局挖到了许多内幕消息，并且源源不断地从那里获取更新的消息。在古德曼当年写给民族社会主义运动党主席 T. 古德瓦根（T. Goedewagen）的信件中，他说过自己一直在努力迫使德·米兰达下台，"为此，我一直和几位值得信赖的媒体主编保持着联系"。

很难解释为什么这样一个位高权重并且为城市发展做出突出贡献的地方长官在短期内会遭受这么致命的打击。毫无疑问，其中一个重要的原因便是他在命运转折的关键时刻缺乏自我保护的精神力量，但更为重要的一点是由于他独特的个人背景——出身于工人阶层的犹太家庭，使得他无时无刻不"暴露"在对手面前。他无法寻求阿姆斯特丹固有势力的保护，甚至他所在的党派也无法提供有效的帮助。从我们的角度看，德·米兰达的遭遇无非是人生起伏的一个缩影。不过，他的遭遇所折射的，却是所有阿姆斯特丹犹太人的命运。

1939 年的夏天之后，社会民主党也开始了内部整顿工作，包括处理涉及德·米兰达的事项。当时，社会民主党首次进入政府执政，与缅怀一位已经离去的前议员相比，他们显然有更为重要的事情去办。即使德·米兰达做的事情都是正确的,但是在政治圈里,回头处理这些过气人物的事情总归是不明智的选择。就这样,德·米兰达被自己此前的老朋友和盟友们遗忘在脑后,并最终成了他亲手缔造的社会秩序的牺牲品。不过,他的离去却掀开了一个新时期的序幕。

❖ ❖ ❖

在第二次世界大战爆发前的几年,阿姆斯特丹和当时整个荷兰一样,弥漫着一种自欺欺人和盲目乐观的情绪。荷兰人很清楚德国的举动,不过随着局势愈发紧张,他们反而像鸵鸟一样,不愿意去直面外面发生的事情。1939 年 9 月 3 日,第二次世界大战爆发。此时,荷兰人还在幻想他们的国家可以坚守中立,像第一次世界大战时那样安全地熬到战争结束。他们也对即将面临的困难做了预估,认为无非和第一次世界大战时遇到的麻烦一样:贸易困境、难民涌入、食物短缺。但无论如何,这些都不是很大的问题。

不过,我们必须清楚,在数个世纪的时间里,荷兰一直处在欧洲政治领域的边缘地带。此时的荷兰人已经有很久没有与他国正式交战了。几乎所有摧残过欧洲大陆的大规模战争都绕过了荷兰,这里只面对过为数不多的几次小规模侵扰,不过可以忽略不计。人们逐渐对战争的危险性失去了概念,也不知道战争意味着什么。

如果我们去读一下当时报纸报道的内容,就会很容易地发现在 1933 年、1934 年和 1935 年，媒体已经表达了对纳粹德国的关切，不过，随着局势不断恶化，人们对这些事情的关注度反而在降低。在荷兰定居的犹太人已经过了好几代和平生活，不相信德国的情况真的会那么糟糕。"当我看到民族社会主义运动党组织的第一次游行活动时，我对此嗤之以鼻。"一位受采访者在《阿姆斯特丹犹太回忆录》（*Herinnering aan Joods Amsterdam*）中这样说道。另外一个受采访者则回忆起一名律师是如何在 1938 年匆忙地收拾起自己的行李和钱物，迅速离开荷兰前往美国的情景。这名律师为什么会去美国呢？因为害怕。"我们都觉得他不仅是个疯子，还是个懦夫。我们当时就是这样讨论这些事情的。'我们是荷兰人，'我们当时会这样说，'我们将会待在荷兰，哪儿也不去。'"这种由于长时间在和平安定的环境中生活而导致的对危险情况的迟钝，似乎预示了荷兰犹太人即将面临的悲惨遭遇。[19]

被德军占领前夕，"鸵鸟态度"在荷兰大行其道，即便是消息最灵通的一群阿姆斯特丹人也是如此。有一段极为有趣的报道出自《统一商报》（*Algemeen Handelsblad*）的编辑 A. 埃克尔（A. Ekker）之手。这篇报道讲述了 1940 年 5 月 9 日报社晚班工作人员的一段经历。从现在看，这是一个应当被历史铭记的夜晚。当晚值班的人员需要准备 5 月 10 日一早印发的第 37104 期报刊，而这期报刊恰恰集中体现了当时这座城市的情绪。[20]

在《统一商报》位于尼沃塞德·沃尔保瓦尔引以为豪的办公大楼里，5 月 9 日晚上的工作与其他日子的没有什么不同：编辑、速记员、通讯员、排字员、排版员进进出出；几米长的文字报道铺在地板上；为供稿人员提供的报刊副本被塞进从中央火车站驶来的邮车上；不耐烦的通讯员匆忙地通过电话口述着自己撰写的报道。

早在一个多星期之前，报纸编辑们就已经意识到德国有可能进攻荷兰。每个晚上，主编、副主编和国际新闻编辑都会坐在他们的房间里，用电话和海牙的通讯员以及商业伙伴联系，彼此沟通信息。他们到底从海牙那边听到了什么，至今仍不得而知，当然他们的读者肯定也是一无所知，不过报社里的每一个人都知道，有大事要发生了。

令人感到好奇的是，5 月 9 日并没有出现一个类似"危机委员会"的机构来处理即将面临的麻烦，相反的是，《统一商报》的编辑们相信危险的局面还可控，而当晚印刷的报纸头版文章是《紧张局势消退，担心的事情没有发生》（Ontspanning wordt groter，ver-wachte gebeurtenissen bleven uit）。不过，与此同时，他们收到了美联社的一则消息，称"据可靠消息来源"，两个德国装甲师从不莱梅和杜塞尔多夫出发，正向荷兰进军，"他们行进速度很快，即将到达两国边境"。《统一商报》驻柏林的记者麦克斯·布洛克塞尔（Max Blokzijl）也向荷兰总部发送了一则有关"备战"和"反制措施"的电报，以提醒德国可能对荷兰和比利时造成的损害。

接着，《统一商报》总部又在晚上相继收到了来自马斯特里赫特、文洛、奈梅亨和恩斯海德等荷德边境沿线城市的消息，这些消息被全部摆在了报社国内新闻部的办公桌上。当时国内新闻的编辑是海恩·范·韦克（Hein van Wijk）（之后成了律师和市议员）、诗人艾德·豪恩尼克（Ed Hoornik）和埃克尔（Ekker）。

此处引用埃克尔当时写的一段话：

> 所有的消息都说，夜幕降临之后，在两国边界附近听到了奇怪的声音。轰鸣的马达声、爆炸声和其他一些难以辨别的声响。随之而来的是农舍里的犬吠和畜栏里不安的低鸣声。

这些声响似乎来自德国边境一侧，但是海牙政府没有收到任何与之相关的信息，而且这些消息描述得比较模糊，无法在第二天早晨发行的报纸上刊登。下面是埃克尔在工作日志中做的记录：

> 到了午夜 12：00，第一版报纸已经开始印刷。排字员也得到片刻的休息。编辑们则来到报社附近的谢尔特玛咖啡馆和黑德斯咖啡馆喝上一杯。

> 凌晨 1：30，6 版城市新闻已经印刷完毕。这时，荷兰新闻社的电报机再次发出声响，防空站也传来几条消息，不明飞机正在飞入荷兰领空。以当时的情况看，这并不奇怪，但是这次发现的飞机数量太多。编辑部的员工们开始感到不安，特别是结合今晚从边境城市收到的那些令人不安的信息。当时，夜班编辑要求大家都不要回家。刚下完命令，海尔德兰和上艾瑟尔的记者又打来电话，提供了更多边境的消息。这时，只有马斯特里赫特的记者联系不上。那里的电话交换站的工作人员用一种奇怪的口音告诉我们，他们的电话将无法与我们联通。

> 凌晨 3：15，夜班编辑决定将当日报纸的发行时间向后推迟 1 小时。排字员们嗅到了气氛的变化，对此表示同意。

两个编辑留在了办公室"以防万一",其他人则可以回家休息了。

凌晨 3:55,我拿着自己的钥匙准备打开在克里奥大街停放的自行车锁,突然听到寂静的夜空被一阵低空掠过的飞机轰鸣声所打破,紧接着便是爆炸和交火的声音。事态发展到何种地步已经再清楚不过了。史基浦机场此刻大火熊熊。德国战机在郊区疯狂开火,整片天空都被暴力所笼罩。

就这样,阿姆斯特丹人在经历了四个多世纪的和平生活后,重新面对战争的残酷。5 月 12 日,一架德国战机在布劳伯格瓦尔丢下了一颗炸弹,落在了领主运河的一个转角处。这颗炸弹造成了 51 人死亡。除了几个港口和史基浦机场遭到轰炸外,阿姆斯特丹并未遭到严重的毁坏。对这座城市而言,战争的悲剧主要发生在普通民众身上。当时,阿姆斯特丹的天气很好,天空中可以看到烟囱里不断冒出的黑烟,因为人们正在被迫烧毁无数的"危险"书籍和小册子。在位于兰邦运河的犹太难民委员会,志愿者们在 5 月 10 日早上 8:00 就开始利用炉灶烧毁记录难民信息的材料。

与此同时,数千名犹太人逃到了艾默伊登,希望能够获得一张去往英国的船票。还有一群惊慌失措的犹太人,或开车、或乘车、或骑自行车沿着北海运河逃向海边,每个人都带着行李箱和包裹。当时有 3 艘大型蒸汽机船"约翰·德·维特号""扬·彼德森·库恩号""布德格拉芬号",可以帮助他们逃离阿姆斯特丹。然而,政府却在 5 月 14 日以担心破坏公共秩序为由,决定封锁艾默伊登港口附近的区域。"约翰·德·维特号"根据发船时刻离港驶往了荷属东印度地区，在离港的最后一刻，还用绳梯搭上了好几个犹太家庭。巨型客轮"布德格拉芬号"几乎空船驶向了英国，只是为了能帮船上 17 个犹太孤儿逃离。另外一艘"扬·彼德森·库恩号"客轮则在犹太难民众目睽睽之下被荷兰军队故意炸沉，目的是为了封锁德国通往艾默伊登码头的路线，而这艘船明明可以帮大批难民逃离阿姆斯特丹。

紧接着，城市中出现了自杀的情况。依曼努·卜克曼（Emanuel Boekman）议员和他的妻子、犯罪学家邦戈尔（Bonger）教授等 150 多名犹太人、反法西斯人士和生活窘迫的难民选择结束自己的生命。走在如今的阿姆斯特丹犹太人公墓中，你依旧可以找到这些自杀人士的墓碑，因为上面镌刻着他们离开人世的日期——1940 年 5 月 15 日和 5 月 16 日。有的墓碑比较窄；有的墓碑则比较宽，为的是能写下整个家庭成员的名字。[21]

1940 年 5 月 15 日，德国军队在数千名阿姆斯特丹市民的注目下，通过贝尔拉奇桥进驻阿姆斯特丹，正式占领了这座城市。

❖　❖　❖

荷兰人在德军占领阿姆斯特丹后第一个阶段的反应用两个词可以概括：毫不抵抗和天真幼稚。各家报刊主动接受德军的内容审查，大部分政党被宣布为非法组织，工会组织也并入了德国相应的机构，荷兰开始使用德国法律。德军占领阿姆斯特丹后，尽管发生了上述变化，但是大家的生活依旧继续，没有受到特别大

的影响。从当时的战争形势看，德军认为这场战争将很快在 1940
年结束，所以他们对荷兰的统治采用双管齐下的方式：一方面，
在经济领域和军事领域，他们将荷兰与德国紧紧地捆绑在一起；
另一方面，他们又或多或少地保持荷兰作为一个国家的独立性，
为的是在战后可能到来的和平谈判中，尽量攫取荷兰的利益，比
如荷属东印度地区。

　　局势在秋天发生了转变。1940 年 10 月 26 日，荷兰的公务员
首次在道德上陷入了两难境地。他们每个人都收到了一份标题为
《雅利安血统声明》（Ariërverklaring）的文件，要求每个人都尽
可能详尽地填写自己的血缘背景，以便查看是否有犹太人的血
统。这是自德军入侵后，首次区分犹太人与非犹太人。阿姆斯特
丹学会的老师们拒绝填表，但是他们也仅仅是为数不多的敢于反
抗的群体。正如当时的一份地下刊物所说的那样：此时此刻，一
场"悄无声息的大屠杀"正式拉开帷幕。

　　就在一个月之后，即 11 月 23 日，所有的犹太公职人员被政
府解雇，包括大学的老师和教授。作为回应，一些学生们自发进
行了一场罢课活动，他们的犹太老师们只是通过电话收到了辞退
通知，甚至不被允许赶回学校和他们的同事、学生进行道别。阿
姆斯特丹大学的 26 名讲师被迫离开学校。学校中一个叫作麦克
斯·科恩塔姆（Max Kohnstamm）——此后推动成立欧盟的先驱
之一——的学生，大声朗诵荷兰国歌的歌词以示抗议。学生报纸
《专注报》（Propria Cures）刊登了一些关于"你我共同经历的灾
难"之类的文章。尽管如此，阿姆斯特丹大学与莱顿和代尔夫特
的大学相比，显得更加温和，并没有发生大规模抗议活动。

　　阿姆斯特丹民众仰头看着飞来的德军战机，
塞姆·普莱塞（Sem Presser）摄于 1940 年 5 月
10 日。（图片来源：Maria Austria Instituut，Amsterdam）

11 月 30 日，市议会的犹太议员被免职。当历史学家洛赫特重新检索当时留下的会议记录时，竟然没有发现任何反对的意见。当一名叫作本·萨耶特（Ben Sajet）的犹太议员试图在出席的最后一次会议上提出就此事进行讨论时，他的请求被驳回了。两周之后，议会各个委员会的领袖指出，被免职的犹太议员应当将派发给他们的剧院特殊门票交还给议会，"因为他们已经不再需要这些专门给议员准备的门票了"。议会竟然同意了这项提议，并将决定通知了那些被赶走的犹太议员。[22]

1941 年 1 月又推出了新的针对犹太人的政策：犹太人所有的经营活动都需要登记。犹太人的商店要听从德国"代理人"管理，这些代理人有时候是正经的生意人，但更多的时候是一些无能之辈。犹太人的不动产就这样被莫名其妙地没收，随即被一家"并不存在的"银行转卖。

对犹太人的侵扰逐渐蔓延到了街头。民族社会主义运动党，这个一直渴望"新秩序"的组织，企图通过街头行动强化自己的政治地位。他们所做的一切与其说是想得到市民们的信任，不如说是想借机凌驾于其他纳粹组织之上。他们在街头恐吓社区里的犹太人，将他们从电车上赶下来，甚至闯入咖啡馆胁迫老板贴上"禁止犹太人入内"的告示。这些行为常常引发右翼分子和酒吧客人的冲突。

德国人占领后最先采取的统治措施在阿姆斯特丹不同族群之间营造了一种深深的不信任感，但紧接着这些措施都被后来的暴力行为所取代，间接地影响到了城市里非犹太人的生活。正如历史学家本·塞耶斯（Ben Sijes）之后记录的那样：

人们都认识彼此。他们是工厂里的工友，是办公室里的同事。他们或许是亲戚，或许是熟人。有人感觉德国人试图通过政令和"来自官方"的布告，打破荷兰社会里已经形成的族群融合，让彼此之间的界限重新清晰起来，而这种界限是在社会互动和人们的同情心中消失的。[23]

这种认知驱使阿姆斯特丹民众发动了一场短暂的群众运动，即后来我们所熟知的"二月罢工"事件。

列队穿过约旦区威廉大街的德军。（图片来源：Gemeen-tearchief Amsterdam）

阿姆斯特丹不知道在 1944 年的华沙曾发生过一次犹太社区的起义运动。这场起义是华沙犹太人被德国占领者逼得走投无路之后发起的自救运动。德军显然在这件事上吸取了经验教训。在阿姆斯特丹，德军有意地隐藏了自己的真实意图，因此对犹太人的迫害是循序渐进开展的，这样就可以避免发生连续性的、激烈的抵抗运动。

不过，其中也有其他方面的考虑。在 20 世纪上半叶，阿姆斯特丹犹太社区发展的速度是其他欧洲国家犹太社区所无法比拟的：在短短几十年的时间里，犹太人口的增加，让开展积极活跃的犹太工人运动都成为可能。这次爆发的"二月罢工"充分体现了犹太人作为一个族群融入城市的程度，非犹太工人放下自己的工作，纷纷跑来支持他们的犹太兄弟。来自约旦区的年轻人和民族社会主义运动党的人扭打在一起。有那么一瞬间，这场景看起来就像是整座城市都在同法西斯主义进行抗争一般。

如果分析这场罢工发生的原因，我们不难发现，犹太人遭到迫害是一个诱因，但其背后还有更为深层次的因素。罢工之前的几个月里，阿姆斯特丹动乱不断，人人惶恐，这导致物价水平比德军刚占领这里时上升了 1/3。阿姆斯特丹的失业率持续处于高位，始终有约 4 万人没有工作，他们不得不在德国人的胁迫下前往德国工作，其中的钢铁工人被德军胁迫到兵工厂工作。

除此之外，那些亲纳粹的组织时不时组织的游行和街头暴力活动也是令人不安的因素之一。民族社会主义运动党的成员穿着"士兵一样的制服"几乎成了阿姆斯特丹街头的一道风景。他们肆无忌惮的暴行直接导致了 1941 年 2 月 8 日和 9 日出现的一系列的街头抵抗运动。在犹太人社区，民族社会主义运动党的成员肆意闯入居民的房子里进行抢掠，他们经常与警察开展"暴力对话"。位于伦勃朗广场附近的艾卡扎尔咖啡馆是当时为数不多的还向犹太人开放的咖啡馆，但是当老板拒绝摆放禁止犹太人入内的标识后，60 名武装的民族社会主义运动党成员闯进咖啡馆，把它拆成了废墟。同样在这里的皇冠餐馆的玻璃被暴徒打碎，当他们闯入这家餐馆打算"把犹太人赶出去"的时候，赶来的荷兰警察还和德国士兵发生了一些冲突。到了晚上，150 名民族社会主义运动党成员来到位于滑铁卢广场的鲍勃屋——一个向犹太年轻人开放的舞厅，这些不受欢迎的到访者与舞厅里的人发生了冲突，直到德国军警到来之后才得以平息。

《人民和祖国报》（*Volk en Vaderland*）1941 年 2 月 21 日的头版。（图片来源：Gemeentearchief Amsterdam）

一家犹太拳击馆的学生认为已经到了需要采取行动的时刻，他们组成了一个战斗小组"要立刻给予还击"。这些人中为数不多的几个幸存者之一——教练乔尔·考斯曼（Joël Cosman）——
讲述了当时的一些事情："我们当中有人造了一辆'突袭车'，那
是一辆老旧的远途客车，车头做了装饰，车内有两个座椅。当我
们收到犹太人被侵扰的消息后，就会开着这车赶过去帮忙。"[24]他
们"作战"的地方先是皇冠餐馆，之后他们又去了一个位于范沃
尔大街的犹太人冰激凌店——这是一个典型的社区商店，周边区
域已经建立了一套完整的防卫系统，有巡逻队、岗哨和紧急救助
站。拳击馆和其他的拳击俱乐部关系不错，所以当他们遇到麻烦
时，很快就会有几十个约旦区和凯滕伯格区的人来帮忙。

　　很快，阿姆斯特丹其他地区的人也逐渐意识到只能通过暴力
的方式来反抗纳粹的统治。艾湾对面的几家工厂（例如菲尔斯切
诺船厂）已经开始偷偷地生产武器。

　　根据乔尔·考斯曼的回忆，2月11日，犹太人社区附近又爆
发了新的战斗：

　　　　每一个看起来像民族社会主义运动党成员的人都不会被
　　放过。……那是一个大雾弥漫的傍晚，大概7：00，我们听
　　到有人一边唱着《驱赶犹太人到墙边》 （*Juden an der
　　Wand*）的歌曲一边穿过蓝桥。在滑铁卢广场有一个游乐场，
　　当唱歌的人靠近时，我们从尼克伯格咖啡馆冲出来，给了他
　　们致命一击。他们左突右冲，慌忙逃窜，不过还是有些人因
　　为雾大看不清路，误打误撞闯进了犹太社区。这伙人的头子
　　叫库特（Koot），他被我们逮到，被痛揍了一番，失去了意
　　识。由于始终没找到自己的头领，他的手下第二天早晨又跑

出来找人。库特最终被人发现并送去了医院，尽管他被抢救了回来，却不敢再回忆那天发生的事情。

三天之后，库特死了。民族社会主义运动党失去了一位干将，而德军也借此机会大做文章。库特去世的第二天早晨，犹太社区与城市其他地方的联系立即被切断。通往其他地区的桥梁被吊起，市政府的人开始围绕这片区域搭建大量的围墙。此外，德军在 2 月 22 日决定搞一次突然袭击，准备逮捕 400 名犹太人当作"人质"。于是，习惯了和平生活的阿姆斯特丹人看到了此前从未敢想象过的场景。一份保留下来的警察出警记录写道：正在骑自行车的人要么被人撞倒，要么被直接推下台阶。小孩子被从大人的怀里抢出来，可怕的哭声不断。痛哭流涕的女人们被人用枪指着不敢出声，而倒在地上的男人们则被人拳打脚踢，直到不能动弹为止。

2 月 23 日，在犹太社区又发生了一场袭击。由于这一天是星期日，很多人来到周末市场买东西，于是许多非犹太市民看到了纳粹对犹太人做出的恶行。犹太人在遭受折磨时发出的哭喊声，一直在这些见证人耳边回荡，即使回到了家中，这些场景都难以从脑海中抹去。

"二月罢工"能够获得成功，荷兰共产党发挥了至关重要的作用。1941 年，共产党已经在荷兰秘密建立了自己的组织，仅在阿姆斯特丹就有约 1 200 名积极活跃的党员。这些党员被划分成不同的党支部和党小组参与组织工人运动，其中两个带头人分别是工人威廉·珂兰（Willem Kraan）和城市清洁员彼得·纳克

(Piet Nak)。他们认为应当采取一些措施防止犹太人再度遭到迫害，于是就召集在市政府工作的同事们于 2 月 24 日晚 6：00 在北方市场召开了一个秘密会议，宣布将在第二天举行一场罢工抗议活动，目的是迫使城市里的电车系统、城市卫生和公共工程系统陷入瘫痪。他们认为，如果这几个系统停止运转，城市中其他的工作系统也会随之停摆。

第二天，罢工活动发展的势头非常迅猛，超出了所有人的预期。第二天早晨，当一些罢工者在克罗默麦德莱赫特大街的电车出发点劝说司机不要将电车开出时，城市里其他地区的电车员已经步调一致地也将电车停运。随着交通的停摆，罢工运动像滚雪球一般席卷了整座城市。

罢工工人们散发的传单以"立刻释放被逮捕的犹太人"为开头，一份当时的传单是这样写的：

> 我们要求解散民族社会主义运动党！
>
> 让我们在工厂和社区组织起自卫力量！
>
> 让犹太儿童逃离纳粹魔爪！
>
> 将他们带回你们的家庭！
>
> 让我们团结一心，让我们勇敢起来！
>
> 罢工！罢工！罢工！

大约在上午 9 点，罢工就已经蔓延到阿姆斯特丹北部的船坞和钢铁厂。在福克尔飞机厂，几组工人穿过厂房大厅号召举行大罢工。不到十分钟的时间，就有 2 600 人（几乎全厂的工人）聚集在工厂大门。同时，城外的工人聚集在渡口，希望能乘坐摆渡船进入城市参与罢工游行。下面这段是本·塞耶斯所做的记录，介绍了当时的情况：

> 无论男女老少都在欢呼雀跃，高唱着国际社会主义运动的歌曲。兴高采烈的年轻小伙子将女孩儿们揽过来，用手将她们高高举起。每个人都在大笑。摆渡船船长和船员也受到了工人们的鼓舞。伴随着激动的心情，一条摆渡船满载着这些罢工工人穿过波光粼粼的艾湾水面驶向城内。这场面真是不可思议，就是这么发生在阿姆斯特丹。

德军被这场突如其来的罢工运动扰乱了阵脚，不过很快又重新组织起来。一支德国警察部队和两个党卫军步兵团被派往阿姆斯特丹，同时在城内宣布宵禁。到了晚上，街上四处都是党卫军巡逻队的身影。市长德·弗勒赫特（De Vlugt）使用包括解雇在内的各种手段威胁罢工人员。当时，德·米兰达已经退休，但是他的影响力依旧还在。政府请他与罢工人员沟通，要求他们服从命令，但是遭到了他的拒绝。不久之后，德·米兰达就遭到逮捕并被残忍地杀害。

德国人对罢工采取了强硬的态度，有时甚至会向罢工人群开枪，此外，他们还控制着市政府的运转，罢工风潮很快就遭到了压制。电车系统第二天就恢复了正常运转，其他参与罢工的人员也回到了工作岗位。两天后，罢工正式结束。组织罢工的人中，有 4 个被执行了枪决，另外 22 个被羁押，超过 70 名公共服务部门的职工遭到解雇。

此外，阿姆斯特丹市被迫支付了 500 万荷兰盾用来赔偿德军的损失。而犹太人不得不接受所谓由"自己人"组成的犹太人委员会的管理。但事实上，这个委员会是一个亲德组织，他们不仅对德国人言听计从，甚至还协助他们对犹太人进行迫害。这场罢工中所有被逮捕的人都被送到了毛特豪森集中营，这些人里面有2个犹太人。抵达集中营后的第4天，他们当中的10个人就一起跳进了采石场的矿坑中结束了自己的生命。到了1941年的秋天，所有被带到集中营的罢工参与者都死了。

　　从某种程度上讲，"二月罢工"就像欧洲其他地方发生的犹太人起义一样，实际上是一场失败的斗争。然而从心理层面上讲，这场发生在1941年2月25日的罢工运动是这场战争中至关重要的一个瞬间。这次斗争中出现了一支典型的阿姆斯特丹式的反抗政府和军事压迫的力量——社区。通过这次罢工，德军的真实意图被彻底暴露，阿姆斯特丹民众也清楚地意识到在敌军占领期间哪些是"对的"事情、哪些是"错的"事情，应团结起来进行抵抗。此外，这场罢工也教会了阿姆斯特丹民众新的做人标准：体面的上层社会人士学会了为被压迫的人（当时的犹太人）挺身而出。最重要的是，阿姆斯特丹的犹太人知道，在任何时刻他们都不是孤军奋战。

❖　❖　❖

　　相比于其他历史阶段，每每看到当时的人们对这段时期的记录时，总给人一种不真实的错觉。这是因为我们作为后来人知道了事情的发展过程和结果，而当时身处历史旋涡之中的阿姆斯特丹人却不知道自己的生活会走向何处。巨大的不确定性笼罩在每个人的心里，当时所做的每一个决定都要充分考虑社会上流传的各种流言蜚语和令人困惑的条件。这种情绪不仅影响着犹太社区，对阿姆斯特丹所有的民众都是一种煎熬。

在迫害刚刚开始时，阿姆斯特丹犹太人普遍明白，自己正面临着艰难的生活，与荷兰以外其他地方的犹太人所面临的困难差不多；不过，此时几乎没有人知道，等待他们的还有更严重的灾难。1940 年 5 月，出于安全方面的考虑，有人建议，应当尽快销毁统计犹太人身份的注册系统，以免被德军掌握，带来糟糕的后果，但犹太人社区的领袖们对危险毫无警觉，并未采取实质性的行动。甚至到了 1941 年 9 月，犹太人委员会还在尝试通过红十字会询问毛特豪森集中营的情况，想知道"自己的同胞是否还居住"在那里，以便进行通信往来。[25]

用"幼稚""天真"来形容他们也许有些不太合适，但是阿姆斯特丹的犹太人历代都在平和、安全的环境中生存，几个世纪都没有遭受过这样的对待，对于自己面临的困境到底有多么恐怖，他们没有准确的认知。

当然，我们也见识了德军对阿姆斯特丹的占领策略的灵活与狡诈。一开始，德军无非是对犹太人进行一些轻微的侵扰，当时谁也不知道后来的情况会越来越糟。对犹太人的清洗不是简单的一锤子买卖，而是通过威胁恐吓、孤立打击等方法一步步将他们置于死地。对犹太人的打击并非简单地依靠暴力，而是充分运用了各种手段。

德军使用一些含糊不清的词语来掩盖他们对犹太人的迫害。例如，"安排工作"实际上指的是被送往奥斯威辛集中营。这些表面上听起来还不错的表达欺骗了犹太人，给他们造成一种颇有安全感的假象。德国人和协助他们工作的荷兰人就像是"交通运输员"，而犹太人被当作"货物"，从一处运到另一处。犹太人抵达目的地之后会发生什么与他们毫无关系。此外，所有的事情都是循序渐进的，这导致许多人误以为某一时刻的糟糕状态已经是最坏的情况。

历史学家沙克·普莱塞在他的著作《忍受》（Ondergaan）一书中用一千多页的篇幅记录了犹太人被驱逐和杀害的过程。其中一些章节的标题明白无误地告知了读者，纳粹使用的具体手段："孤立"（1940 年 5 月—1941 年 9 月）、"从孤立走向驱逐"（1941年 9 月—1942 年 7 月）、"驱逐"（1941 年 7 月—1943 年 9 月）。让我们再跟随普莱塞的记录更多地了解一下这些事情的细节：

　　1941 年 5 月 1 日：宣布禁止犹太人从事的职业种类，比如医生和药剂师。禁止的范围越来越广。

　　1941 年 8 月 29 日：犹太人学生被驱逐出学校，成立了为犹太人专设的学校。

　　1941 年 9 月 15 日：不允许犹太人参与公共活动、艺术演出、音乐会等；不允许他们去公园、动物园、咖啡馆；不允许他们在火车上使用卧铺车厢和餐车；不允许他们参加体育活动；不允许他们去游泳池、公共图书馆、博物馆、市场、拍卖会，等等。总而言之，除非是专门为犹太人组织的活动，否则犹太人一律不能参加。"当有人带着刊登这些消息的报纸在下午 5：00 来到咖啡馆后，仅仅 5 分钟的时间，所有犹太人都离开了。这就是当时发生的事情，几分钟的时间里，他们失去了所有。此后再也没有看到过一个犹太客人。"这是酒吧老板的女儿回忆的情景。[26]

1942 年 1 月 6 日：所有没有工作的犹太人被送去郊外的劳动营。一个幸存者回忆道："那里的冬天就像是在俄罗斯一样，几米厚的大雪堆在路上，前往那里的过程让人感觉像是在新地岛过了一个冬天。"[27]

1942 年 1 月 14 日：开始强迫阿姆斯特丹的犹太人集中居住。各地的犹太人都收到了通知，要求在三天内带上所有的行李搬到阿姆斯特丹新的社区里居住。德国来的犹太人则被直接送去了位于德伦特的韦斯特博科中转站。

1942 年 3 月 20 日：不允许犹太人使用私人汽车。

1942 年 3 月 27 日：不允许犹太人和其他族群的人结婚或发生性关系。

1942 年 4 月 29 日：从下个周日起，每一个犹太人都必须佩戴"犹太之星"。每个人最多可以买 4 个"犹太之星"，每一个售价 4 分钱。

1942 年 6 月 24 日：犹太人要上交他们的自行车。

1942 年 6 月 30 日：犹太人从晚上 8：00 到次日早上 6：00 不能出门。不允许他们去其他族群的朋友家里串门（这条规定实际是为了方便今后开展对犹太人的逮捕，当时除了纳粹，谁都不知道这项规定的真正意图）。除了一些特别情况外，有轨电车、公共汽车和火车不再对犹太人开放。
"直到现在，我才发现坐电车是一件多么美妙的事情，特别
是在一些敞着门的电车上。不过我们已经被剥夺了享受这种
快乐的权利。也许步行对我们来说已经足够了。"13 岁的安
妮·弗朗克（Anne Frank）在他的日记里记录了当时的
感受。

犹太人的婚礼，塞姆·普莱塞（Sem Presser）摄于 1942 年。

（图片来源：Maria Austria Instituut，Amsterdam）

　　1942 年 6 月 26 日，犹太人委员会的代表们收到通知，要求
犹太人中 16～40 岁的人都要在"警察的监管下"被送去德国工

安妮·弗朗克和她的小伙伴儿们在梅尔韦德广场的合影，
照片拍摄于 1939 年 6 月 12 日。(图片来源：AFF Basel/AFS Amsterdam)

作。直到当时，驱逐犹太人的事件还只是偶有发生，主要是为了惩罚那些搞"恐怖活动"的坏分子，而事实上，那些被驱逐的人并未参与所谓的恐怖活动。但是在 1942 年 6 月以后，驱逐犹太人的行动开始系统性地推进。7 月 5 日，首批犹太人收到了要求他们离开阿姆斯特丹的邮件。此时此刻，位于新皇帝运河 58 号的犹太人委员会大楼俨然成了这些犹太人的救命稻草。每个人都要求得到豁免，每个人都声称自己是不可或缺的，每个人都说自己刚刚皈依了基督教，每个人都说自己刚刚受伤，每个人都说自己身患重病。犹太人排着长队，希望从医生那里获得一张医疗证明、从教会那里得到一封建议信。当这些都无法实现时，他们又开始乞求将自己去往奥斯威辛集中营的时间向后延迟一个星期。普莱塞写道："犹太人社区中应该有一些所谓的圣人，来阻止族群内部出现像贪污腐败、裙带关系、乘人之危之类的现象。而在此时此刻，这些情况都在一一上演。"他还描述了自己就职的一所犹太学校的期末典礼。那天，一些十五六岁的女孩儿通过邮件收到了即将被送往奥斯威辛集中营的消息，恐惧很快传播开来。当时，人们正在一边说笑、一边演奏着美妙的音乐。突然，一个高年级的女孩儿站了起来，因为她和她的妹妹都收到了邮件。她们接下来会做什么呢？让我们继续看看普莱塞的描述：

> 那个 17 岁的女孩儿就站在那里，手里拿着自己的满分试卷，显得特别孤独和无助。直到今天，我仿佛仍能看到她就站在那里，在我面前的是一个善良、聪颖、干净的孩子。我仿佛听到了她那掷地有声的提问——一个我永远无法忘怀的问题："女士们，先生们！请告诉我接下来该怎么做？"没有人知道答案，没有人可以提供帮助，就这样，她们被驱逐出了阿姆斯特丹。[28]

1942 年 7 月 14 日：接受"工作安排"的犹太人在一个死寂般的夜晚离开了阿姆斯特丹，并在两天后抵达奥斯威辛。就这样，纳粹对犹太人的驱逐开始了。在接下来的几个星期里，传唤、抓捕、驱逐，一步接着一步快速地发生着。一名犹太妇女记录下了看望自己父母的故事："妈妈惊恐地浑身发抖，她告诉我每天晚上她是如何坐在窗前看着人们一个接一个地像动物一样被人拖走。她对此惊恐万分，因为不知道什么时候就会轮到她和我父亲。许多大型的卡车开到这里，为运送犹太人做准备，每次都是满载离开。恐惧感支配着被拉走的犹太人，他们要么低声啜泣，要么大声喊叫。从窗户看去，货车上只能看到一群丧失所有希望的可怜人。"[29]

大部分被抓走的犹太人会被临时安排住在位于植物园中央大道的荷兰剧场里。有时候，他们在那儿就待几个小时，但是一般会停留几天或者几个星期之久，之后会搭乘电车去往中央火车站，再乘坐火车去位于韦斯特博科的中转站。在这些犹太人抵达荷兰剧场后，荷兰抵抗运动组织设法营救了一大批孩子。这些孩子被装进箱子和麻袋里，通过剧场对面的幼儿园被偷偷运走。这些被救出来的孩子里有一个人叫作艾德·范·泰恩（Ed van Thijn），他后来成为阿姆斯特丹市长。

对犹太人的逮捕和驱逐持续了一整个冬天，不过，发生在犹太人身上的悲剧给人们带来的冲击慢慢变淡了。正如普莱塞所说，第一个人被送上断头台或许是一条新闻，但当第十个被送上断头台的人出现时，几乎已经无人愿意关注。此时，在《犹太周报》（*Het Joodsche Weekblad*）的版面上重新充斥了各种各样的广告：结婚声明、招聘女仆、理发店开张、法语课招生、商业信件写作培训、工厂招工，等等。

1942 年 11 月 10 日和 11 日的晚间，500 名阿姆斯特丹的犹太人被逮捕。在 11 日的下午，位于凯滕伯格的荷兰蒂亚工厂被清空，将近 400 名犹太人被逮捕。到了 11 月 24 日，所有姓氏以"K"和"S"开头的犹太人从他们的住所被带走。11 月 27 日，

轮到了姓氏以字母"L"和"P"开头的犹太人。一份内部会议纪
要显示，在1942年11月末，所有被逮捕的犹太人都从韦斯特博
科转去了奥斯威辛。

1942年12月30、31日：犹太人委员会兴高采烈地组织
了庆祝活动，为他们的主席科恩（Cohen）教授庆祝60岁
生日。

1943年3月1日：在韦斯普广场的犹太医院（现在的阿
姆斯特丹健康事务局）里，300名犹太人被党卫军逮捕，他
们当中的大部分人都是年迈、患病、残疾、眼盲的病人。整
个行动在一片令人恐惧的寂静中完成。"没有人大喊大叫，
也没有人哭泣。"

1943年5月21日：尽管此前犹太人委员会在谁去谁留
的问题上有决定权，但是他们自己和家人也未能幸免于难。
为了躲避迫害，委员会的工作人员不得不将他们自己和家人
的名字在登记簿上删掉。整个周末，委员会的工作人员都在
大楼里忙碌，连夜里也是灯火通明。到了最后，由于数量太
多，他们也只能在装满注册卡的箱子里随机抽取注册信息进
行删除。当时，有个男孩儿负责搬运这些文件，也乘机将自
己的注册卡从箱子里偷偷取了出来。由于害怕，他很快便逃
了出去。由于在指定的时间没有凑足足够数量的犹太人，德
军在犹太社区又进行了一次大规模的搜捕，逮捕了3 000名
犹太人。

1943年6月20日：又发生了一次大规模的搜捕行动。阿

姆斯特丹南区和东区留存的犹太人被聚集在萨法蒂公园（今天的维多利亚广场）、普德尔路和奥林匹亚广场。这是一个美丽的周日，但是在奥林匹亚广场上，纳粹继续着他们的迫害。

1943 年 7 月 1 日：对于那些与其他族群通婚的犹太人，唯一可以留下的条件是做绝育手术。不过，这项政策遭到了许多医生的反对，包括奉命执行手术的德国医生。

1943 年 9 月 29 日：生活在荷兰的 14 万犹太人大部分已经被带走。有些人由于和别的族群通婚而逃过一劫，有大约 2 万人设法隐姓埋名躲避追捕，还有大约 2 万人因为获得了"劳工"身份得以留在荷兰。不过，这群人现在也开始遭到驱逐，他们被从韦斯特博科的劳动营押上了去往东方未知目的地的火车。

有关对于犹太人的迫害，我们还了解到更多的情况。被运往奥斯威辛的犹太人会在车厢里给后来人偷偷存放一些字条和行程记录，其中的一些被保留了下来。一个人写道："车厢里塞满了人，我们在里面无法呼吸。气氛令人恐惧。"另外一个人写道："多亏了几个老阿姆斯特丹人的笑话，我们的情绪才好了很多。然而，随着我们离边境越来越近，人们变得愈发安静。"一名犹太女人在字条上说："出发的第一晚，车厢里的气氛'非常棒'，大家还组织在一起唱歌跳舞。有一首歌我永远也不会忘记，那是一个 16 岁的女孩儿在地上点亮的蜡烛的陪伴下唱给大家的，歌曲名是《荷兰》（Nederland）。"从其他的记录来看，我们了解到这一路上人们的互帮互助：一名理发师帮人修剪头发，一名老师向大家讲述历史知识，让大家暂时忘却了即将前往的目的地。然而，几乎每一份记录都以类似的内容结尾："我们到了奥斯威辛，必须下车了。这是一座大型的工业城市，因为城里可以看到许多烟囱在冒着烟"，或者"远处有一座亮着灯的大楼。大家再见，希望我们很快就能回去"。

❖　❖　❖

到 1945 年荷兰解放为止，阿姆斯特丹的犹太人中只有 5 000 人活了下来。战争期间，共有 98 列次的火车运送了超过 10 万人离开荷兰，这期间没有发生一起事故。

《浩劫》（*Shoah*）是一部由法国导演克劳德·朗斯曼（Claude Lanzmaan）执导的反映犹太人大屠杀的纪录片，里面有一大群"技师"来保障那些巨型的死亡机器的运转。他们当中有些人是警卫，有些人是工人，还有开往奥斯威辛集中营那列火车的司机。这其中最著名的人物便是沃尔特·斯蒂尔（Walter Stier）——一位负责安排"特别车次"的铁路管理员。这些车次原本是为了满足节假日期间市民出行的需要，但在此时却成了将犹太人运往集中营的专列。尽管斯蒂尔在不知不觉中成了这套运输系统的核心人物，但他宁愿自己什么也不知道。对他而言，自己只不过是一名安排"常规车次""假日车次"的火车日程协调员。特雷布林卡和奥斯威辛无非是两趟列车的终点站，是犹太人的"目的地"。"我就是一个坐办公室的工作人员。"他在此后这样为自己辩解。[30]

在荷兰，有无数个"沃尔特·斯蒂尔"成了纳粹屠杀犹太人的帮凶。在几乎没有任何反对声音的情况下，荷兰铁路为纳粹专门开设了去往韦斯特博科和德国边境的晚班列车，列车费用由德军准时支付。11537 次列车，凌晨 2：16 从阿姆斯特丹中央火车站出发，早晨 5：48 抵达霍赫哈伦，中途在阿姆斯弗特和兹沃勒停车。11537 次列车发车之后过了 20 分钟，11539 次列车准时发车，行车路线完全一样。阿姆斯特丹市政交通局最大限度地配合德军的行动安排。到了晚上，当德军开始对犹太人进行抓捕时，阿姆斯特丹的 8 路电车、6 路电车、16 路电车和 24 路电车会往返于抓捕点与中央火车站，为德军行动提供交通协助。从目前的记录看，阿姆斯特丹市政府没有一次拒绝或者抗议过德军的要求。

其他市政部门也在为德军服务，就好像完成日常工作一般。政府职员给犹太人的身份证件上盖上"Js"的标识，没收犹太人的自行车和收音机，将失业的犹太人送去劳动营。几乎每个公职人员都极为认真地向德军递交了《雅利安血统声明》。阿姆斯特丹大学也极为听话地解聘了犹太教师，并按照德军的要求，命令学生签署对占领者表示忠诚的声明。战争结束后，尽管大学成立了"清理委员会"，但是几乎所有的成员都或多或少地执行了战时德军制定的管理政策。[31]

1941 年 1 月 20 日，德军要求阿姆斯特丹市统计局制作一幅彩色地图，用以标记犹太人在全城的分布地点。仅仅用了不到 10 天的时间，即 1 月 29 日，地图就顺利制作完成。上面标记的每一条细线代表 10 个犹太人。在地图制作的过程中，没有一名工作人员对此有过任何犹豫。

1941 年绘制的阿姆斯特丹犹太人
分布图，由阿姆斯特丹市统计局完成。
（图片来源：Gemeentearchief Amsterdam）

VERSPREIDING VAN DE JODEN
OVER DE GEMEENTE (MEI 1941

CIJFERS IN BLAUW = AANTAL JODEN PER BUUR
CIJFERS IN ROOD = „ NIET-JODEN „ „
ELKE STIP =
10 JODEN

德国派往阿姆斯特丹的管理人员数量很少，即使在对犹太人进行迫害的最高潮时期也没有超过 60 人，大部分的工作都是靠荷兰人协助完成的。在对犹太人进行劫掠逮捕的行动中，参与者差不多有一半都是本地的普通警察。在 1942 年 10 月以后，荷兰警察可以在纳粹党卫军的领导之外独立执行对犹太人的清理任务。值得一提的是，一名退休的警察给我讲述了他和同事们是如何暗地里违抗德军命令的：执行命令前提前向犹太人发出警告，将一些年迈的犹太人列为不适宜乘坐火车驱逐的人群，专挑一些居民数量不多的街道进行搜查（"我们就是直接走过去，然后径直离开。"），将一些列入逮捕名单的人标记为"已逮捕"。

这位警察骄傲地告诉我："我们通过这种方式至少让几百名犹太人消失在这座城市中，这些消失的人实际上获得了自由。"不过，他和同事只是荷兰警察中的少数。大部分警察，特别是那些支持民族社会主义运动党的协警，都坚定地执行了德军的命令。他们不折不扣地执行搜捕犹太人的任务，做得甚至比德军有过之而无不及。他们一般都会对犹太人所在的公寓进行彻底搜查，一旦发现犹太人，即使自己没有逮捕许可，也会将人带走。在阿姆斯特丹负责警务工作的德国人劳特（Rauter）在 1942 年 9 月 24 日写给他的上司希姆莱（Himmler）的一封信中说道："荷兰警察在对待犹太人的问题上做得非常出色。他们夜以继日地去搜捕犹太人，每天都会逮捕几百人。"他的同事威利·拉齐斯（Willy Lages）在战后承认："如果没有荷兰警察的帮助，我们可能连 10％ 的犹太人都抓不了。"[32]

当然，阿姆斯特丹也有好警察，他们通过各种方式配合"二月罢工",反对德军对犹太人的抓捕,有的甚至还违抗德军的命令,疏散了一些犹太社区的居民。[33]此后荷兰抵抗运动组织策划的一场针对犹太人口登记局的行动,如果没有警察暗中给予的帮助,也不会获得成功。

除了警察,其他行业的荷兰人也在暗中帮助犹太人。阿姆斯特丹市就业办公室的一些工作人员成了"重塑历史"的专家,他们熟练地销毁那里的犹太人身份材料,伪造入职考试结果,仿照医生的笔迹开医疗证明,有时候甚至将一些失业的犹太人的身份标注为"雅利安人",用一个假名字安排一份在德国工厂的工作(因为在那里,他们活下来的概率要大很多)。数千名阿姆斯特丹人也纷纷加入了这场拯救运动。然而,虽然一部分人做出了这些努力,阿姆斯特丹在拯救犹太人方面做的还远远不够。

虽然杀害犹太人的地点并不在阿姆斯特丹(他们大多被送到了奥斯威辛),然而这些屠杀却起始于普德尔路、奥林匹亚广场、新皇帝运河和艾兰德运河。除了个别人之外,大部分荷兰非犹太人对大屠杀的态度,几乎和克劳德·朗斯曼纪录片里的人没有什么差别:麻木、懦弱,有时候很配合,偶尔又勇敢反抗。阿姆斯特丹的电车司机、警察和公务员,特别是那些在犹太人口登记局工作的人员,都直接服务于德军的杀人机器。这些人扮演的角色各不相同,从简单地按照命令行事到彻底地参与暴行,都能看到他们的身影。

我们可以从一节日记片段里感受当时犹太人在阿姆斯特丹非犹太人心中的地位。这段日记是一个阿姆斯特丹人撰写的,讲述了他和家人在一个周日去贝图沃摘樱桃的经过。那天正好是对犹太人进行大规模搜捕的日子。他在日记里抱怨，由于德军抓捕犹太人的行动导致一些车站无法使用，给他们的行程带来许多不便。"贝图沃太棒了，生活怎能如此美好！"在返程的火车上，家里人的"心情都非常高兴，因为每个人都度过了精彩的一天"。在阿姆斯特尔火车站，德国军队和荷兰警察依旧在忙碌着抓捕犹太人。"真糟糕！我们在瑞恩戴克看到有人在抓捕犹太人，他们一间房子一间房子地搜捕。当时我们正带着满满的收获回家……35 磅的樱桃！我们多么开心啊！晚上 11：00，我们都爬上了床，立刻就睡着了。"[34]

普通的阿姆斯特丹民众到底知不知道当时正在发生什么？直到二战结束以后，大屠杀中发生的一切才慢慢为人所知。但是，毋庸置疑，1942 年夏天之后，并不是所有的阿姆斯特丹人都明白"重新安排工作并对他们进行转移"具体意味着什么。那些犹太人被送走之后，从来没有寄回来过一封信。其实，将患病和年迈的犹太人带去劳动营本身就是一件非常值得怀疑的事情。除了这些可疑的迹象之外，城市里也开始流传关于犹太人真实遭遇的流言蜚语。1942 年 10 月 9 日，安妮·弗朗克在她的日记里记录了她听说的情况："我们猜想他们可能是被杀害了。英语广播说他们被毒气毒死，或许这是能最快杀死人的方法吧。我感到非常难受。"实际上，在安妮写下这篇日记的时候，大部分阿姆斯特丹的犹太人还没有被送走。

一位小时候偷偷从阿姆斯特丹逃出来的犹太人在一次犹太大屠杀幸存者大会上曾对与会人员说："荷兰在二战后利用安妮·弗朗克的日记进行了历史上规模最大的形象公关活动。安妮·弗朗克的日记给人一种错误的印象，好像荷兰的犹太人都悄悄地躲了起来。与此同时，全体荷兰人民都在积极地进行抵抗。"[35]但实际情况与此恰恰相反，正如阿道夫·艾希曼①（Adolf Eichmann）之后所做的解释那样，德国对犹太人的迫害"就像上了发条的钟表"一样从未停歇过片刻。荷兰通过公关活动对二战期间这里的情况进行了粉饰，一些深受其害的幸存犹太人再也没有返回荷兰。他们移居国外，希望远离这个"因保护犹太人而受到尊敬"的国家。事实上，与其他西欧国家相比，在荷兰的犹太人受迫害的比例最高。战后，官方做了一项统计，发现几乎有 50 万荷兰人曾经在占领期间与德军进行过不同程度的合作。

至于参与抵抗的人数，我们无从而知。一位荷兰抵抗运动领袖亨克·范·兰德韦克（Henk van Randwijk）曾经说过，直到战争结束，抵抗运动的参与者都不多，最多不超过 4 位数。此外，他还说，当德军执行"安排工作"政策而对荷兰家庭开始侵扰时，抵抗运动才逐步发展起来。此时，德军将男人们从妻儿身边夺走，破坏了他们的生活，这才迫使人们开始对占领军进行反抗。[36]

阿姆斯特丹的犹太人几乎没有获得来自海外的支持。直到 1942 年底，也没有一位流亡伦敦的荷兰政府官员关心过那些被送走的犹太人的命运。直到 1944 年 6 月，伦敦方面仍旧没有为犹太人提供过任何具体的帮助。尽管有超过 10% 的阿姆斯特丹人被强

---

① 阿道夫·艾希曼：纳粹党卫军少校，犹太人大屠杀的主要责任人和组织者之一。

制运往了集中营，但荷兰流亡政府部长委员会的会议上从未讨论过这件事。战后，当时的一位政府官员在接受调查委员会的询问时表示，他们"低估了犹太人面临的困境"。

战争岁月往往非常艰难，由此给人造成许多进退两难的抉择，几乎没有两全其美的解决方案。因此，对于没有过战争经历的人而言，在对一些历史事件做出判断时应当格外谨慎。不过，不得不说，二战期间的阿姆斯特丹似乎并没有令人称道的反抗侵略者的行为。大部分阿姆斯特丹人愿意为了生存妥协，因为在他们眼中，只要将德国侵略者对自己和家人的伤害降到最低就足够了，没有人愿意去考虑国家危亡，更不用说成为一名抵抗军的战士。"面对暴力侵犯时，我们不应当退缩，而应当积极地予以回应。这种观点现在看起来应当是每个人都需要秉持的态度，不过对当时身处战争旋涡之中的人而言，我们却不能苛求。"一个叫作普利默·李维（Primo Levi）的奥斯威辛集中营幸存者写道，"随着抵抗运动的不断开展以及二战对世界造成的摧残，人们对参与抵抗运动的热情也逐渐高涨起来。在此之前，只有少数人为抵抗运动出力。"[37] 这样看的话，阿姆斯特丹爆发的"二月罢工"只是一场孤立的英雄主义行为。

据统计，全荷兰共有 2.5 万名犹太人躲过了纳粹的追捕，不过他们当中还是有 8 000 人在最后时刻被抓，其中大部分是因为遭到了荷兰人的背叛。这表明整个荷兰只有 1/5 的犹太人有机会躲过纳粹的屠杀。正如一位曾经参与过抵抗运动的牧师所言："你可以将 10 名英国飞行员藏在一所房子里，但是在 10 所房子里，你连 1 个犹太人都藏不住。"[38] 有的荷兰"施救者"还向他们救助的犹太人索要大量钱财，有的人每月要 300 荷兰盾，有的人则要 500 荷兰盾，还有人甚至索要 1 000 荷兰盾。普莱塞记录了一个可怜的犹太女人的遭遇：在躲藏了一年之后，她无力再支付房主索要的费用，于是被无情地丢到了大街上，最终被抓走并送去了奥斯威辛集中营。

不过，世事本就复杂难料，何况身处战争之中。那些被藏起来的犹太人也会利用他们的处境对帮助过他们的荷兰人进行反制，他们可以威胁房主说："如果我被抓住了，会毫不犹豫地把你供出来。"因此，在当时的情形下，藏身某处对施救者和被救者而言都是艰难的决定，包含着巨大的风险。因此，无论对谁，都需要巨大的勇气和决心。

即使如此，深陷历史旋涡的人都无法躲过后人（如普莱塞）对他们所处时代做出的评论：尽管有些人做出了一些英雄般的努力，但是整体而言，在纳粹的压力下，荷兰人没能为生活在这里的犹太人提供足够的保护。二战后，阿姆斯特丹的市徽上添加了一句格言："英勇、果断、仁慈"。然而，在战争期间，这座城市似乎并没有表现出这些品质。

大概就是因为在战争期间，面对犹太人的苦难，荷兰人无力挽救，所以人群中存在一种愧疚感，对那些在战争期间"站错队"的人有一种极度愤怒的情绪，可与此同时，那些真正与德军合作的行为却又往往被"忽略"。因此，这些作为冷漠旁观者的愧疚感依旧像乌云一样笼罩在整座城市上空。

第十章

文化冲突的年代

　　运河边上的女孩儿，艾德·温德奇（Ad Windig）摄于 1947 年。（图片来源：Maria Austria Instituut，Amsterdam）

我在很晚的时候才听艾蒂·范·豪尔（Attie van Hall）讲述了她最后一次见到父亲的故事。故事发生的时间可能是二战结束前一年的冬天，不过具体日子她已经记不清了。那一天，筋疲力尽的瓦尔拉芬·范·豪尔①（Walrvaven van Hall）数月未归之后，出人意料地出现在了家中的厨房里。这时，他的妻子和孩子还在准备晚饭。由于回家的旅程过于危险，他已经好几个月没有回家了。这次回家也非常辛苦，他骑了一辆木轮车，一路从阿姆斯特丹骑到了赞丹，疲惫的旅程令他衣衫不整。他的妻子先是帮他暖了暖身子，接着开始准备食物。她爬上了椅子，将此前珍藏很久的糖块拿了出来，此时此刻，她的丈夫正好需要它们。

———————————

① 瓦尔拉芬·范·豪尔：荷兰银行家，二战期间荷兰抵抗运动的领袖之一。

不久，艾蒂的父亲就因为他人的告发而被逮捕，并于1945年2月12日在哈勒附近的斯帕尔恩河畔被枪决。他知晓许多他所参与的抵抗运动的事情，但是没有向审讯者透露半个字。艾蒂还记得她的母亲倚在厨房哭泣的声音。"她就是简单地告诉我们发生了什么事情。"艾蒂还回忆了在稍后举行的荷兰解放庆典上自己的感受："那些复杂的情绪在心里，压得我喘不过气来。轻松而又盛大的庆典弥漫着欢乐的气氛，街上的每个人都在唱啊跳啊，只有我对此不为所动，默默地穿过人群，心里莫名地产生一种沉重的感觉。"

没有一段历史缺少英雄的存在。在我们讲述的故事里也有英雄，他们大批大批地出现，有男有女、有老有少。他们在艰难的生存环境中不断完成对自己的超越。我们有太多的英雄人物可以讲述，但在这里，我想集中讲述两个非常重要但是已经几乎被人遗忘的英雄：瓦尔拉芬·范·豪尔和海思·范·豪尔（Gijs van Hall）兄弟。他们是老银行家毛里茨·范·豪尔的孙子，也是前文提到的理想主义者——安纳·范·豪尔夫妇——的重孙。

20世纪30年代，瓦尔拉芬和他的兄弟海思都曾在美国从事银行业的工作。当他们返回荷兰后，他们依旧在股票市场和银行业做事。这两个充满激情的阿姆斯特丹商人浑身散发出一种进步的气息，凭借自己善良的内心和智慧与他人打交道。[1]

就像许多人一样，他们也是因为一些偶然的事件参与了抵抗运动。在"二月罢工"之后，海思参加了一个为罢工者和受害者家属进行的筹款计划。瓦尔拉芬也在做着同样的事情：他在商人圈子里为"水手基金"（一只为荷兰水手的妻子和孩子支付抚恤金的半合法基金）筹款。自从德军占领荷兰之后，荷兰的水手纷纷去同盟国的船上工作，因此他们的家人需要生活上的帮助。这是一项艰巨的任务。不久，瓦尔拉芬想到了一个能够筹得大批款项的主意：游说当时流亡伦敦的荷兰政府进行担保，将筹得的钱款交给基金会使用。参与融资的人不会像一般借款时那样收到借条，而是会获得俄罗斯铁路的股份或其他价值不菲的债券。就这样，范·豪尔兄弟筹集了 50 多万荷兰盾。不过，随着 1 000 面值的纸币被宣布废止，他们又陷入了麻烦，不得不求助于一些富有同情心的税务官（他们在这场"货币抵抗运动"中发挥着核心作用），通过伪造退税凭证和其他财务转账方式，设法将价值几百万荷兰盾的税款转到了范·豪尔创设的基金中。

与此同时，1943 年 5 月 4 日，占领军命令所有 18～35 岁的荷兰男性必须报名前往德国兵工厂工作。对这些人的搜捕行动也随之开始，不过大部分人闻风后都躲了起来。于是，除了犹太人之外，这些逃避劳动的人成了新的潜逃者。当时，为了帮助这些人，有人组建了一些新的组织，为他们提供住处、伪造的身份证件和分发生活物资配给券，等等。在反抗运动的武装力量成功突袭了阿姆斯特丹的供给办公室后，这座城市渐渐成为抵抗军的活动中心，与之配套出现的还有蓬勃发展起来的地下媒体：《信仰》（*Trouw*）、《自由荷兰》（*Vrij Nederland*）、《口令报》（*Het Parool*）、《真理报》（*De Waarheid*）等。从这些报刊的名字中，我们能深刻理解其中的含义。

上述种种活动都需要大量的资金作为支撑，特别是对那些"潜逃者"而言更是如此。范·豪尔兄弟决定扩展自己的资助范围，于是仿照"水手基金"，又创立了一只基金，之后它有了一个更广为人知的名称——"国家资助基金"。阿姆斯特丹的 12 家主要银行都是这只基金的参与者，自然也成为该基金的主要融资方。此外，范·豪尔兄弟还雇用了一些金融专家，这些人被称为"借款专员"，非常擅长用非法的手段保障数百万荷兰盾的资金流动。

为了方便救助金的发放，范·豪尔兄弟还悄悄地建立了一个全国性的金融机构，通过一套巧妙的系统将钱送到潜逃者手中。他们将全荷兰划分为 23 个大区，每个大区都有一个负责人来监督当地承办人的工作，他们就是所谓的调查员和支付专员。最终，他们一共雇用了将近 1 900 名"地下工作者"，每个人都拥有自己的代号。在这个体系中，每个人只知道对方的代号，却不知道对方的真实姓名。组织还设立了通讯员，确保人员之间的联络。战争结束时，这个组织已经发展成为全国最大的金融机构。

用了不到两年时间，范·豪尔兄弟已经成为荷兰抵抗运动的核心人物，甚至还有人称瓦尔拉芬为"荷兰敌占区的首相"。在荷兰，普通人并不知道他的真实身份。他常常用"范·图伊"这个化名掩盖自己的真实身份。但是，那些在战争年代与他共过事的人，都称赞他身上有一些独有的品质。"他是一个天赋异禀又有独特魅力的人，发自内心地关心每个人。"抵抗运动的共产党领袖戈尔本·瓦格纳（Gerben Wagenaar）将瓦尔拉芬描述为一个极为罕见的人。他曾经向历史学家罗·范·扬（Lou van Jong）讲述过对瓦尔拉芬的印象："在我们交谈的过程中，我猜不到他的职业。当时我想他可能是一个工程师或者技师。……他是一个具有深刻洞见和宽广胸怀的人。他用一种难以置信的方式与人们接触和交流。他还是一名出色的即兴演说家，永远是那么诚实和直率。即使是我，也不会觉得他是一个保守的人。"

他的女儿艾蒂当时只有 10 岁，并不清楚自己父亲的双重身份。在她的印象里，父亲是一个很少在家的人，不过她很清楚地记得在那段时期，曾有许多人去过他们在赞丹的家。

在她的印象里，那位成功领导了对犹太人口登记局突袭的著名反抗者杰利特·范·德·费恩（Gerrit van der Veen）只是一名善良的艺术家，父亲瓦尔拉芬曾经带他来自己家吃过一顿饭，这个人还带走了半块价格不菲的奶酪。其他抵抗运动的成员也是家里的常客，她只是简单地用"叔叔"来称呼他们。至于"范·图伊"，对她而言是个完全陌生的名字。

1944 年，抵抗运动的领导者们面对着一个看起来无解的问题，直接威胁着数千名潜逃者的生命：组织手中的现金正在耗尽。虽然秘密支持基金的银行仍愿意提供帮助，但在德国人的干扰下，整个荷兰西部的经济几乎已经濒临崩溃。受此影响，这些银行是否仍然有能力为抵抗运动提供资金支持就变成了一个值得怀疑的问题。

为此，海思策划了荷兰历史上最大的银行欺诈案。20 世纪 30 年代，当他为美国的银行工作时，他曾经见识过利用国债和政府贷款凭证进行的金融欺诈。既然美国人可以这么做，为什么荷兰人不能呢？于是，海思开始认真筹划方案。他先伪造了一批身份证件，接着仿制了一批精致的债权票据。这些伪造的票据不会直接投入市场流通，而是通过国家银行兑换成了真金白银。一方面，这样做可以避免被占领者发现；另一方面，国家银行内部也有这场骗局的参与者。由于当时阿姆斯特丹几乎没有电力供应，所有的票据都是在蜡烛的光亮下完成核验的，因此这些伪造的票据顺利通过了验证。海思为这些票据的来历编造了一套复杂的解释。这场骗局的回报极为丰厚，基金会每周都会收到 200 万荷兰盾的现金。这些钱通过基金会在全国各地的分支机构发放给了潜逃者。基金会在这场完美骗局中的总收益超过 5 000 万荷兰盾，相当于今天的 8 000 万英镑。[2]

这笔钱来的恰逢其时。1944 年 6 月盟军在诺曼底登陆后，于 9 月就推进到了马斯特里赫特。就在这个月，在阿尔海姆附近，盟军又组织了另外一场登陆战役，经过一番激烈拼杀，盟军未能夺取阿尔海姆附近的桥梁，于是延缓了解放荷兰西部的步伐。阿姆斯特丹人原本以为在 9 月就可以结束被占领的日子，但军事行动的失败让这里的人们又多熬了一个冬天，这个冬天被称作"饥饿的冬天"。由于盟军此时已经占领了林堡省（阿姆斯特丹的煤炭供应主要来自这个地区），因此对阿姆斯特丹的煤炭供应被迫中止。除此之外，应远在伦敦的荷兰流亡政府的要求，铁路工人开始举行罢工。两个事件的同时发生，造成了阿姆斯特丹地区的燃气和电力完全断绝。阿姆斯特丹成了一座寒冷、黑暗，电车停止运转的城市。此时，德军将阿姆斯特丹的机场和港口毁坏殆尽，随后又展开了对城市的大规模劫掠。船坞、汽车、火车、机器、工厂存货、电车车厢、自行车、面料等尚有一些利用价值的东西全被德军洗劫一空。邮政和电话系统已经瘫痪，垃圾无人处理，下水道彻底堵塞。同时，占领军还四处抓捕 17～50 岁的男人，带回德国做劳工。12 月，城里的商业活动几乎全部中断。大部分阿姆斯特丹人都不再去工作；即使个别有工作的人，一周也只上几天班。学校也已关闭，不再开放。

12月底，阿姆斯特丹发生了严重的饥荒，冬天的大雾天气也如期而至，让这里更显凄凉。寒冷的天气一直延续到2月底，此时艾湾的水面已经结冰，城里最后的食物供给也已断绝，所有的燃料都已耗尽，阿姆斯特丹人不得不开始自己想办法。他们砍掉树木，拔起铺在电车轨道上的木枕，前往已经被送走的犹太人留下的空房子里偷东西。地板、楼梯、房梁，所有可以燃烧取暖的东西都被拆走；有的人甚至把墙也拆了，找寻可以取暖的燃料。在此期间，阿姆斯特丹的许多街区都遭到了彻底的毁坏。经统计，为了寻找燃料，2万棵树木被砍伐，4 600座房屋遭到破坏。

此时，物价已经飞涨到难以想象的地步。在泽代克、新市场，特别是在约旦区，一条面包卖到了25荷兰盾，一袋土豆的价格是800荷兰盾，一包香烟的价格是80荷兰盾。大部分阿姆斯特丹人这时只能靠甜菜根、郁金香球茎、蜡烛以及厨房中浑浊的汤水过活。

为了找寻食物，城里的居民推着他们破旧的手推车、婴儿车和自行车穿过寒冷、贫瘠的乡间小路，在郊区找寻为数不多的土豆或者菜花。如果他们足够幸运，碰巧能挖到一些东西，就会拿来交换亚麻布等物品。那时，食物是无比珍贵的，有人愿意用珠宝、古董、手表和布料交换一点点可吃的东西，甚至还会为填饱肚子出卖肉体。临近春天，随着绝望情绪的不断加剧，阿姆斯特丹人的“寻食之旅”开始向更远的地方蔓延，人们最远甚至走到过位于荷兰东部的弗里斯兰。这期间，上千名阿姆斯特丹人死于

这张由艾德·温德奇（Ad Windig）拍摄的照片展示的就是
在 1944 年那个寒冷的冬天中被拆毁的房屋。（图片来源：Maria Aus-
tria Instituut，Amsterdam）

饥饿和寒冷：1945 年 1 月有 1 200 人，2 月有 1 400 人，3 月则达
到了 1 600 人。[3]

　　在这个困难的阶段，瓦尔拉芬的身影似乎无处不在。无论哪
里的抵抗运动遇到了麻烦，他都会跑去协助解决。因此，他戏谑
地自称为"润滑油"。他帮助抵抗运动组织建立了一支正式的武
装力量，同时还为铁路罢工运动筹款。

　　"当瓦尔拉芬走进一个房间，每个人都会开怀大笑。"一名抵

瓦尔拉芬·范·豪尔一家人在水坝广场上的合影。

抗运动组织的士兵说，"他很会讲笑话，即使在最困难的时期，他也能用一个笑话把大家逗乐。我记得那个冬天特别寒冷，我们手上的应急火炉无法点燃，这可能导致我们被冻死。当时，大家都不清楚如何点燃这个火炉。这时，瓦尔拉芬开始上手鼓捣这个东西，不一会儿的工夫，它就突然开始工作了。不过，就在那一瞬间，我突然意识到，他的状态已经非常糟糕：身体看起来非常消瘦，眼睛周围是一圈浓浓的黑眼圈。"

　　那几个月，一直萦绕在瓦尔拉芬心头的一个主要问题便是阿姆斯特丹获得解放后出现的权力真空。在德军占领期间，阿姆斯特丹成立了一个秩序委员会，成员多是退伍老兵，在盟军到来前夕，他们主张支持盟军的行动，并由他们暂行军事权力。而其他的抵抗运动组织并不认同秩序委员会的领导。一些以两家地下刊物《口令报》和《自由荷兰》为依托的抵抗组织，主张在荷兰重新实行代议制制度。不同的抵抗组织坚持不同的原则，互不相让。瓦尔拉芬设法将愿意参与反抗行动的各方势力都集结起来，最终形成了一个协商委员会。他协调政府人员，为协商委员会提供安全的开会地点，建立秘密电话网络，确保行动安全。不过，各方势力之间还是有很大的分歧。

　　如果你知道他们争论的问题是什么，你会觉得非常不可思议。当阿姆斯特丹人死于寒冷和饥饿时，当德国占领者依旧出现在每一条街道时，这些抵抗组织的领导者们喋喋不休地为三个问题争得天翻地覆：战后谁来当阿姆斯特丹的市长？谁当警察局长？谁来担任阿姆斯特丹抵抗运动武装力量的指挥官？所有的问题都可以归结为一句话：谁才是阿姆斯特丹的老大？

　　关于新市长的人选，各方在伦敦举行的会议上很快达成了一致：充满活力的船主菲克·德·布尔（Feike de Boer）将会成为临时政府的市长人选。1944 年秋天，他在严密的保护下，满怀激情地上任工作。至于抵抗运动武装力量的指挥官，在"润滑油"瓦尔拉芬的出色协调下，决定由股票交易商、稳健的秩序委员会成员 C. F. 欧弗豪夫（C. F. Overhoff）担任。最后一个职位是城市的警察局长。大家在讨论这个问题时一度陷入了僵局。[4] 阿姆斯特丹警察在占领期间曾是德军最主要的帮凶，特别是在战争即将结束的最后几年。警察群体中，那些自感"清白"的警察希望任命一名强势局长，用铁腕手段肃清那些警察局的败类。而那些战时与德军合作的警察则担心新局长的到来会彻底改变他们的命运，甚至有丢掉性命的危险。以上种种围绕权力的争夺几乎贯穿了整个"饥饿的冬天"。

对"清白"的警察们而言，最好的人选是 W. H. 斯鲁德（W. H. Schreuder），他希望将战后的警察局改造成一个拥有现代、民主意识的机构。1940 年 5 月，他当选瓦慕斯社区的区长，不过他的言行非常不受德军的喜欢，于是他很快便被驱逐下台。然而，民众所不知晓的是，尽管丢掉了职位，他却依旧以顾问的身份为德军工作了好几年。

而那些有"污点"的警察则希望 K. H. 布鲁克霍夫（K. H. Broekhoff）出任局长。战争开始以前，他就已经是阿姆斯特丹警察局政治信息服务部的主任。他倾向于建设一支军事化的警察部队。他极其厌恶荷兰民族社会主义运动，是个彻头彻尾的秩序委员会的支持者。他同意暂由秩序委员会行使军事权力，但前提条件是要确保警察队伍可以完成自我重建。

一开始，获得大多数抵抗组织支持的斯鲁德几乎遥遥领先。在 1944 年初，伦敦的荷兰流亡政府通过了对他的提名。不幸的是，他因为一起交通事故受了重伤，因此无法上任。在这期间，布鲁克霍夫坚持不懈地进行游说活动。此外，警局内部的一些上层警官和普通警察都对可能到来的"清洗运动"持排斥和反对态度，因此倾向于布鲁克霍夫。协商委员会意识到，对斯鲁德的提名会给大家带来"很多困扰"，特别是在警察队伍中会引起诸多不满。当然，荷兰流亡政府不愿意就此屈服，而英国的安全部门甚至曾经怀疑布鲁克霍夫在占领期间投靠了纳粹。不过，最终各方还是达成了一致，布鲁克霍夫成了阿姆斯特丹警察局长。斯鲁德则在 1945 年被警局的高层排挤出了警局。

　　正是在这种安排下，曾经在德军占领期间成为帮凶的阿姆斯特丹警察逃过了"清洗运动"。警局内部进行了重新洗牌。同时，这一安排也对未来 20 年阿姆斯特丹的政治和商业活动产生了巨大影响。

这张照片摄于 1931 年，主人公是雕塑家杰利特·范·德·费恩，他在第二次世界大战中参与到了荷兰抵抗运动之中。（图片来源：Gemeentearchief Amsterdam）

　　在战争即将结束时，抵抗军的行动变得越来越明目张胆。1944 年 5 月，抵抗军在维特林斯堪的监狱组织了一次武装劫狱，但是没有成功。抵抗军领袖杰利特·范·德·费恩还因此身负重伤。尽管他躲了几天，还是被德军逮捕并杀害。一个月后，抵抗军再次尝试劫狱，不过，约翰·普斯特（Johannes Post）领导的突击队员被人出卖，陷入了德军设置的圈套，所有人都惨遭杀害。当然，抵抗军组织的其他行动都获得了成功。一些德国高级官员和许多叛国者被抵抗军暗杀，许多军事目标也被他们成功摧毁。

瓦尔拉芬深度参与了上述行动，他像明灯一样在全国游走，并亲自执行一些危险任务，比如偷偷潜入目标人物家中侦查，协助转移英国的飞行员，等等。

德军也在不停地通过大搜捕等方式打击抵抗军。1945年1月6日，德军袭击了抵抗运动设在马尔尼克斯大街斯皮格尔学校里的据点，共杀死26名阿姆斯特丹人。第二天，又有5人在姆伊德尔大街被杀害。3月8日，51人在罗森奥德被杀害。3月31日和4月14日，先后有6人和8人在相同地点被杀害。3月12日，一名党卫军的特勤人员被抵抗军在斯塔德豪德尔卡德刺杀。为了报复，德军枪决了30名被关押的抵抗军成员。行刑时，德军强迫路过的行人观看枪决，并将被处决者的尸体直接丢弃在那里。由于担心报复，没有人敢为他们收尸，只有几个勇敢的阿姆斯特丹人跑去用荷兰国旗将他们的尸体盖住。这种疯狂的报复行为甚至延续到了德国宣布投降之后：就在5月7日，几名喝醉的德国士兵从伟大俱乐部的窗户处向水坝广场上庆祝的人群射击，造成了一场血案。海思就是这次枪击事件的目击者，他描述了当时的场景：

> 几分钟之内，除了几十个直接被枪打死以及受伤不能动

弹的人之外，水坝广场变得空无一人。又过了几分钟，一个身着童子军制服的少年突然骑车过来，车上挂着一面白色的旗帜。他骑到水坝广场上，设法营救了一两个受伤严重的人。当时，我们都害怕得屏住了呼吸。[5]

由于一对年轻男女的愚蠢婚外情事件，瓦尔拉芬的一生在1945 年 1 月结束了。一个叫作阿尔克（Arkel）的已婚男人爱上了《口令报》的女通讯员。他是一名法律专家，专门负责为不同抵抗组织之间的谈判提供帮助。在工作中，他认识了这位女通讯员。当他心爱的女人被捕后，他竟然跑到了警察局去救她。在那里，警察要求阿尔克交代关于抵抗运动的情报，否则就向他的妻子揭穿他的婚外情。阿尔克坦白了自己所知道的一切。紧接着，警察就实施了抓捕行动，那个女通讯员随即被释放了。这次被逮捕的人中，又有人泄密，于是，德军掌握了 1 月底举行的一场抵抗军会议的地点。这个人认为，虽然泄露了消息，但参与会议的人应该都已经知道自己被囚禁的消息了，所以不会再出现在会场，应该不会对抵抗军造成损失。大部分与会人员确实得到了通知，但是由于大家都不知道瓦尔拉芬的踪迹，因此无法将新情况及时通知他。于是，就在约定的开会地点，他被德国人逮捕了。德国人此前对他有些模糊的印象，却不清楚自己手上的人究竟是谁。

阿尔克和他的情人逃跑后，不断在阿姆斯特丹和海牙之间往返潜逃，不过最终还是被抵抗军抓到。3 月初，他被带到了一次会议上，两名抵抗军指挥官质问他为什么要这么做，他含着眼泪承认自己背叛了抵抗军。之后，抵抗军向他宣读了调查报告，并处决了他。

很久之后，人们在布瓦灵监狱一间小牢房中的墙上，在无数条由监狱囚犯刻画的痕迹中找到了一个人的名字：瓦尔拉芬·范·豪尔。

接下来，让我们聊聊布鲁克霍夫的故事。他在德国人投降后被任命为阿姆斯特丹市警察局长，但仅仅过了几个月的时间，他便因病去世。不久之后，罗·德·扬（Lou de Jong）将其对布鲁克霍夫的调查情况公之于众。根据他的调查结果，荷兰警察，特别是布鲁克霍夫负责的政治信息服务部，在二战期间与德国的占领者有着紧密的合作。[6] 1935 年初，布鲁克霍夫在荷兰政府允许下，接受盖世太保的邀请去柏林访问，共同商讨如何应对共产党人的威胁。当时已经有不少德国共产党人以难民的身份前往荷兰，意图在荷兰建立活动据点。有报告说布鲁克霍夫早在二战开始之前就为德国间谍提供了帮助，但直到 1994 年，才有一位学者在俄国的战争档案中发现了一些证据。[7] 在一堆老旧的盖世太保档案中，他发现了一份文件，是布鲁克霍夫化名"大卫"与德军签署的合作协议。在协议中，布鲁克霍夫承诺为盖世太保提供情报。这些材料还附有一份名单，上面列着政治难民的姓名和地址。

然而，还是这个布鲁克霍夫，在"二月罢工"和其他抵抗运动中，用各种方式将德国纳粹骗得团团转。即使在他死后好多年，坊间还在流传他真实死因的各种说法。有人认为他是吸食了英国人寄给他的烟叶而被毒死的，不过没有任何证据能够证明这个传言，并且，布鲁克霍夫也从不吸烟。

✤　✤　✤

　　在一张反映阿姆斯特丹解放的经典照片中，我们看到的是几个在运河边玩耍的孩子，而非盟军士兵或者坦克。其中一个孩子的脚上甚至都没有鞋穿，他们的身上也只有破旧不堪的衣服，眼神中透出来的是可怕的饥饿感。一个孩子手里拿着用空罐头盒做的小鼓，另外一个则举着一块破布，上面写着"永不放弃!"和"荷兰将会再次崛起!"。

　　荷兰解放后不久，这些孩子们终于有了属于他们的夏日时光。他们开心地庆祝，向来自英国和加拿大的盟军士兵以及他们的荷兰女朋友讨要香烟、口香糖和巧克力。在全城四处张贴的海报上，"过渡期市长"菲克·德·布尔骄傲地宣布这座城市在最近几个月取得的巨大成就："面包供给率提高了6倍，电话系统已经全部恢复，3万个家庭可以收到广播信号，100架飞机降落在史基浦机场，11条电车线路恢复运行。"二战结束后的5月，欧洲到处都是这样一派欣欣向荣的景象，阿姆斯特丹全城的人们都在举行盛大狂欢。此时此刻，人们尽情地宣泄着自己的苦闷，一场接一场地参加各种没有主题的聚会，快乐的庆典活动看起来似乎永远都不会结束。

　　"每个人都喝得酩酊大醉，并和周围的人肆意搞在一起……"这是当时大家对年轻人的普遍看法。这些现象引发了媒体和宗教人士的普遍担忧。难道阿姆斯特丹的年轻人不再受任何约束了?人们在德军占领期间没有失去对秩序的信仰，他们现在反而懒惰、无所事事、坑蒙拐骗，简而言之就是"单纯地遵循人的本能生活"？有人写道："战争，用暴力的方式唤醒了人们内心深处被压抑的欲望，并将它彻底释放出来。它就像一艘破冰船，将传统的道德观念碾得支离破碎，而人们筑起的道德堤坝正在垮塌。"[8]这些现象让我们首次意识到，一场新的道德变革即将发生，这在阿姆斯特丹历史上是前所未有的。在一些流行的小册子和报纸文章上（被刊印在当时仍算短缺物品的珍贵纸张上），人们使用"不受法律束缚""不愿意工作""厚颜无耻""反社会行为"等词高声谴责这些年轻人的肆意妄为。所有这些现象都指向了一个简单的问题：这座城市是否可以在没有任何约束的情况下被管理好？

解放后在奥德塞德·埃赫特保瓦尔河边敲鼓的孩子，由艾米·安得列斯（Emmy Andriesse）拍摄。（图片来源：Joost Elffers/Prentenkabinet Universiteit van Leiden）

　　两位研究战后阿姆斯特丹思想活动的历史学者埃尔曼·德·利亚格雷·博伊（Herman de Liagre Böhl）和胡斯·梅尔斯胡克（Guus Meershoek）认为，荷兰解放后，阿姆斯特丹正在暗地里上演着另外一场关于权力和道德的战争，他们称之为"道德恐慌"。失业者在领取高额失业补贴后很守规矩，但是必须为"随时可能出现的"雇主工作。大家常常忽略一个事实，那就是"不愿意工作"更多的是由于物质的缺乏造成的，而不是因为人们的懒惰。毕竟，谁愿意在没有鞋穿、没有船开的情况下费力去建设一个港口呢？同样的道理也可以部分解释那些"不受法律束缚"的年轻人的行为。就像我们在照片里看到的那些穷苦的孩子一样，他们当中的大部分人穷得连鞋都买不起，并且刚刚经历了"饥饿的冬天"的折磨。

　　阿姆斯特丹的女性似乎都在与加拿大士兵交往。"1945 年那个'奇怪又美妙'的夏天或许并不是很漫长，但却集中发生了大量婚外情事件。"博伊和梅尔斯胡克得出这样一个结论。牧师们说，女人们可能为了一碗汤和一块面包就"把自己的肉体出卖"。一个加拿大大兵之后回忆说："有一大群美女邀请我在家过夜。有时候，她们的丈夫知道这一切，他们看起来非常瘦弱，穿的衣服显得非常肥大，双腿一直在发抖，感觉随时要倒下去。"[9]

　　阿姆斯特丹政府试图插手干预这些问题。从表面上看，这确实是一个道德问题。如果仅从统计数据看，大部分阿姆斯特丹人能够在"饥饿的冬天"活过来本身就是一个奇迹。发生这些现象的原因很简单：在战争结束前的几个月，阿姆斯特丹市民之间充斥着欺骗和偷盗行为。他们瞅准机会就会去抢劫他人，并且参与非法的黑市交易获取非法利益。为了生存，这座城市原本树立的高尚道德标准被践踏得体无完肤，甚至连最体面的市民也必须做一些自己都没脸再提及的勾当。更严重的是，邻里关系也遭受沉重打击，当邻居们遭受困难时，大多数人会不去理会。有些街区在战争中遭受了沉重打击，几近毁灭，呈现出死一般的寂静。1945年夏天，在被洗劫一空的韦斯普街和尤登布雷街，只有一些幸存的犹太人出现在这里，无比落寞与苍凉。

　　1945年夏天的"道德恐慌"还发挥了另一种作用：它成了那些想要尽快重塑旧秩序，避免战争结束后无政府状态持续过久的组织手中的"有力武器"。这些组织与战时的抵抗军并没有什么联系，甚至刻意保持着一定的距离。大约有6 000名给德国提供过帮助的人被逮捕，监禁在位于勒万特卡德的棚屋中（属于荷兰皇家船舶公司）。不过，抵抗军期待的大面积"清算"并没有出现，妥协成了主流。大部分参与了迫害犹太人的帮凶仍旧在他们原来的岗位上工作，阿姆斯特丹的重建需要他们出力，毕竟大的变动会破坏城市中脆弱的权力平衡。更令人难以接受的事情还在继续发生。在政府部门中，一些前抵抗军成员总是"爱惹麻烦"，表现出一种"反社会"的倾向。因此，在某种程度上，如果你曾是抵抗军成员，在战后的阿姆斯特丹，你不仅不会被高看一眼，反而可能被轻视。

　　城市政治生活中也有类似的事情发生。在水坝广场举行的庆祝集会中，荷兰首相戈尔布兰迪（Gerbrandy）被几千名挥舞着红旗的民众簇拥着，此时他喃喃自语："阿姆斯特丹已经成了一座红色城市。"在市议会第一次选举中，社会民主党和共产党获得了 2/3 的选票。不过，尽管有民众的支持和激进的宣传口号，但他们很难有机会迫使市议会改变现有的政治格局。抵抗军那些幼稚和激进的思想很快就被人抛到了脑后。战后城市的管理权实际上落入那些温和的改革派手中，他们非常乐意让战前的城市精英阶层参与到城市的重建中。这样做除了可以控制"道德恐慌"的蔓延，还能优先实施城市重建的任务。战后这样的管理模式并不意味着阿姆斯特丹成功避免了社会的分裂。在城市基础设施建设、商业活动、社会保障等方面，阿姆斯特丹完完全全地进入了现代化的变革阶段，但城市里的官僚文化和政治行为准则依旧停留在 1939 年的水平，而且这种政治生活状态在战后又延续了 20 年。那时，尽管人们每年都会组织活动来纪念那些战争时期做出过贡献的人，例如码头工人和抵抗军战士，然而，这些人曾经为之奋斗的梦想却早已没人记起。

❖ ❖ ❖

接下来的几年，阿姆斯特丹开始了热火朝天的城市重建，整座城市变成了一个大工地。阿姆斯特丹港口的位置被重新规划，从城市东部移到了西郊。人们又建造了一条新的连接德国内陆的运河——阿姆斯特丹—莱茵运河。除此之外，阿姆斯特丹将更多的精力放在了城市本身的重建和发展上。

战后阿姆斯特丹市民的住房需求一直得不到满足。一部分原因在于，许多房屋建造计划因战争的到来而中断。另一部分原因在于，战后出现了一些新的因素，深刻地改变了人们的居住观念：年轻人想要自己单独居住；人们的结婚年龄变得越来越大；经济开始复苏；等等。除此之外，还出现了"居住稀释"现象。战后，阿姆斯特丹的居民对居住面积的需求逐渐提升。老人们不再和儿孙一同居住；子女离开家独立生活的时间大大提前，却不着急结婚；离婚率也不断攀升。1917 年，平均每间房屋的居住人数至少为 4 人；到了 1950 年，这一数字降到了 3 人；而到 20 世纪末，又降至 2 人。这意味着在 20 世纪末，想要满足相同数量人群的居住需求，需要的房屋数量至少是 20 世纪初的两倍。

20 世纪 50 年代和 60 年代，阿姆斯特丹兴建了大批房屋，特别是在斯洛滕瓦尔特、戈森菲尔德、奥斯多普、博斯和洛默尔地区。这些房屋风格张扬，体现了当时流行的所谓新实用主义原则。这种原则的推崇者认为，房屋的建造应当符合 50 年代出现的现代化生活态度，因此这些房屋具有鲜明的时代特征：跳动、通畅、开放、新鲜，简单的家具、明亮的房间、薄薄的窗帘、鲜艳的颜色。但实际上，阿姆斯特丹还是出现了一排排标准化的房屋，因为在当时那个困难时期，人们不得不将过去非常推崇却不实用的装饰舍弃。

随着时间的推移，富人们也开始慢慢返回阿姆斯特丹，促使阿姆斯特丹在交通出行领域出现了新的变革。随着经济条件的改善，许多阿姆斯特丹人购买了价格便宜的机动车。20 世纪 50 年代的城市道路上经常可以看到一对对夫妻身着皮衣、骑着尊达普摩托车在街上飞驰，有时甚至摩托车的挎斗里还能看到他们的孩子。与此同时，越来越多的汽车也出现在街道上。随着交通工具的革新，人们的休闲活动逐渐丰富起来：阿姆斯特丹人常常会驱车前往城市郊区游玩。在沿途的公路上，可以看到人们站在路边，一边与同样前往郊外的人闲聊，一边看着路上来来往往的车辆，有自行车、摩托车、汽车。

要想了解 20 世纪 50 年代阿姆斯特丹市民的内心想法，我们可以从当时的警察局长卡斯雅戈尔（Kaasjager）对城市日益严峻的交通拥堵问题的解决方案中窥见一斑。1954 年 10 月，他拿着阿姆斯特丹的地图，建议市政府至少需要填掉 15 条运河，包括：中央火车站前的开放运河、辛格尔运河、罗金河的新河段、阿姆斯特尔河部分河段、科洛弗尼尔斯保瓦尔运河、海尔德斯卡德运河、拉姆运河、兰邦斯运河部分河段……辛格尔运河将被改造成一条主干道，通过连接阿姆斯特尔河与科洛弗尼尔斯保瓦尔运河，沿着内城形成一条宽阔的环路。拉姆运河和兰邦斯运河所在地要建成停车场。

然而，这项计划并未获得所有人的支持。正如大家预料的一样，那些热衷于保护历史文化与建筑的人士对这项计划非常不满意。尽管如此，还是有不少人赞同卡斯雅戈尔的想法，认为这是一项适应时代发展的勇敢举措。我引用几封当时的信件内容来展现当时人们的一些想法："每一座大都市都是现代与传统的结合，但是阿姆斯特丹依旧想要维持古老、陈腐的 17 世纪的模样……请不要这样！"另外有人写信希望在运河正下方挖凿隧道，供电车使用，信是这样写的："在紧急情况下，这些隧道可以为城市居民提供完美的避难场所。"还有人建议在刚建好的罗金街建造"停车楼"，目的是尽可能保持城市的整洁。也有人认为卡斯雅戈

1950 年的莱德广场，由亨克·容克（Henk Jonker）拍摄。

（图片来源：Maria Austria Instituut，Amsterdam）

尔的想法应当再大胆一些："如果科洛弗尼尔斯保瓦尔运河和海尔德斯卡德运河被填埋，那么测量所和泪塔会成为改善交通的'拦路虎'。王宫也会变得比较碍眼，因为它正好在拉德豪斯大街的轴线上。"鹿特丹市市长也对此发表了意见："我们鹿特丹很清楚交通发展需要多么大的空间。我曾经在一次演讲中说过，鹿特丹'受益于'二战期间德军的轰炸，让城市有了足够的空间发展现代交通。"一位女士质疑填埋运河的做法是否值得："我们在20年后，可能会遭到原子弹的袭击，那时我们肯定不会需要这些道路了。"还有一个记者曾建议将运河中的水都排干，让汽车在原本的河道上行驶。他说："运河清洁起来很容易，如果需要，还可以在上面种上草。"还有一个人说："阿姆斯特丹必须做出一个选择：成为一座博物馆般漂亮的17世纪城市，还是一座可以允许车辆行驶、能够给予人们发展机会的20世纪新城。"[10]

关于卡斯雅戈尔计划的争论很快就消失了，但是对于阿姆斯特丹究竟要成为一座"博物馆"，还是一座"现代化的商业城市"，依旧是未来几十年中最为重要的政治话题。

1956年9月，瓦尔拉芬的弟弟海思成为阿姆斯特丹市长。他也是为数不多能够顶着银行家名声加入工党的知名人士。他实施了前任市长德·阿里（D'Allie）的政策，在阿姆斯特丹开展了一批大规模的项目，包括：扩大港口规模、将粮食贸易和货船运输带回阿姆斯特丹、合并拜尔默社区、为艾湾隧道的修建筹集资金、扩建大学、筹建普德尔医院等。如果不是最后卷入了一些意外事件，他或许可能成为阿姆斯特丹历史上最好的市长之一。

❖ ❖ ❖

美国文化社会主义作家菲利普·斯拉特（Philip Slater）曾经描述过20世纪60年代发生的社会变革。他认为，早在变革最终爆发前，社会中的小变化就已经悄然开始了，变革正是这些小变化的结果。[11]这个理论可以很好地解释那场变革为何会将阿姆斯特丹带入混乱的"二十年城市内战"。变革的开始正如斯拉特判断的一样："环境突然发生变化，原来人们眼中的狂人成了先知，粗鄙之人成了舞蹈大师，傀儡成了偶像，偶像成了傀儡。社会的元素没有改变，变化的是它们之间的关系。"

一位舞蹈大师——罗博·斯托克（Rob Stolk）——就处在变革的旋涡之中。他曾是一名富有叛逆精神的印刷工学徒。他在20世纪60年代骑着自行车结婚的场景打动了很多人，以至于当时所有西方国家的报纸都出现了他的照片。

"有一天，一辆白色汽车驶过我们的街道，这预示一个新的时代降临在我们身边。"他此后回忆道，"一大群女孩儿坐在车里，她们从一个包装袋里拿出一种新食品——罗科汤，这是一种此前人们从未见过的东西。她们只要打开汤包就能品尝美味，而在一年前，这种新潮食品还需要排上很久的队才能买得到。这只是那个时代的一个写照。对我父母而言，拥有一份工作是一件神圣的事情，这意味着安全和稳定。但是，我和我的朋友则开始关注如何拥有一份更悠闲的工作，因为，在我们年轻时的60年代初，就业机会很多。一些家庭里已经有了录音机，吃饭时偶尔也会有肉菜。午饭的时候，我们会在面包里放上煎蛋。城里四处可以看到拥有电视机的家庭，电视画面清晰流畅。突然间，所有你看到的事情会让你感觉，你并不是一个可怜巴巴的乡巴佬，而是这个世界的公民。与此同时，世界上的一些地方发生的事情远远超出你的想象。你不可能通过向工党捐赠几块钱就可以摆脱烦恼，我们需要做的是要参与到市政运转之中。"[12]

罗博·斯托克是一个偶像，也是一位舞蹈大师。但是，对于那个年代的城市运动而言，真正的预言家则是罗伯特·贾斯伯·格鲁菲尔特（Robert Jasper Grootvelt）。他身材矮小却拥有一双可以洞穿一切事物的蓝色眼睛。他说自己曾经在海斯赫大楼洗过5年窗户。[13]

不知道什么原因，格鲁菲尔特开始参与一场针对"上瘾消费者"的反吸烟运动。这场运动始于1962年，运动发起者在科特莱塞德瓦大街29号的一间废弃车库里开过几次会，这座废弃的车库成了反吸烟运动的神殿。略有些讽刺的是，格鲁菲尔特也喜欢吸食一些提神的东西（但不是烟草），不过这不是我们讨论的重点。在这里，格鲁菲尔特身着僧人的服装，满口都是"广告牌是西方国家混凝土丛林生活中的图腾"，阿姆斯特丹是一座"被病态的中产阶级'统治'的充斥着冰箱和奶油搅拌器"的城市。此后成为作家的强尼·范·多恩（Johnny van Doorn）也是科特莱塞德瓦大街29号的常客，他自称只需要念几句咒语就可以直接进入一种通灵的状态。一个名叫巴特·雨果（Bart Huges）的人曾尝试通过在自己前额钻孔的方式打通自己的意识，就如同打开"第三只眼睛"一般。在街头，一些不知所云的涂鸦开始出现在墙壁上。

魔法对于一座正忙于重建的城市而言具有巨大吸引力。整个50年代，在这场重建过程中，许多学生小组、作家和艺术家组织不仅保留了传统文化的火种，还点燃了新的文化灯塔。社会上正在吹起一股新风。科特莱塞德瓦大街29号每周都会爆满，这正

1955 年在纽文代克的诺兹姆青年，由艾德·范·德尔·艾斯克森（Ed van der Elsken）拍摄。（图片来源：Nederlands Fotomuseum，Rotterdam）

是格鲁菲尔特希望看到的场景。几个月之后，这里毁于一场火灾，但是人们并没有沮丧，他们很快就在阿姆斯特丹一个叫作"小可爱"的雕像（这座雕像位于斯博伊地区，是一位富有的烟草商捐赠给城市的）前重新聚集。当一名研究生在自己的论文中用"provo"（来源于"provoceren"）来描述当时社会上叛逆的年轻人时，它立刻流传开来，并引出一系列与之相关的流行词汇。

从 1965 年夏天开始，几乎每周都会在"小可爱"雕像附近上演相同的一幕。这些事件发生的模式大体相同：最开始，对峙的无政府主义青年和警察会保持一定的距离；接着，装扮成部落首领的格鲁菲尔特试图接近雕像，警察们会阻止他进一步向前靠近；此时，无政府主义青年们开始行动。接着，大家所能预想到的事情就发生了：警察们拿出他们的警棍，开始殴打集会者。冲突发生的时候，人群中会喊出一些无法理解的口号。警察们在穿梭的车辆之间追逐那些参与的年轻人，偶尔还会误伤行人。有一次，警察们逮捕了一个女孩儿，关了她几天，只是因为她向集会的人分发了葡萄干。警察们的做法对无政府主义青年们有利，每次集会都能吸引新鲜血液加入进来。"那个时候，有人会帮那些年轻人藏起来以躲避警察。"[14]罗博·斯托克说："'小可爱'雕像旁的这些活动成了一个大旋涡，无情地将整座城市卷入其中。"与此同时，身处相对平静的咖啡馆之中，进步记者和知识分子同样在忙着打破旧秩序：他们建立了一个新的政党——民主66党，并在工党内部组建了一个全新的左翼阵营，名叫"十号红球"。

无政府主义青年只是一个人数不多的群体，但是他们对城市却产生了巨大影响。他们成功地利用了年轻人对视觉冲击的敏感度以及全新的媒体形式——电视。得益于电视的宣传，他们的影响力在社会中逐渐扩展。他们上街游行时，会身着白衣，手持白色标语。这样，他们就与身着制服的警察形成了鲜明的反差。在某种意义上，这是新旧两个时代的对决——30年代与60年代的对决、布鲁克霍夫和抵抗军的对决。二战结束20年后的阿姆斯特丹，真正的变革时代姗姗来迟。

引发这场变革的部分原因或许是代与代之间常见的价值观差异。虽然有很多人觉得这些"被惯坏的"年轻人"不知道工作的意义"，但是仍有许多年长的人同情这些敢于反抗的年轻人。或许这些年轻人并不完全理解自己正在做的事情，但是他们却获得了老一代人在1945年未曾拥有过的自由。他们甚至还参加了市议会选举，并获得一个席位。尽管席位不多，但他们获得的选票非常值得关注，因为为他们投票的人中有一半以上是大于 35 岁的选民。

无政府主义青年本身似乎也是矛盾的结合体。他们认为，城市里的财富正在快速聚集，给每个人创造的机会也在不断增加，然而，与之相对，城市的道德表现仍旧停留在 30 年代，充斥着吝啬和虚伪，在这种情况下想要维系城市可持续的繁荣几乎无从谈起。但同时，他们也在取笑"走在时代前沿的人群"，间接地表现出一种反文化进步的倾向。就这样，他们恰巧站在了 60 年代城市两种不同发展理念的争论之中：一方面，他们是城市进步的催化剂；而另一方面，他们又代表了国家发展的浪漫主义情怀。[15]

他们提倡的一系列"白色计划"以及计划中蕴含的思想逐渐成为社会普遍的共识。其中，"白色自行车"计划首次提出了建设一个禁止汽车驶入的阿姆斯特丹内城；他们的"白色烟囱计划"将空气污染问题列入政治议程当中；"白色妇女计划"标志着妇女运动的复兴；"白色警察计划"希望彻底变革警察的社会角色，让他们"既可以为贫寒的工人们提供火柴和避孕药，同时也为他们送来橙子和鸡腿"。

然而，在促成社会变革的过程中，60 年代的年轻人也需要属于自己的"殉难者"，让这部历史性的"戏剧"更加丰满。在这部"戏剧"中，阿姆斯特丹的警察成了"党卫军"，《电讯报》成了"法西斯报纸"，城市的首席管理者——市长海思——则成了"集权的代表"。实际上，海思在"戏剧"中充当了一个悲剧性的角色。在新一代年轻人的眼里，海思只是另一个布鲁克霍夫，是顽固势力的代表。年轻人不了解而且也不愿意了解海思反集权的勇敢立场。这种价值观的对立令海思很难接受，他无法理解这些人的想法，因此做出了一些不当评论。不久，他就成了无政府主义青年最喜欢抨击的靶子。

两个世纪以来，荷兰民众与奥兰治王室已经可以和平相处，但是这次阿姆斯特丹出现的骚乱再次将这个家族推上风口浪尖。王储贝娅特丽克丝（Beatrix）公主爱上了德国外交官克劳斯·冯·阿姆斯伯格（Claus von Amsberg）。不过，很不幸，后者在年轻时曾短暂为纳粹德国的军队服役。尽管他并未做出任何伤天害理之事，但依旧不能为荷兰公众所接受。贝娅特丽克丝公主想将两人婚礼的举办地点放在阿姆斯特丹，目的是进一步巩固阿姆斯特丹作为首都在荷兰的地位。这本是一项促进双方进一步和解的举动，不想却给怒火中烧的阿姆斯特丹浇了一桶油。"她怎么敢这么干?! 在发生'二月罢工'的城市跟一个前纳粹分子举行婚礼!"这是当时大部分年轻人的反应。那时的年轻一代早就忘了阿姆斯特丹不光彩的历史，只记得这些英雄时刻。此外，许多上了年纪的人声称自己受到了"伤害"。"伤害"这个词对阿姆斯特丹有特殊的意义，当有许多人使用它时，足以引起任何执政当局的注意。

海思市长是为数不多的几位能够在这件事情上发声的人。他也确实做了一些努力，希望说服荷兰政府相信阿姆斯特丹不是一个举行婚礼的理想地点。10 月 31 日，贝娅特丽克丝夫妇在他们的官邸和三个犹太社区代表举行了一次会面。会面结束后的当晚，公主发表声明，表示可以接受将婚礼放在其他地方举行，并提出巴恩也是一个不错的选择，但荷兰政府却拒绝对阿姆斯特丹这"一小撮人"让步。这使得婚礼演变成了海牙和"爱惹麻烦"的阿姆斯特丹之间关乎尊严的斗争。此时此刻，无论是这场王室婚礼，还是阿姆斯特丹民众的感受，都已经变得不再那么重要。

双方都为此做了充足的准备。"每一天都会有新的变化，有时令人欣喜，有时令人沮丧。"一个反对这场婚礼在阿姆斯特丹举行的人写道。阿姆斯特丹这时成了一个"战斗堡垒"。除了城里原本就有的几千名警察外，在3月10日的婚礼当天，阿姆斯特丹还会出现1 700名国家警察、1 300名军警和4 000名士兵。作为庆典活动的一部分，女人们可以花钱购买典礼地毯上的一个绳结，筹得的款项将被用来购买餐具送给孤儿院，当作这场国家级婚礼的慈善捐赠物品。与此同时，贝娅特丽克丝公主夫妇还从全国各地收到了许多以个人名义赠送的礼物，包括几十双烤炉手套（大部分都是橙色的）、儿童奶粉等。

反对方也没有闲着。"阿姆斯特丹是一座以'爱惹麻烦'闻名的城市，阿姆斯特丹人也是一群'爱惹麻烦'的人，这或许也是为什么阿姆斯特丹是最能体现荷兰精神的地方。"这句话是海思市长在接受王室任职书时发表的言论，可以说一点儿都不夸张。对无政府主义青年而言，这场婚礼代表着他们所反抗的一切：统治者、教会、君主制和集权统治。他们当中一位名叫路德·史基莫潘尼克（Luud Schimmelpennik）的运动领袖后来向我承认，他们当时是"为了行动而行动"，"我们对一切事物进行攻击，为的就是打破那些年整个社会表现出来的迟滞状态。我们希望再次赢得民众的支持。所以在那一时刻，君主制和那场婚礼就成了我们最完美的目标"。

在对待这场婚礼的态度上，无政府主义青年和学生团体第一次坚定地团结在了一起。在此之前，这两个群体都是分开行动。为了破坏婚礼，他们准备了许多过激的计划：用狮子的粪便使婚礼上的马匹受到惊吓；用扩音器播放枪声来吓唬警察；在教堂中安置一个释放笑气的机械装置；向饮用水中投放麻醉药……而最后只实施了释放烟幕弹这一计划。他们在凯滕伯格运河的游艇上制造了大约 100 个轻型的锡箔烟幕弹，准备投掷在街上。拉德豪斯大街的拐角处被选作释放烟幕弹的最佳地点。

顺便提一句，那些马匹饲养员并不害怕这些年轻人搞的小动作。当有人告诉他们无政府主义青年准备在婚礼期间惊吓马匹后，他们婚礼前几周便开始训练马匹适应这些噪声。

婚礼举行的当天早上，几百名学生、前抵抗军成员和其他一些人员在"二月罢工"的码头工人纪念碑处敬献鲜花。与此同时，正在拉德豪斯大街准备行动的无政府主义青年正面对着一个"严重的"问题：来观看婚礼游行的人不够多。正如路德·史基莫潘尼克回忆的那样："我们在街边太过于显眼了。实在没有想到，在这样一个如此重要的时刻，那些王室的拥护者竟然都没有来到现场！"

出现这一幕的主要原因在于当时新兴的电视直播技术。这场王室婚礼是荷兰首次通过电视进行直播的国家级庆典活动，因此大部分人都在 1966 年 3 月 10 日这天坐在家里观看电视直播，而并未像过去一样跑到街头去凑热闹。当然，坐在家中的观众并没有错过这些无政府主义青年策划的"好戏"。随着一颗烟幕弹的爆炸，电视屏幕突然变得花白，街上为数不多的观众开始大喊大叫、互相冲撞、四散而逃。

贝娅特丽克丝公主婚礼上爆炸的烟幕弹和一名警察，由科
尔·杰灵（Cor Jaring）拍摄。

婚礼当天还发生了另外一件奇怪的事情。婚礼仪式中有一项
要求那些以"普通人"身份受邀的宾客从西教堂步行到水坝广场
上的王宫。一路上，女士们因为穿着高跟鞋和华丽且精细的服
装，走路时磕磕绊绊，更悲惨的是这时候天空还飘起了雨。一位
体验了这次"步行"经历的《新鹿特丹商业报》（NRC）编辑在
婚礼举行后的第二天写道："当时我感觉自己就像旧制度的代表
一样，正走在去往断头台的路上。"

一个名叫凯斯·胡科特（Kess Hoekert）的人甚至还试图将

一只活鸡扔向女王乘坐的黄金马车。事后他辩解称，这只鸡叫作艾伯特·福斯（Eibertje Vos），它特别想看一看女王的模样，所以他将它扔向了马车。

对王室成员而言，这一天毫无喜庆的心情可言。女王朱莉安娜没有亲眼看到这些糟糕的状况，当然她也不愿意看到。不过，她将礼帽前后戴反的事实足以证明她当时紧张的心情。然而，时间并未缓解一切，阿姆斯特丹和奥兰治王室之间紧张的关系甚至在 1980 年 4 月 30 日贝娅特丽克丝的加冕仪式上仍未见好转，双方反而更加疏离。在水坝广场的仪式结束之后，没有民众们欢呼雀跃，等到的却是四处响起的口哨声，这些声音通过广场上的音响设备成倍扩大。紧接着，就爆发了一场大规模的骚乱。

用报纸上比较委婉的说法，阿姆斯特丹此后仍旧"不太安分"。婚礼之后的第三个月，城里又爆发了另一场骚乱。这场骚乱始于 1966 年 6 月 13 日工人们在马尼克斯公园举行的抗议活动。这场抗议活动出现了混乱，抗议者和警察发生了肢体冲突。冲突中，一名叫作扬·维格拉尔（Jan Weggelaar）的建筑工人突然死亡，事后调查发现死因是突发心脏病。然而，《电讯报》在第二天的报道中却说这个人是被同伴扔出来的石头砸死的。几百名愤怒的建筑工人聚集到《电讯报》总部大楼门前，冲着大楼丢掷石块。《忠诚报》记者本·范·卡姆（Ben van Kaam）亲历了这次骚乱。他说："我们从办公室向窗外望去，亲眼看到了他们将《电讯报》办公楼的窗户砸坏。然而，我们看不到一名警察在现场维持秩序。接着，事件开始慢慢升级：人们开始掀翻门口的汽车，有的人还将点燃的纸扔到车里，火势很快将附近的汽车一辆辆引燃。不过，在这场骚乱中，我并没有看出人群有多么愤怒，反而觉得这对他们来说是一场娱乐活动。"[16]

时任荷兰内政部长的扬·斯马伦布鲁克（Jan Smallenbroek）听说了阿姆斯特丹发生的事件后，便从海牙打电话给他的老朋友——《忠实报》主编布鲁恩斯·斯洛特（Bruins Slot）——询问情况，斯洛特就向他讲述了当时的局面。范·卡姆回忆说："部长对警察没赶到现场处理这件事非常关注。他问道：'谁是阿姆斯特丹真正的治安负责人？''范·德·莫伦（Van der Molen）。'斯洛特回答道。然而，当时警察局长范·德·莫伦正在和市长开会，没有人可以联系到他。他走之前曾经做出指示：防暴警察在没有得到他的命令时，不得擅自出动。一个多小时之后，警察才赶到骚乱现场，不过那些建筑工人们早已离开。"

这场骚乱持续了一整天。水坝广场附近处处都有打斗的人群，市政府开始变得惊慌失措。斯马伦布鲁克和塞姆卡尔登（Samkalden）部长赶到阿姆斯特丹，帮助恢复秩序。荷兰政府为此宣布国家进入紧急状态，不仅向阿姆斯特丹增派了 1 400 名国家警察和军警，甚至还计划将奥林匹克体育场改造为临时拘留所。不过，仅仅过了一天，街头骚乱就结束了。范·德·莫伦由于未能及时制止骚乱被免职。同时，政府还启动了对阿姆斯特丹警局内部腐败问题以及二战后警察组织独立性的调查。这个事件之后，我们经常能听到"海思下台"这样的口号。骚乱发生约一年后，即 1967 年 4 月，海思被免去了市长职位，由伊沃·塞姆卡尔登（Ivo Samkalden）接任。在海思离开时，阿姆斯特丹市授予了他一块奖牌和一台舷外发动机。

❖ ❖ ❖

1967 年，无政府主义青年在冯德尔公园搞了一场活动，喊出"长发好过短浅"的口号。学生们则开始了他们所谓的民主化运动。几百名学生在 1969 年占领了斯博伊的马赫登大楼，但最终还是被警方武力驱散。在外国人眼中，阿姆斯特丹像是一个"魔力中心"，水坝广场上到处是叼着烟头的年轻访客，报纸上则充斥着中产阶级对这些玷污国家形象行为的抱怨。设计水坝广场的初衷是为民众提供一个休闲场所，但现在大家似乎将这个美好的初衷忘得一干二净。1970 年，无政府主义者鲁尔·范·多恩（Roel van Duijn）创办了奥兰治自由国家组织，打算在阿姆斯特丹再造一个"新的城市"。他所在的阿姆斯特丹小矮人城政党在市议会中获得了 5 个席位。随着传统道德束缚的消失，城市女权主义运动开始兴起。女权主义作家安雅·莫伦贝尔特（Anja Meulenbelt）根据自己真实经历撰写的小说《羞耻的逝去》（Schaamte voorbij）曝光了许多市议员、出版商和其他一些所谓进步人士的私生活，在运河带的社区中掀起了一阵骚动。电视的普及，让当时阿姆斯特丹的民众可以直观地捕捉到当时社会中思想意识方面的变化。

从这个角度看，阿姆斯特丹与当时德国、法国、英国和美国那些发生社会变革的城市别无二致。现在回望那个年代，阿姆斯特丹至少有 5 次与新兴的"流行音乐"有关的政治运动。你会看到留着长发的嬉皮士、空想主义者、想要获得权力的年轻政治家以及上千名穿着印第安花裙的女孩儿。

社会变革从来不会无中生有。我们所说的许多"深刻变革"无非是新一代掌权人打破旧秩序走上历史舞台的过程，许多"结构性变化"无非是新老两代人发生冲突的结果。我并没有带着愤世嫉俗的心态写下这些文字：60年代也是政治创新、包容开放和理想主义盛行的年代。想象力即是力量。不过，从过来人的角度看，这种力量和许多人的期待相比，有些过于脆弱和短暂。这种脆弱性也解释了为什么80年代和90年代的社会秩序重建，比经历过60年代和70年代的人所想象的要更加顺畅。

60年代的大英雄当属"轻松骑士"，这个词用来代指那些站在社会潮流之外的旁观者。他们有时感到骄傲，有时感到羞耻。他们不属于任何一个阵营，却羡慕那些参与到时代洪流之中的人。他们与19世纪小说中描写的那些英雄人物特征非常相似，"过于担心自己卷入社会变革中不公正的一方"。[17]

60年代的人普遍认为，许多问题都源于"社会结构"的偏差，但这些问题并非无法解决。这样看来，60年代的乐观主义精神实际上是30年代和50年代产生的一种"事在人为"想法的延续，其根源甚至可以追溯到八十年战争和启蒙运动时期掀起的思潮。然而，60年代的变革也被视为一场迟到的思想解放运动。自此之后，阿姆斯特丹逐步甩掉了二战之前的思想包袱，终于张开怀抱，做好了迎接新时代的准备。

❖　❖　❖

　　受到政治和文化领域出现的暴力活动的影响，城市中正在发生一场悄无声息的变化。人们开始搬离阿姆斯特丹的内城。此前，代表城市发展核心动力的商业活动一直聚集在市中心——运河旁的一间紧凑办公室、新市场和约旦区的一间小商店，但这些全部都消失了。1969 年，阿姆斯特丹市内只有约 100 家员工超过 1 000 人的公司，但是几乎有 12 000 家员工不足 10 人的公司。仅仅 10 年之后，运河带已经基本看不到这些公司的身影了。许多公司搬到了老城区之外的地方，有些甚至搬得更远。

　　大家纷纷搬离市中心，部分原因在于商业活动的扩展和繁重的交通压力（与按照规划建造的市郊相比，城市中心的交通非常不便），但也和阿姆斯特丹遭受到的两场灾难密不可分。两场灾难都发生在二战刚刚结束的时候，但是它们的影响力在之后漫长的岁月中才慢慢显露。

　　第一场灾难是犹太人口的大量流失。犹太族群数量的减少不仅仅是他们自己的悲剧，同时也是对这座城市的重创。战前生机勃勃的犹太社区，现在却被无家可归的流浪汉所占据。曾经，犹太人在阿姆斯特丹的经济、科学以及政治领域都扮演着重要角色。

　　第二场灾难是荷兰割断了与印度尼西亚几个世纪以来的殖民关系。1600 年以来，阿姆斯特丹就是整个欧洲同这片富饶的岛屿进行贸易往来的窗口。阿姆斯特丹的经济很大程度上依赖于双方的贸易活动。但在 1956 年，这种优势突然间不复存在了。尽管荷兰其他地方的就业率在 1950—1960 年增长了 6％，但是阿姆斯特丹同期的就业率却下降了 12％。曾经作为欧洲烟草贸易中心的奈斯拍卖市场此时已经不复存在。港口变得安静起来，船舶公司失去了前往印度尼西亚的客商，库存的铁路建材开始生锈。60 年代末，港口的配套设施不得不停止使用。

对阿姆斯特丹而言，这两场灾难都带来了深远影响，它们还引发了社会文化的巨变——拜尔默文化变革。

在乐观主义盛行的 60 年代，阿姆斯特丹计划在拜尔默建造一座"未来城市"，将这里变成"城市规划史上最重要的地标"。社区里全都是宽敞、明亮的住宅，周围被大片绿地包围。这片区域计划建造一批统一模式的高楼，将社区的功能进行分解，最大限度地分流交通以适应即将到来的汽车时代。新的区域呈"蜂巢结构"，在图纸上或者从鸟瞰角度看显得非常漂亮。大家都很期待这座新城能够给世人留下"难以磨灭的印象"。人们不希望这座新城再度成为"未来的贫民窟"，而希望其成为"拥有未来价值的公寓"[18]。理论上讲，这是一个令人极度兴奋的项目，是 60 年代建筑科技的完美代表，是经过城市反复调查研究、精心设计的杰作，也是城市发展规划王冠上的明珠。这项计划为阿姆斯特丹赢得了极高的国际声望。

然而，修建的结果却与人们的期望背道而驰。在拜尔默项目的实施过程中，各种超出计划且不可控的力量纷纷干扰项目的实施，令城市管理者们猝不及防，也将人们从 30 年代开始制定的城市规划的美梦中揪回了现实。

第一个住房社区在 1970 年交付。当时看过去，这片区域确实绿草茵茵、宁静宜人。建造的公寓宽敞舒适，但是大部分居民却有一种惶恐的感觉，因为这片区域面积太大了，自己身在其中过于渺小。停车场成了犯罪活动的温床；街区里的集体设施并没有让居民过上"全新的社区生活"，反而引发了居民间的矛盾。建设这片区域的初衷是为改善市民的生活环境，但事实上却招来了许多新居民，包括那些刚刚移居到城市找不到地方住的乡下人和以苏里南人为主的外国移民。荷兰的殖民地大都在这个时候获得独立，殖民地的许多人都选择了荷兰公民身份，所以纷纷来到荷兰生活。当时用于接收这些殖民地移民的航线被戏称为"拜尔默快线"。

拜尔默确实获得了声誉，却与设计者们的初衷大相径庭。这里的失业率和穷人比例非常高，导致犯罪活动频发。一些区域甚至成了本分市民的禁区，无人敢靠近。拜尔默的许多公寓在建成 10 年后依旧无人居住。更意想不到的是，25 年之后，这里建造的第一批居民区就已经被拆除。

拜尔默社区的灾难对这项计划的策划者、参与其中的政客以及希望进一步扩大这个社区规模的人而言无疑是一个打击。当然，谁也无法完全预料到这一系列不幸事件的发生，但是城市规划者们的确在计划实施的过程中犯了很多错误。不同于以往的大扩张计划，拜尔默项目的规划者从没有对阿姆斯特丹民众的喜好进行过深入的调研。比如说，他们完全忽视了当时民众对于居住环境的喜好：相比于多功能的商业设施，当时大部分的人还是喜欢低矮的楼房。瑞典和英国在这方面的前车之鉴也并未引起足够的重视。正如建筑设计师哈森温科（Hazewinkel）在 1965 年 6 月记录的那样，阿姆斯特丹的城市规划者们试图用"20 年代的建筑哲学和 1965 年的科学技术，建造一座适应 21 世纪生活的城市"。

卡斯·奥尔特豪斯（Cas Oorthuys）从柯珞克霍夫的角度拍摄的科利斯莱利大道。（图片来源：Nederlands Fotomuseum，Rotterdam）

城市开发者马丁·门泽尔（Maarten Menzel）在此后研究了默尔默项目失败的原因。他发现，这项计划，连同历史上相似项目的失败，都可以归咎于制定政策的一小部分人恃权自重，拒绝承认自己的项目可能存在的问题，并忽略那些与自己意见相左的报告。来自公共工程局和住房局的规划者们组成了一个"封闭的专家团队"。他们的成员"只考虑符合自己观点的外部意见"，并坚持"统一、固执的错误观点"。尽管政府官员们早在多年前就提出了改造这个区域的想法，但是市议会在几乎没有做任何辩论的情况下就通过了改造计划。阿姆斯特丹的政治机构事实上对改造计划的推进毫无控制力，更别提城市里的其他力量了。"议员先生，"一名公共工程局的官员曾经对着市议员、前记者汉·拉莫斯（Han Lammers）开玩笑道，"你可以在议员的职位上干上 4 年或者 8 年，但是对于城市发展而言，你只是个匆匆的过客。"[19]

这种傲慢的态度也体现在城市其他区域的改造项目上。舒适小巧的韦斯普大街曾经三次被人提议拆除：一次是为了建造艾湾隧道，一次是为了建造一条通往新市场的新公路，还有一次是为了建造通过中央火车站的地铁。[20] 1960 年前后，这条街道上的所有房屋被彻底拆毁，取而代之的是一整片雄伟壮观的建筑，以及一条横穿内城的光秃秃的街道。为了重新规划艾湾，一大片犹太社区也已经从阿姆斯特丹的地图上永久消失了。

根据城市规划的方案，约旦区的大部分房屋也应当拆除重建。区域内的一些道路要进行拓宽，罗森运河将变成一条大道，并在艾兰德运河一带建造大型的写字楼。在凯滕伯格和维滕贝格也制定了相似计划，与约旦区的计划最终搁浅不同，这两个地区的改造计划最终顺利完成。19 世纪工人阶级居住的社区也在拆毁重建的计划当中，规划者们希望在这里建造新的公寓，同时将街道拓宽以缓解不断增加的交通压力。

　　新市场社区也按照这种思路进行改造。首先，将圣安东尼街和尤登布雷街改造为拥有四条机动车道的大街，以便轻松连接艾湾隧道和中央火车站的交通。紧接着，在这片区域新建一批酒店和写字楼，外加一个提供数千个车位的多功能商用停车场。此外，规划者们还在地图上勾画了一条地铁线路，为此，沿线的几十座房屋都要因为修建地铁而被拆除。上述对新市场一带的改造就是为人所熟知的"新市场之问"，成了 70 年代阿姆斯特丹政客们辩论的主要话题。

　　这些大规模的城市改造计划得到市议员、前"十号红球"成员汉·拉莫斯的大力支持。他担心如果没有一条地铁线路连接拜尔默社区，这里将注定成为一个新的贫民区。但新市场的居民协会则反对他的观点，他们极力维护"紧凑型城市"理念，不过这一理念直到 70 年代末才被当时的市政管理者们所采纳。新市场社区房屋外墙上的涂鸦文字概括了这个理念的精髓："我们希望城市中的居民社区是一个集生活、娱乐、工作、学习和购物为一体的综合社区，彼此紧密关联，无论男女老少都能和谐共存。"

　　从某种程度上讲，新市场运动是此前无政府主义运动的延续，而此后发生的占屋运动也发源于此。无政府主义青年曾经计划将已经废弃的部分新市场区域改造为一个"游乐街"，为人们提供一个安全的休闲区域。不过，这片地区的原居民担心这里会成为犯罪的温床，所以强烈反对，迫使这项计划搁浅。尽管没有成功，但是无政府主义青年对这片区域的兴趣引发了很多人的关注。1968 年之后，占屋者们开始涌入这片区域，他们是无政府主义运动的"继承者"，越来越多的空置房屋被占屋者们占领，不过好在他们多少还是对这里的房屋进行了一些修葺。[21]

城市中其他的区域也开始躁动起来。新市场开发计划的制定者——建筑师阿彭（Apon）、范·艾克（Van Eyck）和海茨伯格（Hertzberger）拒绝进一步实施自己的改造计划，因为他们也赞同新市场原居民的观点。为此，海茨伯格和他的同事们一起又设计了一条替代的地铁线路，这样可以绕开新市场，转而从奥德斯堪地区穿过。不久之后，新市场地区的居民在一些公共工程局持异见官员的秘密支持下，提供了解决问题的第三种方案：使地铁路线改从海尔德希卡德穿过。

在新市场居民的争取下，市议会决定不拆除德宾托家族的老屋①。这座历史建筑正好位于所规划道路的中间，于是一条规划道路只修到了圣安东尼水闸处就戛然而止，留存下来的"半成品"道路在多年后竟成了这次城市规划之争的象征。不久之后，市政府进一步做出了让步：新市场仍旧作为居民区使用，在地铁线建成之后，将会尽快完成这里的重建。

然而，新市场社区的占屋者们也想从市政府那里争取自己的利益。对他们而言，这是一场关乎生死存亡的"战斗"。他们制作了许多临时盾牌，将潜水面罩改造成粗糙的防毒面罩，拉了一条内部的电话线路，还在屋顶上装了汽笛用来召集会议和通报紧急情况。在附近的运河上，占屋者们还用绳索和帆布造了一座简易吊桥，用作岗哨和紧急逃跑路线。

---

①　德宾托家族的老屋是一栋建于 1605 年的房子，以德宾托家族的名字命名，这是一个富有的葡萄牙裔犹太银行世家，自 17 世纪中期以来一直居住在这里。

与此同时，阿姆斯特丹的政坛也陷入了一团混乱，左翼和右翼政党的对立愈加明显。当时在阿姆斯特丹政治生活中仍有举足轻重地位的共产党对城市中权力的平衡有着至关重要的作用。他们坚定地支持原本的改造新市场社区的计划，因为这是一件"有利于提升就业率"的好事。和平主义党领袖胡博·里特霍夫（Huib Riethof）在参加竞选时强烈反对修建地铁的计划，但此时却突然转变了立场，转而支持改造计划。而在工党内部，传统的政党领袖塞斯（Cees）、汉·拉莫斯与党内的反对派皮特·特鲁曼（Pitt Treumann）、迈克尔·范·德·菲利斯（Michael van der Vilis）和沃尔特·艾蒂（Walter Etty）发生了激烈的冲突。后一派与新市场社区组织和学生运动有着紧密的联系。

政坛的对立在一场炸弹袭击的阴谋中达到了高潮。一个极右组织在拜尔默地铁站放置了一颗炸弹，准备在第二天举行的一场大规模反地铁游行活动中引爆。市议会在没有任何证据支撑的情况下就发布了一份声明，宣称新市场社区的占屋运动激进分子应对此负责。1975 年 3 月 24 日，随着警察试图进入新市场社区，一场冲突随即爆发，高压水枪、催泪瓦斯、鹅卵石块、自制燃烧弹、爆竹全都派上了用场。阿姆斯特丹的警察遭遇了各式各样的袭击。最终，占屋者赢得了胜利。

接下来的几年，新市场社区像其他古老的社区一样获得了彻底的重建。不过，自此之后，阿姆斯特丹再未有大规模的城建计划。此时，又有一个"韦伯特"站了出来，他就是议员扬·斯海弗（Jan Schaefer）。在"你不能住在'猪圈'里"这一宣传口号的带动下，政府开始逐一对每一个街区进行整修、重建和翻新。

尽管此后的阿姆斯特丹民众对那几年的社区改造项目诟病不少，但是当时的市政府资金充足，足以支撑这些项目的开展，城市面貌也焕然一新。不过，到了80年代末，项目资金出现了缺口，导致那些在五六十年代匆忙修建的社区无法继续得到修缮。

在城市规划中，出现了一批空置的房屋，在这些房屋周边则悄然形成一股全新的文化风潮，即占屋运动。与六七十年代的其他社会变革相比，这场运动更有针对性、更加务实。占屋运动不再像无政府主义运动那样激进，这些人只是希望得到一处自己喜欢的居所。"我们已经开始了自己想要的生活，不愿理会那些烦琐的法律或者规定。"这差不多就是那些占屋者们的行动"纲领"。占屋者们也在不断"滋养"着政治活动，他们为难民、流浪汉和先锋艺术家们提供帮助，例如位于孔拉德大街的《国家服饰杂志》（*Rijkskledingmagazijn*）总部就曾得到帮助。对占屋者而言，用来表达观念的不是一个个单词，而是一件件物品：弹簧床、石头、开放式电表、支票、社区非法电话线。他们的服饰也一改往日的鲜艳色彩，以黑色、禁欲风格为主，而且大多破烂不堪。"除了那些短款的真皮夹克外，我们的穿着与大都市街头的瘾君子、醉汉的风格没有任何区别。"一些占屋者们曾这样描述他们的穿衣风格。"我们的衣服上都是恶心的污渍，头戴巴勒斯坦风格的头巾，脚蹬跳伞靴，身穿摩托夹克。全身充斥着汽油、臭汗和啤酒的刺鼻味道。"[22]这些参与占屋运动的人大都是在70年代富裕环境生长起来的一代人，时代给他们的未来画了一张又一张诱人的大饼，但事实却非常残酷。80年代到来的危机，令他们成为最先受到冲击的一代人。

1979 年秋天，政府用强硬手段驱逐了一些占屋者。占屋者们随即开始组织自我防御，他们将位于皇帝运河旁的一个街区封锁起来，建造了一个类似于中世纪城堡的防御设施。冰箱、洗衣机等沉重的家用电器被抬上了屋顶，准备向进攻的警察们投掷。最终，市政府做出了让步，没有采取强硬措施，而是谈好价格将整个区域买了下来。

几个月后的 1980 年 2 月 29 日，一座位于冯德尔大街 72 号的房屋被警察强制清空后，又被几百个年轻人重新抢占。这些占屋者显然有更为丰富的斗争经验，每个人都头戴头盔、手执铁棒。其中一个人的装扮像一个戴着头盔的古希腊武士，朋克式的发型直挺挺耸立着，就像莫霍克人一般。警察被赶走之后，占屋者们叮叮当当地开始修建路障，此时偌大的区域只有破碎的砖瓦和掉落的石块。仅仅用了三天时间，在冯德尔大街就出现了一座"独立王国"。人们用罐头瓶、垃圾、木头、水槽等各种杂物堆放在街口，路障越垒越高。

在接下来的周日晚上，事情发展得比较顺利，貌似双方达成了和解，此前设置的路障也在当天早上被占屋者们自愿拆除。所有的占屋者都回到了自己的家。早晨 6：00，那些稍晚离开的占屋者们突然看到几辆坦克驶来。此时，市长维姆·波拉克（Wim Polak）散发的传单上写着：（坦克）列队前进，绝不后退！占屋者感觉遭到了欺骗。

自此之后，占屋运动变得更加强硬。许多人参与到了与警察的对抗中，双方的冲突遍及普林斯亨德里克卡德、领主运河、维特林斯堪、贝尔德戴克大街和扬勒肯大街。在一场骚乱中，一辆

从这张扬·冯克（Jan Vonk）拍摄的照片中，可以看
到冯德尔大街 72 号房屋的三名占屋者。

电车被他们点着，占屋者们站在旁边欢呼雀跃。但他们不知道，由于破坏电车，他们在这一刻已经失去了阿姆斯特丹大部分民众对占屋运动保留的最后一丝同情——因为电车是最受阿姆斯特丹人喜爱的交通工具。

此时，有几栋空置公寓的斯塔茨里登社区成了占屋运动的总部，被极端的占屋者们控制。他们认为，市议会是这场运动的阻碍者，且应当肩负起为年轻一代修建房屋的责任。同时，占屋者公开批评炒高房价的投机者。在斯塔茨里登社区，出现了这场运动中唯一一起死亡事件。[23]占屋者汉斯·考克（Hans Kok）在一次警察行动中被逮捕，由于使用了过量的美沙酮，死在了牢房。对占屋者们而言，他是这场运动的英雄。

最终，占屋运动在以暴制暴中走向了自我毁灭。到了 80 年代，最后的几批占屋者只知道内讧，争夺对空置社区、房屋的控制。还有些占屋者出售"自己的"公寓来赚取大量的利益，或者用几千块荷兰盾的价格出售自己的"占领权"。大部分在斯塔茨里登社区搞占屋运动的领袖总是设法将自己的房屋以不错的价格售卖，然后前往荷属安的列斯群岛生活。剩下的占屋者们则逐渐平静下来，放弃了自己占领的房屋，接受了市政府为其准备的房屋。当然，也有极少数人仍然坚守自己的理想。

这便是阿姆斯特丹所谓"二十年城市内战"的结局。它始于 1965 年 7 月 12 日——这一天，首份无政府主义运动报纸开始在街上售卖；结束于 1984 年 12 月 21 日——这一天，占屋者们在新任市长艾德·范·泰恩（Ed van Thijn）对斯塔茨里登社区进行工作访问时，将他赶了出去，却因此陷入政治上的孤立无援。有人也许会质疑这一天是否应当作为占屋运动正式终结的时间，但无论如何，这个事件标志着占屋运动发生了根本性的转折。

在某种意义上来讲，"二十年城市内战"指的是一段时期内持续不断的骚乱活动。在这期间，参与运动的主体无论是出身、背景，还是遵循的文化乃至穿衣方式一直都在发生变化。尽管他们彼此之间有所区别，但是无政府主义青年、新市场运动者和占屋者都是典型的争取社会变革的群体代表。[24] 他们有着相似的理念和要求：要自治政府而不要官僚政府，要求平衡生活质量和经济发展的关系，要求解决大规模拆迁与城市重建之间的矛盾、保护已有的遗产而不是向大众文化让步，拥有怀旧的社区归属感，抨击日益拥堵的交通……

社会地理学家韦吉尼·玛多（Virginie Mamadouh）在她的研究中，对阿姆斯特丹历史上这段具有争议的时期进行了概括。她认为这些冲突本质上是"实用主义"和"浪漫主义"的冲突。实用主义者将城市视作一个有机体，认为其必须发挥一定的职能；而浪漫主义者则将城市视为民众的集合体，认为其拥有独特的历史以及个性化的风格。玛多的研究让我们有机会重新审视这些事情发生的经过。

首先，婴儿潮的出现带给社会巨大影响。60 年代中期，阿姆斯特丹是一个典型的年轻化城市。战后一代希望自己在市中心独立居住。妇女解放运动的发展和避孕药的产生使得人们推迟了组建家庭的时间，这导致社会上产生了许多"剩男剩女"，他们甚至将城市的公共空间当作自己的第二个家。同样是这一代人，他们小时候几乎都拥有良好的物质生活，因此，他们比父母那一代人更加注重精神上的追求。

其次，阿姆斯特丹还出现了一种所谓的"激怒机制"。60 年代，城市中的建筑面临种种问题，需要进行修葺和重建：有的楼房摇摇欲坠，有的公寓面积过小不能满足新时代的需要，街道和运河两旁的停车位严重短缺，等等。为此，阿姆斯特丹必须要做出一些改变。随着这些社会运动接二连三地爆发，阿姆斯特丹对于城市的规划也逐渐变得更加务实。阿姆斯特丹可以通过拆毁旧的社区，兴建一些新的项目，来使城市面貌焕然一新，这包括建造四通八达的交通网络、在新市场建造综合办公区、在约旦区打造花园社区等。

不出意外，这些想法引来了许多人特别是年轻市民的反对。他们的反对声音产生了积极效果，影响了今天市中心的发展布局。现在看来，阿姆斯特丹的城市发展方向由于这些社会运动的影响而进行了深刻且有益的调整。这不得不感谢那些积极表达自己意见的民众和不断通畅的沟通网络，当然也离不开那些平和或者不那么平和的街头抗议活动的刺激。

在吵吵闹闹和互相拉扯的过程中，阿姆斯特丹步入了80年代。运河区变得更加安静，许多鸟类如苍鹭、黑水鸡和黑鸭等逐渐出现在市民的视野中。伴随着这些变化，阿姆斯特丹发生了又一次文化割裂。尽管这次文化割裂的进程并没有那么激烈，但其影响力却最为深远。

70年代，大批的阿姆斯特丹人离开了这座城市。他们没有成群结队地离开这里，而是各自收拾好行囊离去。因此，这批移居潮在当时没有造成轰动性的影响，其后果在接下来的若干年才慢慢显现。

1959—1980年，将近50万人离开了阿姆斯特丹，尽管此间也有数万名新的移民涌入，不过城市总人口还是呈大幅下降的趋势：从60年代的将近90万人下降到80年代初的不足70万人。默默离开的主要是带着未成年子女的工薪家庭，他们也是驱动城市经济发展的主要人群。

"尽管 70 年代、80 年代大部分的社会活动家更关心城市里的房屋、街道和社区建设,然而,真正的大变化却发生在人口登记局的城市人口分布图上。"城市记者弗朗斯·海德玛(Frans Heddema)曾经这样描述当时的情况。大部分阿姆斯特丹人纷纷搬到了阿尔克马尔、皮尔默伦德、阿尔默勒、莱利、韦斯普、恩克赫伊曾和霍伦等城市。像凯滕伯格和艾兰德这样的老社区则是彻底人去楼空,过了不到 10 年的时间就被拆毁了。城市花园的东西两侧地带被大量来自苏里南、荷属安的列斯群岛、土耳其和摩洛哥等地的移民占据。

阿姆斯特丹是一座天生的国际化城市。它既是一座开放的移民城市,也是一座典型的荷兰城市,拥有自己独特的、封闭式的城市特点。不过,到了 20 世纪末,阿姆斯特丹的传统也开始一点点被打破。阿姆斯特丹传统的节日哈尔特节早在二战期间就已经渐渐无人庆祝了。不过,在 60 年代,鲁拉克节仍旧是民众喜爱的节日,在棕榈运河举行的集市是每年庆祝活动的高潮。约旦社区依旧是典型的工人阶级社区,尽管他们的子女可能早就纷纷搬到了皮尔默伦德和斯洛滕默尔地区。仅仅用了不到 15 年的时间,到了 80 年代初,这片区域就进行了彻底的翻新,这里的居民构成也发生了翻天覆地的变化。教师、记者、医生和年轻的银行家都开始搬到这里居住。此前这里的小商店和小咖啡馆也改造成了规模较大的餐厅和咖啡厅。派普区和新市场也经历了大规模的重建,改造过程与其他地方基本相似。通过这些改造和重建,阿姆斯特丹市中心在不到 20 年的时间里从一个生产中心逐渐转变为一个集休闲、娱乐功能为一体,且豪宅林立的消费中心。

以往在约旦区，那些"潜水员"（人们对酒鬼的称呼）喜欢喝杜松子酒来排忧解愁，但现在酒这种东西被更容易让人上瘾的东西——毒品——所取代。瘾君子的出现，外加与之相伴的犯罪活动，开始逐渐侵蚀阿姆斯特丹中心城区的生活环境。与其他欧洲城市相比，阿姆斯特丹政府对毒品的政策相对宽容，一定程度上诱发了毒品的泛滥。尽管瘾君子的悲剧故事不时在城市上演，但是实际上，这里吸毒年轻人的数量远远低于其他国家。然而，必须指出的是，毒品贸易的盛行和半合法化的大麻店促使那些"见不得光的钱"在城市的经济体系中不断循环运转，引发了不良的后果。

1993 年，阿姆斯特丹警察局长埃里克·诺尔霍德（Eric Nordhold）受到贪腐指控。前任市长艾德·范·泰恩也牵涉其中，因此不得不辞去内政部长一职。1995 年议会公布的调查结果显示，贪腐问题不仅仅存在于阿姆斯特丹的警队中，其他城市的警察局以及海牙的那些政客也不清白。此前，哈勒姆警察局组建了一支特别行动小组，打算渗透到一个庞大的贩毒组织内部。然而，事情的走向出人意料，警察们不仅未能控制住这些毒贩，反而被犯罪集团所控制。就这样，大量的可卡因在警察和海牙政客的眼皮底下肆无忌惮地流入荷兰境内。随着毒品输入愈演愈烈，海牙和阿姆斯特丹之间的矛盾再次升级。阿姆斯特丹希望立即结束这种荒唐的纵容毒品泛滥的情况，海牙则利用媒体对阿姆斯特丹予以反击。

最终，阿姆斯特丹的政府高官和警察高层重归于好，诺尔霍德恢复了职位，但他此前对阿姆斯特丹警察力量进行重新整合的计划受到了极大打击。前市长范·泰恩则再也没有翻身，成了一个毫无权力的普通市民。

伴随着城市各个社区的更新，一大批阿姆斯特丹人选择离开这座城市。单单在 70 年代，就有 4 万人离开了自己原本居住的家园。[25]许多老一辈的居民由于不喜欢城市中不时发生的暴力事件，在更早的时候就搬离了这里。当然，大批人的离去也和这座城市推行的所谓"分流"政策有关。当时的市政府认为城市中心过于拥挤，于是从各方面大力提升阿尔默勒和皮尔默伦德等城市周边区域的居住和生活质量，吸引内城居民搬到这些地方居住，从而缓解市中心的压力。

阿姆斯特丹的第一个土耳其家庭——布鲁特（Bulut）一家——在第一阿帖斯大街。照片拍摄于 1953 年 6 月。（图片来源：Internationale Instituut voor Sociale Geschiedenis，Amsterdam）

　　20 世纪的最后 10 年，来自土耳其和摩洛哥的新移民数量已经达到了城市总人口的四分之一。一部分在韦伯特和德·米兰达的乌托邦理想中兴建的社区，渐渐成了外来移民的新家，产生了类似于此前犹太社区的聚集区。在拜尔默形成了之前拉斯泰格那样具有独特风格的社区。这些社区里仍然可以看到原先的居民，不过他们俨然成了社区中的孤岛，与周围的新居民显得格格不入。与此同时，城市翻新和扩张过程中向不同人群发放的补贴和补偿也引发了不小的反对声音。

　　1992 年 10 月 4 日晚上 6：30，以色列航空公司的一架编号为"4X-AXG"的波音 747 客机撞上了位于拜尔默社区的两栋高楼。这架笨重的客机在飞到纳德默尔上空时两个发动机突然失灵，紧接着第三个发动机着了火。塔台要求飞机驾驶员尽快抛掉燃油，并在阿姆斯特尔费恩、阿姆斯特丹市中心和北城绕圈盘旋。最终，不幸的事情降临在了科鲁特博格和格鲁恩费恩这两座高层公寓头上。撞机发生的时候，十几户家庭刚刚开始享用晚餐。

　　这起事故最终的死亡人数始终没有确定。有人说有几百人因此丧生，但事实上的死亡人数很有可能不超过四五十人。不能确定精确人数主要是因为这里居住着大量非法移民。当市政府决定帮助这些受害者的家属解决身份问题时，突然间有超过 1 000 人申请办理。这起拜尔默空难又将新的问题摆上了桌面：阿姆斯特丹有限的城市空间和资源正面临着大量涌入的求职者、难民和其他非法移民的争夺。

　　在 80 年代，阿姆斯特丹北部最后一座大型造船厂遭到废弃。当英法之间修建的海底隧道开通后，阿姆斯特丹的市政管理者很担心隧道的建成会改变阿姆斯特丹在交通上的优越地位（在很长一段时间内，阿姆斯特丹是欧洲大陆的人们去往英国的必经之路），并将使阿姆斯特丹沦为下一个西欧的哥本哈根。欧洲东部边境的开放更加剧了阿姆斯特丹民众的担心。尽管人们将阿姆斯特丹—莱茵运河进行了拓宽、加深，但是这里传统的港口产业还是在逐渐萎缩。阿姆斯特丹港口在欧洲的排名下降到了第五位。好消息是，史基浦机场很大程度上取代了以往港口的功能，成为欧洲大陆最重要的交通枢纽之一。这一时期，在阿姆斯特丹老城和位于城南的经济新区之间，形成了一条宽阔的、银光闪闪的现代化办公楼和商业带。

90 年代阿姆斯特丹经济的主驱动力来自 IT 产业。互联网很早就开始在这里被使用：位于瓦特格拉夫默尔的大学实验室首次将互联网应用在不同国家科学家的沟通与交往中。因此，瓦特格拉夫默尔成为世界上最重要的互联网结点之一，而阿姆斯特丹也成为世界上互联网速度最快、质量最好的城市之一。

阿姆斯特丹经历了 80 年代的动荡与沉寂之后，在 90 年代末又迎来了新的生机。许多建设项目如雨后春笋一般突然出现：城市东面的港口区被改造为条件优越的居住区；艾湾之上再次建造了新的人工岛，以便建设艾湾大桥；市中心终于铺设了连接北城和南城的地铁线路；老旧港口的现代化改造也开始动工；国立博物馆几乎进行了彻底的翻新；围绕中央火车站兴建了一处新的商业中心。拜尔默的改造工程也获得了巨大成功，仅仅用了不到 10 年的时间，之前那个策划失败、眼看就要成为贫民窟的住房项目，转而变成了一个拥有鲜明特色的、现代化的、活力十足的新社区。

1984年之后，阿姆斯特丹的人口数量开始回升。市政府在管理方式上也做了新的调整，将管辖区域按照社区的规模分为16个大小相似的行政区域，这次区域划分使得行政成本骤增，任何一个问题都要进行16次讨论，任何一项政策都要在16个区域执行，任何一项行政命令都要分发给16个区域。因此，市政府里的复印机昼夜不停、轮番运转，以保证每个区域都能准时收到市政府的决策与命令。这一点还体现在政党的政治生活中，区别于以往将城市看作一个整体，现如今社区才是政治活动的中心舞台。得益于这种区划管理，城市的日常管理水平进步非常明显，与此同时，市政府的权力则被大大削弱。许多重要且需要强权支持的公共服务，特别是在城市开发领域的规划，遇到了很大麻烦。

曾有人提议将阿姆斯特丹与周边的小城镇合并成为一个大的城市区，组建全新的"城市省"。然而，这项提议在1994年的全民公投中遭到了否决。参与投票的人（包括阿姆斯特丹周边的小城居民）仍然希望保持现状。但在现实中，阿姆斯特丹人则用行动支持着构建"城市省"的设想。他们已经不再将阿姆斯特丹的水坝广场当作生活和工作的中心，而是纷纷搬到郊外，覆盖的地区从赞斯塔德到阿尔默勒，甚至远至霍伊地区。就这样，阿姆斯特丹就像一块奶酪一般，在高温的作用下正在慢慢融化，覆盖周边很大一片区域。

在千禧年来临之际，阿姆斯特丹再次上演了17世纪的情景，开始经历人口结构的大变化。1963年，城市里共有1万移民，当时的外来移民主要来自苏里南和荷属安的列斯群岛，这些人占移民总数的1/3。40年后，外来移民数量已经蹿升至35万，几乎达到了城市总人口的一半。

这些移民来自不同的族群，拥有不同的价值观和移民目的，而且流动性很大。有一段时期，阿姆斯特丹新增外来移民数量和离开的居民人数基本相同。统计数据显示，许多移民并无安定下来的想法，他们总是来来往往，始终在路上。阿姆斯特丹则成为世界性人口流动的中转站，但这并非这座城市所乐见的。

这个时期，阿姆斯特丹的人口构成出现了巨大的变化。在大街上随处可见来自苏里南、荷属安的列斯群岛、土耳其和摩洛哥的移民，还有一大批加纳人、索马里人、俄罗斯人、波兰人、德国人、美国人、意大利人和英国人。来自西方发达国家的移民数量也在不断增长。在新千年来临之际，阿姆斯特丹中心城区和南部城区四分之一的人口都是外来移民。我们也许可以从阿姆斯特丹医院随便一间病房中的情况对这座城市的多元化有所了解：来自印度的外科大夫，来自土耳其的麻醉师，来自波兰和摩洛哥的护士，以及来自英国和苏里南的实习生。

阿姆斯特丹的原有居民对这场由移民带来的文化变革显然并不在意，绝大多数社区都不支持极右政党的反对移民的声音。然而，他们的担忧和疑虑也在不断增长，特别是对荷兰选择的所谓的和平主义方向有所顾虑。这些移民可以在这里获得成功吗？根据规定，那些想要获得荷兰国籍的移民必须参加"融入考试"，但是阿姆斯特丹乃至整个荷兰都会产生这样的疑问：他们到底是谁？他们到底是何种身份？他们究竟属于哪里？在这些问题的驱使下，许多老阿姆斯特丹人做出了选择，越来越多的家庭离开阿姆斯特丹去往其他城市生活，而留在阿姆斯特丹的本地人却越来越少（当然，首都的高额房价也是人口流失的一个原因）。这加剧了荷兰的分离主义倾向，使得整个国家出现了另外一种对立的情形，即城市多元文化与本土主义之间的对立。

与此同时，得益于阿姆斯特丹较为开放包容的政策，新移民能够很快地融入这座城市，而这座城市也很快地适应了这些移民的到来。因此，城市的活力也在不断增强。然而，这种美好的双赢结果并不一定会发生在每一个人身上。新移民带来的最直接的问题便是就业。阿姆斯特丹在 17 世纪非常欢迎外来移民，主要是当时城市的发展急需新的劳动力，他们的到来可以弥补阿姆斯特丹在某些工作岗位的人员不足。不过，到了 20 世纪，情况完全反了过来。受到影响最严重的是土耳其和摩洛哥的第一代移民，吸引他们移民阿姆斯特丹的主要是 70 年代和 80 年代的传统工业岗位，但随着经济的发展，这些岗位逐渐消失，导致许多穆斯林移民失业，仅靠救济金度日，生活暗无天日。

这引发了一些文化问题。的确，大部分的新移民都不像 17 世纪来自佛兰德的移民那样原本就生活在大城市。这批移民要么来自土耳其的安纳托利亚高原，要么来自摩洛哥的中部和东部矿区（生存环境恶劣的贫困山区）。这些地方的原有文化都与阿姆斯特丹传统的商业文化格格不入。而存在于伊斯坦布尔和卡萨布兰卡的古老农业文化与现代化的城市生活之间的冲突也由于两地移民的到来，继续在戈森菲尔德和斯洛滕瓦尔特地区上演。

随着全球化、现代化、世俗化和美国化的不断加深，个别移民会做出极端反应，使得城市内部的对立关系进一步恶化。在这种背景下，大部分穆斯林家庭通过自己的方式实现了现代化的转型。例如，阿姆斯特丹的穆斯林家庭出生率令人吃惊地降到了 90 年代初的水平。一些摩洛哥女孩主动跳出对女性的束缚，实现自我突破。不过，也有一些穆斯林家庭坚守传统的价值观。整个欧洲，同样包括阿姆斯特丹，成为解决移民文化对立问题的试验场。

2004 年 11 月 2 日早上，富有争议的导演和出版人蒂奥·范·高（Theo van Gogh）在林纳斯大街骑车时，被一名年轻的移民枪杀，凶手还在他的身上刺了数刀。从那一刻起，所有人都突然意识到，此前那个传统的阿姆斯特丹已经不复存在，这座城市的命运已经和这个越来越全球化的世界紧紧地绑在了一起。

注释

第一章

[1] Jan M. Baart，in *Ons Amsterdam*，jrg. 43，pag. 105.

[2] 节选自 M. G. Emeis Jr. 有关阿姆斯特丹起源和发展的系列著作 *Ons Amsterdam*。

[3] H. Brugmans，pag. 21e. v.

[4] 实际上，直到 1994 年 2 月，史学界都还普遍认为阿姆斯特尔城堡就位于当前老教堂所在地附近。由于这里是阿姆斯特丹的首个教区教堂的所在地，所以大家猜想当时城市的管理中心也应该在此。然而，人们从未在老教堂附近找到过这座城堡的蛛丝马迹。不过，从一些古老的文献中，我们确实能够发现一些关于城防设施存在的描述。1500 年，一位匿名作者曾在介绍城市的书中记载过城堡的具体位置，恰恰就是考古学家发现遗迹的地点。一个叫 Cornelis Haemrode 的人曾写道，阿姆斯特丹的一个有钱人在挖井的时候发现了一座塔楼的地基。Pontanus 也在 1610 年前后记载道，"从地下堆积的碎石块推断，这里曾经有一座面积较大的建筑"，位于戴姆拉克的西侧。1304 年，Jan van Aemstel 抵抗弗拉芒人入侵的地点，恰恰暗示了当时城市中心的具体位置。1920 年，人们在建造一座电影院时，惊奇地发现了几块大型石板。城市历史学家 Hooft 据此认为那里才是城堡的所在地。不过，他的观点立刻遭到了人们的否定。历史档案从未明确记载过城堡的具体位置，而那些历史档案的真实性并不存疑。此外，城

堡居于封建时期封建领地的中心位置，而当代的阿姆斯特丹人对此并没有特别清晰的概念，所以认真分析并推断出城堡的位置似乎也并不重要。了解更多有关挖掘的信息，参考：J. M. Baart 的 *Ons Amsterdam*，第 46 册。

[5] 除此之外，阿姆斯特丹还有另外一个徽章样式——三个外形相似的圣安德鲁斯十字架。这一徽章样式在此后也取代了海船徽章，成为城市的象征。可以断定的是，这片区域很早就开始使用圣安德鲁斯十字架。在阿姆斯特尔家族的家族徽章中也有这种十字架的图案。人们使用这些符号作为象征与代表，很有可能是因为十字架的标志比较简单，而且颜色容易辨识。随着阿姆斯特丹不断发展、扩张，人们才逐渐意识到拥有城市徽章的迫切性，于是采用了海船这种符号作为城市的象征。不过，三个十字架也是阿姆斯特丹的标志之一。

[6] 时至今日，人们还普遍相信阿姆斯特尔河上的水坝建造于 13 世纪下半叶。根据海事工程师 Fockema Andreae 的说法，颇具影响力的城市历史学家 Brugmans 在他的著作 *Geschiedenis van Amsterdam* 中记载了这座水坝的建造时间——约 1265 年。Brugmans 认为，一些水坝不一定是出于拦截河流的目的而建造的，尤其是那些质量不错的水坝。此外，一份当时的文件记录了 Kalslagen 和 Nieuwveen 与领主签署的关于村落排水系统的协议。最早，阿姆斯特尔河与大海直接连通，没有人会考虑排水的问题，但是当水坝建造之后，排水问题就成为人们亟待解决的问题。这份有关排水协议的文件来自 1265 年，意味着水坝建造的时间应该更早。学术界中最新的假说认为，水坝建造的时间应该再提前一些，更为合理的推断是在 1180 年，据推测，它是与其他水利设施一同建造的。除此之外，阿姆斯特尔城堡对面的土地早在 12 世纪就已经有建筑物的存在，这意味着当时一定有一座水坝位于两地之间，供人们行走穿行。水坝附近的挖掘工作进一步证明了这种猜测。

[7] 参考 J. M. Baart 的 *Een Hollandse stad in de dertiende eeuw* 以及阿姆斯特丹市的考古发现。

第二章

[1] Fernand Braudel，dl I，pag. 472.

[2] Het nu volgende is ontleend aan J. M. Baart，1987.

[3] J. M. Baart，*Ceramic consumption and supply in early modern Amsterdam*.

[4] 更多的信息来自 T. Levie and H. Zantkuyl。

[5] Het nu volgende is grotendeels ontleend aan Emeis jr，ibidem，pag. 66，en aan Roelofvan Gelder en Renée Kistemaker.

［6］即使到了1850年，"啤酒码头"的居民仍然骄傲地认为，他们的祖先就是最早定居在这里的人，他们也是在老教堂一带居住历史最长的居民。参考：J. C. Daan。

［7］Zie ook：J. C. van der Does e. a.

［8］Ibidem，pag. 33 e. v.

［9］Het nu volgende is ontleend aan Brugmans，pag. 210 e. v. en aan Clé Lesger，*Ach Lieve Tijd. Zeven eeuwen Amsterdam. De Amsterdammers en hun handel en scheepvaart.*

［10］M. G. de Boer，pag. 47.

第三章

［1］J. Huizinga，*Herfsttij der Middeleeuwn*，Groningen，1919.

［2］Walich Sywaertsz；De Boer，p. 93.

［3］Gecit. bij J. F. M. Sterck.

［4］Gecit. bij Sterck，ibidem.

［5］Gecit. bij Huizinga，ibidem.

［6］Commelin，pag. 950 e. v. Zie ook：Dapper，pag. 146.

第四章

［1］Lesger，'Tussen stagnatie en expansie，economische ontwikkeling en levensstandaard tussen 1500 en 1600'，in：*Woelige tijden.*

［2］Ontleend aan Emeis jr，pag. 98 e. v. ，evenals het hierna volgende.

［3］Braudel，dl I，pag. 506 e. v.

［4］Zie onder meer：I. H. van Eeghen，1959.

［5］Wagenaar；J. G. van Dillen，gecit. bij Emeis jr.

［6］Anoniem，*Chronijk van 1477 - 1534*，Koninklijke Bibliotheek Den Haag，gecit. bij Sterck.

［7］J. A. Grothe，gecit. Bij Emeis jr，pag. 130.

［8］Wagenaar，pag. 931.

第五章

［1］Uit *Brabbeling*，1614，ontleend aan H. van der Bijle e. a.

［2］Van Eeghen，1959.

［3］Zbigniew Herbert.

[4] Brugmans，dl I，pag. 25 e. v.

[5] Brugmans，ibidem，pag. 23.

[6] Emeis Jr. p. 103. 这种城市治理上的两面性体现在很多地方。在这座被严格管理的城市中，城市对这些活动做了严苛的规定，一旦活动超过这些法令的限制，就会受到惩罚。然而，没有人真正地在意这些禁令，人们视这些缴纳的罚款为城市收取的庆典税。更意想不到的是：罚款越多，庆典活动就越热闹。

[7] Emeis jr，ibidem.

[8] H. Brugmans，*Middeleeuwen*，p. 283.

[9] Emeis jr. p. 136。接下来的内容也来自他的著作。

[10] Gecit. bij：J. M. Fuchs en W. J. Simons，*Nou hoor je het eens van een ander*，*buitenlanders over Amsterdam*，Den Haag，1975.

[11] Ontleend aan Van Gelder e. a.

[12] Dirck Santvoort 于 1634 年创作的一幅绘画作品形象地展示了当时阿姆斯特丹几代人之间不同的穿衣风格。这幅画的主角是 Dirck Bas 市长一家。Dirck Bas 的穿着依旧是阿姆斯特丹传统的简朴风格，他庄严肃穆地坐在家人中间。坐在他旁边的是妻子 Grietje Snoeck。与夫妻两人相比，画中的 5 个儿女则衣着华丽，特别是他们的大儿子，身上穿了一套金色的套装，衣服上的西班牙风格黄金纽扣闪闪发光，领口与袖口也与众不同。参考：Gelder 和 Kistenmaker，p. 224。

[13] Ontleend aan Els ten Napel en Benno van Tilburg.

第六章

[1] Van Eeghen，*Maandblad Amstelodamum*，jrg. 56，pp 73 - 78. 艺术历史学家普遍认为，这幅被处以极刑的女孩儿的肖像画应当在更早的时期完成。不过，这幅画描述的是一件具体的历史事件，所以创作时间比较容易确定。

[2] Simon Schama 还提到了一个名为 Mari Potters 的女人，她的绰号叫“酣睡女人”。她在 Boomsslooten 经营了一家妓院。在这家妓院工作的三个女孩儿分别只有 17 岁、18 岁和 20 岁，最后都被送往了斯宾豪斯女子监狱。

[3] Onderzoek van S. Hart，ontleend aan Ed Taverne.

[4] 整个 17 世纪，至少有 51 591 名来自德国、东普鲁士和西里西亚的移民涌入阿姆斯特丹这座当时拥有 20 万人口的城市。18 世纪的移民人数甚至更多，达到了 66 681 人。在这两个世纪，来自比利时的移民人数分别是 8 617 和 2 374，来自挪威的分别是 5 382 和 3 228，来自法国的分别是 5 382 和 3 228，来自不列

颠的分别是 4 331 和 1 087，来自丹麦的分别是 3 458 和 3 589。1601—1800 年，从欧洲各国涌入阿姆斯特丹的移民有 17 万人，从荷兰其他地区来到阿姆斯特丹居住的人数总量是 15 万。上述数据来自阿姆斯特丹前市政档案员 S. Hart。

[5] Gecit. Bij Taco Looijen.

[6] 连著名的海军将领 Michiel Adriaensz de Ruyter 也住在那里。这座房子现在位于 Prins Hendrikkade 131 号。

[7] Mark Girouard.

[8] Filips von Zesen, gecit. bij Girouard.

[9] 那些位于老市政厅、象征中世纪贵族权力的雕塑竟然奇迹般地保留了下来，陈列在阿姆斯特丹历史博物馆。

[10] Taverne, ibidem.

[11] Henry Méchoulan，pag. 79.

[12] Van Gelder e. a.，pag. 148.

[13] Gary Schwartz.

[14] 其他居住在这一带的画家和艺术品交易商包括 Jacques Saerij、Roeland 兄弟、Joos van Meerle、David Vingboons、Dirck Santvoort、Jan Tengnagel、Adriaen van Nieulant 和 Pieter Isaacszoon。

[15] 布鲁姆街的另外一个名字也许更广为人知——韦弗尔街，因为所有的奢侈品都在这条街上生产。易兰茨街是羊皮制品的生产中心。这里的商家不仅生产羊皮衣物和书皮，还为运河带旁边的大房子供应黄金皮质挂件。其他制革工人住在胡登街、哈腾街和贝伦斯街。

[16] 当时的税收记录清楚地证明了富人群体的规模——非常小。在 1585 年，有 10% 的人属于要缴纳富人税的群体；到了 1631 年，这个群体仅占全城人口的 4%。

[17] Taverne, pag. 143. Anders：Bakker.

[18] Frans Hendrickszoon Oetghens 在这项计划中赚得盆满钵满。他曾经在 1599—1624 年 10 次担任市长，这段时间正好处于阿姆斯特丹向外扩张的初期阶段。他的行动非常迅速，和自己的姐夫一起购买了一批地产，之后又以高价卖给市政府。前市长 Cornelis Pieterszoon 曾经评价说："他们的贪婪就像指南针一样，永不停息地指向财富。"

[19] J. L. Price, *Dutch Society 1588 - 1713*，Harlow 2000，pag. 283.

[20] Andries Pels, *Gebruik en misbruik des toneels*，引自 Houbraken。

［21］ Zie ook：Schwartz，pag. 193.

［22］ Dudok van Heel，pag. 39.

［23］ 从事 Rembrandt 研究项目的人员惊奇地发现，一些传统上认为是 Rembrandt 画作的作品，例如 *Polish Rider*（现存于纽约）、*Man with the Gold Helmet*（现存于柏林）、*Saul and David*（现存于海牙）等都不是他的真作。

［24］ Svetlana Alpers，pag. 201.

［25］《夜巡》描绘的人物很有可能代表了阿姆斯特丹第 11 区的民兵队。这支民兵队的任务是在 Maria de' Medici 访问阿姆斯特丹期间在哈勒姆一带进行巡逻。这支由 200 人组成的民兵队中，只有 16 个人愿意支付 100 荷兰盾为自己作画。

［26］ Zie ook：Alpers，ibidem.

［27］ Van Eeghen，ibidem，pag. 73.

［28］ Zie：J. E. Elias.

［29］ 在此期间，共有 175 000 名奴隶被贩运到了美洲地区，其中有一半人是由荷兰商人操作完成的。在接下来的 25 年，贩卖奴隶的数量翻番。Van Gelder，et al. p. 82。参考：Lesger，*Zeveneeuwen Amsterdam，de Amsterdammersenhun-handelenscheepvaart*。

［30］ Méchoulan，pag. 96.

［31］ Zie ook：schama，pag. 176.

［32］ Rembrandt 的学生 Govert Flinck 和 Ferdinand Bol 也找到了不错的伴侣。Flicnk 娶了荷兰西印度公司一位经理的女儿。

［33］ Dudok van Heel。被绘对象对《夜巡》不满的说法，只不过是人们编造的故事，这与当前我们掌握的材料不符。

［34］ 北荷兰省典型的船员城市就是兰多浦和德莱普。Willem Barents 的船队中就有来自这些地方的船员。

［35］ Immanuel Wallerstein，pag. 31 e. v.

［36］ Gecit. bij Schama，pag. 230.

［37］ Schama，pag. 265.

［38］ Méchoulan，pag. 115.

［39］ Zie ook：Méchoulan，pag. 138.

［40］ Zie ook：J. L. Price.

［41］ Dudok van Heel，ibidem.

［42］ 其他的材料也有关于 Rembrandt 财富的介绍。人们认为，直到 1647 年，Rembrandt 依旧拥有价值 4 万荷兰盾的财富。

[43] Alpers，pag. 187.

[44] Dudok van Heel，pag. 36.

[45] 对这个问题想要了解更多信息，请参考：Schwartz, p. 245。

[46] Zie ook：Dudok van Heel，ibidem，pag. 60.

[47] Alpers，pag. 193.

[48] Dudok van Heel，pag. 55.

[49] Dudok van Heel，pag. 61.

[50] 摘自 Magdalena Stockmans 在 1655 年大瘟疫流行期间写给一个朋友的信件。
引自 B. J. Speet，*ZevenEuwen Amsterdam*，*de Amsterdammersenhunzieken*。

[51] Wagenaar，pag. 606.

第七章

[1] A. M. Vaz Dias，in *De Telegraaf*.

[2] Zie：Jan Stoutenbeek en Paul Vigeveno.

[3] Schama，pag. 274.

[4] Schama，pag. 283.

[5] Brugmans，dl4，pag. 191.

[6] 1684 年 10 月，在阿姆斯特丹与奥兰治家族之间的关系再次紧张之时，亲王访问阿姆斯特丹时发生了一起出人意料的事件。当亲王走过水坝广场时，阿姆斯特丹的市长恭敬地站在市政厅前，等待亲王一起用餐。但令所有人失望的是，亲王并未停下脚步，而是径直走过市政厅离开了城市，将一众人等以及他们准备的昂贵大餐抛在了身后。这样一种侮辱性的行为无疑给人们留下了深刻的印象，好在后来有人站出来解释说这仅仅是一个误会。参考：Brugmans, p. 202。

[7] Van Eeghen，in *Tijdschrift Genootschap Amstelodamum*.

[8] Zie ook：Van Deursen.

[9] Zie ook：Méchoulan，pag. 63 e v.

[10] Zie ook：Schama，pag. 291.

[11] Brugmans，pag. 112.

[12] Gecit. bij Méchoulan，pag. 153.

[13] Méchoulan，pag. 168.

[14] Schama，pag. 193.

[15] Van Gelder e. a.，pag. 208.

[16] Brugmans，pag. 130.

[17] Renier Vinkeles，*De Amstel bij de Berebijt*，1672. 现存于阿姆斯特丹市档案馆。

[18] Fr. Beijerinken M. G. de Boer. 大量的引言来自这一版的日记中，其他少量来自原版日记。原日记现存于阿姆斯特丹市档案馆。

[19] 关于荷兰的发展，请参阅：Noé van Hulst en Ingrid Dillo, in *NRC Handelsblad*。两人均认为，荷兰在 17 世纪的竞争优势并非在于其低廉的劳动力成本和较低的税收，而是在于技术方面的领先地位。同理，荷兰在海上贸易的统治地位也源于此。18 世纪，荷兰的领先优势被逆转，随着科学技术发展的停滞，经济就不可避免地开始衰退。两人认为，荷兰在 20 世纪末遭遇的情况与两个世纪前的情形出奇相似：政府部门始终居于财富分配的中心地位，人们普遍认为财富是理所应当的回报，而不需要去努力工作。国家面临的外部环境较 17 世纪发生了深刻的变化，但国家没有走出过去的辉煌记忆，仍旧躺在历史的功劳簿上，失去了自我调整的能力。慢慢地，整个国家变得僵硬、自满、懒惰，在做决策时常常陷入冗长的程序和无休止的讨论中。

[20] Brugmans，pag. 48.

[21] Zie ook：Brugmans，pag. 281.

[22] Herbert，pag. 57.

[23] Het fort van Sjakoo stond aan de Elandsgracht nummer 71 – 77；uitvoerig hierover：Justus van Maurik，1886.

[24] Stoutenbeek，et al；Philo Bregstein en Salvador Bloemgarten；Speet，*Zeveneeuwen Amsterdam*，*de Amsterdammersenhunnijverheid*.

[25] Edmondo de Amicis.

[26] 匿名作者，*De ongelukkigelevensbeschrijving van eenAmsterdammer*；第一版出版于 1775 年。也有人认为，这本小册子的印刷商——具有反叛意识的 Herman Koning——也有可能是这本书的作者。

[27] 引自 Lesger 的 *Zeven eeuwen Amsterdam*，*de Amsterdammers en hun handel en scheepvaart*。

[28] J. M. Fuchs e. a. ，pag. 94.

[29] Casanova.

[30] Origineel manuscript，aant. 28 januari 1763.

[31] Schama，pag. 475.

[32] Schama，pag. 479.

[33] 大批妓院在 1730 年遭到搜查，妓院经营的参与者被逮捕并处罚，大部分被执行了死刑。

[34] *De ongelukkigelevensbeschijving*，p. 109 ff.

[35] Van Eeghen, in *Maandblad Amstelodamum*，pp. 60 - 75；Geert Mak，1987. p. 16.

[36] E. E. de Jong-Keesing；Emeis jr，pag. 319.

[37] Fuchs，p. 38. 1765 年，为了净化运河的水质，人们建议加强运河水流的流动循环。但这项计划很快引发了 3 300 余名清洁工的愤怒，他们在给市议会的一封信中写道："受到运河臭气和潮气的影响，城市里有 20 000 座房屋需要清扫打理。"水流干净的运河可能会带来 36 000 荷兰盾的损失。"这还不算每两至三天要进行的铜器、白蜡、银制品等的抛光。"此外，那些经营石料、沙子、草碱、喷漆、刷子、木塞和净水的商人都会遭受损失。"甚至连油漆工和玻璃工都会蒙受损失，因为在擦洗房屋外立面的时候常常使窗户玻璃受损，而且周围的油漆也会一并遭到破坏。"

[38] Van Gelder e. a.，pag. 86.

[39] Zie ook：Abram de Swaan，pag. 55 e. v. Anders：Schama，pag. 570.

[40] 阿姆斯特丹的第一家监狱于 1595 年设立，地点位于 Heiligeweg 的 Clarissenklooster。这家监狱是在 Dirk Volckertszoon Coornhert 和 Jan Laurenszoon Spiegel 的推动下创建的。Spiegel 的监狱建造理念在当时来说非常先进。他在监狱管理模式上尝试平衡严苛的纪律和道德感化之间的关系。犯人们的身份被保密管理（不过这项要求并没有被严格执行），目的是防止他们在重新回到社会后遭到人们歧视对待。犯人们吃的东西很简单，不过样式经常变化。这样一来，只提供水和面包都被作为对关禁闭犯人的一种惩罚措施。犯人们平时吃的东西包括面包、稀粥、豌豆、扁豆以及两周一次的鱼片和肉块。在休息时间，犯人们必须通过打球或其他类似的体育运动进行身体锻炼。参考：Schama，p. 29。

[41] 每个时代都流传过关于水牢的故事，甚至在现代的一些旅行日志中也能看到类似的描述。不过，在监狱流传下来的材料中，我们却看不到任何相关记录。历史学家 Jan Wagennar 曾经研究了阿姆斯特丹在 1760—1770 年所有的监狱刑罚的种类，却没有提到过水牢。他认为这不过是一个谣言。当代城市历史学家也认为这更像是一种城市传说。然而，Simon Schama（p. 35）认为这些故事并非毫无根据的传说，因为其中许多关于监狱细节的描述都与事实相符。

他引用 1705 年的一份报告称，直到 17 世纪才出现这样的水牢，当时一个固执的"恶棍"被关在里面，他"任由水面没过自己的头部，丝毫没有想要将水排出去的打算"。不过，Bicker Raye（p. 169）记录过一个遭受水牢惩罚的木匠：他在水牢里被关了八天，但成功熬了过来，设法逃了出来。

[42] Fuchs e. a., pag. 123.

[43] Van Gelder e. a., pag. 199.

[44] Chaim Braatbard, pag. 59. Ook uitvoerig over het pachtersoproer: Wagenaar, dl 4.

[45] Brugmans, pag. 71.

[46] Van Gelder e. a., pag. 220；Fuchs e. a., pag. 75.

[47] Gecit. bij Van Gelder e. a., pag. 232.

[48] A. R. Falck, *Gedenkschriften*, gecit. bij Brugmans, dl 5, pag. 11.

[49] Fuchs, pag. 39.

[50] Brugmans, dl 4, pag. 257.

第八章

[1] Van Maurik, *Amsterdam bij dag en nacht*。

[2] 下面的这些内容来自我与 Marjo van Soest 在文集 *Als de dag van gisteren* 中合写的一篇文章。

[3] Edmond en Jules de Goncourt.

[4] Brugmans, dl 5, pag. 73 - 76.

[5] Gecit. bij Brugmans, pag. 91.

[6] M. C. van Hall.

[7] 关于市政厅问题，参见 Brugmans, p. 108, ff.。

[8] 王宫依旧是联系阿姆斯特丹、王室及其领地的纽带。阿姆斯特丹实际上并没有一座特别适合用作市政厅的建筑，王宫恰好是一个绝佳的选择。然而，就是这样一座建筑物却长期被空置。1930 年 5 月，一个由法律专家组成的委员会经过调查认为，阿姆斯特丹从未正式将这座建筑转让给王室。作为回应，王室决定提供 1 500 万荷兰盾用于购买这座建筑的所有权，而市政府可以利用这笔资金建造一座新的市政厅。不过，大部分阿姆斯特丹人并不赞同这项计划，因为他们不愿意失去他们的老市政厅。到了 1934 年，在经过一番调查之后，人们发现这座 17 世纪保留下来的老市政厅（王宫）已经不再适合作为城市的行政中心。1935 年，市议会接受了王室的方案，并决定建造一座新的市政厅。可是，

不久之后，二战爆发，建造项目受到了影响。直到 20 世纪 60 年代，市政厅项目才重新列入了日程。经过了 20 年的计划、讨论和建造之后，1988 年，新的市政厅才终于落成。

[9] "无比令人尊敬的"的范·豪尔们经常出现在 *Woutertje Pieterse* 这本书中，这种现象几乎成了荷兰文学的一种标志。作品人物的名字确实是来自著名的范·豪尔家族。

[10]《统一商报》的经理兼主编的女儿 Hester Boissevain 与 Maurits 的儿子 Jan van Hall 在 1983 年订婚。这场订婚仪式成为当时绅士运河区的一个轰动性的社会事件。当 Hester 无意间向她未来的婆婆询问 Jan 的祖父母——Anne Maurits 和 Suze van Hall 的情况时，大家都沉默不语。她的婆婆说："Hester，在这个家庭里，大家都不能谈论这个话题。"但她依旧没有放弃，尝试向家里的孩子们了解情况，然而却得到了不那么令人愉悦的答复。这些孩子们告诉她："他们在监狱里。他们是酒鬼，做了坏事。"参考：van Hall, p. 63；Suze van Hall 的证词，p. 54。

[11] 19 世纪，出于城市布局的考虑，许多标志性建筑都被人为地摧毁了。例如：1859 年，乌得勒支门被拆除；1862 年，莱顿门被拆除；1874 年，黄油广场（如今的伦勃朗广场）上的测量所被拆除；1882 年，位于科洛弗尼尔斯保瓦尔的城防堡垒"让乌得勒支保持沉默"被拆除；1890 年，位于奥德霍赫大街上的东印度公司总部被拆除；1908 年，罗金河畔著名的圣斯特德被拆除。

[12] Volgens de persoonlijke herinnering van L. C. Schade van Westrum, pag. 22.

[13] Hella Haassse en S. W. Jackman, pag. 105.

[14] Van Maurik, 1886, pag. 81 e. v.

[15] Multatuli, *Ideeën*, Tweede bundel, pag. 100.

[16] Gerrit Oznowicz, pag. 66.

[17] van Maurik, *Stille menschen*。看到后面，我们会发现坐在他旁边的老人竟然是阿姆斯特丹的最后一位刽子手，不过这与我们讲述的内容没有直接关系。

[18] Charles de Coster 因为他的著作 Tijl Uilenspiegel en Lammer Goedzak 而广为人知。

[19] 城市历史学家 Richter Roegholt 在他的作品 *Amsterdam na* 1900 (p. 87) 里详细探讨了其他铁路线路建设的结果。如果中央火车站建在城市南侧，市中心的发展将会停滞。他认为这里将会成为一个"泥泞的场所，四处都是破旧的棚屋和仓库，充斥着地窖、起重机、吊车场、船坞和码头"，城市的发展将会

停滞。然而，我们不得不承认，许多欧洲的城市都将主要的火车站放在市中心之外的地方，但并未降低市中心发展的质量。这种安排依然保证了城市发展的活跃度。不过，在火车站附近又衍生出了独立的经济中心，包含了小旅馆、餐馆和商店等设施。Roegholt 也认为，中央火车站在现在的位置对城市的发展产生了决定性的影响。火车站有必要成为城市各类交通的连接点，但由于靠近城市的中心地带，导致这一区域出现了严重的交通问题。

[20] Brugmans, pag. 109. Ook：H. Polak，pag. 26.

[21] 许多小的运河被填埋的原因是为了公共健康。人们希望通过这一做法彻底根治 19 世纪常常出现的霍乱疫情。事实证明，这一决定非常正确。1857 年，Goudsbloemgracht 的河水被排干（成为现在的 Willemstraat）；1861 年，Ajeliersgracht 的河水被排干（成为现在的 Westerstraat）；1864 年，Bagijnesloot 的河水被排干；1867 年，NieuwezijdsAchterburgwal 的河水被排干（成为现在的 Spuistraat）；1870 年，Achtergracht 的部分河段被排干（成为现在的 Falckstraat）；1873 年，Roetersburgwal 的河水被排干（成为现在的 Roeterstraat）；1874 年，Houtgracht 和 Leprozengracht 的河水被排干（成为现在的 Waterlooplein）；1881 年，Zaagmolensloot 的河水被排干（成为现在的 Albert Cuypstraat）；1882 年，Spui 的河水被排干；1891 年，Elandsgracht 的河水被排干；1892 年，Paulus Potterkade 的河水被排干（成为现在的 Paulus Potterstraat）；1895 年，Palmgracht 和 Lindengracht 的河水被排干。

[22] 参考：Ben Speet 和 MichielWagenaar，*Zeveneeuwen Amsterdam*，*de Amserdammersenhunstadsbeeld*。

[23] 驯马场和音乐厅的设计者都是建筑师 A. L. van Gendt，国家博物馆和中央火车站的设计者是 P. J. H. Cuypers。尽管如此，直到 20 世纪初期，阿姆斯特丹的精英阶层才渐渐离开运河带。威廉明娜女王登基庆典的宾客名单几乎囊括了阿姆斯特丹所有的上层人员。由于城市的宾馆数量有限，那些宾客不得不下榻在城市的"第一房屋"中。长长的名单显示，他们大多数都住在了距离较远的绅士运河和皇帝运河附近，只有四个人住在了人民工业宫附近的酒店。

[24] Schade van Westrum，pag. 117.

[25] Johan Geerke, in *De Amsterdam-mer*，gecit. bij：Mak，1991.

[26] Uitgebreid hierover：Fuchs，pag. 83 e. v.

[27] F. M. Wibaut，pag. 187. Ook：Ozno-wicz，pag. 14.

第九章

[1] 将新市场称为"演讲者的角落"这一说法主要源自阿姆斯特丹记者 Gerrit Oznowicz 的回忆录，p. 51ff。

[2] Roegholt，pag. 123。

[3] 1859 年，有四分之一的阿姆斯特丹人住在约旦区，但是 50 年后只有 10% 的人还住在这里，100 年后就只剩下原来的 3%。在 19 世纪和 20 世纪之交，仍有 77 000 人住在那里，而现在这些社区只剩下了 4 000 人。

[4] 没有人知道阿姆斯特丹广为流传的哈尔特日的起源，或许这是一个复活节的庆祝活动。根据阿姆斯特丹记者 Maurits Dekker（*Amsterdam bij gaslicht*，p. 70）的说法，18 世纪和 19 世纪之交的人们按照下列方式进行庆祝：哈尔特日的清晨，孩子们绕着街上的房子奔跑，一边向大人们索要钱财，一边唱唱跳跳。他们的脸上用炭笔和粉笔涂满了各种颜色。女孩儿们头顶圆顶帽，身穿长裤和夹克；男孩儿们则穿上老裙子和女式衬衫，他们的胸前填满了旧报纸，打扮成一副女人的模样。孩子们会用讨来的钱购买烟花，并在晚上沿街燃放。哈尔特日当晚，Dapperbuurt 街区，特别是 Pontanusstraat 成为人们避之不及的地方，因为小孩子们常常聚集在这里燃放烟花。

[5] Een aantal gegevens en citaten in het hierna volgende is ontleend aan Bregstein e. a.。

[6] Roegholt，pag. 71。

[7] Henri Polak 在英国工作了一段时间，并且见证了那里强有力的工会运动。根据英国的模式，他在 1894 年创建了荷兰钻石工人协会。他为这个组织提供了罢工资金并且强制要求钻石工人入会。1902 年，他作为首位社会民主党人当选市议会议员。

[8] Bregstein e. a.，pag，198。

[9] Wibaut，pag. 134。

[10] Wibaut 主要是通过贷款赞助了 Betondorp 和其他建筑项目。1924 年，阿姆斯特丹的银行家们却不想再继续与他合作。他们想让 Wibaut 明白，阿姆斯特丹的银行界已经对他掌管的财政系统失去了信心。Wibaut，这位激情四射的现实主义者，不会被这样的打击所击倒。"不管怎么样，这些建筑物们已经盖起来了。"他一边说着、一边穿过 Betondorp，"就让他们直接把这些楼房拆毁吧。"

[11] Maurits Dekker，1931/1958，pag. 12。

［12］Roegholt，pag. 59.

［13］Wibaut，pag. 387.

［14］G. W. B. Borrie，pag. 147.

［15］Roegholt，pag. 82.

［16］Fuchs，pag. 133.

［17］Jordaanoproer 的骚乱也是源自一场反法西斯运动。在反抗运动爆发的当晚，几十名年轻人为了破坏一场民族社会主义运动党的集会来到了印度移民的社区。结果，这场集会并没有如期举行，于是他们决定在城里逛一逛，随之发生了骚乱。

［18］这是一个非常著名的反法西斯组织，这个委员会由阿姆斯特丹大学的人于1936 年成立。和其他组织一样，这个委员会最后也由于共产党人和社会民主党人之间的冲突分崩离析。当希特勒和斯大林在 1939 年签署了互不侵犯条约之后，许多共产党人变得不知所措。Richter Roegholt 记录了坚定的反法西斯派和亲苏联派之间的冲突，这一冲突也最终葬送了这个委员会的发展。参考：Roegholt，p. 125 ff。

［19］Bregstein en Bloemgarten，pag. 295 e. v.

［20］Het verslag is ontleend aan：Mak（samenst.），pag. 245.

［21］J. Presser，dl I，pag. 14 e. v. Ook：Roegholt，pag. 136；Bregstein e. a.，pag. 309.

［22］Roegholt，pag. 137.

［23］B. A. Sijes，pag. 18.

［24］Bregstein e. a.，pag. 312.

［25］Presser，dl I，pag. 91 en 163.

［26］Mak，1987，pag. 53.

［27］D. C. A. Bout，gecit. bij Presser dl I，pag. 185.

［28］Presser，dl I，pag. 253 e. v.

［29］Presser，dl I，pag. 281.

［30］Lanzmann，pag. 158.

［31］经历了战争期间难以磨灭的苦难，战后的教育部长 G. Van der Leeuw 教授认为，阿姆斯特丹大学对其战争期间的表现几乎找不到可以为自己辩解的理由。犹太学生和老师们被学校赶走。教师们被开除，学生们则被送到了德国，被迫签署了效忠声明。阿姆斯特丹大学在做这些决定时没有一丝迟疑。这些做法"与荷兰文化机构所倡导的价值观完全不相符"。参考：Roegholt，p. 182.

［32］ H. de Liagre Böhl en G. Meershoek，pag. 29；presser，dl I，fotokopie pag. 180.

［33］ Sijes，pag. 107.

［34］ Presser，di I，pag. 377.

［35］ Max Arian，in *De Groene Amsterdammer*，Sylvain Ephimenco，in *Trouw*.

［36］ H. M. van Randwijk，pag. 274.

［37］ Het nawoord van Primo Levi in Presser，1957.

［38］ Enquêtecommissie dl VII，C，Pag. 262，gecit. bij Presser dl. 2，pag. 255.

第十章

［1］ 下面的内容基于我和 Steven Adolf 所做的一项研究，研究成果刊登在 *NRC Handelsblad*。请参考 van Hall 的相关内容，p. 91 ff，L. de Jong，p. 782 ffh 和 p. 532 ff。

［2］ 国家银行从来没有为抵抗军耍的这个把戏感到任何自豪。尽管当时的主管 C. W. Ritter 因为他的积极参与被授予了荣誉，但是银行方面从来没有进行过公开宣传。Ritter 此后表示：“许多年来，这件事情被人有意地藏起来。这些事情的发生实际上会令银行方面感到窘迫。他们感觉如果对此事大肆宣传，会引来更多的麻烦。”

［3］ De Liagre Böhl e. a.，pag. 32 e. v.

［4］ Hierover uitgebreid：De Liagre Böhl e. a.，pag. 55 e. v.

［5］ G. van Hall，pag. 95.

［6］ L. de Jong，dl I，pag. 494.

［7］ 历史学家 Ger van Roon 的研究显示，盖世太保的影响力几乎渗透到了荷兰社会的各个层面。参考：HP/De Tijd，18 mei 1994。

［8］ A. Bouman，gecit. bij De Liagre Böhl e. a.，pag. 88 e. v.

［9］ Gerard Rutten，gecit. bij De Liagre Böhl e. a.，pag. 83.

［10］ Mak，in *Ons Amsterdam*.

［11］ Philip Slater.

［12］ *NRC Handelsblad*，6 juni 1991.

［13］ D. van Reeuwijk，pag. 12.

［14］ *NRC Handelsblan*，14 juni 1991.

［15］ Ruud Abma，1990. Ook in *NRC Handelsblad*.

［16］ *NRC Handelsblad*，14 juni 1991.

［17］ H. Drion. Ook：Mak，1986.

[18] Maarten Menzel. Ook：Roegholt，pag. 270 e. v.

[19] Gecit. bij Roegholt，pag. 338.

[20] Roegholt，pag. 323 e. v.

[21] 在新市场社区被清空以后，这个区域的一些重要人物都搬去了国民社区，这其中就包括占屋运动的重要人物之一——Theo van der Giessen。国民社区也在 20 世纪 80 年代成为阿姆斯特丹占屋运动的大本营。与此同时，荷兰的无政府主义运动以及与之相关的社会组织也积极地参与占屋运动（实际上在无政府主义运动期间，人们就打着"拯救房屋，占领房屋"的口号开展占屋运动）。此外，这些运动组织还为 20 世纪 70 年代末年轻一代的占屋者提供了支持。扩展阅读：Virginie Madadouth。

[22] Bilwet，Bewegingsleer，pag. 7.

[23] Ibidem，pag. 172 en 173.

[24] 时至今日，我们依然不清楚到底有多少人参与了"二十年城市内战"。Virginie Mamadouh 尝试在她的研究中推断出一个数字。一条可以参考的线索便是 1966 年 6 月 1 日举行的市议会选举中无政府主义青年获得的公众支持数量。这次选举中，无政府主义青年获得了超过 3 000 张选票。然而，真正活跃的分子实际上人数并不多，最多有几百人而已。与之相比，那些占屋运动的参与者数量更少，特别是那些"野生"占屋者和"沉默"占屋者们往往不被算入运动的参与者。只有一份叫 *Bluf* 的占屋者报纸给出过一个数字：运动巅峰时期共有 2 500 人。不过，他们的核心成员数量却比这个数字小得多。

[25] Roegholt，pag. 350.

参考文献

Abma, R., "Bij provo ging het niet om een generatieconflict", in NRC Handelsblad, 8 June 1991.

Abma, R., Jeugd en tegencultuur, Utrecht, 1990.

Ach lieve tijd, zeven eeuwen Amsterdam en de Amsterdammers, Zwolle 1988–90.

Adolf, S., "Bankier van het verzet", in NRC Handelsblad, 2 May 1990.

Ailly, A. E. d', Historische gids van Amsterdam, ed. B. Rebel and G. Vermeer, Den Haag 1992.

Alpers, S., Rembrandt's Enterprise: The Studio and the Market, London, 1988.

Als de dag van gisteren, honderd jaar Amsterdam en de Amsterdammers, Zwolle 1990–92.

Amicis, E. de, Nederland en zijn bewoners, original Italian edition 1876, Dutch translation Utrecht/Antwerpen, 1985.

Anonymous, Chronijk van 1477–1534, Koninklijke Bibliotheek Den Haag.

Anonymous, De ongelukkige levensbeschrijving van een Amsterdammer, original edition 1775, new edition with an introduction by Maurits Dekker, Amsterdam, 1965.

Arian, M., "Nederland deportatieland", in De Groene Amsterdammer, 10 December 1992.

Baart, J. M., Ceramic Consumption and Supply in Early Modern Amsterdam.

Baart, J. M., Een Hollandse stad in de dertiende eeuw, Muiderberg-symposium, 25–26 September 1987.

Baart, J. M., "Het kasteel van Aemstel", in Ons Amsterdam, 46, pp. 113–161.

Baart, J. M., "Romeinen aan de Amstel?", in Ons Amsterdam, 43, p. 105.

Bakker, B., "De stadsuitleg van 1610 en het ideaal van de 'volcomen Stadt'", in Jaarboek Genootschap Amstelodamum, 87, p. 71, Amsterdam, 1995.

Beijerink, Fr. and M. G. de Boer, Het dagboek van Jacob Bicker Raye, 1732–72,

Amsterdam, n.d.

Bijl, H. van der et al., *Amsterdam bezongen*, Amsterdam, 1947/1959.

Bilwet, *Bewegingsleer, kraken aan gene zijde van de media*, Amsterdam 1990.

Boer, M. G. de, *Een wandeling door Oud-Amsterdam 1544*, Amsterdam, 1952.

Borrie, G. W. B., *Monne de Miranda*, Den Haag, 1993.

Bouman, A., "Welke uitwerking had de oorlog op de seksuele moraliteit van ons volk?", in *Maandblad Geestelijke Volksgezondheid*, 1, 1946.

Bout, D. C. A., *In de strijd om ons volksbestaan*, Den Haag, 1947.

Braatbard, Ch., *De zeven provinciën in beroering, hoofdstukken uit een jiddische kroniek*, ed. J. L. Fuks, Amsterdam, 1960.

Braudel, F., *De structuur van het dagelijks leven*, vol. I, Amsterdam, 1987.

Bregstein, P. and S. Bloemgarten, *Herinnering aan joods Amsterdam*, Amsterdam, 1978.

Brown, C., J. Kelch and P. van Tiel, *Rembrandt: The Master and his Workshop*, New Haven/London 1991.

Brugmans, H., *Geschiedenis van Amsterdam*, six vols, Utrecht, 1972–1973.

Casanova, *Hollands avontuur*, ed. Frans Denissen, Amsterdam 1991.

Daan, J. C., *Hij zeit wat! Grepen uit de Amsterdamse volkstaal*, Amsterdam, 1948.

Dapper, O., *Historische beschrijving der stadt Amsterdam*, Amsterdam, 1663.

Dekker, M., *Amsterdam*, Amsterdam, 1931/1958.

Dekker, M., *Amsterdam bij gaslicht*, Amsterdam, n.d.

Deursen, A. Th. van, "Rembrandt en zijn tijd: het leven van een Amsterdams burgerman", in Brown et al.

Dillen, J. G. van, *Bronnen tot de geschiedenis van het bedrijfsleven en het gildewezen van Amsterdam*, vol. I, app. 1, Den Haag, 1929.

Does, J. C. van der et al., "De historische ontwikkeling van Amsterdam", in *Ons Amsterdam*, 1948.

Drion, H., "De rode draad in de burgerlijke cultuur", in *Denken zonder diploma*, Amsterdam, 1986.

Dudok van Heel, S. A. C., *Dossier Rembrandt*, Amsterdam, 1987.

Dudok van Heel, S. A. C., "Rembrandt van Rijn, een veranderend schildersportret", in Brown et al.

Eeghen, I. H. van, "Elsje Christiaens en de kunsthistorici", in *Maandblad Amstelodamum* 56, 1969, pp. 73–78.

Eeghen, I. H. van, "De IJsbreker" in *Maandblad Amstelodamum*, 1954, pp. 60–75.

Eeghen, I. H. van, *Uit het dagboek van broeder Wouter Jacobsz.*, Groningen, 1959.

Eeghe, I. H. van, "Coenraad van Beuningen", in *Tijdschrift Genootschap Amstelodamum*, 1970, p. 107.

Elias, J. E., *De vroedschap van Amsterdam, 1578–1795*, two vols., Haarlem 1903–05.

Emeis, M. G., *Amsterdam buiten de grachten*, Amsterdam, 1983.

Emeis Jr., M. G., series of articles about the origin and growth of Amsterdam in *Ons Amsterdam*, 27, pp. 34, 66, 98, 130, 162 and 318.

Ephimenco, S., "Nederland liegt", in *Trouw*, 19 March 1994.

Fuchs, J. M., *Amsterdam, een lastige stad*, Baarn, 1970.

Fuchs, J. M. and W. J. Simons, *Nou hoor je het eens van een ander, buitenlanders over Amsterdam*, Den Haag, 1975.

Gelder, R. van and R. Kistemaker, *Amsterdam 1275–1795, de ontwikkeling van een handelsmetropool*, Milan/Amsterdam, 1982/1983.

Girouard, M., *Cities and People: A Social and Architectural history*, New Haven/London, 1985.

Goncourt, E. and J. de, *Pages from the Goncourt Journal*, edited, translated and introduced by Robert Baldick, Harmondsworth, 1984.

Gouw, J. ter, *Geschiedenis van Amsterdam*, Amsterdam, 1879–93.

Grothe, J. A., *Merkwaardige vonnissen uit de tijd der geloofsvervolging*, Kronijk Historisch Genootschap, Utrecht, 1856.

Günther, R., *Amsterdam*, Hamburg, 1982.

Haasse, H. and S. W. Jackman (ed.), *Een vreemdelinge uit den Haag, uit de brieven van koningin Sophie der Nederlanden aan lady Malet*, Amsterdam, 1984.

Hall, G. van, *Ervaringen van een Amsterdammer*, Amsterdam, 1976.

Hall, M. C. van, *Drie eeuwen, kroniek van een Nederlandse familie*, Amsterdam, 1961.

Heijdra, T., *De Pijp, een monument van een wijk*, Amsterdam, 1989.

Herbert, Z., *De bittere geur van tulpen, Holland in de Gouden Eeuw*, Amsterdam, 1993.

Houbraken, A., *De grote schouburgh der Nederlandtsche konstschilders en schilderessen*, Amsterdam, 1718/1719, Maastricht, 1943.

Huizinga, J., *The Waning of the Middle Ages*, Harmondsworth, 1976.

Hulst, N. van and I. Dillo, "Nederland moet lering trekken uit lessen verleden" in *NRC Handelsblad*, 15 June 1994.

Jaarboek Amstelodamum, yearbook of the Genootschap Amstelodamum, 1902–present.

Jong, L. de, *Het Koninkrijk der Nederlanden in de Tweede Wereldoorlog*, vol. I, Den Haag, 1969.

Jong, L. de, *Het Koninkrijk der Nederlanden in de Tweede Wereldoorlog*, vol. 7, Den Haag, 1976.

Jong, L. de, *Het Koninkrijk der Nederlanden in de Tweede Wereldoorlog*, vol. 10b, Den Haag, 1981.

Jong-Keesing, E. E. de, *De economische crisis van 1763*, Amsterdam, 1939.

Lanzmann, C., *Shoah*, Paris 1985.

Lesger, Cl., *Ach lieve tijd. Zeven eeuwen Amsterdam, de Amsterdammers en hun handel en scheepvaart*, Zwolle, 1990.

Lesger, Cl., "Tussen stagnatie en expansie, economische ontwikkeling en levensstandaard tussen 1500 en 1600", in *Woelige tijden*.

Levie, T. and H. Zantkuyl, *Wonen in Amsterdam*, Amsterdam, 1980.

Liagre Böhl, H. de and G. Meershoek, *De bevrijding van Amsterdam*, Zwolle, 1989.

Looijen, T., *Ieder is hier vervuld van zijn voordeel*, Amsterdam, 1981.

Maandblad Amstelodamum, monthly journal of the Genootschap Amstelodamum, 1914–present.

Mak, G., *The Amsterdam Dream*, Amsterdam, 1986.

Mak, G., *Een bres in de stad, de geschiedenis van de IJsbreker*, Amsterdam, 1987.

Mak, G., "Commotie rond het plan Kaasjager" in *Ons Amsterdam*, 43, 1, 1991.

Mak, G., *De engel van Amsterdam*, Amsterdam, 1992.

Mak, G. (ed.), *Reportages uit Nederland*, Amsterdam, 1991.

Mak, G. and M. van Soest, in *Als de dag van gisteren, honderd jaar Amsterdam, de Amsterdammers en hun stad*, Zwolle, 1990.

Mamadouh, V., *De stad in eigen hand, provo's, kabouters en krakers als stedelijke sociale beweging*, Amsterdam, 1992.

Maurik, J. van, "'t Ontwakend Amsterdam", in *Amsterdam bij dag en nacht*, Amsterdam, 1880.

Maurik, J. van, *Stille menschen*, Amsterdam, n.d.

Maurik, J. van, *Toen ik nog jong was, het fort van Jaco*, Amsterdam, 1886.

Méchoulan, H., *Amsterdam au temps de Spinoza, argent et liberté*, Paris, 1990.

Menzel, M., *De Bijlmer als grensverleggend ideaal*, Delft, 1989.

Mulisch, H., *Bericht aan de rattenkoning*, Amsterdam, 1966.

Multatuli, *Ideeën*, vol. 2.

Napel, E. ten and B. van Tilburg, *Amsterdamse sinjoren*, Amsterdam, 1993.

Olsen, D. J., *The City as Work of Art*, New Haven/London, 1986.

Ons Amsterdam, monthly journal, Amsterdam 1949–present.

Oznowicz, G., *Amsterdam uit Naatjes tijd*, Amsterdam, 1961.

Polak, H., *Amsterdam, die grote stad*, Amsterdam, 1936.

Presser, J., *Ashes in the Wind: The Destruction of Dutch Jewry*, Detroit, Mich., 1988.

Presser, J., *Night of the Girondists*, London, 1992.

Price, J. L., *Holland and the Dutch Republic in the Seventeenth Century*, Oxford, 1994.

Randwijk, H. M. van, *In de schaduw van gisteren*, Den Haag/Amsterdam, 1976.

Reeuwijk, D. van, *Amsterdamse extremisten*, Amsterdam, 1965.

Roegholt, R., *Amsterdam na 1900*, Den Haag, 1993.

Romein, J., *Op het breukvlak van twee eeuwen*, Amsterdam, 1967.

Roon, G. van, "Spion voor de Gestapo", in HP/De Tijd, 3 June 1994.

Schade van Westrum, L. C., *Amsterdam per vigilante*, Utrecht, 1963.

Schama, S., *The Embarrasment of Riches: An Interpretation of Dutch culture in the Golden Age*, London, 1987.

Schwartz, G., *Rembrandt: His Life, His Paintings*, London, 1985.

Sijes, B. A., *De Februaristaking*, Amsterdam, 1954.

Slater, Ph., *The Pursuit of Loneliness*, Boston, 1970.

Speet, B. J., *Zeven eeuwen Amsterdam, de Amsterdammers en hun zieken*, Zwolle, 1989.

Speet, B. J., and M. Wagenaar, *Zeven eeuwen Amsterdam, de Amsterdammers en hun stadsbeeld*, Zwolle, 1989.

Sterck, J. F. M., *De Heilige Stede te Amsterdam*, Hilversum, 1938.

Sterck, J. F. M., *Uit de geschiedenis der heilige stede*, Amsterdam, 1898.

Stoutenbeek, J. and P. Vigeveno, *A Guide to Jewish Amsterdam*, Amsterdam, 1985.

Swaan, A. de, *In Care of the State: Health Care, Education and Welfare in Europe and the USA in the Modern Era*, Cambridge, 1988.

Sywaertsz, W., *Roomsche mysteriën ontdekt*, Amsterdam, 1604.

Taverne, E., *In 't land van belofte; in de nieue stadt*, Maarssen, 1978.

Vaz Dias, A. M., "Het huis met de bloedvlekken", in *De Telegraaf*, 21 August 1937.

Verkerk, C. L., "De burcht van de heren van Amstel is nog niet gevonden", in NRC Handelsblad, 21 March 1994.

Wagenaar, J., *Amsterdam in zijne opkomst, aanwas, geschiedenissen, voorregten, koophandel, gebouwen, kerkenstaat, schoolen, schutterijen, gilden en regeeringe, beschreeven*, Amsterdam, 1760–68.

Wallerstein, I., *The Modern World-System*, vol. 2: *Mercantilism and the Consolidation of the European World Economy 1600–1750*, New York/London, 1980.

Wibaut, F. M., *Levensbouw, memoires*, Amsterdam, 1936.

Zahn, E., *Das unbekannte Holland*, Berlin, 1984.

Zantkuyl, H. J., *Bouwen in Amsterdam*, Amsterdam, 1993.

Zesen, Filip von, *Beschreibung der Stadt Amsterdam*, Amsterdam, 1662.

图书在版编目（CIP）数据

北海之心：阿姆斯特丹的光荣与哀伤/（荷）黑尔特·马柯著；金风译. -- 北京：中国人民大学出版社，2021.3

（列城志）

ISBN 978-7-300-29004-1

Ⅰ.①北… Ⅱ.①黑… ②金… Ⅲ.①阿姆斯特丹-城市史 Ⅳ.①K563.9

中国版本图书馆 CIP 数据核字（2021）第 024467 号

列城志

北海之心：阿姆斯特丹的光荣与哀伤

[荷] 黑尔特·马柯（Geert Mak） 著

金风 译

Beihai zhi Xin

出版发行	中国人民大学出版社	
社　　址	北京中关村大街 31 号	**邮政编码** 100080
电　　话	010 - 62511242（总编室）	010 - 62511770（质管部）
	010 - 82501766（邮购部）	010 - 62514148（门市部）
	010 - 62515195（发行公司）	010 - 62515275（盗版举报）
网　　址	http://www.crup.com.cn	
经　　销	新华书店	
印　　刷	涿州市星河印刷有限公司	
规　　格	145 mm×210 mm　32 开本	**版　　次** 2021 年 3 月第 1 版
印　　张	16.25 插页 2	**印　　次** 2021 年 3 月第 1 次印刷
字　　数	338 000	**定　　价** 89.00 元